Gardasee

Nana Claudia Nenzel

Gratis-Download: Updates & aktuelle Extratipps der Autorin

Unsere Autoren recherchieren auch nach Redaktionsschluss für Sie weiter. Auf unserer Homepage finden Sie Updates und persönliche Zusatztipps zu diesem Reiseführer.

Zum Ausdrucken und Mitnehmen oder als kostenloser Download für Smartphone, Tablet und E-Reader.
Besuchen Sie uns jetzt!
www.dumontreise.de/gardasee

short.travel/j1177

DUMONT
Reise-Taschenbuch

Reiseinfos, Adressen, Websites

Panorama – Daten, Essays, Hintergründe

Unterwegs am Gardasee

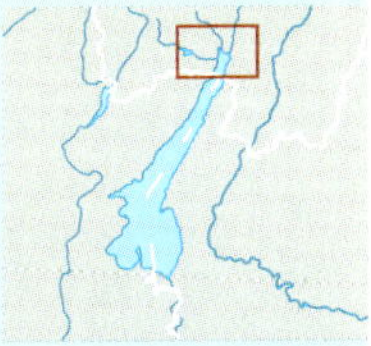

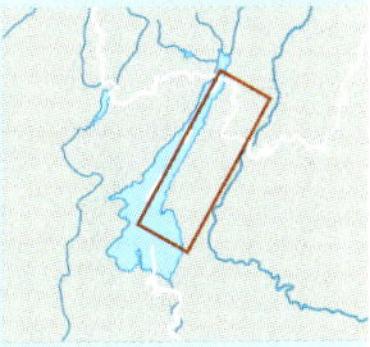

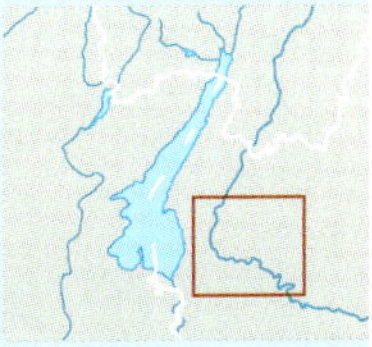

Auf Entdeckungstour

Karten und Pläne

s. hintere Umschlagklappe

▶ Dieses Symbol im Buch verweist auf die Extra-Reisekarte Gardasee

Das Klima im Blick

atmosfair

Reisen verbindet Menschen und Kulturen. Wer reist, erzeugt auch CO_2. Der Flugverkehr trägt mit bis zu 10 % zur globalen Erwärmung bei. Wer das Klima schützen will, sollte sich – wenn möglich – für eine schonendere Reiseform entscheiden. Oder Projekte von *atmosfair* unterstützen: Flugpassagiere spenden einen kilometerabhängigen Beitrag für die von ihnen verursachten Emissionen und finanzieren damit Projekte zur Verringerung des CO_2-Ausstoßes in Entwicklungsländern *(www.atmosfair.de)*. Auch der DuMont Reiseverlag fliegt mit *atmosfair!*

Liebe Leserin, lieber Leser,

es ist immer das gleiche Spiel, wenn mein Mann und ich zum Gardasee fahren: Kaum hat einer von uns den See entdeckt, jubelt er »der Lago, der Lago!« Schon ein paar Kilometer vorher, vom Norden kommend, erkennt man auch die ersten silbern glänzenden Blätter des Olivenbaums, der mit seinen knorrigen Ästen und dem oft fast ausgehöhlten Stamm charaktervolle Akzente setzt. Dann die ersten Segelboote und Surfer, die gerne den schmalen Nordzipfel des Gardasees für sich beanspruchen – bei Regatten fast Brett an Brett, wie manche lästern.

Dass wir eine innig geliebte, wenn auch kleine Bleibe am See haben, verdanken wir dem ersten Gardasee-Band für DuMont, der vor vielen Jahren entstand und immer wieder aktualisiert und verändert wurde. Bei der intensiven Recherche, der Suche nach bereits Bekanntem und nach Neuem, entdeckten wir die Liebe zu diesem größten italienischen See und schon bald eine kleine Ruine mitten in einem winzigen Dorf, die nach etwas umständlichem Ausbau unser italienisches Zuhause wurde. In der Mitte des Westufers, 400 m über dem See, mit einem Blick darauf, der jedes Mal beim Nachhausekommen freudiges Herzklopfen verursacht: zum Ostufer mit dem Monte Baldo und nach Süden über den ganzen Lago hinweg und weit über die Po-Ebene auf den Tosco-Emilianischen Apennin. Am schönsten ist es nach einem ordentlichen Gewitter, das es hier durchaus häufiger gibt, wenn Gipfel für Gipfel in rund 180 km Luftlinie zu erkennen sind; am allerschönsten aber im Winterhalbjahr, wenn die Sonne rot glühend untergeht und die ganze Szenerie in ein unwirkliches Licht taucht.

Schauen auch Sie vom Westufer des Sees auf den Monte Baldo, der zum Greifen nahe scheint, und nehmen Sie nach einem Spaziergang an der Uferpromenade, z. B. in Gargnano, einen Aperitivo in einem der kleinen Straßencafés. Der Bergkamm des Monte Baldo ist oft bis zum Frühsommer mit Schnee bedeckt, während Sie, auf der anderen Seeseite sitzend, in die Sonne blinzeln können. Sie sehen, sich hier wohlzufühlen ist ganz einfach.

Also: Arrivederci am Lago di Garda,
Ihre

Nana Claudia Nenzel

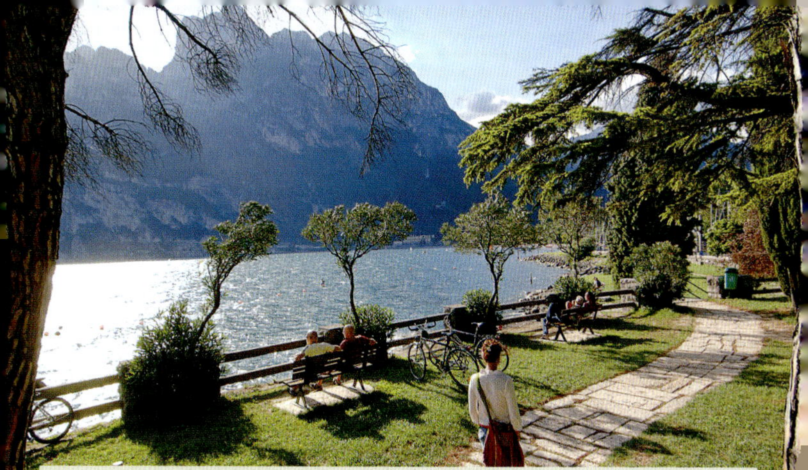

Berge und See im Blick – an der Promenade von Riva del Garda

Leser fragen, Autoren antworten

Der Gardasee persönlich – meine Tipps

Welche Sehenswürdigkeiten am Gardasee sind ein Muss?

Die Rocca von **Arco**, eine mittelalterliche Festung in schwindelerregender Höhe, hielt schon Dürer mit dem Zeichenstift fest. **Malcésine** am Ostufer mit seinem schönen historischen Kern und dem leicht erreichbaren **Castello Scaligero** faszinierte auch Goethe. Ebenfalls sehenswert ist die Skaligerfestung mit informativem Museum im historischen Hafen von **Torri del Benaco**. Weiter südlich liegen die idyllischen Seeorte **Bardolino** (auch für seinen Wein berühmt) und **Lazise**, gefolgt von **Peschiera** ganz im Südosten des Sees, eine sehenswerte Festungsstadt mit trutzigen Mauern und Bastionen und erst jüngst aufgeblühtem historischem Kern mit netten Lokalen. Im Süden lockt **Sirmione** mit langer schmaler Halbinsel. Die dortige **Skaligerfestung** zählt zu den attraktivsten am See, die **Grotta di Catullo** lädt zur Erkundung der römischen Vergangenheit ein.

Den Südwesten prägt die weinselige Hügellandschaft der **Valténesi**, vorgelagert ein paar kleine und kleinste Inseln, deren Königin die **Isola del Garda** mit dem neugotischen

Unbedingt besichtigen!

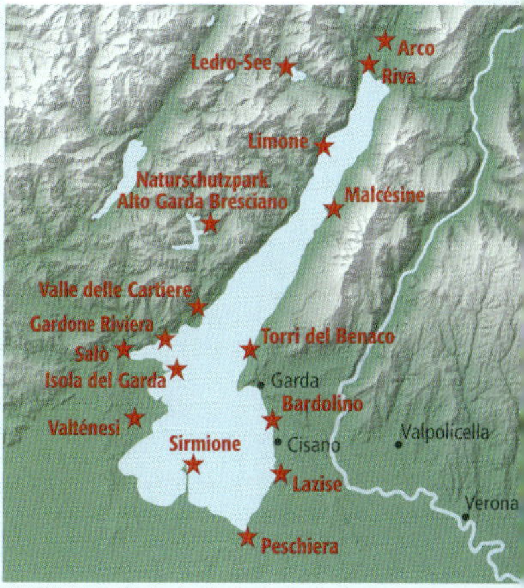

Palazzo ist. Im nördlicheren Bereich bestimmt die Nähe der Berge des Naturschutzparks **Alto Garda Bresciano** die Landschaft. Das geradezu urbane **Salò** im fjordartig tiefen Einschnitt ist historisch gesehen der bedeutendste Ort und auch heute Verwaltungssitz. **Gardone Riviera** steht für den Beginn des Tourismus am Gardasee, überragt von Gabriele D'Annunzios **Vittoriale.** In Toscolano-Maderno lohnt die **Valle delle Cartiere** (Papiermühlental) einen ausführlichen Besuch. Es folgen das hübsche **Limone** mit seinen engen Gassen, gefolgt von **Riva** mit Wasserburg und hohem Stadtturm und dem einladenden Weg zum nahen **Ledro-See** mit seinem **Pfahlbautenmuseum.**

Was sind die besten Standorte?

Der Gardasee ist touristisch bestens erschlossen – mit allen Vor- und Nachteilen, die dies mit sich bringt. Zu den Vorteilen gehört, dass das Angebot an Übernachtungsmöglichkeiten so groß ist, dass es für jeden Geschmack und jede Art von Urlaub eine passende Unterkunft gibt.

Wer vor allem wegen der Badefreuden an den See kommt, sollte sich am Ost- oder Südufer ein Quartier suchen. Auch wenn man den Urlaub am See mit möglichst vielen Ausflügen kombinieren möchte, ist der Südosten eine gute Wahl, da man **Verona** und die Weinlandschaft der **Valpolicella** schnell erreichen kann.

Für Wanderurlauber, Surfer und Mountainbiker ist dagegen die nördliche Seehälfte das interessantere Revier. **Malcésine** ist der ideale Standort für Touren am **Monte Baldo** und in seiner Umgebung, doch auch das Westufer zwischen **Gargnano** und **Limone** eignet sich für Wanderurlauber. Surfer und Segler sind besonders gut in **Riva** oder **Tórbole** untergebracht, wenn sie längere Anfahrten zum Surfgebiet meiden wollen. Das **Hinterland** des Westufers mit seinen kleinen Dörfern und Hochebenen wird meist von Urlaubern ausgewählt, die sich Ruhe und Erholung auf die Fahne geschrieben haben und gerne wandern gehen. Wer unbedingt Campen möchte, hat am Süd- und Ostufer die beste Auswahl.

Immer einen Abstecher wert: Verona

Auto, Bahn oder Bus?

Die meisten Urlauber fahren mit dem Auto an den Gardasee, denn die Anbindung an das öffentliche Verkehrsnetz ist eher dürftig, ausgenommen der Norden und der Süden des Sees. Den Norden erschließen Linienbusse von Trento aus, den Süden auch die Bahnlinie zwischen Verona und Brescia mit Halt in Desenzano und Peschiera. Von dort fahren zwar Linienbusse am Ostufer und am Westufer von Desenzano hoch, aber meist nur zu Schulzeiten oder im Berufsverkehr. Wer viel unternehmen möchte, ist deshalb auf ein eigenes Fahrzeug angewiesen. Biker sollten wissen, dass es noch immer einige dunkle Tunnels gibt, deren Durchfahrt nicht gerade angenehm ist. Die Linienboote und Fähren der Navigarda verkehren nur im Sommerhalbjahr – außer zwischen Torri del Benaco im Osten und Maderno im Westen.

Wo fahren Aktivurlauber am liebsten hin?

Der **Monte Baldo** dürfte das bekannteste **Wandergebiet** am Gardasee sein, man muss zwar hoch hinauf, kann dafür aber auch die Seilbahn zu Hilfe nehmen. Gegenüber am Westufer sind die Wanderwege meist schwieriger, am einfachsten noch im Bereich der beiden Hochebenen **Tignale** und **Tremósine,** etwas abenteuerlicher weiter südlich im **Hinterland von Toscolano-Maderno** bis Gargnano, mit Schmugglerpfaden und Kriegsstraßen etwa zu Füßen des **Pizzócolo** (1582 m), der einen umfassenden Rundblick ermöglicht.

Der Norden des Gardasees, genauer **Arco,** steht ganz im Zeichen der **Kletterer,** Höhepunkt: das Rock-Festival. Rock steht hier für Felsen, nicht für Musik. Ende August/Anfang September ist bei Rock Junior die europäische Jugend dran, danach folgen Rock Master, die Freeclimber-Weltmeisterschaften.

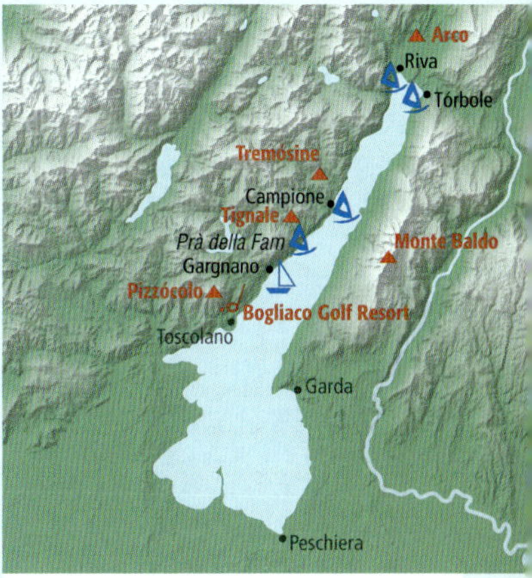

Wandern, Segeln, Surfen

Der nördliche Seeabschnitt zwischen **Tórbole** und **Riva** gilt als **Surferparadies,** auch für die modernere Variante **Kiten.** Weiter südlich vor **Campione** und noch ein Stück weiter beim **Prà della Fam** sind die Winde ebenfalls dafür geeignet. Surfen und Kiten wird an vielen Stränden angeboten, denn die passenden Winde des Sees wehen so pünktlich, dass sie ihn zum Surferdorado gemacht haben.

Segeln kann man überall am Gardasee. Am zweiten Septemberwochenende treffen sich die besten Segler der Welt im Jachthafen von **Gargnano** zur Centomiglia, der großen Regatta.

Einer der ersten **Golfplätze** Italiens war das **Bogliaco** Golf Resort, das auf 18 Loch erweitert wurde und inzwischen sehr exklusiv ist. Unter www.golf-garda.it sind alle Golfplätze am See und in seiner Umgebung verlinkt.

Gardasee bei schlechtem Wetter?

Die vielen hübschen Städtchen am See, sei es Malcésine, Riva, Limone oder Sirmione, kann man auch bei schlechtem Wetter erkunden. Aufgrund der vielen Geschäfte gehen Besichtigung und Shoppen gewissermaßen Hand in Hand. Wer mehr über die Geschichte der Region erfahren möchte, kann schlechtes Wetter für einen Besuch der Skaligerburgen nutzen, z. B. in Torri del Benaco. Außerdem ist es vom Gardasee nicht weit nach **Verona**, das mit seiner römischen Arena, dem vermeintlichen Haus der Julia aus der vielleicht berühmtesten Liebesgeschichte, großzügigen Plätzen und Palästen aus Gotik und Renaissance in jedem Fall einen Ausflug lohnt. Und eine tolle Einkaufsstadt ist Verona noch dazu. Noch etwas weiter entfernt, aber mit 50 km immer noch nahe genug für einen Tagesausflug, liegt die von den Gonzaga geprägte Stadt **Mantua** mit dem sehenswerten Herzogspalast und großartigen Plätzen.

Sollte man den See komplett umrunden?

Den ganzen See sollte man besser nicht auf einmal umrunden. Der Lago di Garda ist der größte See Italiens und man säße nur im Auto oder auf dem Fahrrad. Teilstrecken eignen sich besser: Den östlichen Teil fährt man von Tórbole im Norden bis Peschiera im Süden und baut vielleicht einen kleinen Abstecher entlang der Bardolino-Weinstraße ein, inklusive Besuch des dortigen Weinmuseums und des Olivenölmuseums von Cisano weiter südlich. Für Sirmione braucht man schon ein paar Stunden, da bleibt für eine Fahrt in die Städtchen der südlichen Moränenhügel gerade noch Zeit, wenn man nur noch Desenzano auf dem Plan hat. Das Westufer des Gardasees mag manchen mit seinen vielen Tunnels abschrecken. Entgehen kann man ihnen, wenn man in Gargnano in die Berge abbiegt, den Stausee des Valvestino anpeilt und so zum Idro- und zum Ledro-See fährt.

Die schönsten Strände

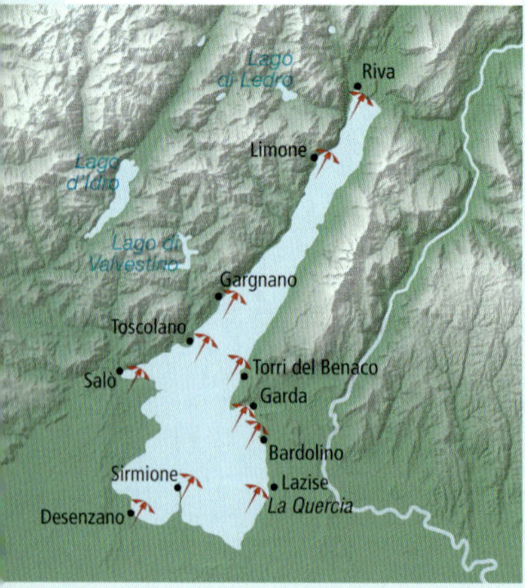

Wo findet man die attraktivsten Strände?

Der Gardasee hat von Natur aus nur **Kiesstrände**. Die schönsten gibt es beispielsweise in **Rivas** östlichem Bereich Richtung Jachthafen, und auch der Strand im Norden von **Torri del Benaco** vor der Baia dei Pini ist sehr nett. Entlang der Fußgängern vorbehaltenen Seepromenade zwischen Garda und Bardolino findet man kleine und größere Badebuchten, von natürlichem Schilf unterbrochen. Vor dem Lido Holiday von **Bardolino** wurde ein breiter Strand aufgeschüttet und mit Chillout-Liegen ausgestattet. Den einzigen – ebenfalls aufgeschütteten – größeren **Sandstrand** des Sees besitzt der **Campingplatz La Quercia** südlich von Lazise, leider nur noch für die Gäste des sehr gut ausgestatteten Platzes zugänglich.

Bei **Sirmione** im Süden locken im östlichen Ortsbereich längere Strandabschnitte, im Westen Richtung **Desenzano** ebenfalls. **Salò** besitzt im Süden einen schmalen Kiesstrand, **Toscolano**

Genuss pur! – Ein Aperitif mit Häppchen am Seeufer von Gargnano

einen langen vor den Campingplätzen und einen kürzeren vor der Papierfabrik, schön von Olivenbäumen beschattet. **Gargnanos** Kiesstrände müssen immer wieder neu aufgeschüttet werden: der Strand des Vororts Villa und weiter im Norden des Ortskerns der Strand Le Fontanelle, der eine schattige, in Terrassen angelegte Wiese unter Ölbäumen aufweist. Auch **Limone** im Norden besitzt südlich des Ortskerns einen Kiesstrand, hübsch durch kleine Buchten geformt, die durch große Felsblöcke abgetrennt wurden.

Und zum Schluss mein ganz persönlicher Tipp

Gargnano am Westufer hat den Tourismus anfänglich verschlafen, wurde aber vor Kurzem mit einer Promenade verschönert und dadurch keineswegs verdorben. Die Gemütlichkeit, die dem Alltag der Gargnanesi eigen ist, konnten diese sich bewahren: Die meisten der ohnehin wenigen, aber ausreichenden Läden schließen auch in der Hochsaison zur Mittagszeit und abends spätestens um 20 Uhr, die Restaurants sind klein, wenn nicht gar winzig, wie das von Michelin seit Jahrzehnten mit Sternen belohnte La Tortuga. Zur Aperitifzeit locken nette Cafés an der Durchgangsstraße wie am See. Hier genießt man seinen Aperitivo mit Blick auf das Ostufer und den alles überragenden Monte Baldo, vielleicht im Caffè Nuovo, wo die Wellen des Gardasees unter den Planken des Holzsteges so an die Hauswand schlagen, dass Venedig-Feeling aufkommt.

Wer mit Kindern unterwegs ist, schlendert zum nahen Miniaturhafen, wo am Kopfende die Gelateria Azzura mit hausgemachtem Eis vom Feinsten eine große Fan-Gemeinde auch unter den Einheimischen hat.

NOCH FRAGEN?

Die können Sie gern per E-Mail stellen, wenn Sie die von Ihnen gesuchten Infos im Buch nicht finden:
info@dumontreise.de
Auch über eine Lesermail von Ihnen nach der Reise mit Hinweisen, was Ihnen gefallen hat oder welche Korrekturen Sie anbringen möchten, würden wir uns freuen.

Linienboote der Navigarda: Der See von seiner schönsten Seite, S. 88

Piè di Castello: Urige Kneipe bei Tenno mit Carne Salada als Spezialität, S. 99

Lieblingsorte!

Borghetto: Wohnen im kleinen Mühlenhotel mitten im Fluss, S. 205

Parco Giardino Sigurtà: Naturgenuss im schönsten Park des Gardasees, S. 210

Innenhof des Palazzo del Capitano: Ruhe vor dem Rummel in Malcésine, S. 107

Kreuzgang von San Zeno: Der schönste und ruhigste Ort in Verona, S. 158

Die Reiseführer von DuMont werden von Autoren geschrieben, die ihr Buch ständig aktualisieren und daher immer wieder dieselben Orte besuchen. Irgendwann entdeckt dabei jede Autorin und jeder Autor seine ganz persönlichen Lieblingsorte. Dörfer, die abseits des touristischen Mainstream liegen, eine ganz besondere Strandbucht, Plätze, die zum Entspannen einladen, ein Stückchen ursprüngliche Natur – eben Wohlfühlorte, an die man immer wieder zurückkehren möchte.

Gargnano: Liebenswertes Städtchen mit schönem Hinterland, S. 259

San Valentino: Einsiedelei am Monte Gargnano, S. 264

Schnellüberblick

Das Westufer

Riviera dei Limoni wird das abwechslungsreiche lombardische Westufer des Gardasees neuerdings genannt, das stolz auf seine geradezu romantischen, aber auch urban wirkenden Ortschaften und teilweise – speziell im Parco Alto Garda Bresciano – sogar alpinen Landschaftsbilder ist. Hier liegen das quirlige Städtchen Salò, das feine Gardone mit Gabriele D'Annunzios Vittoriale degli Italiani oder das tüchtige Toscolano mit seinem Papiermühlental, das in einem großen Stausee endet. Ganz anders präsentert sich das beschauliche Gargnano mit seinen drei Ortsteilen am See und vielen Dörfern an den nahen Berghängen. Ideale Wanderbedingungen findet man hier und auf den beiden Hochebenen von Tignale und Tremósine weiter nördlich vor. Limone schließlich gilt als besonderes Schmuckstück am Westufer. S. 224

Der Süden

Am Ausfluss des Mincio im Südosten liegt die imposante Festungsstadt Peschiera, im Südwesten des Sees das lebhafte Desenzano mit seinem einladenden Kanalhafen und der guten Einkaufsmeile. Zwischen beiden ragt die von den Skaligern geprägte Schönheit Sirmione auf schmaler Halbinsel weit in den See. Das südliche Hinterland ist geprägt von den schweren Kämpfen um die Einigung Italiens – nicht umsonst wurde hier das Rote Kreuz erdacht. Heute präsentiert sich die Gegend als einladende Weinlandschaft mit kleinen Festungsstädten und dem großartigen Parco della Sigurtà. Auf der Valténesi zwischen Desenzano und Salò gibt es kleine Weinorte, von Kastellen bewacht – eine beliebte Sommerfrische mit zahlreichen Ferienwohnungen und Campingplätzen. Davor, fast bei Salò, das kleine Juwel Isola del Garda. S. 176

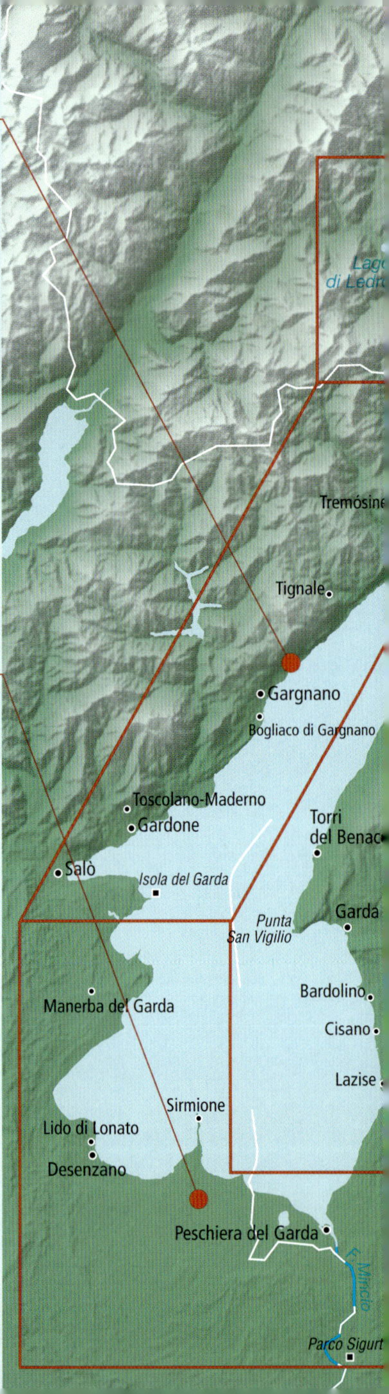

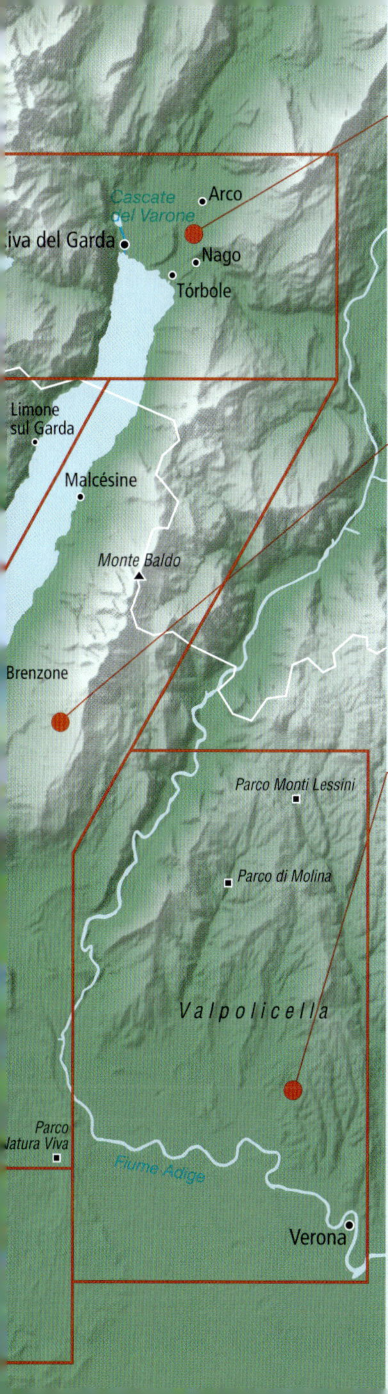

Der Norden
Der trentinische Norden ist von hohen Bergen umgeben, vor kalten Winden geschützt und Europas bestes Surf- und Extremklettererrevier. Fast urban zeigt sich das österreichisch geprägte Riva, eher bescheiden das Surferzentrum Tórbole. Die Kletterparadiese Arco und Nago liegen im nahen Hinterland. Ein wahres Naturschauspiel ist der Wasserfall von Varone, weiter oben in den Bergen lockt der Ledro-See mit seinem Pfahlbautenmuseum. S. 76

Das Ostufer
Das auch Olivenriviera genannte Ostufer gehört zu Venetien. An ihm liegen beliebte Urlaubsorte wie das hübsche Malcésine oder das ruhige Torri del Benaco. Besonders schön: Die Punta San Vigilio beim recht touristischen Garda; aber auch der lebendige Weinort Bardolino und das von seinem schmalen Kanalhafen geprägte Lazise. Im Hintergrund des Ostufers ragt majestätisch der Monte Baldo auf, ein wahres Wanderparadies – und ideal für Paraglider. S. 102

Verona und die Valpolicella
Verona ist eine wunderbare Einkaufsstadt und der angebliche historische Schauplatz der tragischen Liebe von Romeo und Julia. Berühmt ist die oberitalienische Metropole aber auch wegen der Opernaufführungen in der Römischen Arena, und in der stark von den Skaligern geprägten, wunderschönen Altstadt befinden sich viele kunsthistorische Schätze ersten Ranges. Im Hinterland erstreckt sich – vor der Kulisse der grandiosen Venetischen Alpen – die weinselige und villenreiche Valpolicella mit ihren vielen kleinen Dörfern und Städtchen: auch ein bedeutendes Marmorabbaugebiet, das Richtung Norden in den Parco Naturale Regionale della Lessinia übergeht. S. 148

Reiseinfos, Adressen, Websites

Baden, Surfen, Bootfahren – der Gardasee ist ein Wassersportparadies

Informationsquellen

Infos im Internet

Zum Gardasee gibt es sehr viele Websites. Etliche italienische sind auch in deutscher Sprache verfügbar (auf die deutsche Flagge klicken).

www.lagodigarda.it
www.gardasee.de
www.lago-di-garda.org
www.lakegarda.com
Allgemeine Informationen zum Gardasee mit Links zu Unterkünften, Restaurants, Sehenswürdigkeiten und zum Wetter.

www.gardalake.com
Infos zu Hotels, Restaurants, Märkten und Veranstaltungen am Gardasee.

www.familienurlaub-gardasee.de
Gutes Portal für die Planung eines Familienurlaubs am Gardasee.

www.dipende.it
Online-Version der kostenlosen Gardasee-Zeitung u. a. mit Veranstaltungskalender (vorerst nur italienisch).

www.gardatrentino.de
www.gardatrentino.it
Speziell zum Norden des Sees und zur Provinz Trentino.

www.provincia.verona.it
Zur Provinz Verona und dem Ostufer (nur italienisch).

www.ugav.it
Portal zu den Hotels an der Riviera degli Ulivi (Ostufer; nur italienisch).

www.info-valpolicella.it
Alles über die Weinbauregion Valpolicella.

www.gardavaltenesi.com
Alles über die Valténesi.

www.collinemoreniche.it
Der Süden wirbt hier mit guten Links zu Unterkünften, Wasserparks, Veranstaltungen, Museen (noch nicht auf Deutsch).

www.bresciatourism.it
Zur Provinz Brescia und dem Westufer.

www.rivieradeilimoni.it
Zum Westufer (Zitronenriviera).

www.zitronenriviera.de
Portal zu einigen Hotels am Westufer.

www.infotremosine.it
Zur Hochebene von Tremósine.

www.info-tignale.it
Zur Hochebene von Tignale.

www.bed-and-breakfast-italien.com
Portal zu B & B in Italien (erst auf die Region – Lombardia, Veneto und Trentino – und dann den Ort klicken).

www.bbgardalake.it
Portal für B & B am Gardasee.

www.trentinobedandbreakfast.it
Homepage des Qualitätsclubs B & B Trentino.

www.navigazionelaghi.it
Boote und Fähren (auf Gardasee klicken, noch nicht auf Deutsch).

www.centomiglia.it
Alle Informationen über die wichtigste Regatta in einem Binnensee (nur italienisch).

Fremdenverkehrsämter

Ausführliches Informationsmaterial und meist auch gutes Kartenmaterial gibt es bei den Büros der Staatlichen Italienischen Fremdenverkehrszentrale ENIT. Prospektbestellung bzw. Infos zum Herunterladen gibt es unter www.enit.it.

Büros in Deutschland

– Direktion für Deutschland, Österreich und Schweiz, Barckhausstr. 10
60325 Frankfurt/Main
Allgemeine Informationen: Tel. 069 23 74 34, frankfurt@enit.it

... in Österreich

Mariahilfer Str. 1b, 1060 Wien
Tel. 015 05 16 39, vienna@enit.it

... in der Schweiz

Uraniastraße 32, 8001 Zürich
Tel. 043 466 40 40, zurich@enit.it

Am Gardasee

Comunità del Garda (für den gesamten See, auch in Deutsch; kein Publikumsverkehr, nur per Telefon oder Mail).
Via dei Colli 15, 25083 Gardone Riviera, Tel. 03 65 29 04 11, www.lagodigarda.it und www.visitgarda.com, mit tollen Tipps u. a. für sportliche Urlauber.

Lesetipps

Gottfried Aigner: Familienreiseführer Gardasee. Hamburg 2011. Ideal für die Reiseplanung eines Urlaubs mit der Familie am Gardasee.

DuMont Bildband Gardasee: Natur, Kultur und Lebensart. Ostfildern 2013. Faszinierende Bilderreise zur Einstimmung auf den See.

Tullio Ferro, Laura Ferro Francesconi: Visti sul Lago. Zanetti, Montichiari 2000. Ein Standardwerk für alle Neugierigen, die sich nicht nur für den Jetset am See interessieren.

Johann Wolfgang v. Goethe: Italienische Reise 1786–88, Erster und Zweiter Teil. Weimar, dtv München 1962 ff. Ein schöner Einstieg in die bereits nach ›Süden‹ duftenden Landschaften des Gardasees.

Paul Heyse: Novellen vom Gardasee [Gefangene Singvögel (1901); Die Macht der Stunde (1899); San Vigilio (1900); Eine venezianische Nacht (1901); Antiquarische Briefe (1900)]. Stuttgart/Berlin, nur noch antiquarisch zu bekommen.

Dietrich Höllhuber, Wolfgang Kaul: Wanderführer Gardasee. Ostfildern 2012. 35 Touren rund um den See mit detaillierten Karten.

Helga Hofmann: GU Großer Naturführer Alpenblumen München 2012. Ein unerlässliches Standardwerk für Naturfreunde, die den Gardasee auch botanisch erkunden wollen.

D. H. Lawrence: Italienische Dämmerung. Zürich 2007. Lyrische Beschreibungen des einfachen Lebens in den Dörfern am Westufer des Gardasees.

Roswitha Wildgans: Vino Rosso. Köln 2011. Leichtfüßiger Gardaseekrimi um die Putzfrau Rosi Holzwurm, die unversehens in Kalamitäten gerät.

Buchhandlung vor Ort

Die Cartolibreria Sinibaldi in Gargnano, Piazza Feltrinelli 10 (im Scheitelpunkt des Hafens) bietet eine gute Auswahl an Literatur über den Gardasee, auch in deutscher Sprache. Auf Italienisch finden Interessierte gute Bücher lokaler Historiker über einzelne Themen wie die Dörfer am Berg oder die Fischer vom Gardasee, einige von ihnen von Bruno Festa, Lehrer in Gargnano und Korrespondent der Tageszeitung »Brescia Oggi«.

Wetter und Reisezeit

Der Gardasee ist ein Ganzjahresziel. Die Hauptreisezeit beginnt zu Ostern und endet etwa Mitte Oktober. Manche Hoteliers öffnen ihre Häuser auch erst zu Pfingsten. Die Sommer können sehr heiß sein, jedoch sorgen die Winde am See für eine gewisse Erfrischung. Und man braucht nur etwas höher zu steigen, um in die sprichwörtliche ›Sommerfrische‹ zu gelangen.

Die Winter sind normalerweise mild, wenn auch nicht gerade trocken. Es schneit selten, in den höheren Bergregionen kann man aber Ski fahren. In dieser Jahreszeit kommen nur wenige Touristen an den See.

Da der Gardasee auf drei Seiten durch Zweitausender vor rauen Winden geschützt ist, herrscht an seinen Ufern ein Mikroklima, das der Mittelmeerflora, aber auch exotischen Pflanzen ein gutes Umfeld bietet. Kein Wunder also, dass in den großen Gärten der Villen oder in den Parks eine üppige Vegetation gedeiht.

Klimadaten Gardasee

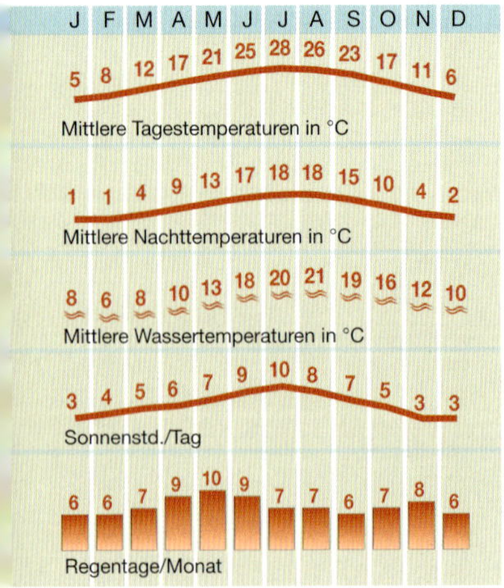

Die beste Reisezeit für ...

Romantiker und Genießer

Romantiker lieben den Gardasee im Winter, auch wenn sich der See dann zeitweise in ein aufbrausendes Ungeheuer verwandelt. Nach dem Sturm, der meist nicht lange andauert, ist die Gegend wieder umso schöner. Die Sonnenuntergänge sind von tiefstem Rot und die Gipfel des Tosco-Emilianischen Apennin rücken so nahe heran, als stünden sie gleich hinter den Endmoränenhügeln bei Solferino. In den höheren Regionen wie am Monte Baldo kann es ›wintersporttauglich‹ schneien, doch die Temperaturen am See erreichen nicht selten 18 °C und mehr.

Genießer kommen während der Frühlingsblüte und der herbstlichen Pilz- bzw. Kastanien- und Jagdsaison voll auf ihre Kosten. Jede Saison bietet ein reiches Angebot an kulinarischen Spezialitäten. Und nicht zu vergessen: Ende September/Anfang Oktober findet die Weinlese statt und es gibt in Bardolino und Riva Verwöhnprogramme wie etwa Traubenkuren. Ende Oktober/Anfang November und z. T. bis in den Februar hinein werden die Oliven geerntet – der richtige Zeitpunkt, um das köstliche Olivenöl frisch gepresst zu kosten und zu kaufen.

Sportliche und Wasserratten

Wer Badeferien machen möchte, reist am besten im Sommer an den Gardasee. Ausschließlich Hartgesottene, über die die Einheimischen nur den Kopf schütteln können, wählen für ihren Badeurlaub eine andere Jahreszeit.

Ein echtes Ganzjahresziel ist der See hingegen für Surfer und Kiter, Extremkletterer und Radfahrer. Im Winter lockt er auch Skifahrer an, die sowohl auf dem Monte Baldo im Osten als auch in den Trentiner und lombardischen Alpen im Nordwesten (z. B. in Madonna di Campiglio) geeignete Abfahrten finden.

Im Frühjahr, Sommer und Herbst bietet der Monte Baldo herrliche Wandermöglichkeiten. Die Seilbahn mit ihren drehbaren Panoramakabinen fährt fast das ganze Jahr von Malcésine aus auf den Berg und befördert auch Fahrräder für Mountainbiker. Wunderbare Wandergebiete bietet darüber hinaus der Brescianer Naturpark im Westen, mitsamt den Hochebenen von Tignale und Tremósine sowie dem Montegargnano im Schatten des Pizzócolo.

Golfer finden rings um die südliche Hälfte des Gardasees sieben Golfplätze, die im Prinzip ganzjährig bespielbar sind und jeweils nur für eine kurze Periode geschlossen werden. Die Lage dieser Plätze und die Atmosphäre ihrer Clubhäuser sind recht exklusiv.

Reisezeit-Tipps

In den **Schulferien** im Sommer ist der Gardasee auch ein beliebtes Ziel für italienische Urlauber und die Unterkunftspreise sind am höchsten. Im **Winterhalbjahr** haben leider nur wenige Hotels und Restaurants geöffnet.

An **Ferienwochenenden** sollte man die im Norden auch noch tunnelreiche Staatsstraße 45bis am Westufer des Sees meiden! Für die Strecke vom Norden bis an den Süden des Sees benötigt man dann schon einmal drei oder vier Stunden.

Kleidung und Ausrüstung

Am See kleidet man sich im Sommer gerne luftig, Baumwoll- und Leinenkleidung ist zweckmäßig. In den teureren Hotels wird am Abend ein elegantes Auftreten erwartet. Kurze oder dreiviertellange Hosen werden am Abend generell nicht gerne gesehen. Tagsüber sollte man daran denken, dass es auch in Strandlokalen nicht angebracht ist, sich in Badesachen an den Tisch zu setzen.

Im Frühjahr und Herbst sollte man unbedingt regenfeste Kleidung mitbringen (auch beim Wandern im Sommer sehr nützlich). Und den Winter darf man nicht unterschätzen: Am Gardasee kann es kühl werden, gerade auch in den Ferienwohnungen, die wenig geheizt werden.

Für sportliche Aktivitäten müssen die diversen Gerätschaften nicht unbedingt mitgebracht werden, man kann am See praktisch alles ausleihen, ob Surfbrett, Kiteboard oder Segelboot, ein normales Fahrrad oder ein Mountainbike, das gilt natürlich auch für den Gleitsegler und Gleitschirme, die gegen Gebühr ausgeliehen werden können (Infos bzw. Adressen beim jeweiligen Ort im Reiseteil). Die passende Kleidung auch für Extremsportarten findet man in den Ferienorten rings um den See in einschlägigen Geschäften in allen Preislagen, aber auch besonders Schickes, ob im beliebten Marine-Look oder Bergsteiger-Design. Sehr gute Fachgeschäfte für Kletterer und Bergsteiger sowie Gleitschirmflieger findet man speziell in Arco. Malcésine hat sich auf Bergsteiger, Gleitschirmflieger und – natürlich im Winter – auch auf Skifahrer spezialisiert. Schicke Mode für Leute, denen es mehr ums Gesehenwerden geht, bietet das Kreisstädtchen Salò mit seinen wunderbaren Geschäften sowie Sirmione mit seinen Luxusboutiquen.

Anreise und Verkehrsmittel

Einreisebestimmungen

Deutsche, Österreicher und Schweizer benötigen für die Einreise nach Italien einen gültigen Personalausweis, den sie z. B. an der Hotelrezeption oder auf dem Campingplatz beim Einchecken vorlegen müssen. Jeder Gast wird registriert bzw. der Polizei gemeldet. Jedes Kind, das ins Ausland reist, benötigt unabhängig vom Alter ein eigenes Reisedokument.

Gegenstände des persönlichen Bedarfs können in unbegrenzter Menge ein- und ausgeführt werden, auch großes Sportgerät. Kein Pardon kennen die italienischen Zollbehörden sowie die Polizia di Finanza jedoch, wenn Antiquitäten ausgeführt werden sollen. Das geht nur mit einer Sondergenehmigung der Kunstkammer!

Anreise

Die meisten Gardasee-Urlauber reisen mit dem eigenen Wagen an, ganz selten werden Flugzeug und Bahn benutzt. Für Reisende aus dem norddeutschen Raum ist es evtl. dennoch ratsam, das Flugzeug zu nehmen – z. B. einen Billigflug nach Bergamo oder Verona. Man muss dann aber rechtzeitig einen Mietwagen reservieren oder den Transfer zum Hotel organisieren lassen (kein preiswertes Vergnügen!).

... mit dem Flugzeug

Der internationale Flughafen Valerio Catullo in Verona-Villafranca verbindet den Gardasee mit allen größeren Städten Europas (Flugauskunft Tel. 00 39 04 58 09 56 66, www.aeroportoverona.it). Von 06.35 bis 23.35 Uhr pendelt ein Shuttle-Bus im 20-Minuten-Takt zwischen dem Flughafen und dem Hauptbahnhof Verona Porta Nuova (Infos unter Tel. 00 39 04 58 05 79 11). Der kleine Flughafen Gabriele D'Annunzio in Montichiari (Brescia) südlich des Gardasees bietet vor allem günstige Verbindungen nach England und ist Ausweichflughafen für Verona (Flugauskunft Tel. 00 39 03 02 04 15 99, www.aeroportobrescia.it).

Der Flughafen Orio al Serio bei Bergamo liegt (je nach Urlaubsort) eine knappe Autostunde vom südlichen Gardasee entfernt und bietet Flugverbindungen in die wichtigsten europäischen Städte (Flugauskunft Tel. 003 90 35 32 63 23, www.orioaeroporto.it).

Von allen Flughäfen wird ein Transferservice angeboten (z. B. unter http://transfer.limtours.it). Wer einen Leihwagen für die Fahrt vom Flughafen sowie den Aufenthalt am See nutzen möchte, sollte ihn in der Saison rechtzeitig vorbuchen (z. B. Flughafen-Website).

... mit der Bahn

Gute Bahnverbindung auf der EC-Strecke von München über den Brenner nach Trient, Rovereto und Verona bzw. weiter Richtung Mailand bis nach Peschiera und Desenzano. Autoreisezüge verkehren von Deutschland (Düsseldorf, Hamburg, Hildesheim) nach Bozen. Detaillierte Informationen zur Anreise mit der Bahn und dem Autozug unter www.bahn.de und www.trenitalia.it.

Von den Bahnhöfen Rovereto und Verona Porta Nuova wird ein regelmäßiger Bustransfer zum Gardasee angeboten (Infos unter www.apt.vr.it).

Züge auf der EC-Strecke nach Mailand halten in Desenzano im Südwesten des Sees, von dort verkehren Busse zu den Orten entlang des Sees.

... mit dem Auto

Die üblichen Autorouten zum Gardasee: Aus Deutschland und Österreich auf der Autobahn (in Österreich und Italien gebührenpflichtig) über Innsbruck und den Brenner nach Trient oder bis Rovereto. Von beiden Orten aus gelangt man an das Nordende des Sees. Oder man fährt auf der Autobahn bis Affi, von dort direkt nach Garda; oder abfahren zur autobahnähnlichen SR 450 bis kurz vor Peschiera; oder bis Verona und von dort aus an das südöstliche Ufer, bei Bedarf weiter über Peschiera und Sirmione nach Desenzano und ans Westufer. Oder Abfahrt in Rovereto und über Tórbole nach Süden am Ostufer entlang. Oder hinüber nach Riva und die Westseite südwärts.

Die Bildung von Rettungsgassen ist bei stockendem Verkehr oder Stau Pflicht auf Österreichs Autobahnen und Schnellstraßen, auch dann, wenn sich noch kein Einsatzfahrzeug nähert. Bei Behinderung von Einsatzfahrzeugen sind Geldstrafen bis zu 2180 € möglich (www.rettungsgasse.com).

Der gültige nationale Führerschein und die üblichen KFZ-Papiere genügen, wobei die Grüne Versicherungskarte bei einem Unfall immer nützlich, wenn auch nicht vorgeschrieben ist. Das Nationalitätszeichen sollte am Auto angebracht sein.

Verkehrsmittel am See

Auto

Zwar sind die Verkehrsregeln in Italien fast strenger als nördlich der Alpen (auch tagsüber auf Fernstrecken und zwischen den Ortschaften mit Abblendlicht fahren!) und die Bußgelder von erschreckender Höhe, jedoch scheint dies italienische Autofahrer wenig zu stören. Die Fahrweise ist meist forsch, das Schneiden der Kurven auch an den unübersichtlichsten Stellen und das Überholen auch bei doppelter durchgehender Linie üblich usw. Man sollte es den italienischen Fahrern aber auf keinen Fall nachmachen. Wenn Carabinieri Ausländer stoppen, kann es ungemütlich werden – von den üblichen hohen Strafzetteln ganz abgesehen, die inzwischen laut EU-Beschluss bis ins Heimatland geahndet werden.

Die italienischen Verkehrsbestimmungen gleichen mit wenigen Ausnahmen den Verkehrsregeln in Deutschland, Österreich und in der Schweiz. Auf den Autobahnen beträgt die Höchstgeschwindigkeit 130 km/h, auf vierspurigen *superstrade* (autobahnähnlich) 110 km/h, auf Landstraßen 90 km/h. Die Strecke zwischen dem Brenner und Bozen darf grundsätzlich nur mit maximal 110 km/h befahren werden.

An gelb markierten Bordsteinen ist Parken nicht erlaubt. Zeitlich begrenzte und kostenpflichtige Parkplätze (mit Parkautomaten) sind meist blau markiert, aber nicht immer. Zum Teil ist auch auf weiß markierten Parkplätzen die Parkdauer begrenzt oder das Parken gebührenpflichtig.

Mietwagen

Einen Wagen zu mieten, ist am Gardasee etwas kompliziert. Wer nicht vorbucht, muss vor allem während der Hochsaison mit Problemen rechnen. Die Hotels sind gern bei der Buchung behilflich – oder man bucht beim Anbieter seines Vertrauens von zu Hause aus, was meist günstiger ausfällt.

Linienboote

Rundfahrten mit dem Boot sollte man am besten nur während der Hochsaison von Juni bis Ende September einplanen. Im Winterhalbjahr verkehren die Fährschiffe nur zwischen Ost- und Westufer, genauer zwischen Torri del Benaco und Maderno. Und im Früh-

Linien- und Ausflugsboote der Navigarda verbinden die Orte am See miteinander

jahr und Herbst verkehren auch diese Schiffe seltener als im Sommer.

Es gibt täglich zwei Nord-Süd- bzw. Süd-Nord-Verbindungen (mit Autotransport) zwischen Riva und Desenzano. Im Norden wird auch das Ostufer mit Malcésine angefahren, ab Campione bewegen sich die Schiffe aber am Westufer entlang und im flachen Süden fahren sie von Desenzano aus nur Sirmione an. Das südöstliche Ufer bleibt bei dieser Tour unberücksichtigt.

Dafür gibt es die Möglichkeit, mit einem Spezialticket den Basso Lago, den südlichen Teil des Sees, zu befahren. Relativ häufig verkehren Boote zwischen Desenzano, Sirmione und Peschiera sowie im Südosten zwischen Lazise, Bardolino und Garda.

Im Norden bietet die Navigarda das Ticket Alto Lago an, mit dem man mehrmals am Tag Limone, Malcésine und Riva ansteuern kann. Zwischen Riva, Limone und Malcésine verkehren neuerdings auch Autofähren, leider nicht ganzjährig.

Die aktuellen Tarife sind im Internet zu finden (www.navigazionelaghi.it). Schnellboote kosten etwa 40 % Aufpreis. Zusätzlich gibt es natürlich auch Ausflugsboote zu bestimmten Zielen. Dies ist die bequemste, aber am wenigsten individuelle Art, den See zu erkunden. Diese Boote verkehren besonders rund um Sirmione sowie – im Sommer – zwischen Limone und Malcésine.

Busse

Alle Seeorte sind mit Bussen erreichbar. Fahrpläne, Strecken und Tarife finden sich auf den Internetseiten: für die Provinz Brescia (Westufer) www.trasporti brescia.it, für die Provinz Verona (Ostufer) und die Valpolicella www.apt.vr.it.

Die Buslinien Nr. 62 bis 64 verbinden Verona mit Lazise und fahren dann weiter bis Riva. Nr. 81 fährt von Verona nach Sirmione und Desenzano (s. auch Bus & Bike, S. 104). Wer allerdings ins Hinterland fahren will, hat das Nachsehen, da die Busse fast nur zu den Schulzeiten verkehren.

Taxi

Zwar stehen vor den Bahnhöfen und Flughäfen meist genügend Taxis, doch für Überlandfahrten sind die Taxipreise hoch. Besser ist es, sich nach den Festpreisen zu den Gardaseeorten zu erkundigen bzw. den Transfer schon vorher zu organisieren. Dürftig ist der Service in den einzelnen Orten, den man allerdings meist nur dann benötigt, wenn man außerhalb eines Ortes sein Quartier aufgeschlagen hat: Taxis sind hier kaum zu finden.

Übernachten

Hotels und Ferienanlagen

Zu den Luxushotels am See zählen das Du Lac et Du Parc in Riva, etwas nüchtern von außen, mit schönem Park, guten Sportmöglichkeiten und Schönheitsfarm, sowie die Villa Cortine Palace in einem herrlichen Park an der Spitze von Sirmione. Außerdem gibt es den Palazzo Arzaga mit zwei Golfplätzen in der Valtenesi im Südwesten, das mit einer sehr luxuriösen Wellness-Abteilung modernisierte Grand Hotel Fasano am See und die traumhaft im eigenen Park gelegene Villa del Sogno, beide im Vorort Fasano von Gardone Riviera. Auch das sehr teure Luxushotel Villa Feltrinelli am Nordrand von Gargnano ist in diesem Zusammenhang zu erwähnen. Am Montegargnano entstand außerdem in imposanter Lage ein Wellness-Hotel der Superlative (Lefay Resort & Spa, s. S. 263). Schon länger dem Wohlfühlen verschrieben hat sich hingegen das moderne und doch sehr luxuriöse Imperial mit eigener Gesundheitsfarm am Hang von Limone. In der Valpolicella schließlich locken Hotels in historischen Villen.

Typisch für den Gardasee sind jedoch kleinere familiäre Häuser und – das genaue Gegenteil davon – kleinere und größere sog. ›Residencen‹. Diese Ferienanlagen, teils mit Apartments und Hotelbetrieb, haben zwar ganze Landstriche oft recht unvorteilhaft verändert, sind jedoch ideal für Familienferien.

Fast allen Unterkünften gemeinsam ist die kurze Saison: Die meisten Hotels öffnen frühestens zu Ostern, manche erst zu Pfingsten, und schließen im Oktober schon wieder. Da auf die Angabe ›ganzjährig‹ nicht immer Verlass sein kann, sollte man sich, wenn man im Winter Lust auf einen Abstecher an den See bekommt, vorher unbedingt erkundigen, ob das Hotel geöffnet ist.

Zimmer werden während der Hochsaison im Juli/August oft nur mit Halbpension oder gar Vollpension angeboten. Die Preise variieren von Ort zu Ort sehr. Beispielsweise ist Sirmione teurer als Peschiera, obwohl die Orte nah beieinander liegen. Interessant sind die Pauschalangebote der Reiseveranstalter, um bei den Hotelpreisen zu sparen. Außerdem ist die Buchung im Internet von Vorteil, da die Hoteliers hier ihre Zimmer günstiger, vor allem kurzfristig, anbieten können.

Die meisten Hotels haben eigene Websites, über die man direkt buchen kann. Aber auch die Seiten der Gemeinden rings um den See sind mit ihren Unterkunftsanbietern verlinkt. Eine große Auswahl an Hotels am Gardasee findet man bei Eingabe von ›Gardasee‹ unter www.hrs.de, www.expedia.de, www.booking.com (mit genauer Angabe der noch verfügbaren Zimmer) sowie über die genaue Ortsangabe – unter www.hotels.com (kleinere Auswahl).

Bed & Breakfast

Bed & Breakfast (B & B), also Zimmer mit Frühstück bei Privatleuten oder auch in kleinen Pensionen findet man am Gardasee immer öfter. Auch Apartments mit Frühstücksservice kann man buchen. Man findet in diesem Fall in seiner Ferienwohnung einen gut gefüllten Kühlschrank für das Frühstück vor, zu dem noch täglich frisches Brot bzw. Brötchen, Eier und nicht selten werden auch Tomaten oder anderes Gemüse sowie Obst aus dem

Garten der Wirtsleute geliefert. Tipps u. a. unter www.bbitalia.it, www.bed-and-breakfast.it und – speziell für den Gardasee – unter www.gardalake.it mit entsprechenden Links (kleine Auswahl).

Ferienwohnungen und -häuser

Da der Gardasee als ausgesprochener Familiensee gilt, werden familienfreundliche Ferienwohnungen und Apartments immer stärker nachgefragt. Vor allem in größeren Ferienanlagen, den sog. ›Residencen‹ (s. o.), kann man sie finden.

Ferienhäuser werden oft von Privatpersonen vermietet. Angebote finden sich in Tageszeitungen und im Internet, aber auch die Touristenbüros geben Vermieterlisten heraus. Die in Deutschland bekannten Anbieter von Ferienhäusern verfügen nur über ein kleines Kontingent am Gardasee.

Campingplätze und Ferien auf dem Land

Rund um den Gardasee gibt es eine ansehnliche Anzahl an **Campingplätzen.** Manche von ihnen sind von geradezu luxuriösem Komfort mit Pool und Badestrand, vielen Sportmöglichkeiten, Kinderanimation, Bungalows und Leihcampern. Die größte Dichte schöner Plätze findet sich zwischen Garda und Lazise an der Ostküste, in der Valténesi zwischen Desenzano und Salò sowie westlich und östlich von Sirmione.

Immer interessanter werden auch die Angebote des **Agriturismo:** Ferien auf dem Bauernhof, auf dem Landgut oder auf historischen Weingütern, z. B. in der Valpolicella. Auch Reiterhöfe zählen zum Agriturismo. Eine Auswahl dieser Ferienmöglichkeiten auf dem Land wird jeweils im Reiseteil genannt. Weitere Infos z. B. unter www.agriturismo.it/de/bauernhof/garda_see.

Erstes Haus am Platz: das Grand Hotel in Gardone Riviera

Essen und Trinken

Sieht man von manchen Hotelküchen ab, die sich italienisch-international gebärden und sich teilweise sogar dem deutschen Gaumen anpassen, kann man am Gardasee hervorragend essen. In den letzten Jahren haben immer mehr Wirte die ursprüngliche, sehr vielfältige und schmackhafte Gardasee-Küche wiederentdeckt, die sie vielleicht noch verfeinern und variieren. Zugute kommt der hiesigen Küche, dass der Gardasee drei doch recht unterschiedlichen italienischen Provinzen (und sogar Regionen) angehört: dem Trentino, dem venetischen Verona und dem lombardischen Brescia. Alle drei sind berühmt für ihre kulinarischen Spezialitäten. Lokale Abwandlungen können ebenfalls eine große Bereicherung sein. Im Süden des Sees ist zusätzlich der Einfluss der nahen lombardischen Provinz Mantua zu spüren. Sie ist berühmt für Gerichte z. B. mit Kürbis, Eselfleisch oder Fröschen.

Die Stars in der Küche: Fisch & Co.

Die Hauptrolle spielen natürlich Fische aus dem See und seinen Zuflüssen. Sogar Flusskrebse gibt es und Sardinen, die sonst nur im Meer zu finden sind – hier ein historisches Überbleibsel früherer geologischer Epochen. Berühmt ist die *trota salmonata,* die Gardaseeforelle mit ihrem rosafarbenen Fleisch. Sie kommt allerdings kaum noch aus dem See, sondern muss der großen Nachfrage wegen gezüchtet werden. Doch die Vielfalt der noch im See gefischten Sorten ist erstaunlich groß. Je nach Jahreszeit, denn die Schonzeiten müssen strikt eingehalten werden, fangen die wenigen noch verbliebenen Fischer Aal und Schleie, Karpfen und Felchen (im Osten des Sees *lavarello* genannt, im Westen *coregone*), Seebarsch und Hecht, ganz selten noch den kostbaren *carpione* und die winzigen Aole, die vom Aussterben bedroht sind, seit der Wasserstand des Sees zu sehr schwankt.

Um der Fischnot entgegenzuwirken, werden immer mehr Fische zwar nicht gezüchtet (wie die Gardaseeforelle), aber bei ihrer Aufzucht unterstützt. Die Fischer liefern reife Rogen in die Aufzuchtanstalt, in der – ohne die natürlichen Gefahren – die jungen Larven heranwachsen. Sie werden später in die Freiheit entlassen, um unter normalen Bedingungen aufzuwachsen. Das ist inzwischen mit fast allen Fischarten möglich und ein echter Segen, nicht nur für den Gardasee.

Beliebt sind bei den Gardesanern auch Meeresfische und -früchte; die entsprechenden Restaurants bewerben sie mit großen Plakaten. Gerade Meeresfrüchte sind vom Speiseplan der Region – etwa an Silvester – nicht wegzudenken! Auf fast jedem Markt findet man durch den Duft ausgebackener Fische lockende Fischstände und ab und zu auch einen Fischladen, der sowohl Fische aus dem Meer als auch aus dem See anbietet.

Bäuerlich-deftige Fleischgerichte

Doch auch eine schwere bäuerliche, stark vom Hinterland beeinflusste Küche trägt zum Reichtum der lokalen Spezialitäten bei. Verbreitet ist im Westen Polenta. Sie wird bevorzugt mit Vollkorn-Maismehl aus Storo westlich von Riva hergestellt und mit viel Butter sowie deftigem Käse von den hiesigen Hochebenen angereichert. Dieser Maisgrießbrei ist fester Bestandteil etwa als Beilage zu Feiertagsspezialitäten wie dem *spiedo*, einem Spieß aus verschiedenen Fleischsorten: Schweinefleisch, Hähnchen, Kaninchen und auch Singvögel. Diese bekommen Touristen aber in der Regel nicht angeboten, sie zählen zu den kostbarsten Bestandteilen der brescianischen Küche.

Auf beiden Seiten des Sees wird gerne Pferdefleisch gegessen, die Tiere werden speziell dafür gezüchtet. Man findet Pferdefleisch roh als Tartar, neuerdings auch als *carpaccio*, sowie kurz gebraten oder gegrillt. Und man bekommt es als Braten, etwa in Rotweinsoße. Bevorzugt wird es in Valpolicella (im Osten) oder in Groppello (im Westen) angeboten, wie auch das beliebte Pferdegulasch. Getrocknet und in feinste Streifen gerissen kommt Pferdefleisch als das etwas deftige *sfilaccio* auf den Vorspeisenteller. Es hat einen ganz und gar ungewöhnlichen Geschmack und man sollte es auf jeden Fall probieren.

Im Süden findet man, geprägt durch die Küche Mantuas, eher Eselfleisch, das ähnlich zubereitet wird. Dazu gibt es viele Gerichte aus oder mit Kürbis, der beliebten *zucca*. Am bekanntesten dürften die *ravioli di zucca* sein, mit Amaretto verfeinert und leicht süßlich im Geschmack, gefolgt von Kürbis-Gnocchi, Gebäck mit Kürbis u. v. m. Zum Nachtisch empfiehlt sich die unentbehrliche *sbrisolana*, ein trockenes Streuselgebäck, das mit einem Dessertwein ›aufgeweicht‹ sein will.

Obst, Gemüse und Pasta

Auch wenn jeder Haushalt entweder einen eigenen Garten hat oder Obst aus dem Garten von Freunden und Verwandten bezieht, wird nur relativ wenig Obst gegessen. Salat wird bei Bedarf frisch geerntet. Gemüse brät oder grillt man gerne als Vorspeise oder Beilage zu Fisch oder Fleisch. Pasta wird in den Privathaushalten – anders als etwa in der Toscana oder im Süden des Landes – selten hausgemacht oder frisch gekauft, sondern in getrocknetem und abgepacktem Zustand. Meist kommt Pasta sogar mittags und abends auf den Tisch. In immer mehr Restaurants wirbt man aber mit hausgemachter Pasta, die dann auch entsprechend teurer ist.

Bestes Olivenöl und Trüffel

Ein wichtiger Bestandteil der Gardasee-Küche ist das äußerst schmackhafte Olivenöl, das sowohl aus dem historischen Anbaugebiet im Osten als auch aus dem Westen stammt. Rings um den See findet man Olivenölpressen, in denen die Früchte gleich im Anschluss an die Ernte gepresst werden, um sie so vor schädlicher Oxidation zu schützen, die ihren Säuregehalt erhöhen würde.

Feinschmecker könnten überrascht sein, dass es rund um den Gardasee gleich drei Trüffelgebiete gibt (Monte Baldo, Valténesi und Tremósine). Die Trüffel sind inzwischen sogar unter Produktschutz (DOP) gestellt.

Typische Trattorien in den Bergen

Die Gardesaner lieben es, in großer Gesellschaft essen zu gehen, ob im Freundeskreis oder bei Familienfeiern, bei denen leicht 20 bis 30 Personen zusammenkommen. Große Probleme bei der Menüauswahl haben sie nicht. Denn: Ganz groß wird die *spiedo*-Tradition geschrieben, und zwar speziell am Brescianer Ufer bzw. in dessen Hinterland. Schon wenige Meter hinter der Gardesana Occidentale (Westufer) beginnt sozusagen das *spiedo*-Land. In jedem Dorf, das auch nur ein wenig oberhalb der Küstenstraße liegt, wird sonntags (und auf Bestellung auch an anderen Tagen) der Spieß stundenlang vor dem Holzkohlenfeuer gedreht, stets mit reichlich Butter bepinselt. Zwischen den diversen Fleischstücken sind große Kartoffelstücke aufgespießt, dazwischen ganze Salbeiblätter, die herrlich duften. Zum Spieß wird viel lokaler Rotwein getrunken. (Achtung: Weil sich der Spieß drei oder vier Stunden lang drehen muss, bevor er perfekt ist, sind die vom Wirt angesetzten Essenszeiten genau einzuhalten: mittags um 12 oder 13, abends um 19 oder 20 Uhr.)

Aus dem Trentino im Norden des Sees stammt die Tradition der *carne salada*, des gepökelten Fleisches. Sehr gutes, sehr mageres Rindfleisch wird wochenlang in einer Kräutermarinade eingelegt (die Rezepte werden streng gehütet!). Kalt wie *carpaccio* oder kurz gegrillt und mit weißen Bohnen, immer aber vor der Zubereitung dünn geschnitten und geklopft. Die beste *carne salada* bekommt man in seit Generationen auf diese Köstlichkeit spezialisierten Berglokalen. Das gilt im Trentino auch für die deftigen *strangolapreti* (Priesterwürger), dunkelgrüne, meist unförmige Gnocchi aus Ricotta und Spinat, die mit reichlich zerlassener Butter und Parmesanflocken serviert werden.

Wein und Schnaps

Mehrere Weinanbaugebiete verfügen auch über außerhalb Italiens bekannte Lagen: Bardolino und Valpolicella im Südosten (bis ins Gebiet des trockenen Soave hinein), Custoza, Lugana und Colline Moreniche im Süden sowie Valténesi (speziell der rote Gropello und der Rosé Chiaretto) im

Spiedo, der Feiertagsgrillspieß vom Westufer, besteht aus verschiedenen Fleischsorten

Südwesten. Die Weinkellereien haben es in den letzten Jahren mit bekannten Fachleuten etwa aus dem Trentino oder der Toscana zu erstaunlichen Qualitäten gebracht, die sie sich allerdings auch entsprechend bezahlen lassen. Wer eine gute Flasche Wein, gar eine Besonderheit wie den Amarone aus der Valpolicella oder einen trockenen Lugana oder Custoza aus den Moränenhügeln trinken möchte, muss schon etwas tiefer in die Urlaubskasse greifen. Im Norden bieten mehrere Kellereien gut ausgebaute Weiß-, Rosé- und Rotweine an wie den Nosiola, Schiava und diverse Rotweine (Cabernet und Merlot, Lagrein Dunkel, Marzemino u. a.).

Ähnliches gilt für die ringsum produzierten Schnäpse – egal ob Grappa (aus Trester gebrannt) oder Uva (aus der reinen Frucht destilliert). Im Norden des Sees, unweit der Cantina di Toblino und dem gleichnamigen See, finden Neugierige in Massenza sogar ein ganzes Schnapsbrennerdorf (s. S. 98).

Wochenmärkte

Die Märkte am Gardasee werden im Sommer teilweise touristisch etwas ›aufgepeppt‹ und erfreuen sich bei den Urlaubern großer Beliebtheit. Sie sind aber im Prinzip für die Einheimischen gedacht. Die Boote zum jeweiligen Marktort und die Parkplätze vor Ort sind an Markttagen überfüllt.

Marktzeit ist normalerweise frühmorgens bis etwa 12.30 Uhr – je nach Jahreszeit.

Wochenmärkte am Gardasee

Montag
Colombare di Sirmione
Moniga del Garda
Peschiera del Garda
San Zeno in Montagna
Torri del Benaco

Dienstag
Castelletto di Brenzone
Desenzano del Garda
Limone (nur 1. und 3. Di des Monats)
Pieve di Tremósine
Ponti sul Mincio
Tignale
Tórbole (nur 2. und 4. Di des Monats)

Mittwoch
Arco (nur 1. und 3. Mi des Monats)
Gargnano (alle 14 Tage)
Lazise
Riva del Garda (nur 2. und 4. Mi des Monats)
San Felice del Benaco

Donnerstag
Bardolino
Lonato
Toscolano

Freitag
Garda
Gardone
Manerba del Garda
Peschiera (nachmittags)
Sirmione
Soiano sul Lago

Samstag
Castiglione delle Stiviere
Lazise
Malcésine
Padenghe (nachmittags)
Polpenazze del Garda
Salò
Valéggio sul Mincio
Verona

Sonntag
Rivoltella di Desenzano

Aktivurlaub, Sport und Wellness

Für den Gardasee gibt es sehr praktische allgemeine, wenn auch kommerzielle Websites, die mit Links zu den wichtigsten Anbietern führen, z. B.
www.sport-gardasee.de
www.gardainforma.com
www.gardasee.com

Golf und Tennis

Golfer finden sieben Golfplätze rings um die südliche Hälfte des Sees. Bis zum Iseo-See und nach Verona sind es sogar elf. Genauere Informationen bietet die Webadresse **www.golfplatz-gardasee.de** mit Links zu den Golfplätzen, auch zum Übungsplatz Parallelo ganz im Norden bei Dro.

Es gibt am Gardasee auch mehrere Hotels mit eigenen **Tennisplätzen.** Einige Hotels haben sich sogar auf Tennisspieler spezialisiert wie das Poiano oberhalb von Garda (s. S. 130) oder einige Häuser auf der Hochebene von Tremósine (Tennis Center Presé, Via C. Vittorio Veneto, Pieve di Tremósine, Tel. 03 06 80 62 66; Hotel Le Balze, www.hotel-lebalze.it). Auch Malcésine rühmt sich eines guten Tenniscenters (www.tennisclinic.it).

Klettern und Gleitschirmfliegen

Oberhalb von Riva, hinter Arco, im Schatten der beeindruckenden Rocca, finden **Extremkletterer** die steilsten und verrücktesten Wände Italiens überhaupt, mit mehr als 250 sog. Wegen. Gleich drei Spezialisten kümmern sich um Neueinsteiger und Profis in Sachen Klettern ›über Kopf‹, alle in Arco: Guide Alpine Arco, **www. guidealpinearco.com,** Friends of Arco, **www.friendsofarco.it** sowie Multisport, **www.yumping.it,** die sich auf Kinderkurse spezialisiert haben und sogar die Ausrüstung mitsamt Schuhen stellen.

Das Paradies für **Gleitschirmflieger** liegt am Monte Baldo oberhalb von Malcésine (s. S. 113). Hier kann man auch zu Tandemflügen starten.

Radfahren/Mountainbike

Der gesamte Norden des Gardasees gilt als **Mountainbiker-Paradies**. Wunderbare Routen gibt es etwa auf dem Monte Baldo sowie auf der Hochebene von Tremósine. Spezielle Radfahrer-Hotels bieten Unterstellmöglichkeiten für Fahrräder. Und im Veronesischen gibt es sogar den Service »Bus & Bike« (s. S. 104), bei dem man das Fahrrad auf den Berg mitnehmen kann. Auch der Transport mit der Seilbahn auf den Monte Baldo ist möglich (s. S. 110). Das Nonplusultra der Mountainbiker ist jedoch das **Rocky Mountain Bike Festival** in Riva, das in drei Schwierigkeitsgraden ausgetragen wird (http://riva.bike-festival.de).

Unverzichtbar: die **Kompass Wander- und Bikekarten** (s. S. 32). Weitere Infos und Anregungen findet man auch unter **www.lagobiker.it** und im jährlich erscheinenden »Lagobiker-Guide« (über die Website zu bestellen).

Trekking

Ähnlich wie Südtirol ist auch das Trentino ein beliebt-berühmtes Wander- und Bergsteigergebiet mit hervorragend ausgebildeten Bergführern. Sie begleiten Bergwanderer auf Touren aller Schwierigkeitsgrade, also auch Anfänger, ins umgebende Hochgebirge. Eine sehr praktische Broschüre (sie steht unter dem Patronat des weltberühmten Reinhold Messner) mit hervorragenden Trekkingtipps sowie ausgewählten Unterkünften auf den Strecken bzw. Ausgangspunkten heißt »Trekking delle Leggende« (also »Trekking auf den Spuren der Sagen«, auch in deutscher Sprache erhältlich). Infos dazu und digitale Wanderkarten unter **www.visittrentino.it,** Link Trekking.

Der Wanderspezialist ASI bietet u. a. über TUI eine Auswahl an begleiteten Touren mit Unterkunft und Verpflegung am Gardasee an, besonders schön am Monte Baldo: **www.asi.at.**

Wassersport

Surfen und Kiten

Vorzugsweise im Norden wird wegen der idealen Windverhältnisse gesurft, gesurft und noch einmal gesurft. Informationen sind bei den einzelnen Orten zu finden. Ein Stückchen weiter südlich, direkt vor Campione, starten die Kiter unter Aufsicht eines Begleitbootes von einer Rampe im Wasser und zeigen ihre für nicht Eingeweihte kuriosen Luftsprünge. Zu den besten Plätzen führt der Bootsshuttle des Kitespezialisten New School gegenüber in Brenzone, der auf Wunsch auch für Ausbildung und Unterkunft sorgt: **www.newschool-kitesurfing.com.**

Segeln und Motorbootfahren

Der Gardasee ist auch bei Seglern beliebt. In den verschiedenen Orten rund um den See werden Segelkurse angeboten, aber auch geführte Segeltörns (s. S. 199, 250) und Kurse im Katamaransegeln (s. S. 113). Aus Naturschutzgründen und zum Schutz der Schwimmer und anderer unmotorisierter Wassersportler sind Motorboote nicht gerne gesehen. Sie müssen auf jeden Fall den vorgeschriebenen Abstand zum Ufer halten.

Tauchen und Canyoning

Auch Tauchen kann man am Gardasee lernen und diesen Sport an interessanten, ufernahen Stellen ausüben (s. S. 183, 200, 222). Oder man stürzt sich beim **Canyoning** durch wasserdurchflossene Gebirgsschluchten (s. S. 278).

Wellness

Es gibt am Gardasee einige Hotels, die sich auf Wellness spezialisiert haben. Hierzu gehören dann meist mehrere Pools und eine Saunalandschaft, mit einer dezenten oder anregenden Beleuchtung sowie mit passender Musikuntermalung und angenehmen Düften. Das Park Hotel Imperial in Limone bietet z. B. schon länger Ayurveda an. Das jüngste und sehr komfortable Haus, das LEFAY Resort am Montegargnano, hat die wohl größte Wellnessabteilung und Schönheitsfarm am See, dicht gefolgt vom Grand Hotel Fasano in Fasano. In der Valténesi ist die Wellnessabteilung des exklusiven Golfhotels Palazzo Arzaga Spezialist für luxuriöse Körper- und Schönheitspflege. Im Osten gilt die SPA-Abteilung des alteingesessenen Hotels Regina Adelaida in Garda als Vorreiter in Sachen Wellness.

Wander- und Bikekarten

Kompass Wander- und Bikekarten:
Alto Garda e Ledro (WK 690), 1 : 25 000.
Monte Baldo Nord (WK 691), 1 : 25 000.
Monte Baldo Süd (WK 692), 1 : 25 000.

Nautische Karte

Lago di Garda, Carta e Guida Nautica/Nautischer Führer und Karte, 1 : 50 000, Ghedina & Tassori Editori (auch in Deutsch erhältlich).

Feste und Unterhaltung

Ostern

Das **Osterfest** wird zwar in den meisten Ortschaften am See gefeiert, doch in den wenigsten so eindrucksvoll wie in Cisano: Der Maultierpfad, der zwischen Olivenbäumen hindurch hinauf zu den Ortschaften Biasa und Fasor führt, ist am Karfreitag die Bühne eindrucksvoller Passionsspiele entlang der 14 Stationen des Kreuzweges. Die Einheimischen spielen die verschiedenen Momente des Leidensweges Christi, während ein Chor mit seinem Gesang in lateinischer (!) Sprache den idealen Rahmen schafft.

An **Ostermontag** *(pasquetta)* ziehen die Bewohner rings um den See mit der ganzen Familie oder im großen Freundeskreis in die Natur hinaus – mit reich bestückten Picknickkörben oder zum Essen in einer Landtrattoria. Ohne Reservierung bekommt man an diesem Tag daher kaum einen Tisch. Und die Einheimischen haben an diesem wichtigen Feiertag zudem absolut Vorrang ...

Johannistag

Der in Italien generell beliebte **San Giovanni Battista** wird meist an einem Sonntag nahe dem 24. Juni mit zahlreichen lokalen Festen begangen, so – auf besonders schöne Weise – auch in Musaga, etwas oberhalb von Gargnano. Am Samstag lädt dort das Dorf zu einem Wildschweinessen mit Polenta ein und der örtliche Polizeikommandant höchstselbst spielt zum Tanz auf. Am Sonntag findet eine Messe statt, danach locken lokale Künstler mit Ausstellungen in die kleinen Innenhöfe, und das Ergebnis eines Fotowettbewerbs zum Thema Gardasee und Hinterland wird vor dem Kirchlein ausgestellt. Um 12.30 Uhr gibt es *spiedo* und gegen Abend dann den Aperitif und eine der Dorfspezialitäten wie *polenta uta* (mit viel Käse und Butter angerührt) sowie lokalen Wein. Ein wunderbares Konzert der aus dem Dorf stammenden Mandolinistin und Dirigentin Dorina Frati unter freiem Himmel sowie Musik und Tanz runden den Abend ab. Und zu guter Letzt findet die unerlässliche Tombola statt, deren Erlös der weiteren Restaurierung des vom Erdbeben seinerzeit fast völlig zerstörten Kirchleins dient. Touristen sind herzlich willkommen.

Ferragosto/Sommerfeste

Am 15. August, an **Mariä Himmelfahrt,** fuhr früher ganz Italien in die Ferien; das hat sich zwar entzerrt, aber dennoch sollte man es vermeiden, an diesem Tag rund um den See herum unterwegs zu sein. Da geht meistens nichts, weder auf den Fern- noch auf den Uferstraßen. Feste, an deren Ende üblicherweise ein riesiges Feuerwerk steht, finden überall rund um den See statt. Auf die entsprechenden Aushänge in den Orten und in den Hotels achten.

Weinfeste

Ende September/Anfang Oktober finden in den Weinorten rund um den See sowie in der Valpolicella meist an den Wochenenden Weinfeste statt, bei denen vor allem kulinarische Spezialitäten und natürlich Wein verkostet werden – begleitet von Konzerten von Jazz bis Klassik.

Festkalender

April

Giro del Trentino: vorletzte Aprilwoche in Arco. Profiradrennen durch die Berge.

Il Giardino di Delizia: letztes Aprilwochenende in Bogliaco di Gargnano, www.ilgiardinodidelizia.it. Blumen und Pflanzen der historischen Gärten des Sees, im Park der Villa Bettoni und auf ihrer Seeterrasse.

Mai

Bike Festival: Anfang Mai in Riva del Garda. Internationales Bikertreffen.

Surfestival: vorletztes Maiwochenende sowie Mitte Sept. in Tórbole. Das wichtigste Surf-Event überhaupt.

Juni

Rock Junior: 2. Juniwochenende in Arco. Kletterfestival für Jugendliche.

Cinquemiglia del Ghiottone: 1. So im Juni in Tremósine. Gastronomischer ›Lauf‹ über die Hochebene.

Città di Bardolino: vorletzter Sa im Juni in Bardolino. Internationales Triathlon.

Festa Europea della Musica: vorletzter Sa im Juni im Trentino. Konzerte und Kunstausstellungen in den Straßen.

Garda Jazz Festival: letzte Juniwoche bis Mitte Juli in den Trentiner Seeorten. Jazzkonzerte in besonderen Cafés oder anderen Lokalen und auf den Plätzen.

Sommer

Arena di Verona: Mitte Juni–Anfang Sept. in Verona. Seit 1913 werden in der römischen Arena Opern mit internationaler Besetzung gespielt.

Palio delle Bisse: im Sommer auf dem ganzen See. Seit 1548 sind hier Ruderbootregatten belegt, Wiederbelebung 1968: www.legabissedelgarda.it.

Rassegna di prosa, operetta e danza: den ganzen Sommer im Teatro del Vittoriale in Gardone Riviera. Prosa, Operetten und Tanz mit Seeblick.

Juli

MusicaRivaFestival: ca. Mitte Juli–Anfang Aug. in Riva. Internationales Treffen junger Musiker, Konzerte.

August

Armonie sotto la Rocca: Aug. in Manerba del Garda. Internationales Sommermusikfestival.

Notte d'incanto: ca. Mitte Aug. in Desenzano. Konzert, feierliche Beleuchtung auf dem Wasser, Feuerwerk.

September

Rock Master: letztes Aug.-/1. Sept.-Wochenende in Arco. Intern. Kletterwettbewerb.

Centomiglia del Garda: 2. Sept.-Wochenende in Bogliaco di Gargnano. Die bedeutendste internationale Segelregatta in einem Binnensee.

Surffestival: s. Mai.

Oktober

Festa dell'uva e del vino Bardolino: Anfang Okt. in Bardolino. Weinfest mit zahlreichen kulinarischen und musikalischen Veranstaltungen.

Ciottolando con gusto: 1. Okt.-Wochenende in Malcésine. Gastronomisches Event, bei dem man sich mit einem Ticket durchessen und -trinken kann.

November/Dezember

Natale sul Lago di Garda: Ende Nov.–Dez. Mehrere Weihnachtsmärkte rund um den See. Eindrucksvolle Krippen, u. a. ›lebende‹ und unter Wasser.

Reiseinfos von A bis Z

Apotheken

Apotheke heißt auf Italienisch *farmacia*. Die Auswahl an Medikamenten entspricht in etwa dem internationalen Standard. Italienische Apotheker sind normalerweise sehr gut ausgebildet und ersparen bei kleinen Problemen den Arztbesuch.

Die Öffnungszeiten entsprechen denen der Geschäfte (s. u.). Notdienste der Apotheken (mit einem grünen Kreuz gekennzeichnet) sind angeschlagen, der Dienst kann allerdings eine saftige Gebühr kosten!

Ärztliche Versorgung

Am Gardasee gibt es einige deutschsprachige Ärzte, deren Anschrift man normalerweise im Hotel erfährt. Der medizinische Standard entspricht dem mitteleuropäischen. Kostenlose Erste Hilfe bieten die Notaufnahmen *(punto soccorso)* in Krankenhäusern und speziellen Stationen. Für Sozialversicherungspflichtige empfiehlt sich die Mitnahme der EHIC-Karte (European Health Insurance Card), die den bisherigen Auslandskrankenschein E-111 abgelöst hat. Die Europäische Krankenversichertenkarte gilt in erster Linie für die Notfallbehandlung (im Krankenhaus oder bei örtlichen medizinischen Diensten) im Ausland, nicht aber für eine längere Behandlung. Es empfiehlt sich auf jeden Fall der Abschluss einer Reisekrankenversicherung, damit man im Urlaub zum Arzt seiner Wahl gehen kann. Schweizer Staatsbürger werden ohnehin wie Privatpatienten behandelt. Sie müssen die Arztrechnung gleich bezahlen und können dann mit ihrer Kasse zu Hause abrechnen.

Diplomatische Vertretungen

Italienische Botschaften

... in Deutschland
Hiroshimastr. 1–7, 10785 Berlin
Tel. 030 25 44 00,
segreteria.berlino@esteri.it

... in Österreich
Rennweg 27, 1030 Wien
Tel. 01 712 51 21,
ambasciata.vienna@esteri.it

... in der Schweiz
Elfenstraße 14, 3006 Bern
Tel. 031 350 07 77
ambasciata.berna@esteri.it

Generalkonsulate

Im Großraum Gardasee gibt es keine Botschaften oder konsularischen Vertretungen der deutschsprachigen Länder; sie sitzen in Mailand. Folgende Adressen gelten für

... die Bundesrepublik Deutschland
Via Solferino 40, 20121 Mailand
Tel. 026 23 11 01,
info@mailand.diplo.de

... Österreich
Piazza del Liberty 8/4, 20121 Mailand
Tel. 02 76 31 61 05,
mailand-gk@bmeia.gv.at

... die Schweiz
Via Palesto 2, 20121 Mailand
Tel. 027 77 91 61,
mil.vertretung@eda.admin.ch

Feiertage

1. Jan.: Neujahr *(capodanno)*
6. Jan.: Dreikönigsfest *(epifania)*

März/April: Ostern *(pasqua)* und Ostermontag *(pasquetta)*
25. April: Tag der Befreiung von der deutschen Besetzung *(liberazione)*
1. Mai: Tag der Arbeit *(festa del lavoro)*
2. Juni: Tag der Republik *(festa della repubblica)*
15. Aug.: Mariä Himmelfahrt *(ferragosto)*
1. Nov.: Allerheiligen *(ognissanti)*
8. Dez.: Mariä Empfängnis *(immacolata concezione)*
25. Dez.: Weihnachten *(natale)*
26. Dez.: Hl. Stephan *(Santo Stefano)*
31. Dez.: Silvester *(San Silvestro)*

Geld

Italien gehört zur Euro-Zone. Hotels und Restaurants sowie Geschäfte akzeptieren im Allgemeinen die üblichen Kreditkarten. Mit der ec/Maestro-Karte und diversen Kreditkarten kann man an vielen Geldautomaten durch Eingabe der persönlichen Geheimnummer Geld abheben, allerdings normalerweise nur bis zu 250 € auf einmal. Inhaber von Postsparbüchern können in italienischen Postämtern Geld abheben.

Medien

Fernsehen

Dank Satelliten findet man in immer mehr Hotels, selten aber in Ferienwohnungen oder bei Privatvermietern, deutschsprachige Fernsehsender. Wer Italienisch versteht, sollte sich die Nachrichtensendungen von TG 3 Regionale ansehen, damit er sich aus erster Hand über die lokalen Neuigkeiten informieren kann.

Zeitungen

Alle großen deutschsprachigen Tageszeitungen und Illustrierten findet man zumindest während der Saison an den touristisch frequentierten Orten, normalerweise aktuell vom Tage. Leider werden einige Tageszeitungen in kürzeren und nicht immer ganz aktuellen Fassungen schon am Vorabend in Italien gedruckt. Hier fehlen die Lokalseiten und man muss mit manchen Doppelmeldungen rechnen.

Einige deutschsprachige Gardaseezeitungen, die von Werbung getragen werden und daher in den Hotels oder in den Informationsbüros kostenlos ausliegen, bieten sich als Urlaubslektüre an. Besonders zu empfehlen ist die »Gardaseezeitung«, in der man aktuelle Veranstaltungen findet, aber auch durchaus kritische Meldungen und Berichte über den See (auch online unter www.gardasee.de).

Notruf

Rotes Kreuz: 118
Polizei: 112
Ambulanz, Rettungswagen: 113
Feuerwehr: 115
ACI: 803116 (Pannenhilfe des italienischen Automobilclubs, der allen Mitgliedern der assoziierten Automobilclubs kostenlos hilft)
Seenotruf: 1530
Sperrung von Handys, Maestro- und Kreditkarten: +49 116 116 (Tel. u. Fax)

Öffnungszeiten

Banken: Mo–Fr ca. 8.30–13.30 und 14.45–15.45 Uhr, in touristischen Zentren auch samstags und länger.
Postämter: Mo–Fr 8.15–14, Sa bis 12 Uhr, Hauptpostämter sind z. T. ganztags, kleine nur vormittags geöffnet.
Geschäfte: Die Öffnungszeiten können von Ort zu Ort variieren. Kernzeiten sind Mo–Sa 8.30/9–12.30/13 und 15.30/16–19/20 Uhr, So ist in touristischen Zentren zumindest während der Saison vormittags häufig geöffnet.

Die steilen Felswände bei Arco machen den Gardasee für Kletterer extrem attraktiv

Museen: Generell bleiben die meisten Museen am See im Winter geschlossen, viele auch montags.
Kirchen: Zur Mittagszeit oft länger geschlossen (außer museale Kirchen).

Polizei

Die örtliche Polizei *(Polizia Locale, Polizia Comunale)*, die man vor allem in den touristischen Zentren häufig zu Gesicht bekommt, ist oft mehrsprachig und freundlich, jedoch resolut, wenn es um Park- und ähnliche Sünden geht. Noch strenger sind die *Carabinieri*, also die staatliche Polizei. Sie ist dafür aber meist effizienter, wenn es etwa um die Aufnahme bzw. die Erstellung von Protokollen z. B. bei Diebstahl, Verlust oder bei Fahrerflucht des Unfallgegners geht. Diese Protokolle muss man der Versicherung zu Hause als Nachweis für den Tatbestand vorlegen.

Parksünden u. Ä. werden in Italien mit höheren Geldstrafen geahndet als nördlich der Alpen. Neuerdings bekommt man den Strafzettel nach Hause geschickt – die Zahlung wird dringend empfohlen, wenn man sich unnötigen Ärger ersparen möchte!

Reisekosten

Generell dürfte der Gardasee mittelpreisig einzustufen sein, wobei es auch sehr teure Luxusherbergen gibt, vor allem dann, wenn sie eine besondere Lage zu bieten haben. Da wird man schon mit mindestens 400 € für das Doppelzimmer rechnen müssen. In den Kategorien darunter unterliegen die Preise hohen Schwankungen, je nach Ort, Lage und Saison. Im Schnitt zahlt man je nach Kategorie für das Doppelzimmer mit Frühstück 60–200 €. Ein Hotelzimmer oder Apartment kann in der Nebensaison, die oft nichts mit den Schulferien nördlich der Alpen zu tun hat, sondern sich nach den italienischen Urlaubsgepflogenheiten richten, die Hälfte kosten (z. B. im Sept., verglichen mit Aug.). Im Hochsommer muss man in vielen Hotels mindestens Halbpension buchen, was aber nicht bedeutet, dass man dabei finanziell schlecht fährt. Die Preise für die sehr in Mode gekommenen B & B sind im Moment noch ziemlich günstig, ab 50 € für zwei Personen ist man dabei.

Ferienhausurlauber können sich auf Märkten und in Supermärkten recht preiswert versorgen. Mittags bieten viele Restaurants außerdem Touristenmenüs und/oder ein *pranzo di lavoro* (Vollmenü für die arbeitende Bevölkerung aus der Umgebung) an, denen man sich auf Anfrage anschließen kann und deren meist hervorragende Qualität möglicherweise überrascht.

Die von uns angegebenen Menü-Preise in Restaurants beziehen sich auf Vorspeise *(antipasto)* oder Pasta *(primo)*, Hauptgericht *(secondo)*, Beilage *(contorno*, meistens nicht im Hauptgericht enthalten) sowie *coperto* (Gedeck). Ein festes oder Voll-Menü würde dagegen Vorspeise, Pasta, Hauptgericht, Beilagen, Nachspeise, Wein, Wasser, Kaffee und oft sogar den Grappa zum Abschluss umfassen.

Reisen mit Handicap

Für alle neuen und renovierten Hotels in Italien ist je nach Größe eine bestimmte Anzahl an Zimmern für Reisende mit Handicap gesetzlich vorgeschrieben. Auch Museen werden immer mehr mit speziellen Rampen im Treppenhaus und/oder Aufzügen ausgerüstet. In den praktischen Hinweisen bei den jeweiligen Ortsbeschreibungen wird auf diesen Service besonders hingewiesen.

In den Städtchen rund um den See kommt man mit Rollstühlen ganz gut zurecht, weil die meisten Fußgängerzonen keine oder abgesenkte Bordsteine haben.

Sicherheit

Am Gardasee darf man sich im Allgemeinen so sicher fühlen wie in Abrahams Schoß. Doch sollte man sich bei großem Gedränge (vor allem während der Saison auf den Wochenmärkten) vor Langfingern in Acht nehmen. Ferienwohnungsbesitzer haben besonders in einsamen Lagen immer wieder Fälle von Einbruchdiebstahl zu beklagen, und speziell in den touristischen Zentren oder auf Parkplätzen vor beliebten Ausflugszielen kommt es manchmal zu Autoaufbrüchen. Wertsachen und Papiere sollte man daher grundsätzlich nicht im Wagen liegen lassen und alles, was doch drin bleiben muss, so auffällig wie möglich präsentieren – nach dem Motto: Seht her, hier ist nichts zu holen!

Souvenirs

Traditionelle Mitbringsel sind vor allem Wein und Olivenöl vom Gardasee, Wein und Sekt aus den umliegenden Anbaugebieten (Valpolicella, Bardolino, Custoza etc.) sowie Käse und Wurstwaren von den Brescianer wie den Veroneser Bergen. Inzwischen werden auch andere sehr leckere und schön verpackte kulinarische Spezialitäten angeboten wie Limoncello von der Zitronenriviera im Westen, Oliven oder auch Olivenpaste von der Olivenriviera im Osten, das Vollkorn-Polentamehl aus Storo im Nordwesten oder frische (und für ein paar Wochen haltbar verpackte) Pasta, z. B. mit Kürbisfüllung, aus der Gegend rund um Mantua, woher auch gute Wurstwaren stammen.

Es gibt sehr schöne Keramik aus den heimischen Werkstätten sowie Lederwaren (Schuhe und Bekleidung) in großen speziellen Kaufhäusern ab Fabrik (etwa in Affi). Oder kleine originelle

Kunstwerke einheimischer Künstler wie z. B. die *fischi* (originelle Pfeifen in Menschen- oder Tiergestalt) von Mariano Fuga aus Gargnano (s. S. 68), aber auch Vasen, Wandbilder, originelles Geschirr oder andere Keramiken des weltbekannten Meisters Pino Castanga aus Costermano bei Garda (s. S. 68). Oder Gardasee-Landschaften lokaler Maler. Rings um den See, vor allem aber auf seiner Westseite, finden wechselnde (Verkaufs-)Ausstellungen statt.

Telefonieren

Die Telefonzellen der italienischen TELECOM funktionieren fast nur noch mit Telefonkarten. Diese gibt es an Automaten, in Hotels und an vielen Zeitungskiosken zu kaufen. Telefonieren von den Hotels aus ist mit unterschiedlich hohen Zuschlägen (je nach Kategorie) verbunden. Mit dem Handy bekommt man in den entlegenen Bergnestern nicht überall Empfang! An das Roaming für Italien denken oder gleich einen italienischen Chip kaufen, den man mit der zugeteilten Nummer benutzen kann.

Telefonieren nach Italien: Bei Handynummern entfällt die Null vorweg, anders beim Festnetz: Die Ortsvorwahl inklusive der Null ist in Italien fester Bestandteil jeder Teilnehmernummer, gleich ob man aus dem Ausland anruft, von einem anderen italienischen Ort aus oder innerhalb des Ortes.

Telefonieren ins Ausland: Je nach Land entfällt die Null der Ortsvorwahl, nachdem man die Landesvorwahl gewählt hat.

Vorwahlnummern

Deutschland: 00 49
Österreich: 00 43
Schweiz: 00 41
Landesvorwahl Italien: 00 39

Trinkgeld

Üblich sind 10 % Aufschlag auf den Rechnungsbetrag im Restaurant, wenn man zufrieden ist, 1–2 € für den Kofferträger je Gepäckstück im Hotel, 5–10 € für das Zimmermädchen pro Person und Woche, bei längeren Hotelaufenthalten auch für das Restaurantpersonal – und die Rezeption, wenn sie Sonderwünsche erfüllt hat. Taxifahrer entlohnt man nach dem Taxameter und rundet die Summe auf, beim Friseur schlägt man etwa 10 % auf.

Umgangsformen

Italiener sind generell viel förmlicher, als man allgemein vermutet. Sie pflegen einen sehr höflichen Ton untereinander und erwarten dies selbstverständlich auch von ihren Gästen.

Wird man zu einem *caffè* eingeladen, kann man das Angebot annehmen. Das pflegen vor allem Frauen untereinander, Männer geben lieber einen an der nahen Bar aus. Wird man allerdings nach Hause eingeladen, muss es nicht immer ernst gemeint sein. Nimmt man die Einladung aber an, so sollte man an ein kleines Mitbringsel denken. Wenn die Gastgeber Kinder haben, machen sich Geschenke für die Kleinen besonders gut, das können ein kleines Modellauto für den Jungen, ein paar Haarspangen für das Mädchen und für die Gastgeberin eine Schachtel Pralinen sein. Grundsätzlich lieben Italiener Lob – und sprechen es auch gerne aus.

Beherzigen sollte man allerdings Folgendes: Über Politik sollte man nur mit wirklich guten Freunden offen reden bzw. seine Meinung klar sagen – es sei denn, man versteht sich auf Diplomatie: Kritik an der italienischen Politik kann einem leicht übelgenommen werden.

Panorama – Daten, Essays, Hintergründe

Kultur wird am Gardasee großgeschrieben: nächtliches Konzert in Bardolino

Steckbrief Gardasee

Lage: Der Gardasee (ital. Lago di Garda oder Lago di Benaco) liegt in Oberitalien zwischen Alpenkamm und Po-Ebene in durchschnittlich 65 m Höhe über dem Meer.
Größe: Der See ist insgesamt bis zu 51,6 km lang und bis zu 17,2 km breit, seine Uferlänge beträgt 158,4 km; mit 370 km^2 Fläche ist der Gardasee Italiens größter See, seine maximale Tiefe liegt bei 346 m unter dem Seespiegel.
Wassertemperaturen: von Dezember bis Februar 6–10 °C, von März bis Mai 9–18 °C, von Juni bis August 17–27 °C, im September 17–22 °C, von Oktober bis November 10–15 °C.

Geografie und Natur

Der wichtigste Zufluss des Gardasees ist die Sarca aus dem Norden, die den See in seiner gesamten Länge durchfließt und als Mincio bei Peschiera del Garda im Süden wieder verlässt. Durch Regulierung im Süden behält der Gardasee normalerweise fast ganzjährig einen gleichbleibenden Wasserstand, der höchstens um rund 1,5 m schwankt (z. B. bei der Schneeschmelze). In den letzten Jahren gab es große Schwankungen, der Wasserstand erreichte zum Teil eine dramatische Tiefe, die durch starke Niederschläge ausgeglichen wurde; 2013 war der See wieder übervoll.

Landschaftliche Vielfalt ist die ›Stärke‹ des Gardasees. Im schmalen Norden rutschen die Trentiner Berge sprichwörtlich in den See ab, trennen so Riva und Tórbole. Im Osten bestimmt das Massiv des Monte Baldo die Landschaft und lässt nur schmale Uferstreifen frei, bis hinunter nach Garda, von wo sich nach Süden die Weinhügel des Bardolino hinziehen, jenseits der Etsch gefolgt von der Valpolicella.

Den Süden haben Endmoränen sanfthügelig gestaltet, bis hinüber in die Valténesi im Südwesten des Sees. Weiter nördlich steigen die Brescianer Berge auf, bilden den schmalen Fjord von Salò und noch weiter nördlich mehrere Hochebenen. An den Ufern im Nordwesten bleibt kaum Platz für Ortschaften, die Straße wurde in den Berg geschlagen.

Im Osten wie im Westen prägen Olivenhaine die Landschaft, die Flora schöpft sowohl aus dem reichen mediterranen Fundus der Natur als auch – in den Höhen – aus der alpinen Vegetation (bis hin zum Edelweiß!).

Die höchsten Berge am See sind der Monte Baldo (2218 m) und der Monte Caplone (1976 m).

Geschichte und Kultur

Oberitalien und damit auch das Gebiet des Gardasees wurde geprägt von den aus dem Norden eingewanderten Kelten und später den Langobarden. Anschließend übernahmen die Venezianer die Macht und beherrschten ab 1381 auch das Ostufer des Gardasees, gefolgt von den Mailändern, deren Gebiete 1535 wiederum von den spanischen Habsburgern erobert wurden. Im 18. Jh. fielen Mantua und die damalige Lombardei an die österreichischen Habsburger, was 1821 bis 1861 zur Freiheits-und Einigungsbewegung Italiens *(risorgimento)* und zum Königreich führte. 1946 wurde die Republik ausgerufen, 1948 bekam sie eine Verfassung. Italien ist EU-Gründungs- und NATO-Mitglied.

Kulturell ist das Gardaseegebiet im europäischen Vergleich hoch entwickelt, auch wenn sich Schüler oft mit langen Wegen zu Gymnasien und Hochschulen abfinden müssen. Selbst in den kleinsten Gemeinden legt man großen Wert auf kulturelle Veranstaltungen: Musik und bildende Kunst spielen die Hauptrolle, ergänzt um sportliche Ereignisse von Weltrang wie die Segelregatta der *Centomiglia*.

Staat und Verwaltung

Der See grenzt an drei italienische Regionen: Das Ostufer gehört zu Venetien (Provinz Verona), das Westufer ist lombardisch (Provinz Brescia), der Norden ist Teil der autonomen Provinz Trient/Trentino. Generell ist das Gebiet des Gardasees politisch eher rechts orientiert. Grüne und Umweltschützer kämpfen vor allem gegen landschaftszerstörende Eingriffe wie Jachthäfen, Hotels und Feriensiedlungen.

Wirtschaft und Tourismus

Der Tourismus spielt am Gardasee die zentrale wirtschaftliche Rolle. Im Jahr werden inzwischen knapp 10 Mio. Übernachtungen gezählt, rund 77 % aus dem europäischen Ausland, fast 45 % davon (ca. 3 Mio.) aus Deutschland. Zum größten Teil ist der Tourismus Saisongeschäft. Die sich auch hier verbreitende Idee des Bed & Breakfast in Privathäusern könnte das Blatt allerdings wenden. Dank des Tourismus hat auch das Baugewerbe Konjunktur. Viele Gardesaner sind zudem Nebenerwerbsbauern, und immer mehr versuchen sich wieder als Vollzeitlandwirte im Wein- und Olivenanbau.

Bevölkerung

Die Gesamtbevölkerung am Gardasee inkl. Umland beträgt knapp 200 000 Einwohner. Die wichtigsten Orte (Einwohnerzahlen in Klammern) sind: Desenzano (27 000), Riva (16 000), Arco (14 500), Salò (10 750), Peschiera del Garda (10 000), Toscolano-Maderno (7000), Bardolino (6800), Sirmione (6600), Malcésine (3750), Garda (3600), Torri del Benaco (3000), Gardone Riviera (2600), Lazise (7000), Limone (1200). Hinzu kommen als Einzugsgebiet die benachbarten Städte Verona (265 000), Brescia (190 000), Trento (116 000) und Rovereto (38 300).

Sprache

Amtssprache rund um den Gardasee ist Italienisch. Je nach Provinz- und Ortszugehörigkeit gibt es starke dialektale Unterschiede.

Religion

Wie in ganz Italien sind die Bewohner des Gardaseegebiets größtenteils römisch-katholisch.

Geschichte im Überblick

Frühzeit und Antike

4000 v. Chr. Besiedlung des Gardasees durch jungsteinzeitliche Menschen, die sowohl Pfahlbauten (s. Ledro-See, S. 100) als auch Felsgravuren (s. Wanderung zum Monte Lúppia, S. 126) hinterlassen.

400 v. Chr. Einwanderung keltischer Stämme von Oberrhein und Oberdonau nach Oberitalien, wo sie mehrere Städte gründen, darunter nahe dem Gardasee Brescia und Verona. Sie leben in relativem Frieden mit den über den Apenninkamm aus dem Gebiet der heutigen Toscana gekommenen Etruskern und treiben regen Handel mit ihnen.

222 v. Chr. Die Römer beginnen ihren Vormarsch vom Süden her und verdrängen die Kelten aus dem Gebiet des Gardasees. Sie bauen das Straßennetz für den besseren Vormarsch ihrer Truppen aus und urbanisieren die bereits vorhandenen keltischen Gründungen.

191 v. Chr. Gründung der römischen Provinz Gallia Cisalpina, das Gebiet der Seen zwischen Garda- und Iseo-See inbegriffen, mit Mediolanum (Mailand) als Hauptort, aus strategischen Gründen aber auch Verona und Brescia. Von hier aus beginnt die Eroberung des Nordens.

102 v. Chr. Einfall der Cimbern und Teutonen (zwei ursprünglich aus dem heutigen Dänemark kommende Stämme) aus Böhmen und Bayern in Oberitalien.

ab 88 v. Chr. Die Römer beginnen mit der Vergabe des römischen Bürgerrechts an die wichtigsten Städte Oberitaliens.

Christianisiertes Oberitalien

Nach der Zeitenwende leben die bäuerlichen Bewohner des Gardasees ruhig und bescheiden von Olivenöl und Weinanbau.

4. Jh. Mit dem Mailänder Edikt (313) beendet Kaiser Konstantin die Verfolgung der Christen, die Bewohner des Gardasees werden christianisiert. Der beliebte Bischof von Mailand, Ambrosius (339–397), fördert die weitere Christianisierung der Region; kulturell blüht sie auf.

5./6. Jh. Mit der Völkerwanderung beginnt eine unruhige Zeit für das gesamte Gebiet Oberitaliens; Mailand wird 412 von den Ostgoten völlig zerstört, danach folgen mehrere Eroberungszüge germanischer Stämme.

493 Der Ostgotenkönig Theoderich besetzt im Auftrag Ostroms das Weströmische Weltreich und damit auch das Gebiet des Gardasees. Er residiert sowohl in Ravenna (Ostrom) als auch in Verona und baut nahe dem heutigen Garda am Ostufer eine strategisch bedeutende Burg (die Rocca). Die Zerstörung der oberitalienischen Kulturlandschaft und der Städte wird von den Ostgoten systematisch vorangetrieben.

Das Langobardenreich

568–774 Die Langobarden beherrschen Oberitalien und geben der Lombardei ihren Namen. Hauptstadt und königliche Residenz wird das lombardische Pavia. Sie bauen die zerstörten Städte wieder auf, führen ein langobardisches Rechtssystem ein und errichten Kirchen. Doch die Langobarden bestehen nicht nur auf Einführung ihrer eigenen germanischen Kultur, sondern vermischen sie mit vielerlei christlich-römischen Kulturaspekten. So lassen sie von ihrem arianischen Glauben ab (Christus ist nicht Gott gleich, sondern nur Gott ähnlich; der Papst ist lediglich Bischof von Rom, nicht Führer der Christenheit) und bekennen sich zum Christentum. Auch das römische Recht nehmen sie allmählich an, ebenso die lateinische Sprache.

nach 568 Bau der Burg von Malcésine auf älteren, wohl etruskischen Grundmauern; 590 Zerstörung durch den fränkischen Heerführer Childerich.

774 Karl der Große erobert das Langobardenreich, auch am Gardasee.

Von den Franken bis zur Lombardischen Liga

9. Jh. Karl der Große wird 800 mit der eisernen Langobardenkrone zum römischen Kaiser gekrönt. Oberitalien wird endgültig fränkisch, ohne dass Franken das Land besiedeln. Sie ernennen nur ihre Statthalter, Karl setzt seinen Sohn Pippin in Verona als italienischen König ein, der 806 Malcésine einen Besuch abstattet; die Franken sind im Land sonst nicht sehr präsent. Die Bevölkerung ist relativ schutzlos. Im Jahr 899 Überfälle magyarischer Reiterheere (aus dem heutigen Ungarn).

bis 951 Karolingische Kaiser und Könige sowie einheimische Fürsten kämpfen um die Macht in Oberitalien.

1076 Papst Gregor VII. reagiert mit dem Kirchenbann auf seinen Streit mit Heinrich IV., was mit dem berühmten Gang des Kaisers nach Canossa endet und die päpstliche Macht stabilisiert. Die oberitalienischen Städte gehen gestärkt aus dem Streit zwischen Kaiser und Papst: Statt Bischöfen regieren Konsuln mit bis zu 1000 Räten die Kommunen.

12. Jh. Mailand wird von Kaiser Friedrich I. Barbarossa unterworfen, der es 1162 zerstört. Als direkte Reaktion formiert sich 1163 der Veroneser Städtebund gegen Kaiser Barbarossa. 1167 etabliert sich die Lombardische Städteliga als Ausweitung des Veroneser Städtebundes und siegt 1176 über Barbarossa, der 1183 die Autonomie der Lombardischen Städteliga anerkennen muss (Frieden von Konstanz). Dafür versprechen die nun als Staaten anerkannten Städte (Stadtstaaten) dem Kaiser die Treue.

Von den Visconti bis Napoleon

13./14. Jh.	Mächtige Familien übernehmen in den Kommunen allmählich die Macht, in Mailand und der Lombardei für lange Zeit die Visconti, mit denen sich kleinere, aber potente Familien in der Machtfrage zu arrangieren verstehen und diese zeitweise behalten können. Am Gardasee sind es die Skaliger (Scaligeri) aus Verona, die von 1260 bis 1387 Verona und das Ostufer des Gardasees beherrschen.
um 1350–1400	Mailand ist unter den Visconti mächtigster Stadtstaat Oberitaliens und beherrscht die gesamte heutige Lombardei, Teile der Toscana, Liguriens und Umbriens.
15. Jh.	1405 übernimmt Venedig die Herrschaft über das Ostufer des Gardasees, als Statthalter regiert jeweils ein Capitano del Lago abwechselnd in Garda, Malcésine und Torri del Benaco. Ab 1440 gehört der gesamte Gardasee (außer Riva) zu Venedig, Salò ist Hauptverwaltungsort. 1450 wird Francesco Sforza in Mailand zum Herzog ausgerufen. 1454 beschließen Mailand und Venedig, die sich lange wegen der Vorherrschaft in Oberitalien bekämpft haben, im Frieden von Lodi die Teilung des Gebietes: Den Osten behält Venedig, den Westen Mailand.
1494–99	Der kunstverständige Ludovico Maria Sforza tritt in Mailand die Nachfolge an, doch der französische König Ludwig XII. nimmt ihn 1499 gefangen und bemächtigt sich zeit- und teilweise der Lombardei.
1535	Mailand gerät in den Besitz der spanischen Habsburger.
1701–1714	Spanischer Erbfolgekrieg und Übernahme der Herrschaft durch die österreichischen Habsburger.
1796–1800	1797 Ausrufung der Repubblica Cisalpina (Republik südlich der Alpen), das Ende der venezianischen Herrschaft wird eingeläutet. Napoleon Bonaparte rückt gegen das Herzogtum Mailand vor und befreit es durch die Schlacht bei Marengo (1800) von den Habsburgern.
1802	Die italienische Republik wird mit Napoleon als Präsident ausgerufen. Ein Jahr später lässt er sich in Paris zum Kaiser krönen und in Mailand zum König von Italien, das damals aus der Lombardei, Ligurien und Venetien besteht.

Von der Einigung Italiens bis heute

1814 Die Franzosen räumen nach Napoleons Sturz Italien; Südtirol-Trentino und die Lombardei werden nach dem Wiener Kongress wieder Österreich angeschlossen.

1821–61 Die oberitalienische Freiheitsbewegung mit Aufständen in den großen Städten und blutigen Kämpfen auf den Schlachtfeldern südlich des Gardasees (Solferino) führt zur Einigung Italiens (Risorgimento).

1858–71 Durch das Kriegsbündnis mit Frankreich wird Österreich gezwungen, die Lombardei an Italien abzutreten. Der größte Teil Italiens wird 1861 durch Giuseppe Garibaldi befreit, Vittorio Emanuele II wird König des Vereinten Italiens. 1866 Anschluss des Veneto an das Vereinte Italien. 1871 wird Rom Hauptstadt des Vereinten Italiens, aber das Gebiet des heutigen Südtirols-Trentino gehört weiter zu Österreich.

1915–22 1915 tritt Italien auf Seiten der Alliierten in den Ersten Weltkrieg ein, danach (1919) Anschluss Südtirols an Italien. Ex-Sozialist Benito Mussolini (1883–1945) gründet 1922 die Bewegung des Faschismus und übernimmt die Macht.

1939–45 Zweiter Weltkrieg: Die mit Nazi-Deutschland verbündeten Faschisten unter Mussolini beherrschen Italien, das Gardasee-Gebiet haben die Deutschen fest in der Hand.

1943–45 König Vittorio Emanuele III setzt Mussolini als Feldherrn und Ministerpräsidenten ab. Nazi-Deutschland richtet für Mussolini einen faschistischen Satellitenstaat (Republik von Salò) ein, der ganze Dörfer in den Bergen vernichtet. Mussolini residiert als Gefangener der Deutschen in der besetzten Sommervilla des Verlegers Feltrinelli am Rande von Gargnano. 1945 wird Mussolini von Partisanen gefangen und mit seiner Geliebten Claretta Petacci am Comer See erschossen; zur Mahnung und zum Gespött werden sie in Mailand kopfunter aufgehängt.

1977 Die Lombardei und das Veneto erhalten weitgehende, Südtirol-Trentino ihre volle Autonomie als Regionen.

2002 Italien führt den Euro als Zahlungsmittel ein.

2012 Nach der Ära Berlusconi versucht der frühere italienische EU-Politiker Mario Monti, das Land aus der Wirtschaftskrise zu hieven.

2013 Neuwahlen, deren Ergebnis zu einer großen Koalition zwingt. Italien erlebt eine schlimme Rezession.

Gigantenschüsseln, Zeichenfelsen und ein Wasserfall

Wie die meisten Voralpenseen wurde auch der Gardasee erst während der letzten Eiszeit gebildet. Die Spuren sind recht imposant und leicht zu erkennen bzw. zu finden: Steinlawinen, Gletscherschüsseln und glatte ›Schreibtafeln‹.

Ob von der Autobahn A13 oder der alten Brennerstraße (SS 12) kommend – man sollte bereits in Trento Richtung Riva/Lago di Garda abfahren, der Straße am hübschen Toblino-See nach Sarche folgen und dann weiter oberhalb von Tórbole auf den See zufahren. Linker Hand fallen riesige Steinbrocken auf, die einen Abhang hinabgerutscht zu sein scheinen. Dante soll sie bereits bewundert und dichterisch formuliert haben, Riesen hätten sie in großer Wut vom Berg gelöst und hinabgestoßen. In Wahrheit sind diese Steinbrocken Überbleibsel der Gletscherwanderung. Die Gletscher trugen die Brocken quasi auf dem ›Rücken‹ und ließen sie hier liegen. Etwa auf gleicher Höhe türmen sich hohe Felswände so steil und so glatt auf, dass sie im Volksmund Pietra Murata, gemauerte Steine, heißen. Dahinter verweisen Schilder auf die Pietra Zebrata, also auf die Zebrastreifensteine. Hierbei handelt es sich zugleich um einen beliebten Steig, den begeisterte Felskletterer kennen dürften. In bei-

Schon früh nutzten die Seebewohner glattgeschliffene Steinplatten für Felsritzungen

den Fällen aber sind die imposanten, von den Gletschern glattgeschliffenen Steinformationen gut zu erkennen.

Gigantenschüsseln und Schreibtafeln

Fährt man erst bei Rovereto in Richtung Tórbole zum See ab, kommt man in der Höhe von Nago zu den Marmitte dei Giganti, den sog. Gigantenschüsseln. Hier kann man an einem in der Nähe liegenden Parkplatz halten (nach der großen Linkskurve rechts), um die gewaltige Kraft der Gletschermühlen zu bestaunen (s. S. 91).

Entstanden sind die Schüsseln durch kleinere Steine, die durch das Eis gewandert waren und sich anschließend in oder an den Felsen drehten und sie dabei abschliffen. Eine der Schüsseln ist über eine gesicherte Leiter erreichbar. Man kann in die Schüssel hineinklettern und das Wunderwerk der Natur in Ruhe betrachten.

Bleibt man auf der Ostseite des Gardasees, kommt man kurz vor der Punta San Vigilio auf der Bergseite zu Felsplatten. Diese wurden durch die kleineren Gesteinsbrocken, die unter den Gletschern lagen und ihnen sozusagen als Rollen dienten, in Wellenform glattgeschliffen. Die Felsplatten wurden schon von den frühen Siedlern des Gebietes, und dann bis ins 19. Jh. hinein als ›Schreibtafeln‹ genutzt. Die Menschen hielten darauf alles fest, was sie auf dem See oder in der Umgebung beobachteten, vom Reiter bis zum Segelboot (s. S. 126).

Riesiger Wasserfall

Auch der fantastische Varone-Wasserfall nordwestlich von Riva (s. S. 96) verdankt seine Entstehung dem Rückzug der Gletscher, die bei ihrem Abschmelzen mit dem hinterlassenen Material das heutige Sarcatal und den Gardasee verflachten. Das Wasser vom oberen Tennotal konnte sich danach in Sturzbächen nach unten ergießen. Sie trugen 20 000 Jahre lang – und tragen noch heute – durch einen natürlichen Felsenriss mit Kiesel versetzten Sand mit sich, der wie Schmirgelpapier die Felswände glättet bzw. die schüsselähnlichen Einbuchtungen formt.

Endmoränen

Der gesamte Süden des Gardaseegebiets wurde ebenfalls von den Gletschern geformt – genauer von den Geröllmassen, die sie vor sich herschoben. So entstanden die sanft gewellten Endmoränenhügel, die sich bis in die mantovanische Ebene hinein ausdehnen. Sie waren im 19. Jh. das Gebiet der Schlachtfelder des *risorgimento,* der Befreiungs- und Einigungsbewegung Italiens. Heute ist diese Gegend ein gern besuchtes Weinanbaugebiet und durch landschaftlich reizvolle Radwege erschlossen.

Das Adriatische Becken
Das Gebiet des Gardasees wurde vor rund 5 Mio. Jahren vom sog. Adriatischen Becken bedeckt, ein riesiges Meer, das von der Adria bis hierher reichte. Vor rund 500 000 Jahren formten die Gletscher während der letzten Eiszeit dann nur aus, was durch das Meer vorgegeben war. So erklärt sich auch die markant fjordartige Form des Sees, die typisch für die meisten Voralpenseen ist.

DEN 133

Für Wassersportler sind die Winde des Gardasees die Hauptattraktion! Wir konnten einen Fachmann gewinnen, der uns alles Wissenswerte über die Winde, ihre Entstehung und ihre Richtung sowie den Zeitpunkt ihres Auftretens berichtet: Ivano Bommartini von 360Sport aus Malcésine.

Wenn der Luftdruck an verschiedenen Orten unterschiedlich ist, also z. B. verschiedene Temperaturen vorherrschen, entsteht Wind: Die Luft strömt von einer Zone mit hohem Luftdruck zu einer anderen mit niedrigem Luftdruck. Der Gardasee bildet durch

Ora, Pelèr, Balin – die Winde am Gardasee

seine lang gestreckte Form in Nord-Süd-Richtung und durch seine Öffnung hin zur flachen Ebene im Süden besonders charaktervolle Winde – als Resultat aus dem Dialog der unterschiedlichen thermischen Bedingungen zwischen Berg und Tal. Im Bereich von Malcésine z. B., wo sich Ivano besonders gut auskennt, sind es der Pelèr, der aus Norden weht, und die aus der entgegengesetzten Richtung, von Süden kommende Ora. Besonders stark ist der Pelèr nördlich von Malcésine und am gegenüberliegenden Ufer im Gebiet von Gargnano sowie in einem kleinen Teilbereich südlich von Riva (wo die Surfschule des Hotels Pier steht). Dort bläst auch die Ora tüchtig, wie überhaupt im gesamten Norden zwischen Limone und Tórbole – dem Surferparadies des Gardasees.

Im Sommer können die recht häufigen Gewitter die Windsituation schnell verändern, was für ungeübte Wassersportler gefährlich werden kann. Dabei schlägt der Wind meist von einem Süd- in einen Nordwind um.

Jede Uferregion des Gardasees hat ihre speziellen Winde, die unter den erfahrenen Wassersportlern – aber auch unter den Paraglidern – im Allgemeinen bekannt sein sollten. Sie erkennen normalerweise auch, wenn der Wind sich zu drehen droht.

Segler vor Felswänden bei Campione

Südwind Ora

Die Ora, der Südwind, ist der bekannteste Wind des Gardasees. Sie entsteht aus mehreren aus dem Süden kommenden Winden, die sich erst auf der Höhe von Gargnano und Brenzone zur Ora vereinen. Die Ora tritt regelmäßig und besonders stark im Frühjahr, Herbst und zu Beginn des Sommers auf. Wenn im Hochsommer das Klima trockener wird und die Temperaturunterschiede zwischen Tag und Nacht abnehmen, verliert die Ora ihre Kraft. Auch ein bedeckter Himmel schwächt diesen Wind ab, weil er eine starke Sonneneinstrahlung auf dem Wasser und auf den umliegenden Bergen voraussetzt.

Windstärken
Bei 5 Beaufort (bft) spricht man noch von einer frischen Brise, erst bei 9 von einem Sturm und bei der höchsten Beaufort-Zahl 12 schließlich von einem Orkan. Ora und Pelèr sind also eher die sanften, der Balin ein schon mit größerer Vorsicht zu genießender Wind.

Man könnte nach der Ora sonst die Uhr stellen: Sie bläst nach dem abflauenden Pelèr zwischen 12 und 13.30 Uhr und kann bei normaler Wetterlage bis zum Sonnenuntergang anhalten. Ihre Windstärken sind sehr unterschiedlich und erreichen in Brenzone 1–2 bft (Beaufort), in Campione 3–5, in Malcésine 2–4, in Navene 3–4 sowie in Tórbole 4–5 bft. Je weiter man sich nach Norden bewegt, desto stärker wird die Ora. Das liegt daran, dass die beiden Bergketten, die den See flankieren, nach Norden zu immer enger zusammenlaufen und dadurch eine Art Düseneffekt erzeugen. Eine Faustregel: Ein leichter Südwind, also eine mäßig blasende Ora am Morgen bringt wahrscheinlich einen Regenschauer vor Sonnenuntergang.

Nordwind Pelèr

Der Pelèr (Nordwind), auch Vento genannt, ist der eigentliche König der Gardaseewinde, ein Schönwetterwind. Er weht kontinuierlich und gleichmäßig in den Sommermonaten Juni bis September. Normalerweise setzt er um 3 Uhr früh ein und beginnt am nördlichen bis mittleren Teil des Gardasees. Bis zum Sonnenuntergang belüftet er dann zunehmend die gesamte Seefläche. Charakteristisch sind für den Pelèr kleine Wellensets, die größer sind als die üblichen Bewegungen auf dem Wasser und als ideale ›Absprungrampen‹ für Wind- und Kitesurfer dienen. Die volle Stärke entwickelt der Pelèr, sobald die ersten Sonnenstrahlen das Wasser am Westufer erreichen. Er dauert maximal 12 Stunden an, flaut aber meist gegen 11 Uhr ab. Entfaltet er seine volle Stärke mit über 5 bft, kann er sogar bis 15 Uhr anhalten. Bei sehr starkem Wind und entsprechendem Wellengang wird das kalte Wasser aus den tieferen Wasserschichten nach oben befördert. Dann kommt es vor, dass trotz starker Sonneneinstrahlung das Seewasser nicht mehr ausreichend erwärmt wird und die Ora nicht einsetzt. Am späten Nachmittag gibt es dann spiegelglattes Wasser und starke Wasserströmungen von Süd nach Nord.

Der Balin

Der auch Balinot genannte Wind entfaltet sich vom Ballinoberg über das nordwestliche Tal von Riva. Er setzt meistens nach einem Schneefall in den Bergen oder im Sommer nach starker Abkühlung (etwa durch ein Gewitter oder länger anhaltenden Regen) ein und bezieht dieselbe Zone wie der Pelèr. Er weht jedoch wesentlich stärker als dieser und von den Bergen im Norden in Richtung Seemitte. Er erreicht eine Windstärke von 6–8 bft und kann bis zu drei Tage andauern. Der Balin bewegt durch seine Stärke sehr viel Wasser und kann daher Wellenhöhen bis zu 1,50 m erzeugen. In wenigen Minuten kann die Windgeschwindigkeit von 0 auf 40 Knoten beschleunigen. Wenn im Norden das Wasser schaumig und unruhig wird, ist dies das Signal, dass der Balin nun nach Süden zieht.

Die Skaliger – Herrscher am östlichen Gardasee

Verona und das östliche Gardaseegebiet wurden im 13. und 14. Jahrhundert von den Skaligern beherrscht. Seinen Namen ›Della Scala‹ trug der reiche und mächtige Familienclan in Form einer stilisierten Leiter (italienisch: ›scala‹) im Wappen.

Die ghibellinischen Skaliger beherrschten außer großen Teilen Venetiens (Belluno, Feltre, Padua, Treviso und Vicenza) zwischen 1259 und 1387 als Stadtherren auch Verona und das Ostufer des Gardasees. Cangrande I Della Scala wurde 1311 von Kaiser Heinrich VII. zum Reichsvikar erhoben und 1318 zum Generalkapitän des lombardischen Ghibellinenbundes gewählt. Er war ein gebildeter Mann von hohem Ansehen, der Dichter wie Dante an seinen Hof ziehen konnte. Erst der lombardische Fürst Gian Galeazzo Visconti vertrieb die Skaliger 1387 von ihrem angestammten Gebiet, sie gingen daraufhin im bayerischen Landadel auf. Der letzte Nachfahre starb 1598 im Exil.

In ihrem Herrschaftsbereich hinterließen die Skaliger viele meist enge, aber trutzige Burgen mit zinnenbe-

Wehrhaft und elegant: die Skaligerbrücke aus dem 14. Jh. in Verona

Die Skaliger am Gardasee
Rund um den Gardasee bilden die Hinterlassenschaften der Skaliger heute die vielleicht attraktivsten Sehenswürdigkeiten und sind meist als Museen der Öffentlichkeit zugänglich. In **Malcésine** ist es die Rocca mit dem hohen Mastio auf ihrem kleinen, aber trutzigen Felsen (s. S. 106), in **Torri del Benaco** dagegen breitet sich die Burg, deren Südseite man für den Bau einer *limonaia* abgerissen hat, ganz flach nahe dem Ufer aus und ziert den kleinen historischen Hafen (s. S. 118). Am imposantesten ist sicher das Castello Scaligero von **Sirmione,** das die weit in den See hineinreichende Insel vor Angriffen schützte (s. S. 185).

Die Skaliger in Verona
In Verona hinterließen die Skaliger nicht nur das **Castelvecchio** (heute Stadtmuseum, s. S. 157) und die wundervollen **Hochgräber** (Arche Scaligere) mit den Reiterstatuen der toten Herrscher aus ihrem Familienclan (s. S. 155), hier steht im Süden und Westen auch noch etwa die Hälfte der historischen, mit hohen Zinnen geschmückten **Stadtmauer.** Auch an der jetzigen **Präfektur** an der Piazza Dante erkennt man, dass der Kern mit seinen Schwalbenschwanzzinnen ursprünglich ein Palazzo Scaligero war (s. S. 154).

www.scaligeri.com
Wer Italienisch kann, sollte sich die Websites der Skaliger-Fans anschauen, die so gut wie jedes Detail zur Geschichte dieser Signoria dokumentiert haben.

krönten Mauern und hoch aufragenden Türmen. Sie zählen heute zu den bedeutendsten Sehenswürdigkeiten am Gardasee und in Verona.

Nicht über alle Skaliger gibt es allerdings Erfreuliches zu berichten, und der Tyrann Cangrande II musste sich nicht umsonst durch hohe Mauern und geheime Fluchtwege gegen die Veroneser Bevölkerung schützen, als er seine heute Castelvecchio genannte Burg in Verona an der Etsch errichten ließ – mitsamt ihrer großartigen Brücke, über die der Herrscher jederzeit hätte fliehen können.

Dass der Stadtadel hochrangige Künstler beschäftigte, beweisen heute u. a. noch die Arche Scaligere, die fein ausgearbeiteten Hochgräber der Familie, neben der Kirche Santa Maria Antica mitten in der Altstadt von Verona. Sie befinden sich hinter einem schönen schmiedeeisernen Gitter, das bei genauer Betrachtung aus unzähligen Leitern, dem Wappenmotiv der Skaliger, zusammengesetzt ist.

Die Skaliger und die Stadtstaaten

Nachdem sich die oberitalienischen Kommunen 1176 von der kaiserlichen Macht (speziell von Friedrich Barbarossa) befreit hatten, erstarkten sie in der Lombardischen Liga und blieben längere Zeit unabhängig. Doch nun begannen potente Familienclans die Stadtstaaten zu beherrschen. Sie regierten nicht immer zum Wohle der Bevölkerung, ließen allerdings die Städte durch eine meist rege Bautätigkeit und durch Anwerben bedeutender Künstler kulturell aufblühen. In Mailand regierten die Visconti, in Mantua die Gonzaga, in Ferrara die Estensi und in Verona eben die Skaliger.

Coregone, Trota und Carpione – unterwegs mit Fischer Marco

Auf dem Weg zum Auslegen der Netze: Fischer Marco aus Gargnano

Die Fischerei ist neben der Wein- und Olivenölproduktion der wichtigste landwirtschaftliche Zweig am Gardasee. Insbesondere wegen des Tourismus ist er ein lohnendes Geschäft.

Marco ist Fischer in Gargnano. Seine Urgroßeltern kamen aus Korsika an den Gardasee, waren also Franzosen. Daher wird die Fischerfamilie immer noch Franz genannt, eigentlich heißt sie Dominici. Marco und sein Bruder Luca sind zusammen mit ihrem Vater Umberto die letzten Fischer von Gargnano und wohl die letzten selbstständigen Vollzeitfischer des gesamten Sees. Alle anderen Fischer, insgesamt zwischen 40 und 50, haben einen anderen Hauptberuf oder zumindest eine weitere Einkommensquelle, oder sie sind in Kooperativen organisiert wie die Fischer von Garda und Torri.

Marco verabredet sich mit uns für den Nachmittag am kleinen Hafen vor dem Kirchlein San Giacomo in der Nähe von Gargnano. Wir fahren erst Richtung Castelletto am Ostufer (hier sei der See am tiefsten und die gefangenen Fische schmeckten daher am besten), dann nach Süden. Wir müssen uns auf dem schmalen Boot ganz klein machen und immer wieder den Platz wechseln, denn Marco legt jetzt die Netze aus, die er am nächsten Tag frühmorgens wieder einholen wird, mit einem hoffentlich guten Fang. Und er erzählt uns nebenbei gerne, wie die Gardasee-Fischerei funktioniert.

Fischer mit kapitalem Fang im Hafen von Garda

Alte Rechte

Wir haben die Familie Franz schon seit Jahren bewundert, wie sie ihr Recht verteidigen, unter der Loggia des Alten Rathauses von Gargnano ihren Fang zu verkaufen, die Netze dort zum Trocknen auszulegen und das Boot im kleinen Hafenbecken festzumachen. Doch neuerdings müssen sie, wie alle anderen auch, für jede Boje und jeden Anlegeplatz an die Gemeinde zahlen, erfahren wir auf dieser Bootsfahrt.

Jeder Fischer darf an Tagen, an denen der Fischfang erlaubt ist (es gibt eine Schonzeit, wenn die Fische laichen), insgesamt 16 Netze à 74 m Länge auslegen. Das tun Marco und sein Bruder von Mai bis Oktober täglich, auch an Sonn- und Feiertagen, sofern das Wetter nicht zu stürmisch ist. Von November bis April fahren sie nur bei gutem Wetter aus, denn der Wind macht aus der Fischerei dann ein gefährliches Unterfangen. Zudem lohnt sich der Fischfang im Winter nicht, da die Restaurants als Hauptabnehmer der Fische zum großen Teil geschlossen sind.

Die Fische des Sees

Fast ohne es zu merken sind wir in der Nähe von Torri angekommen, Marco rollt die sauber zusammengelegten, 6,5 m breiten Netze aus. Sie sinken bis auf 25 m Tiefe. Hier behindern sie keine Schiffe, und hier tummeln sich die beliebtesten Fische des Gardasees: *coregone* (Felchen), *trota* (Forelle), *sardina* (Sardine) und der sehr seltene und daher sehr kostbare *carpione* (die echte Gardaseeforelle mit festem, z. T. rosafarbenem Fleisch), den es nur im Garda- und im Baikalsee geben soll. *Coregone*, am Ostufer *lavarello* genannt, darf man mit Ausnahme weniger Schonzeittage (15. November bis 22./23. Dezember) immer fischen, ein Glück, denn er gehört zu den beliebtesten Fischen des Sees. Sogar einige

Stunden während der Schonzeit. Die Fischer müssen dann aber ihre Rogen bzw. Milchner ausdrücken und sie nach Desenzano in die Fischzucht bringen. Hier wird für eine sichere Vermehrung gesorgt, eine Vorzucht. Die kleinen Fische werden später in den See entlassen, wo sie unter natürlichen Bedingungen aufwachsen. Sonst gäbe es im Gardasee schon lange kaum noch einen Fisch.

Wo sind die Aole geblieben?

Wir erzählen Marco, dass uns das Aole-Fest im August in Gargnano immer besonders lieb war, das es heute nicht mehr gibt. In großen Kupferkesseln wurden die winzigen weißen, leicht bemehlten Aole in Netzkörbchen schwimmend ausgebacken. Es duftete köstlich am kleinen Hafenbecken, und es schmeckte wunderbar zum Weißwein. Nun gibt es kaum noch Aole im Gardasee. Drei Gründe nennt Fischer Marco für das Aussterben der Weißfische: Aufgrund der (verbotenen!) Fütterung durch Touristen hätten sich die Enten zu sehr vermehrt – und diese fressen am liebsten Aole. Auch die Population der Raubfische wie Hecht und Flussbarsch sei zu stark angestiegen. Und schließlich sei der oft niedrige Wasserstand des Sees schuld, weil der an den Rändern abgelegte Laich der Aole schnell austrockne.

Die Vermarktung

An manchen Tagen, erzählt Marco, müssen er und sein Bruder zum Einholen der Netze bis nach Toscolano fahren, weil die Strömung sie so weit weggetrieben hat. Dann wird es spät.

Die Kooperative der Fischer von Garda
Aus der Tradition der historischen *Originari del Garda*, einer jahrhundertealten Organisation der örtlichen Fischer, entstand bereits 1948 die *Cooperativa Pescatori.* Inzwischen besitzt die Organisation eine eigene Fabrikationsstätte, in der sie die am Fangtag nicht benötigten Fische weiterverarbeitet und Vorratshaltung betreibt. Die Organisation hat in Garda auch einen eigenen Verkaufsladen in einer Quergasse zur Uferpromenade. Hier kann man vormittags den frischen Fang kaufen, aber auch Meeresfische und -früchte. Außerdem gibt es geräucherten und eingelegten Fisch sowie Olivenöl und andere Produkte befreundeter Landwirte.
La Pescheria: Via Antiche Mura 8, 37016 Garda.

Sonst reichen für das Einholen rund vier Stunden (von 3 bis 7 Uhr früh!). Dann wird der Fang zu Hause auf Eis gelegt (die Familie hat dafür eine große Eismaschine), und auf geht's zum Alten Rathaus. Marco verkauft dort den Tagesfang, sein Bruder Luca bringt die bestellte Ware zu den Restaurants. Ein Nachbar filettiert Fische, weil viele sie lieber grätenlos bzw. küchenfertig kaufen. Frühstück? Ein *caffè* an der nächsten Bar reicht. Erst nach getaner Arbeit, wenn die Netze getrocknet und wieder zusammengerollt sind, wird zu Hause in San Giacomo das warme Mittagessen eingenommen. Es folgt ein Mittagsschläfchen, das die fehlende Nachtruhe ersetzen soll. Dann geht es wieder raus, Netze auslegen ...

Die Limonaie von Gargnano

Sie stehen am Westufer und wirken wie Ruinen, diese gestelzten Bauten, im Sommer offen und im Winter früher durch Glasscheiben geschlossen. Manche Hotels sind ihnen nachempfunden oder tatsächlich in sie hineingebaut. Originale Limonaie sind nicht mehr viele geblieben. 1850 waren es allein in Gargnano noch mehr als 450. Wie sie funktionieren, erklärte uns der wohl passionierteste Zitronenhausbesitzer des Sees.

Giuseppe Gandossi ist *limonaia*-besessen. Er kann nicht aufhören, über die einmaligen Zitronenhäuser von Gargnano zu forschen, und entdeckt immer neue Quellen und Geschichten. Etwa die Sache mit den *cedri*, riesengroße, grüne Zitrusfrüchte, auch Zitronatzitronen genannt: pockennarbig, dickschalig und doch – frei nach dem Alten Testament – die schönsten und edelsten Früchte überhaupt. Die Juden ganz Europas brauchten sie für ihren festlichen Korb zum Laubhüttenfest. Und sie bekamen sie ausgerechnet in Gargnano, wohin spezielle Aufkäufer ausgeschickt wurden, die dann die teuer erkaufte Ware auf den Schultern zu den Laubhütten tragen mussten, wie es die Tradition verlangte.

Kostbare Zitrusfrüchte

Zitronen gibt es in Gargnano dank der Franziskaner des am See gelegenen Klosters San Francesco schon seit dem 13. Jh. Bis an den russischen Zarenhof wurden sie exportiert, und man fertigte aus ihnen Zitronaden, Sorbets und andere Leckereien. Ende des 16. Jh. waren die hier *zardi de limù* genannten Früchte so begehrt, dass man sie entlang der gesamten westlichen Uferstrecke von Limone bis Salò anbaute – auf 35 km Länge. Der Anbau war mühselig, da wegen des Klimas sehr aufwendige Gewächs- oder Schutzhäuser gebaut werden mussten, die *limonaie* oder *limonare*. Im Winter wurden diese gestelzten, gemauerten und verputzten Pfostenbauten mit Holzdächern und Glasscheiben verschlossen und boten sowohl Windschutz als auch gespeicherte Wärme. Der Gardasee wurde so zum nördlichsten Agrumen-Anbaugebiet Europas.

Die erste Hälfte des 19. Jh. brachte Probleme: die sog. Gommosi-Krankheit, einen Pilzbefall, sowie die Konkurrenz aus Sizilien, wo Zitrusfrüchte billiger produziert werden konnten. Der Fortschritt im Transportwesen, insbesondere der Bau der Eisenbahn, aber auch der Erste Weltkrieg und ein strenger Frost im Winter 1928 machten den Zitronen vom Gardasee schließlich den Garaus. Geblieben sind die steinernen Zeugnisse dieses einst blühenden Erwerbszweiges – mit den dazugehören-

Mit Wasser gefülltes ›Frostalarm‹-Töpfchen

Giuseppe Gandossi prüft die Zitronen seiner Limonaia

den Häusern und Fensterelementen übrigens heute begehrte Immobilien.

Schwierige Restaurierung

Giuseppe Gandossi besitzt die letzte original erhaltene und funktionierende *limonaia* von Gargnano, die er vor mehr als drei Jahrzehnten erst einmal vor dem Verfall retten musste. Pfosten für Pfosten baute er sie wieder auf. Viele Holzläden waren erhalten, die Rahmen der Glasscheiben sogar noch mit Holzstiften befestigt. Diese muss Gandossi mühsam herausdrehen, wenn er eine Scheibe ersetzen will.

Von den ursprünglich sechs *colle,* wie die Terrassen im Dialekt heißen, sind ihm nur drei erhalten geblieben. Die anderen fielen 1931 der neuen Hauptstraße zum Opfer. Aber das schadet nicht dem Charakter der darüber liegenden *limonaia*. Und innen ist sie voll funktionsfähig. Sie hat einen eigenen Wasserlauf vom umgeleiteten Malora-Bach, der einst auch eine Mühle in Bewegung setzte, die letzte der 27 Mühlen entlang der historischen Via dei Mulini. Die drei Terrassen werden jedes Frühjahr ab- und jeden Herbst wieder zugedeckt und mit den Holzläden und Glasfenstern verschlossen, um dem Frost keine Chance zu lassen. Die Abstände zwischen den Pfosten liegen bei rund 3 m. Das ist der Platz, den ein Zitrusbaum braucht, damit er sich richtig entfalten kann. Nur so können nach 70 Jahren Pause gleich an die 1250 Zitronen geerntet werden – so der stolze Giuseppe Gandossi über einen seiner ältesten Bäume.

Limonaie zum Anschauen

Gandossis *limonaia* **Malora** steht an der Gardesana, südlich der gleichnamigen Bar. Besichtigung ist nach Anmeldung jederzeit möglich (Via della Libertà 2, 25084 Gargnano, BS, Tel. 036 57 18 40). Auch Kapern und Limoncello aus eigener Produktion kann man bei ihm kaufen! Nahe dem kleinen Hafen von Tignale steht außerdem die Schaulimonaie von **Prà della Fam,** und in Limone wurde eine museale Kopie geschaffen (s. S. 279).

Vielfalt und hohe Qualität – der Weinbau am Gardasee

Den Weinanbau brachten wohl schon die Römer an den Gardasee, fanden sie hier doch vor allem im Süden den passenden Boden sowie ideale klimatische Bedingungen vor – der Sonne zugewandte Hänge ebenso wie windgeschützte Täler. Zu den jüngsten prosperierenden Weinanbaugebieten gehört die Valténesi im Südwesten des Sees mit ihrem roten Groppello. Als Vorreiter gilt hier die familiengeführte Kellerei Costaripa.

Weine aus der Valténesi

Mit 37 ha Anbaufläche, verteilt über die gesamte Valténesi und das Lugana-Weißweingebiet zwischen Desenzano und Peschiera, ist Costaripa mit seiner modernen Kellerei am Hauptsitz Moniga del Garda für hiesige Verhältnisse ein Großbetrieb, und doch ist er familiär geblieben. Hauptwein ist der Groppello, einst ein Tischwein, weit verbreitet zwischen dem Trentino und der Toscana, der aber nur noch am Gardasee angebaut wird – und das nachweislich seit 1250.

Der Wein stammt von einer endemischen Rebe, der Groppello-Traube. Und nur aus dieser produzieren Mattia und Imer Vezzola in der dritten Generation den vollmundigen, geradlinigen Rotwein. Was nicht auf die Schnelle geht, denn die Philosophie der Brüder heißt: Ohne Barrique kein ordentlicher Groppello. Und daher lassen sie ihn nach 25 bis 30 Tagen Vinifikation in ihren doppelstöckigen Stahlfässern zwölf Monate in kleinen französischen Eichenfässern reifen, füllen ihn dann wieder für sechs Monate in Stahl und danach, im April, in Flaschen ab. Erst im November, also nach zwei Jahren, geht der Groppello »Maim«, wie die Supermarke heißt, (von ›Ma‹ für Mattia und ›Im‹ für Imer) in den Verkauf. Das ergäbe zwar eine Riserva, aber Mattia (übrigens berühmt geworden für seinen hervorragenden Brut, den er für die Weltmarke Bellavista in der nahe gelegenen Franciacorta am Iseosee macht) und Imer sprechen fast bescheiden von »Garda Classico Groppello«. Zwischen 30 000 und 40 000 Flaschen produzieren sie im Jahr. Der Wein ist von rubinroter Farbe mit leichten Granat-Reflexen, hat den Duft von Veilchen, reifen Beeren und Olivenbaum – und schmeckt nur leicht tanninig. Man kann ihn fünf bis sieben Jahre lagern und sollte ihn bei einer Temperatur von 16–18 °C, also zimmerwarm genießen. Unbedingt probieren!

Aber nicht nur diesen Wein, das Aushängeschild der Valténesi, produzieren die Vezzola. Ein leichterer Groppello ist ihr »Castelline«, der nur zu 20 % über Barrique geht, und das auch nur für vier bis fünf Monate. Wie sein Vorreiter erreicht er 12,5 % Vol. Alkohol. Unter den anderen Weinen sei noch der Chiaretto, ein im Abgang leicht nach Bittermandeln

Adressen für den Weinkauf

Bardolino: Cantina Filii Zeni, Via Costabella 9, 37011 Bardolino (VR), www.zeni.it (mit privatem Weinmuseum auf der Bergseite, s. S. 136). Hauptweine: Bardolino, Lugana, Soave und Custoza, ob als Tischwein oder DOC (besonders von den Vigne Alte) ausgebaut, dazu wunderbare Amarone. Cantina Guerrieri-Rizzardi, Villa Rizzardi, Via Verdi 4, 37011 Bardolino (VR), www.guerrieri-rizzardi.it. Gleiche Produktauswahl, jedoch keine Tischweine, dazu einen viel gelobten Amarone vom eigenen Landgut in der Valpolicella.

Valpolicella: Überall in der Valpolicella gibt es Weinhandlungen und Winzer mit eigenem Verkaufsladen, z. B. Cavaliere G. B. Bertani, Via Asiago 1, 37023 Grezzana (VR), www.bertani.net. Mit Soave, Recioto della Valpolicella und hervorragendem Amarone.

Moniga del Garda: Enoteca della Valténesi, Via Pergola 21, 25080 Moniga del Garda (BS). Mit Weinen der Mitgliederkellereien sowie anderen Produkten befreundeter Hersteller. Hauptweine: Groppello, Chiaretto, Lugana. Außerdem natürlich Costaripa (s. o.), Via Costa 1, 25080 Moniga del Garda (BS), www.costaripa.it.

Sarche di Calavino: Cantina di Toblino, Via Longa 1, www.toblino.it, 38072 Sarche di Calavino (TN). Weine der Mitgliederkellereien, speziell Nosiola, Schiava und Merlot, z. T. auch offen von der ›Tankstelle‹ (mit einladender Hostaria für weitere kulinarische Genüsse).

schmeckender und nach Weißdorn und Granatapfel duftender Rosé genannt. Außerdem der Marzemino, der als Rebe eigentlich aus dem Trentino stammt, der wunderbar strukturierte Lugana »Pievecroce« und nicht zuletzt der hauseigene »Costaripa Brut« aus 100 % Chardonnay-Trauben, der ausschließlich nach der klassischen Methode, also handgerüttelt, hergestellt wird.

Amarone, Valpolicella und Bardolino

Zum Weinanbaugebiet des Gardasees gehört auch die Valpolicella nördlich von Verona, die ebenfalls hervorragende, kostbare Tropfen hervorbringt, etwa den aus vollreif getrockneten Trauben hergestellten und in Kirschholzfässern gereiften, tiefroten und schweren Amarone oder den frischen Rotwein, der den Namen des Weinanbaugebietes selbst trägt.

Beim gleichnamigen Städtchen gedeiht seenah der Bardolino, der auch im weiteren Umkreis angebaut wird.

Custoza und Lugana

In den Endmoränenhügeln im Süden des Sees wächst bei Custoza der gleichnamige herbe Weißwein, in enger Nachbarschaft zu dem meist sehr gepflegten weißen Lugana, gerne einfach »Garda Classico« genannt, den es auch in der Valténesi gibt.

Weine aus dem Trentino

Im Norden des Sees finden sich Sonderformen der bekanntlich perfekt ausgebauten Trentino-Weine: nahe dem kleinen Lago di Toblino etwa der weiße Nosiola, ein Rosé namens Schiava, mehrere Rotweine *in purezza,* die aus einer Traubensorte gekeltert sind, etwa der Cabernet oder Pinot, oder schwere, sehr dunkle Mischungen nach dem Gusto der Kellermeister. Außerdem lässt man hier einen gepflegten Vino Santo, einen kostbaren Dessertwein, in kleinen Fässern reifen. Und natürlich wird bester Grappa gebrannt. Der ist aus dem Trentino schließlich nicht wegzudenken!

Auch der Spumante aus Bardolino wird nach traditioneller Methode handgerüttelt

Kostbares Gut– Olivenöl vom Gardasee

Olivenbäume gedeihen auf beiden Erdhälften zwischen dem 30. und 50. Breitengrad. Der Gardasee gilt als das nördlichste Anbaugebiet der Welt und sicherte den Bauern insbesondere durch den Export in die nördlichen Regionen – und speziell nach Deutschland – seit dem Mittelalter zwar keinen Reichtum, aber ein ordentliches Einkommen.

Schon die Römer, die den Olivenanbau am Gardasee ansiedelten, schätzten den guten Geschmack und die gesundheitsfördernden Eigenschaften des Olivenöls. Aus dem 9. Jh. existieren detaillierte Zeugnisse über die Bedeutung des kostbaren Guts in Malcésine, Garda und Assenza. Seit dem 10. Jh. ist der ›Export‹ des begehrten Öls durch Mönche von San Colombano zum Kloster von Bóbbio nahe Piacenza belegt. Verona erließ bereits im 12. Jh. ein Gesetz zur Kontrolle von Olivenölherstellung und -handel. 1623 schließlich ordnete die damals herrschende Republik Venedig die monokulturelle Anpflanzung des Ölbaums an. Dazu wurden Wälder gerodet, neue Terrassen angelegt und der Boden bis zu einer Tiefe von 2 m von Steinen befreit. Heute erleichtern Traktoren die Aufbereitung des Bodens, doch die Baumpflege ist weiterhin mühsam.

Frisch geerntet: Oliven vom Gardasee

Blühender Schmuggel

Die hohen Steuern, die man den Olivenölproduzenten – also praktisch allen Familien am Gardasee – auferlegte, waren erdrückend. Ein Dokument des 18. Jh. aus Salò belegt, wie hart das Auskommen war: Für eine Maßeinheit von etwa 70 kg Olivenöl bekam man ca. 90 Lire, 45 davon gingen an Steuern weg, 8 für die Pressung; von den verbliebenen 37 Lire bekam der Landbesitzer 10, den Rest musste der Pächter sich mit seinen Pflückern teilen.

Ein blühender Schmuggel entwickelte sich, mit dem man versuchte, das Einkommen aufzubessern und dem Joch der hohen Zölle zu entkommen, die durch das venezianische Zollamt von Lazise kontrolliert wurden. Im Schutze der Nacht fuhren Boote nach Norden bis Riva, dann ging es auf dem Landweg über die nördlichen Ausläufer des Monte Baldo und die Etsch hoch bis zum Markt von Bozen. Ein weiterer Weg der Schmuggler führte auf dem See nach Süden bis Peschiera und über den Mincio bis Mantua, von wo aus man auf dem Landweg weiterziehen konnte – bis hinein in die Emilia Romagna. Um den Schmuggel einzudämmen, ordnete Venedig 1745 ein (geschätztes) Minimum der Produktion an, das versteuert werden musste. Viele gaben daher

Alte Olivenölpresse im Museum in Cisano

die Ölbaumkultur auf. Doch das Fällen eines Olivenbaums wurde mit 25 Dukaten und 18 Tagen Kerker bestraft.

1904 zählte man am venetischen Ufer des Sees noch zahlreiche Ölmühlen: fünf in Garda, sechs in Malcésine, zwei in Torri, drei in Castelletto und zwei in Bardolino; außerdem befanden sich viele kleine Mühlen in Familienbesitz, allein zehn davon in Torri, die nur der Olivenölproduktion für den Eigenbedarf dienten.

Ernte und Verarbeitung

»A San Marti sendrise le scali.« Am Martinstag, also dem 11. November, sagt dieses Sprichwort in Gardesaner Mundart, sollen die Leitern für das Pflücken an die Bäume gehoben werden: hohe Masten mit Sprossen zu beiden Seiten. Die Pflücker halten sich an einem Büschel von Zweigen fest, kämmen diese mit einem Holz- oder Plastikkamm durch und lassen die Oliven auf die am Boden aufgespannten Netze fallen, wo sie sogleich aufgesammelt und dann in Körben zur Presse gebracht werden. Je schneller die möglichst handverlesenen, nicht verletzten Oliven in die Presse gelangen und dort verarbeitet werden, desto reiner und weniger säurehaltig ist das Olivenöl.

Während die Oliven ursprünglich mit Hilfe von Lasttieren (Eseln oder Maultieren) von schweren Mahlsteinen zermahlen wurden, entwickelte man Ende des 19. Jh. zwei neue Systeme: ein hydraulisches (mit Wasser angetriebene Mühlräder) und eines mit Dampfantrieb, bei dem eine ausgeklügelte Folge von Zahnrädern die Arbeit erleichterte. Heute funktioniert der Vorgang elektrisch. Alle Systeme werden im Ölmuseum von Cisano (s. S. 140) eindrucksvoll demonstriert. Die sich daran anschließende eigentliche Pressung erfolgte früher in Jutesäcken, die mit der Olivenmaische gefüllt aufeinander gestapelt und langsam in einer Presse aus Eichenholz zusammengedrückt wurden. Die modernen Zentrifugen arbeiten schonender und vor allem unter Luftabschluss, sodass einer Verschmutzung des kostbaren Öls besser vorgebeugt werden kann als bei der traditionellen Verarbeitung. Durch das extrem schnelle Schleudern läuft das leichtere Olivenöl in der Mitte zusammen, umgeben vom schwereren Wasser und ganz außen vom noch schwereren Olivenmark (zusammen mit den zermahlenen Kernen). Es wird weder Chemie noch kochendes Wasser benötigt. Reiner kann ein Produkt kaum hergestellt werden!

Das Olivenöl des Gardasees gilt als besonders säurearm, aromatisch und vitaminreich und beugt, wie es heißt, Herz- und Kreislauferkrankungen vor. Die bevorzugten Olivensorten sind die Casolino und die frostresistentere Leccino; am Westufer ist auch die kleine Gargnà sehr beliebt.

Schädlinge und Baumbestand

Alte Olivenbäume (sie können 300–400 Jahre und älter werden) sind häufig ausgehöhlt, was daran liegt, dass faule Stellen radikal entfernt werden. Starke Verdickungen am Stamm sind Zeugen eines verheilten Pilzbefalls, und die im Fruchtfleisch sitzende Larve der Olivenfliege wird inzwischen mehr oder weniger erfolgreich mit Sexualduft-Fallen bekämpft. Die Hauptfeinde der Olive sind jedoch nach wie vor Frost und Feuchtigkeit.

Heute lässt man die Olivenbäume möglichst nicht mehr ungehindert in den Himmel wachsen, sondern zieht sie teilweise wie Spalierobst klein – eine Rückbesinnung auf die ursprüngliche Pflanze, die Wildolive, die eigentlich ein Strauch ist. Man erleichtert sich so zwar die Pflückarbeit, bekommt aber auch einen geringeren Ertrag pro Baum. Dies wird wiederum durch eine höhere Anzahl an Pflanzen kompensiert. So stehen derzeit mehr Olivenbäume denn je im gardesanischen Anbaugebiet von Verona. 1985 zählte man etwa 300 000 Bäume (in der gesamten Provinz sogar doppelt so viele), und zwar auf 2600 ha Land in Monokultur und auf rund 5400 ha Land in Mischkultur. Auf Brescianer Seite sind es im Gardaseegebiet rund 400 000 Olivenbäume auf ca. 900 ha Land in Monokultur und auf 2500 ha in Mischkultur; auch hier ist die Tendenz steigend.

Garantiert Gardasee-Olivenöl

Museo dell'Olio/Oleoficio di Cisano: Via Peschiera 54, 37011 Cisano (VR), www.museum.it. Museum und Verkaufsraum zwischen Bardolino und Lazise. Hier kann man sich genauestens über die Olivenölproduktion informieren sowie Produkte aus Oliven und mit Olivenöl sowie andere Spezialitäten aus der Gegend erst einmal kosten und sich dann in Ruhe in den Regalen nach passenden Mitbringseln umsehen (s. S. 140).

Vecchio Frantoio: Malcésine, Via Navena im historischen Zentrum von Malcésine. Verkaufsraum des Consorzio Olivicoltori Malcésine in den Räumen der alten Ölpresse (s. S. 112).

Oleoficio di Gargnano: Via della Rimembranza am nördlichen Ende von Gargnano. In der modernen Anlage gibt es nach der Ernte frisch gepresstes Olivenöl, doch im ganzen Ort kann man deren Produkte ganzjährig zum gleichen Preis erstehen (s. S. 260).

Keramik, Design, Skulptur – Künstler am See

In Gargnano bestand bis vor einigen Jahren eine Kunstakademie, die wegen Schülermangel geschlossen werden musste. Der Gardasee bleibt aber auch so reich an lokalen Künstlern.

Bei der Schönheit des Gardasees ist es nicht verwunderlich, dass er schon immer zahlreiche Künstler und Dichter angezogen hat. Auch heute leben erstaunlich viele Maler und Bildhauer am See, aber auch andere im weiteren Sinne schaffende Künstler wie Architekten. Hier eine kleine Auswahl von am See geborenen oder ausgebildeten Kunstschaffenden.

Pino Castagna – ein Multitalent

Fährt man von Costermano auf der alten Landstraße nach Garda, kommt man unweigerlich an einigen hohen, technisch wie gestalterisch einmaligen Metallskulpturen vorbei, die linker Hand aus einem großen Garten herausragen. Sie stammen von Pino Castagna, dem auch der Garten gehört.

1932 in Castelgomberto in der Provinz von Vicenza geboren, lebt der vielseitige Künstler, der sich bescheiden als Handwerker fühlt und gibt, seit 1956 am Gardasee. In Costermano besitzt er in herrlicher Panoramalage über dem See ein mehrstöckiges Atelier, das auch besichtigt werden kann. Er ist zugleich Maler, Bildhauer (Glasobjekte, Bronze, Marmor, Aluminium, Eisen und Beton) sowie Grafiker, Restaurator und Töpfer und sieht sich mit seiner Kunst ganz in der Tradition des Bauhauses: Kunst und Mensch als Einheit, als Ganzes.

Für Pino Castagna sind Gebrauchsgegenstände daher ebenfalls Kunstwerke – Kunstwerke für den alltäglichen Gebrauch. Neben seinen Großplastiken entwickelt er u. a. herrliche Geschirrunikate, etwa Obstschalen von immenser Größe, die sich auch als Wanddekoration eignen. Viele dieser Kunstwerke oder Gebrauchsgegenstände wirken, als seien sie noch als rohe Form zerrissen worden.

Mariano Fuga – Keramikkünstler

1948 im Vicentinischen Nove geboren, durfte Mariano Fuga bereits als Kind seinem Vater bei dessen Keramikarbeiten über die Schulter schauen und manchmal mit einem Klumpen Lehm spielen. Nach seinem Studium an der Accademia di Belle Arti in Venedig konnte er in den 1980er- und 1990er-Jahren am anspruchsvollen Internationalen Keramikwettbewerb von Faenza teilnehmen, wo 1985 sein erstes Werk von einem Museum erworben wurde. Es folgten nationale und internationale Ausstellungen und weitere Wettbewerbe, etwa in

Mariano Fuga beim Töpfern

der Schweiz und in Japan. 2002 war er bei der Internationalen Biennale der Keramik in Kairo dabei, und 2003 gewann er den ersten Preis beim Internationalen Wettbewerb der *fischietti in terracotta* im venetischen Roana.

Diese Pfeifen (italienisch *fischietti* oder *cuchi)* gehören zu den Hauptthemen des Künstlers. Wer sein Atelier im familieneigenen Hotel Meandro in Gargnano aufsucht oder den wunderschönen kleinen Ausstellungsraum in einer historischen Bäckerei mitten im Ort, wird unweigerlich von Fugas *cuchi* angezogen – lustigen kleinen, bunten und oft dicklichen Figuren, die stets in Bewegung zu sein scheinen. Mit ihnen folgt Mariano Fuga einer langen Tradition volkstümlicher Keramikpfeifen, die möglicherweise bis in die Vorgeschichte zurückreicht, sicher aber bis in die griechische Antike. Hier dienten sie wohl als Spielzeug, etwa um Vogelstimmen zu imitieren, oder aber um böse Geister zu vertreiben.

Fugas zweite Leidenschaft gehört den *teatrini*, kleinen Bühnenbildern aus Keramik, die er zu poetischen Texten von Cesare Levi schuf. Sie zählen gewiss zu den interessantesten Arbeiten des Künstlers. Große Baudekorationen und andere Auftragsarbeiten kann man vor seinem Atelier im Hotel Meandro bewundern.

Fuga unterrichtete 37 Jahre lang an der Kunstakademie von Gargnano das Fach Keramik. Mit Stolz erfüllen ihn nach wie vor einige seiner Schüler, die es zu Weltruhm gebracht haben, wie Frascati und Guatta (s. u.).

Paolo Frascati – der Abstrakte

Mariano Fugas vielleicht begabtester Schüler, der 1969 in Salò geborene Paolo Frascati, scheint auch Pino Castagna genauer studiert zu haben: Auch seine abstrakten Skulpturen wirken zerrissen. Die Liste seiner Ausstellungen in Italien ist lang. Auch im Ausland ist Paolo Frascati in Galerien für zeitgenössische Kunst präsent, z. B. an der Côte d'Azur, im belgischen Gent oder in Tokio. Frascati arbeitet seit Jahren in seinem Atelier in Venedig und lehrt am dortigen Liceo Artistico di Venezia.

Giuliano Guatta – Maler und Grafiker

Der 1967 in San Felice del Benaco geborene Giuliano Guatta war ebenfalls Schüler des Istituto d'Arte Statale von Gargnano. Er arbeitet bevorzugt in Venedig, wo er nun selbst an der Kunstakademie lehrt. Seine Arbeiten sind z. T. komisch, so wie die unter dem Titel »Jack« zusammengefasste Serie aus dem Jahr 2003. Gerne zeigt er skurrile ›Sportübungen‹ in zwar kräftigen, doch grau unterlegten Farben. Das Bild »Ruf einer Frau über die Straße« (2001) erinnert stark an Munchs »Schrei«, und seine schwarzweißen Grafiken sind von fast kafkaesker Finsternis.

»Ich will eine ganze Geschichte in einem Bild erzählen, mit einer sich wiederholenden Gestalt oder mehreren« – so erklärt der Künstler seine Vorgehensweise selbst. Und gerne komponiert er ein Bild aus Elementen, die scheinbar nichts miteinander zu tun haben.

Fabio Gandossi – der Autodidakt

Eigentlich ist der 1970 geborene Gargnanese Fabio Gandossi Schauspieler und hat sich seine ersten Sporen in Mailand verdient. Doch das ewige

Auf-den-Regisseur-Hören missfiel ihm. Da er schon immer gerne malte und mit den verschiedensten Materialien experimentierte, wechselte er kurzentschlossen sein Metier. Und das scheint gut so: Gandossi hat einen gelungenen Strich, speziell wenn er für seine *incisioni* (Kupferstiche) die Vorzeichnungen fertigt. Dabei inspiriert ihn ganz Verschiedenes, beispielsweise ein russisches Gedicht, das ihm besonders ans Herz gewachsen ist und das von einem Mann handelt, der sich mitten in der Nacht unter Verrenkungen mit Wasser aus einem Waschtrog wäscht.

Gandossis Begabung zeigt sich aber auch beim Porträtieren der Menschen aus Gargnano, z. B. in den Bildern des inzwischen verstorbenen Fischers Gianni oder der Malerkollegin **Paola Silvestrini** (www.paolasilvestrini.it). Die Frau des verstorbenen Malers Giovanni Cappelli (1923–1994) hat ein großes Herz für junge Künstler, ihr Atelier mitten im Ort (Via Don Primo Adami 1) ist für sie auch Treffpunkt und (Verkaufs-)Galerie ihrer Kunstwerke.

Skulpturen vor Pino Castagnas Atelier

Offene Ateliers

Pino Castagna: Via Salita degli Olivi 20, 37010 Costermano (VR), Tel. 04 57 20 01 16; Mo–Fr 9–12, 15–18 Uhr.
Mariano Fuga: Via Repubblica 40, 25084 Gargnano, Tel. 036 57 11 28; Ausstellungsraum Via Forni 20, 25084 Gargnano; nach Vereinbarung.
Fabio Gandossis Werke werden in der Modeboutique seiner Eltern an der Via Roma in Gargnano (gegenüber der Bank) ausgestellt.

Fulvia Bazoli – Architektin und Designerin

Die 1970 ebenfalls in Gargnano geborene Fulvia Bazoli schließlich hat wie Frascati oder Guatta die hiesige Kunstakademie durchlaufen. Und wie viele italienische Architekten ist sie gleichzeitig Designerin. Nicht selten werden von diesen ›Allroundern‹ Architektur und Inneneinrichtung entworfen, sodass alles aus einem Guss ist. Fulvia Bazoli jedoch hat sich auf Umbauten und Innenarchitektur spezialisiert, da es ihrer Ansicht nach schon genügend existierende Bausubstanz gibt. Wenn man die von ihr umgestalteten Gebäude in Gargnano betrachtet, meint man allerdings, neue Häuser vor sich zu haben, denn klare Linien sind ihr absolutes Credo.

Besondere Aufträge waren gewiss die Innengestaltung der Jugendstilvilla der Feltrinelli in Gargnanos Peripherie, die ca. 1997–2000 zu einem Luxushotel umgebaut wurde, und der Umbau des Hotels ihres Lehrmeisters Mariano Fuga, das bis ins kleinste Detail nach ihren Entwürfen gestaltet wurde – die speziell dafür entwickelten multifunktionalen Möbel mit eingeschlossen.

Kirchenfeste zwischen Tradition und Moderne

Die Gardesaner machen wie die meisten Italiener wegen ihrer Kirchenbesuche und der gerne begangenen Kirchenfeste den Eindruck, sehr religiös zu sein. Doch das täuscht: Sie gehen eher locker damit um.

Don Francesco rafft seine schwarze Soutane und springt leichtfüßig von Stein zu Stein, da über einen Bachlauf, dort eine in den Felsen gehauene Stufe hinab und den schmalen Trampelpfad wieder hinauf. Er ist wie immer etwas spät dran und weiß, dass eine große Gemeinde ihn heute an der Einsiedelei von San Valentino hoch über Gargnano erwartet. Kaum einer, der noch gut zu Fuß ist und vom Montegargnano stammt, wie das Konglomerat der vielen Dörfer oberhalb des einstigen Fischernestes genannt wird, lässt sich die Messe am Valentinstag, genauer: an einem Sonntag vor oder nach dem 14. Februar, entgehen.

Don Francesco ist wohl der jüngste, auf jeden Fall der noch immer leichtfüßigste Ortspfarrer einer Gemeinde, die ein gutes Beispiel dafür bietet, wie im nördlichen Italien und so auch am Gardasee kirchliche Feste zwischen Tradition und modernem Lebensgefühl begangen werden.

Prozession auf dem See bei Maderno

Feste für die lokalen Patrone

Besonders sehenswert sind auch für Unbeteiligte die Prozessionen zu Ehren der Kirchenpatrone, weil die Bevölkerung zu ihnen ein innigeres Verhältnis hat als zu den anderen Heiligen. Ein typisches Patronatsfest am See ist die Sant'Antonio-Prozession am 13. Juni ab 19.30 Uhr von Gargnano nach Villa. In Gargnano wird die Skulptur des Antonius an der festlich geschmückten Anlegestelle und zu den Klängen der lokalen Musikkapelle in ein Fischerboot getragen, von dort fährt es, von anderen Fischerbooten begleitet, die kurze Strecke nach Villa hinüber, wo der Heilige im kleinen Hafen auf eine Trage umgeladen wird. Danach tragen ihn Männer in einer langen Prozession auf dem Landweg zur Kirche San Francesco am Ortseingang, wo die Messe stattfindet. Anschließend füllen sich die Bars rund um den Hafen, festlich gekleidete Kinder bekommen ein Eis, die Eltern genießen ihren Aperitivo, man tauscht sich aus – nicht unbedingt über die Prozession ...

Die Gardesaner investieren viel Zeit und Geld in die Vorbereitungen der Festtage. Sie backen und kochen besondere Speisen, kaufen neue Kleider und organisieren zum Abschluss häufig auch ein grandioses Feuerwerk.

Religiöse Praxis

Bekanntlich sind fast alle Italiener Katholiken, was jedoch nicht zwingend bedeutet, dass sie sonderlich religiös sind. Zwar gehen sie in die Kirche, die Männer aber z. B. fast ausschließlich an hohen religiösen Festtagen. Kinder werden selbstverständlich getauft und folgen in der Kirche und dem Pfarrhaus allen christlichen Pflichten und engagieren sich in der Gemeinde.

Unterwegs am Gardasee

Limone mit seinem hübschen Hafen gehört zu den bekanntesten Orten am Gardasee

Das Beste auf einen Blick

Der Norden

Highlight!

Rocca von Arco: Hier kommt richtiges Festungsgefühl auf! Innen entdeckt man zauberhafte gotische Fresken und draußen erlebt man einen herrlichen Blick über den See und die umgebenden Berge. S. 92

Auf Entdeckungstour

Cascata del Varone: Für den Ausflug zu der senkrechten Klamm in der Nähe von Arco, in der sich ein Wasserfall 100 m in die Tiefe stürzt, muss man tatsächlich einen Regenschutz einplanen. Das ordentlich spritzende Naturwunder hat u. a. Thomas Mann zu einer Passage in seinem »Zauberberg« inspiriert. S. 96

Kultur & Sehenswertes

Die Stadttore Rivas: Die Porta San Marco und die Porta San Michele im nördlichen Teil der mittelalterlichen Stadtmauer sind gut erhalten. S. 80

Pfahlbauten am Lago di Ledro: Das Museum dokumentiert die Geschichte dieser frühen Siedlungsform; leider wurden die meisten historischen, mühsam restaurierten Pfahlbauten Opfer eines Erdrutsches. S. 100

Zu Fuß & mit dem Rad

Paradies für Mountainbiker: Der gesamte Norden lädt zu Touren ein, z. B. zum Monte Tremalzo oder zum Lago di Tenno. S. 85, 86

Auf den Spuren Rilkes: Der Weg von Arco zu der Einsiedelei San Paolo verzauberte schon Rainer Maria Rilke jedes Mal, wenn er seine Mutter während ihrer Kur besuchte. S. 93

Genießen & Atmosphäre

Musica Riva Festival: Hochrangiges Musikfestival in Riva von Mitte Juli bis Anfang August für junge Künstler aus aller Welt, die klassische bzw. europäische Musik spielen. S. 85

Altertümliches Arco: Zwischen der von Cafés umgebenen Pfarrkirche und der Rocca weht noch der Hauch eines alten k. u. k. Kurortes. Besonders anziehend während des »Habsburger Weihnachtsmarktes«. S. 98

Abends & Nachts

Schicke Cafés: In Arco ist das Caffè Conti d'Arco von 7 bis 2 Uhr früh geöffnet; in Riva während des Sommers das Caffè Italia von 8 Uhr bis Mitternacht, hier gibt es tolle Aperitifs, Pizza – und Internetanschlüsse. S. 95, 84

Das sportliche Ufer

Der Norden des Gardasees bietet sich mit Riva und Tórbole als ein idealer Aufenthaltsort für sportliche Urlauber sowie für Familienferien an. Und er ist ein hervorragender Ausgangspunkt für landschaftlich schöne und kulturell interessante Ausflüge.

Die gepflegten Ortschaften der Region haben eine lange touristische Tradition und wurden bereits im 19. Jh. von Österreichern und Deutschen aufgesucht. Zwar ist das Stück See, das der Provinz Trentino angehört, recht klein, dafür besitzt es ein abwechslungsreiches Hinterland: Neben Arco befindet sich hier Nago mit interessanten geologischen Formationen wie den sog. Gigantenschüsseln. Und auf dem Weg nach Sarche und zum Lago di Toblino mit seinem zauberhaften kleinen Kastell passiert man die Steilhänge von Pietramurata, kann hohe Geröllsteine bewundern und die großen, verloren wirkenden Steinbrocken im Sarca-Fluss. Zwischen Tórbole und Riva schiebt sich der schräg gestreifte Fels des Monte Brione in den See, und nördlich der hübschen Stadt Riva kurvt man hinauf nach Tenno zum gleichnamigen kleinen Badesee und macht Halt am Wasserfall von Varone. Auf derselben Strecke liegt auch der Tunnel zum Ledro-See mit seinen frühgeschichtlichen Pfahlbauten.

In Riva und Arco genießt man städtisches Leben, in Tórbole einen touristisch erschlossenen Seeort – überall aber finden sportliche Naturen ein weites Betätigungsfeld: Arco ist das Zentrum der Freeclimber und platzt beim internationalen Rock Festival aus allen Nähten. Aber auch andere Sportler, die es gerne riskant und schnell mögen, kommen hier voll auf ihre Kosten, z. B. beim Canyoning und Mountainbiken – und natürlich beim Surfen, gilt doch der Norden des Gardasees als Europas bestes Surfrevier in einem Binnensee.

Infobox

Infos

APT del Garda Trentino: Largo Medaglie d'Oro 5, 38066 Riva (TN), Tel. 04 64 55 44 44, www.gardatrentino.it, www.gardaqui.it.

Internet

www.gardatrentino.it: Sehr gute Website von InGarda Trentino mit Links zu allen Unterkunftsarten und Restaurants, zu Diskotheken und Veranstaltungen – inkl. Newsletter-Option. Auch in deutscher Sprache.

www.gardatrentinonline.it: Mit ihren vielen guten Links entspricht sie der o. g. Homepage.

Anfahrt

Die kürzeste Strecke von der Brennerautobahn ist die von der Abfahrt in Rovereto, von wo aus man über Mori und Nago nach Tórbole gelangt. Fährt man bereits in Trento ab, kommt man entlang des Sarca-Flusses in den Genuss der schönen Strecke über den naturgeschützten Toblino-See, Sarche, Pietramurata und Dro. Bald im Blick: die stolze Rocca von Arco. Von Rovereto fährt auch ein bequemer Linienbus nach Riva, ideal für Bahnreisende.

Motorbootverbot

Privatpersonen ist im Norden des Gardasees das Fahren mit Motorbooten untersagt.

Riva del Garda ▸ G 1

Die Lage Rivas (16 000 Einw.) ist ausgesprochen hübsch: Am fjordartig verengten Nordufer in Seehöhe (78 m ü. d. M.) gelegen, konnte sich das Städtchen über seine mittelalterliche Mauer hinaus nach Norden bequem ins Schwemmgebiet des Sarca-Tales ausbreiten. Im Westen wird es von seinem Hausberg, dem steil aufragenden Monte Rocchetta (1575 m) mit dem Bastione-Hügel (212 m), begrenzt. Zu dessen Füßen breitet sich das große Ponale-Kraftwerk aus, das eher wie eine Villa des beginnenden 20. Jh. aussieht. Durch drei Druckleitungen ist es mit dem 500 m höher gelegenen Ledro-See verbunden, der auch als Speicherbecken für den Gardasee dient. Auf der anderen Seite des Hafenbeckens hat auf einer kleinen Insel die mächtige Seefestung Platz gefunden, die über eine Brücke zu erreichen ist.

Die Dächer der meist drei- und vierstöckigen Häuser sind mit roten Ziegeln gedeckt und bilden eine schöne Dachlandschaft, aus der die mittelalterliche, sogenannte Torre Apponale mit der Stadtuhr herausragt. Im historischen Kern findet man nette Hotels, viele Restaurants, Cafés und ein paar Gassen mit Souvenirläden. Das Städtchen besitzt eine lange Seepromenade, hinter der der Stadtpark und einige Hotels liegen; sie reicht bis zum Jachthafen vor dem steilen Abhang des Monte Brione (376 m). Eine moderne Hängekonstruktion stellt die Verbindung zum benachbarten Tórbole her.

Rund um den Fährhafen

Von der modern aufpolierten Bootsanlegestelle mit ihren kleinen Kiosken fällt der Blick unweigerlich auf den massigen Uhrturm der Stadt, die mittelalterliche **Torre Apponale** 1 (Piazza III Novembre). Sie wurde erstmals 1273 erwähnt – ist jedoch sicher älter – und wurde 1555 auf die jetzigen 34 m aufgestockt. Der Turm, der wohl der ersten, nicht mehr vorhandenen Festung Rivas als Burgfried diente, kann bestiegen werden: 165 Stufen sind es bis zur Aussichtsterrasse (Öffnungszeiten s. Museo Civico in der Rocca, Erw. 2 €). Die Piazza Catena (dt. Kette, weil der Hafen nachts mit einer Kette abgeschlossen wurde) und die Piazza III Novembre zwischen Hafen und Turm mit den umliegenden, einladenden Cafés sind für den Autoverkehr gesperrt. Der dahinter liegende Altstadtkern mit seinem typisch mittelalterlichen Charakter, den engen und krummen Gassen, ist ebenfalls den Fußgängern vorbehalten, so auch die zur Porta San Marco führende rege Einkaufsstraße Via Fiume, die mit einigen Restaurants lockt.

Im Westen der Piazza Catena erstreckt sich der große, in hellem Gelb erstrahlende Komplex des **Rathauses** 2 (Piazza III Novembre 5) mit seinen tiefen Arkadengängen auf der Rückseite. Er besteht aus dem **Palazzo Pretorio** (Prätorenpalast) von 1375 und dem **Palazzo del Provveditore** (Palast des Landvogts) von 1475 bis 1482. Zahlreiche, vor allem unter seinem Bogengang eingemauerte Steine bezeugen die Stadtgeschichte. Der Bogengang des architektonisch ausgewogenen Palazzo Pretorio setzt sich im Westen im Bogen des mittelalterlichen Stadttores an der Piazzetta San Rocco fort. Nur auf der Rückseite erkennt man das schmale Tor, die **Porta Bruciata** 3 (zwischen Piazza III Novembre und Piazza San Rocco) mit Schwalbenschwanzzinnen und Resten der Zugvorrichtung für die Brücke. Das sog. ›verbrannte Tor‹ erhielt seine dunkle Farbe, weil die Mailänder es 1406 in Brand gesteckt hatten.

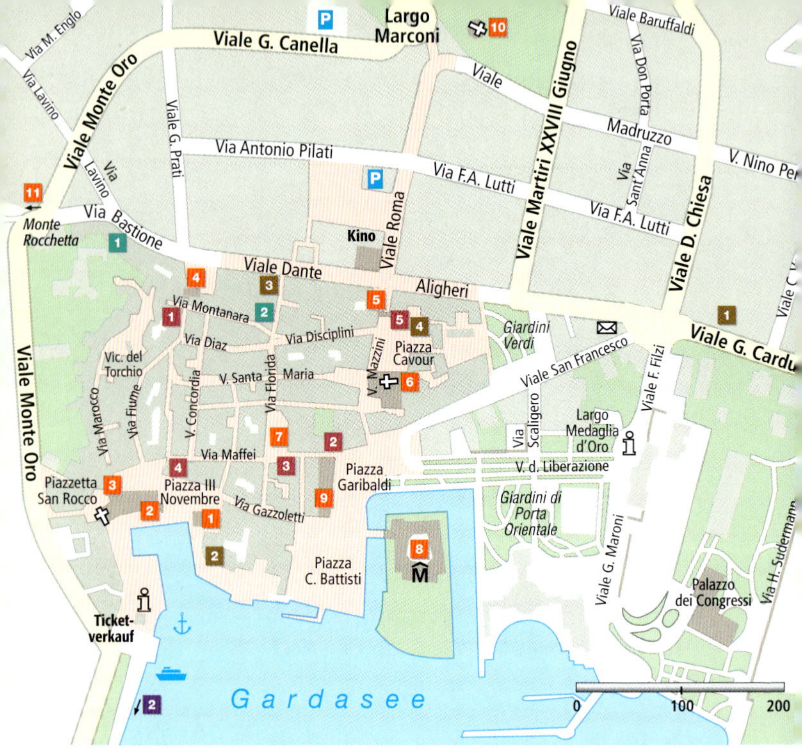

Die historischen Stadttore

Von der Rückseite des Rathauses gelangt man über die krumme Via Fiume zwischen schmalen Stadtpalästen mit teils abbröckelndem Putz und barockem Stuck um Türeingänge und Fenster zum landwärts Richtung Arco gerichteten Stadttor in der gut erhaltenen mittelalterlichen Stadtmauer, zur **Porta San Marco** 4 (Via Fiume/Ecke Via Montanara). Auch in diesem von den Venezianern errichteten Bauwerk mit seinen schmalen Fenstern über dem Eingang und den Schwalbenschwanzzinnen, sind an der Außenseite die Rillen für die Hebevorrichtung der Zugbrücke zu sehen.

Bleibt man innerhalb der mittelalterlichen Stadtmauer ist schnell die Piazza Cavour erreicht. Hier steht die zierlich wirkende mittelalterliche **Porta San Michele** 5 (Via Mazzini/Piazza Cavour). Sie trägt einen Glockenaufsatz für die nahe Pfarrkirche Maria Assunta (s. u.) mit großen Klangöffnungen und Schwalbenschwanzzinnen.

Santa Maria Assunta 6

Piazza Cavour 10, meist durchgehend geöffnet

An der Piazza Cavour steht die turmlose Pfarrkirche Santa Maria Assunta. Vom romanisch-gotischen Vorgängerbau ist im Süden noch ein mittelalterliches Relief mit gotischen Skulpturen und Wappen (Ende 14. Jh.) erhalten geblieben. Ihren düsteren Charakter erhielt die Kirche im Zuge ihrer Barockisierung im Jahre 1728. Mit Ausnahme der oktogonalen **Cappella del**

Riva del Garda

Sehenswert
1 Torre Apponale
2 Rathaus
3 Porta Bruciata
4 Porta San Marco
5 Porta San Michele
6 Santa Maria Assunta
7 Piazza Erbe
8 Rocca
9 Reptiland
10 Chiesa dell'Inviolata
11 Bastione

Übernachten
1 Grand Hotel Liberty
2 Sole
3 Ancora
4 Ostello Benacus
5 Monte Brione

Essen & Trinken
1 Al Volt
2 Commercio
3 Birreria Maffei
4 Caffè Centrale
5 Caffè Italia

Aktiv
1 Öffentlicher Strand
2 Pier Windsurf
3 School Sandro
4 Nautic Club Riva

Abends & Nachts
1 Wine Bar Antiche Mura
2 Osteria Bottega Panesalame

Suffragio rechts wurde sie prächtig stuckiert und im Kuppelgewölbe mit einem Fresko der Himmelfahrt Mariä von Giuseppe Alberti ausgestattet.

Piazza Erbe 7

Die Via Santa Maria führt vom Portal der Kirche aus wieder direkt ins Herzstück des Städtchens. Interessanter jedoch ist die Parallelstraße Via Maffei, die von Palästen großer Handelshäuser mit z. T. einladenden Restaurants flankiert wird. Sie führt vorbei an der kleinen aber lebhaften und für Riva bedeutenden Piazza Erbe – dem historischen Marktplatz mit seinem Renaissanceportikus und Brunnen.

Rocca 8

Piazza C. Battisti 3/A , Di–So 10–18, Juli–Sept. auch Mo, Erw. 3 €

Eine steinerne Brücke sichert heute den Zugang zur Wasserburg der Skaliger (1124) mit ihren vier quadratischen Eckbastionen. Sie entstand anstelle einer römischen Festung und wurde oft umgebaut, zuletzt im 18. Jh. zu einer österreichischen Kaserne. Heute ist sie im Sitz des Museo Alta Garda MAG mit dem **Museo Civico** untergebracht. Die zwölf Säle dieses Städtischen Museums sind wie folgt untergliedert: Pfahlbauten, Bronze- und Eisenzeit, Römerzeit und Mittelalter, Waffen und Kostüme, alte und moderne Kunst (Gemälde ital. Meister), Zoologie (vor allem Fische), Mineralogie und Geologie. Von den Fenstern des Kastells mit seinem beeindruckenden Innenhof genießt man wundervolle Ausblicke.

Reptiland 9

April–Okt. tgl. 11–20, Aug. 11–23 Uhr, Erw. 8 €

Gegenüber der Rocca befindet sich an der Piazza Garibaldi die private Reptiliensammlung mit allerlei Schlangen, Spinnentieren und Skorpionen. Zu den bei Besuchern beliebtesten Tierarten zählen die grüne Mamba, die Kobra, Klapperschlangen und eine Tigerpython. Von wissenschaftlichem Interesse sind darüber hinaus die Rotknievogelspinne, der Riesenskorpion sowie einige wunderschöne Schmetterlinge.

Chiesa dell'Inviolata 10

Meist 9–17 Uhr

Den Largo Marconi im Osten Rivas beherrscht der auffallend hohe Zentralbau der Chiesa dell'Inviolata. Sie gilt als die schönste barocke Kirche der gesamten Provinz Trentino. Der achteckige Bau mit seiner hohen Kuppel neben dem zierlichen Glockenturm

Einladende Cafés und Restaurants säumen die Gassen von Riva del Garda

wurde 1603 von einem unbekannten portugiesischen Architekten entworfen, der die Kirche außen schmucklos ließ. Umso überraschender ist der reich stuckierte und freskierte barocke Innenraum mit einem über und über mit Skulpturen geschmückten Gesims. Auffallend ist auch der Fußboden mit seinen in kräftigen Farben gehaltenen Steinintarsien. Jüngst vollständig restauriert, lieben die Bewohner Rivas diese Kirche umso mehr und suchen sie häufig auf.

Bastione 11

Passeggiata Santa Maddalena, bei Ausstellungen u. a. Veranstaltungen und auf Anfrage beim APT geöffnet

Am steil aufragenden Hang des Monte Rocchetta im Westen Rivas liegt in 212 m Höhe der im Jahre 1508 über einer mittelalterlichen Festung errichtete Bastione. Er ist zu Fuß über die Via Bastione (die Verlängerung der Via Dante) erreichbar, die auf der Bergseite in die zunächst in Serpentinen steil aufsteigende Passeggiata Santa Maddalena übergeht (ca. 0,5 Std. Fußmarsch). Die Festung wurde 1703 von französischen Soldaten gesprengt und ist daher nur noch in Resten erhalten, jedoch mit schön restaurierten Räumen und einem Café. Man genießt von hier aus einen herrlichen Blick auf die sichelförmig am Ufer gelegene Stadt, ihre rote Dachlandschaft und den See. Ein schönes Plätzchen, um Pläne für weitere Ausflüge zu schmieden.

Übernachten

Wer kann, sollte Riva um Mitte Januar sowie um Mitte Juni meiden: Dann findet die gut besuchte Schuhmesse statt und die Hotelpreise schnellen in unglaubliche Höhen! In unseren Angaben ist dies nicht berücksichtigt.

Jugendstil-Ambiente – **Grand Hotel Liberty 1**: Via Carducci 3/5, Tel. 04 64 55 35 81, www.grandhotelliberty.it, ganzjährig, DZ/ÜF 109–260 €. Gepflegtes Jugendstilambiente im Haupthaus mit rückwärtigem Anhang, dazwischen Pool und Garten, gutes Restaurant; Wellnessabteilung. 90 Zimmer, im Haupthaus teils sehr großzügig, in sanften Pastellfarben eingerichtet (die Hauptstraße davor kann manchmal lärmend sein, ruhig ist es im Anbau dahinter).

Historisch – **Sole** 2: Piazza III Novembre 35, Tel. 04 64 55 26 86, www.hotelsoleriva.it, Mitte März–Anfang Nov., manchmal auch zu Weihnachten und Messezeiten (z. B. im Jan.), DZ/ÜF 86–214 €. Traditionshaus mit 52 Zimmern zwischen Hafen und Stadtturm, also in bester Aussichts- und Lauflage; hier wohnte u. a. schon Nietzsche. Mit Restaurant und beliebter Bar auch auf der Piazza. Sauna, Solarium.

Intim und zentral – **Ancora** 3: Viale Dante 47, Tel. 04 64 56 70 99, www.rivadelgarda.com/ancora, mitunter im Febr. geschl., DZ/ÜF 82–94 €. Zauberhaftes kleines Jugendstilhaus mit 14 Zimmern und Restaurantterrasse im Zentrum.

Zentrale Jugendherberge – **Ostello Benacus** 4: Piazza Cavour 14, Tel. 04 64 55 49 11, www.ostelloriva.com, Mitte April–Okt., Bettpreis mit Frühstück 18–22 €, DZ 40–44 €. Komplett renovierte Juhe für Leute, die im Herzen der Stadt wohnen möchten.

Camping am Berg – **Monte Brione** 5: Via Brione 32, Tel. 04 64 52 08 85, www.campingbrione.com, Ostern–Ende Okt., Stellplatz 8,50–12,50 €, p. P. 8–9 €. 4-Sterne-Platz für sportlich Aktive an den Abhängen des Monte Brione, wenige Gehminuten vom See entfernt.

Essen & Trinken

Rivas Restaurants genießen insgesamt keinen besonders guten Ruf, weil sie sich vor allem den Wünschen der Tagestouristen beugen, also schnelles Essen, Pizzastücke etc. anbieten. Die wenigen Ausnahmen können sich aber sehen lassen. Bei kleinem Hunger bieten sich Straßencafés an.

Für romantische Feinschmecker – **Al Volt** 1: Via Fiume 73, Tel. 04 64 55 25 70, www.ristorantealvolt.com, Mitte März–Mitte Febr. Di–So, Degustationsmenü 45 €. Sehr feines Altstadtrestaurant in drei engen Gewölben mit wunderbar romantischer Atmosphäre, perfekter Gardasee-Küche (Fisch- und verfeinerte Trentiner Spezialitäten) sowie ausgesuchtem Wein.

Hausmannskost in getäfelten Räumen – **Commercio** 2: Piazza Garibaldi/Ecke Via Maffei, Tel. 04 64 52 17 62, Mitte März–Mitte Jan. Di–So, im Hochsommer tgl., Menü ab 18 €. Zwei Gewölberäume, ehemals Stallung und Cantina, jetzt holzgetäfelt in einem historischen Stadtpalazzo (18. Jh.). Im Sommer auch Tische auf der schmalen Gasse. Spezialitäten sind Forellen und gegrilltes Fleisch, hausgemachte Pasta; alle Beilagen *(contorni)* sind im Preis inbegriffen.

Mein Tipp

Urige Bierkneipe auf Trentinisch

Drei kleine Räume, einer davon die frühere Hauskapelle, dazu der Hauptraum, der früher die Postkutschen des Handelshauses aufnahm – das ist die **Birreria Maffei** 3. Seit mehr als vier Jahrzehnten versorgt die Familie Benini (nun sind es drei Brüder) hier die Alt-Rivaner mit frisch gezapftem (bayerischem) Bier und authentischen Trentiner Köstlichkeiten wie Gulasch (mit diversen Beilagen), *strangolapreti* (Spinatklößchen mit Butter oder Tomatensoße) oder *canederli* (Knödel in Fleischbrühe), aber auch mit *würstel con crauti*. Daneben gibt es natürlich auch alle Arten italienischer Pasta und Pizza sowie Fleischgerichte, durchweg inkl. Beilagen und *coperto*. Via Maffei 7, Tel. 04 64 55 36 70, Dez. und März–Okt. Do–Di, im Hochsommer tgl., Menü ab 15 €.

Zentral – **Caffè Centrale** 4: Piazza III Novembre 27, Tel. 04 64 55 23 44, mittelpreisig. Großes Café mit Blick auf den Hafen, auch Kleinigkeiten wie Primi und Sandwiches.
Jugendtreff – **Caffè Italia** 5: Porta San Michele/Piazza Cavour, Tel. 04 64 55 25 00, preiswert. Modernes, angenehmes Café mit Tischen auf der Piazza. Schöne Eisbecher, gute Sandwiches, Aperitifs. Auch Internet-Point.

Einkaufen

Schuhe und Mode – Da zweimal im Jahr (Jan. und Juni) eine gut besuchte Schuhmesse in Riva stattfindet, haben sich hier gute **Schuhgeschäfte,** aber auch andere Modeboutiquen etabliert. Zusammen machen sie aus Riva eine recht einladende, nicht allzu teure Einkaufsstadt. Ihre schönsten, wenn auch kurzen Bummelmeilen befinden sich entlang der krummen **Via Fiume** sowie nördlich der Stadtmauer am **Viale Dante Alighieri** im Bereich zwischen den Stadttoren San Marco und San Michele.
Markt – Am 2. und 4. Mi des Monats lockt ein ausgedehnter **Markt** (Obst/Gemüse, Wäsche, Trödel) im Bereich der Viali Dante, Palati und Via Prati.

Aktiv

Baden – **Öffentlicher Strand** 1: Der sehr gepflegte öffentliche Kieselstrand von Riva beginnt in Höhe der Rocca und reicht bis zum Jachthafen; mit Kiosken für den Strandbedarf.
Profi-Surfen – **Pier Windsurf** 2 (ehemals Michiel Bouwmeester): Località Gola, Tel. 04 64 55 09 28, www.pierwindsurf.it. Sitz der Surfschule ist das wohl berühmteste Surferhotel des Sees, das Pier, am Westufer südlich von Riva Richtung Limone.
Unkompliziert Surfen lernen – **School Sandro** 3: Camping Bavaria, Viale Rovereto 100, Tel. 04 64 55 25 24, www.bavarianet.it.
Für Surfer und Biker – **Nautic Club Riva** 4: Viale Rovereto 44, Tel. 04 64 55 24 53, www.nauticclubriva.com.

Abends & Nachts

Riva ist ein ruhiges Städtchen. Man genießt es, in den Cafés zu sitzen und rund um den Hafen zu bummeln. Gerne trifft man sich auch an der Hotelbar und im Sommer auf den Plätzen, in den Gassen des Städtchens und bei den Open-Air-Konzerten.
Stylish – **Wine Bar Antiche Mura** 1: Via Bastione 19/B, Tel. 04 64 55 60 63, www.antiche-mura.it, bis tief in die Nacht. Angenehmes Weinlokal mit idyllisch-kleinem Garten an der historischen Stadtmauer, wo im Sommer im Freien auch Bier gezapft wird. Zu essen gibt es Kleinigkeiten wie Aufschnitt.
Weinselig – **Osteria Bottega Panesalame** 2: Via Montanara/Ecke Via Florida, mobil 34 68 83 56 41, www.osteriapanesalame.com, Di–So 10–24 Uhr. Nach ihrem Umzug wurde aus der winzigen Osteria eine stylische in Gewölberäumen mit Enothek. Immer wieder Verkostungen durch lokale Winzer; gute Weine auch glasweise und tgl. wechselnde kleine Gerichte.

Infos & Termine

APT del Garda Trentino: Largo Medaglie d'Oro 5 (im aufgelassenen Bahnhofsgebäude), 38066 Riva (TN), Tel. 04 64 55 44 44, www.gardatrentino.it, www.gardaqui.it, www.comune.rivadelgarda.tn.it.
Boote: Der Fahrplan der Navigarda ist vor allem während der hochsommerlichen Saison dicht und erschließt mehrmals tgl. den gesamten See (ca. 1 Woche vor Ostern–31. Okt.). Auto-

fähren verkehren im Sommer 2 x tgl. zwischen Riva und Desenzano. Man kann auch Tagestickets nur für den oberen Teil des Sees kaufen. Im Sommerhalbjahr verkehren auch Fähren zwischen den Orten Riva, Malcésine und Limone.

Busse: Dichter Fahrplan mit komfortablen Bussen zwischen Riva und Rovereto bzw. Trento zum Bahnhof/Anschluss an die EC-Strecke Brenner–Verona. Unter der Woche Busverbindungen auch zwischen Riva und dem südlichen Westufer (Salò bzw. Desenzano).

Schuhmesse: Mitte Jan. und Mitte Juni, Messegelände am Stadtrand Richtung Arco. Riva und Umgebung in dieser Zeit möglichst meiden, wenn man kein Schuhhändler oder -fetischist ist.

Kulinarische Veranstaltungen: März–Sept; z. T. auch mit religiösem Bezug zum Schutzpatron (ital. *sagre*).

Pane, vino e pesciolino: Mai. Kulinarisches Fest um Brot, Wein und Fische, mit vielen gastronomischen Ständen.

Musica Riva Festival: ca. Mitte Juli–Anfang Aug. Musikfestival mit jungen Musikern aus aller Welt auf hohem Niveau.

Notte di Fiaba: Ende Aug, www.nottedifiaba.it. Lautes und buntes Fest Ende Aug. (Do–So) mit Feuerwerksnächten, die an die siegreiche Seeschlacht der Venezianer gegen die Mailänder Visconti erinnern. Höhepunkt ist die »Märchennacht«, mit dem schönsten und längsten Feuerwerk.

Touren mit dem Mountainbike

Der gesamte Norden gilt als Mountainbiker-Paradies.

Zum Monte Tremalzo

Weglänge von Riva (einfach) 28,5 km, Fahrtdauer (ohne Pausen) rund 6 Std.

Die Eroberung des Tremalzo (1974 m) gilt unter Mountainbikern als der Gipfel des Genusses überhaupt. Doch auch nicht ganz so entfesselte Fahrer können sich den Tremalzo-Wunsch erfüllen, indem sie ab Riva den angebotenen Bike-Shuttle buchen, der sie bis 150 m vor dem Gipfel zum Rifugio Garda in 1705 m Höhe bringt. Oder man steigt mit seinem Bike unterwegs aus, wo man möchte, um doch noch

Monte Tremalzo

ein paar Höhenmeter selbst zu bezwingen. Nur Hartgesottene fahren die ganze Strecke auch noch hoch – runter ist sie auch nicht ohne!

Den Tremalzo-Tunnel **Bocca Val Marza** nennen Experten das Tor zum Paradies – die dort beginnende Abfahrt entlang der historischen, für den motorisierten Verkehr gesperrten Militärstraße bietet unzählige fantastische Ausblicke bis zum Passo Nota. Empfehlenswert ist der Halt beim Hüttenwirt, der auch gute Tipps geben kann. Wer die Tremalzo-Runde um den **Passo Rochetta** ausweitet, erlebt einen einzigartigen Naturbalkon 1000 m über dem Gardasee. Was dort beginnt, gilt als eine der schönsten Abfahrten des Gardaseegebiets – für technisch Anspruchsvolle ein Hit. Im Bergdorf **Pregàsina** kann man rasten und danach auf der Ponale-Straße, auch sie für den automobilen Verkehr gesperrt, genüsslich nach Riva hinabrollen.

Lago di Tenno

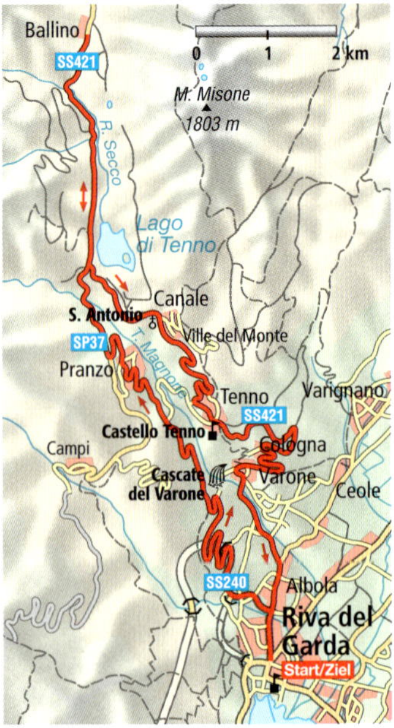

Zum Lago di Tenno

Fahrstrecke 30 km, Höhenunterschied 600 m, ganzjährig befahrbar. Genaue Beschreibung mit Alternativstrecken im »Lagobiker-Guide« (s. S. 31)

Eine schöne und nicht zu anstrengende Tour führt von Riva über Varone mit seinem spektakulären Wasserfall (s. S. 96) und Pranzo zum Lago di Tenno. Von dort geht es nach Ballino, ins Künstlerdorf Canale, nach Tenno und über Cologna und Varone nach Riva del Garda zurück.

Tórbole ▸ H 2

Bei Sportlern ist Tórbole (2800 Einw.) als Surferparadies bekannt. Unter Kulturreisenden hingegen zehrt der kleine Ort nach wie vor von Goethes erster Begegnung mit dem Gardasee. Eine **Erinnerungstafel** im kleinen historischen Kern auf der dem See abgewandten Seite der Straße gedenkt der literarischen Erwähnung in der »Italienischen Reise«. Man geht am besten durch den gedrungenen Hausbogen des sog. Alberti-Hauses hindurch, der zur lang gestreckten Ex-Piazza Vittorio Veneto, jetzt Piazza Goethe, führt. Am grünen Haus Nr. 2 steht über einem kleinen Säulenbrunnen fast unleserlich, was Goethe hier am 12. September 1789 notierte: »Heute hab ich an der Iphigenie gearbeitet, es ist im Angesichte des Sees gut von statten gegangen.«

Von diesem recht großzügigen und einladenden Platz aus führt eine teils mit Stein gepflasterte Gasse durch das alte Herz des Städtchens relativ schnell hinauf zum Burgberg (Ruine). Vom **Castel Penede** (1210 erstmals erwähnt und 1703 von den Franzosen zerstört) ganz oben genießt man traumhaft schöne Aussichten auf Tórbole. Bei guten Windverhältnissen natürlich auch auf die zahllosen Segel der über den See flitzenden Surfer.

Der **Hafen** von Tórbole mit seinen beiden netten Hotels und Restaurants hat wirklich Miniaturformat und wird dekorativ von einer früheren Zollstation bewacht, die in Privatbesitz und daher nur von außen zu bewundern ist. Man kann die **Promenade** am See weit nach Süden Richtung Malcésine entlangschlendern. In die andere Richtung führt die Seepromenade bis nach Riva.

Übernachtung

Bequem und familiär – **Piccolo Mondo:** Via Matteotti 7, Tel. 04 64 50 52 71, www.hotelpiccolomondotorbole.it, DZ/ÜF 120–184 €. Familiäres Hotel am Ortsrand, etwas von der Hauptstraße zurückversetzt. Keine besondere Architektur, jedoch vor einigen Jahren komfortabel umgebaut. 50 bequeme Zimmer, 4 Suiten, Wellness-Zentrum, Pool. Sehr gutes Restaurant.

Für Sportliche – **Lido Blu:** Via del Sarca Vecchio 39, Tel. 04 64 50 51 80, www.lidoblu.it, Mitte Dez.–Mitte Nov., DZ/ÜF 104–234 €. Komfortables Surferhotel am See am Ortsrand Richtung Riva mit Hallenbad, Sauna und Fitnessraum. 40 Zimmer u. a. mit Balkon/Seeblick; bekannte gute Surfschule.

Zentral und freundlich – **Centrale:** Piazza Goethe 13, Tel. 04 64 50 52 34, www.hotelcentraletorbole.it, März–Nov., DZ/ÜF 74–90 €. Freundliches Haus mit Restaurant im historischen Zentrum, relativ ruhig. 26 eher einfache Zimmer, neue Bäder. Im Hof Parkplätze, auch für Surfbretter und Bikes, außerdem Werkstatt für kleine Reparaturen.

Hafen-Ambiente – **Benaco:** Via Benaco 35, Tel. 04 64 50 53 64, www.onbenaco.com, ganzjährig, DZ/ÜF 72–150 €. Fast schon historisches, familiär geführtes Hotel direkt am alten Hafen mit gutem Restaurant (Trentiner Küche, gutes Preis-Leistungsverhältnis), ohne besondere Halle, dafür Dachterrasse mit Jacuzzi/Whirlpool und Liegestühlen sowie Tische an der Seepromenade bzw. am Minihafen. 35 eher bescheidene Zimmer. Hier ist Halbpension zu empfehlen (Italiener buchen sogar die Vollpension), weil sie sehr günstig und die Küche einfach klasse ist!

Heimelig – **Villa Magnolia:** Via Al Cor 10, Tel. 04 64 50 50 50, www.hotelvillamagnolia.it, April–Anfang Nov., DZ/ÜF 70–90 €, Apartment für 2–5 Personen ab 68 €. Kleines Hotel mit Pool. 21 Zimmer, 3 Apartments; ohne Restaurant.

Camping für Surfer – **Europa:** Via Al Cor, Tel./Fax 04 64 50 58 88, www.campingeuropatorbole.it, April–Ende Okt., Stellplatz 13 €, p. P. 9 €. Netter Platz jenseits der Seepromenade Richtung Riva auf ebenem Grasgelände, parkähnlich mit Hecken und Bäumen gestaltet; mit Surfschule.

Essen & Trinken

Terrasse für Seespezialitäten – **La Terrazza:** Via Benaco 14, Tel. 04 64 50 60 83, www.allaterrazza.com (mit ein paar leckeren Rezepten!). April–Mai, Okt. Mi–Mo, Juni–Sept. tgl., Menü ab 27 €. Einfache Veranda, die im Sommer zur völlig offenen Terrasse auf der Seepromenade wird – schöner kann man in Tórbole kaum sitzen! Man wird verwöhnt mit Seespezialitäten, Fisch und Flusskrebsen, Baldo-Trüffeln u. a. m.

Traditionell perfekt – **Benaco:** s. Hotel Benaco, Menü ab 18 €. Trentinische Hausmannskost an fein gedeckten Ti-

Lieblingsort

Linienboote der Navigarda
Die Linienboote, Fähren und Ausflugsboote der Navigarda bieten ganz verschiedene Arten von Fahrten an – besonders interessant für all diejenigen, die kein eigenes Boot besitzen. Mit ihnen kommt man fast rund um den See, und die Anfahrt auf die einzelnen Orte ist nicht zu übertreffen: Schließlich wurden alle so gebaut, dass sie ihre Schokoladenseite dem See zuwenden.

MINCIO
0013 BS N

Wassersport pur – Tórbole ist das Surferparadies am Gardasee

schen mit gutem Preis-Leistungs-Verhältnis (*coperto* inbegriffen), aber auch Pizza, wenn es sein muss, und eine große Auswahl an Pastagerichten.

Aktiv

Tórbole gilt als *das* Surfzentrum des Gardasees, weshalb man hier nicht nur auf Surfer spezialisierte Campingplätze direkt am See (s. o.) findet, sondern auch mehrere Surfschulen wie:

Abenteuerlich – **Canyon Adventure:** Via Matteotti 5, mobil 33 48 69 86 66, www.canyonadventures.it. Auch Verleih von Mountainbikes und Kletterkurse. Alle erdenklichen waghalsigen Unternehmungen, während der Saison mit täglichen Touren z. B. in den Bereichen Canyoning und Climbing.

Gute Kurse – **Surf Segnana:** Foci del Sarca, Tel. 04 64 50 59 63, www.surfsegnana.it. Kurse für jede Könnerstufe, Verleih von Brettern, Lagerplätze; auch Catamaran-Schule und -Verleih, Kästle-Mountainbike-Center, geführte Touren.

Professionell – **Vasco Renna:** Professional Surfcenter, Parco Pavese, Tel. 04 64 50 59 93, www.vascorenna.com, Ende März–Anfang Nov. Kurse, auch für Kinder; Brettlagerung möglich.

Zum Ausrüsten – **Carpentari Sport:** Tórbole, Via Matteotti 95, Tel./Fax 04 64 50 55 00, www.carpentari.com. Verleih von Mountainbikes.

Abends & Nachts

Jugendtreff – **Birreria 600:** Via Matteotti 11, Tel. 04 64 54 80 24, 12–15, 18–1 Uhr. Das Bierlokal ist ein beliebter Jugendtreff, im Freien großer Bildschirm für die Übertragung von Fußballspielen.

Leckere Cocktails – **Moby Dick:** Via Matteotti 60, mobil 33 86 06 03 76, 18–2 Uhr. Beliebte Cocktailbar.

Kellerambiente – **Cutty Sark Pub:** Piazza Goethe/Via Pontalti 2, Richtung Nago, Di–So 20–2 Uhr. Im gemütlichen Kellerlokal (mit Internet Point und Billiard) werden auch im Winter Veranstaltungen angeboten; auf die aktuellen Anschläge achten.

Infos

Azienda Autonoma di Soggiorno: Lungolago Conca d'Oro 25, 38069 Tórbole, Tel. 04 64 50 51 77, www.gardatrentino.it.
Boote: ca. Ostern–Ende Okt. Verbindungen mit allen Seeorten (aber kein Autotransport).
Busse: Linienbusse in dichter Folge zwischen Tórbole und Riva bzw. Rovereto und Trento/Bahnhof; auch Verbindungen entlang dem Ostufer (inkl. dem Süden und Verona).

Ausflug zu den Marmitte dei Giganti

Wanderung je nach Startpunkt zwischen 15 und 30 Min.
Auf der SS 240dir von Tórbole Richtung Nago bzw. Rovereto gelangt man mit dem Rad oder dem Wagen in wenigen Minuten linker Hand an eine Art Bergterrasse mit Blick auf den See. Hier kann man den Wagen parken und ein paar Schritte zurückgehen, um die wenigen Stufen den Hang zu riesigen, schüsselartigen Felsen namens Marmitte dei Giganti hinabzusteigen (ausgeschildert; s. S. 49). Noch schöner ist der Weg von Tórbole zu Fuß hinauf: Es gibt einen recht bequemen Wanderweg hinter dem Hotel Vela die Via Strada Grande hinauf durch einen Olivenhain. Das letzte Stück führt immer an den von den Gletschern geschliffenen, mächtigen Felsen entlang.

Arco ▸ H 1

Vom Gardasee kommend fährt man durch ein Industriegebiet direkt auf die wie ein Adlerhorst auf einem einsamen steilen Felsen hockende Festungsruine (Rocca oder Castello) der Grafen von Arco zu, die schon Dürer so faszinierte, dass er sie in seinen Reise-Notizen skizzierte. Allein schon dieser Anblick lohnt die Fahrt. Das wunderschöne Arco (14 500 Einw., 91 m ü. d. M.) ist dank der windgeschützten Lage mit einem ausgesprochen milden Klima gesegnet und daher schon lange als Luftkurort bekannt. Viele illustre Gäste aus dem mitteleuropäischen Raum wie Nietzsche und Rainer Maria Rilke weilten hier gerne.

Die sanierte Altstadt besteht aus hohen Häusern in einer Stilmischung aus Renaissance und dem Alpenstil wie man ihn aus Südtirol und dem Trentino kennt. Die weit vorkragenden Dächer berühren sich fast in den engen, im Verlauf noch mittelalterlich geschwungenen Gassen. Nette Geschäfte haben sich darin eingenistet, einige speziell für die Einkleidung bzw. die richtige

Marmitte dei Giganti

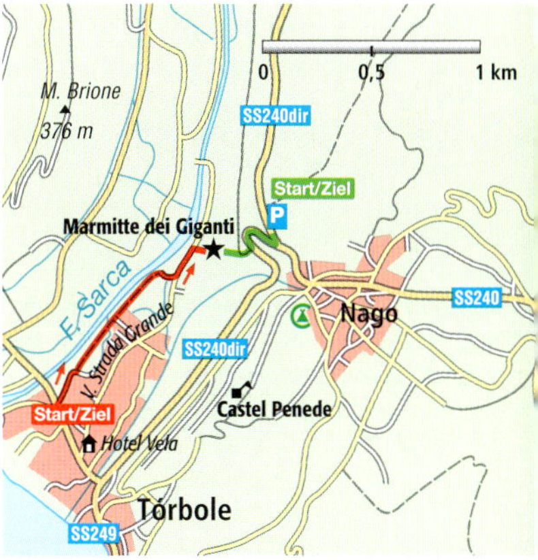

Ausrüstung der unendlich vielen Kletterer, die in Arco ein perfektes Zentrum gefunden haben, wohl das beste Italiens, wenn nicht ganz Europas. Nirgendwo gibt es so zahlreiche Klettersteige wie in der Umgebung des Städtchens, in dem alljährlich das legendäre Rock Festival stattfindet – wobei Rock hier nicht für eine Musikrichtung steht, sondern für die Kletterfelsen.

Collegiata

Piazza III Novembre, tagsüber meist geöffnet (je nach Jahreszeit), über Mittag geschl.

Bühne frei heißt es gleich bei der Einfahrt in die (verkehrsberuhigte) Altstadt für die große Piazza III Novembre: Auf ihr steht die mächtige Pfarrkirche, die kalksteinhelle Collegiata mit ihrer verspäteten, geradezu monumentalen Renaissance-Architektur des 17. Jh. In der reich mit Bildern einheimischer Künstler ausgestatteten, einschiffigen Kirche mit ihren Barockaltären ist besonders die Orgelempore erwähnenswert. Sie zieren nicht die üblichen Putten, sondern höfisch gekleidete bedeutende Bürger der Stadt.

Rund um die Collegiata

Östlich der Kollegiatskirche erstreckt sich der große **Palazzo Marchetti** (Piazza Marchetti/Ecke Piazza III Novembre), 1550 für den Grafen Felix Marchetti begonnen. Interessant sind die lebensnahen Freskenbilder unterhalb des weit vorkragenden Daches. Im Innenhof hat sich eine Pizzeria etabliert, außen zur Kirche hin das beliebte Caffè Conti d'Arco, unter dessen schönen Gewölben sich halb Arco zum caffè, apertitivo und zum Plausch trifft. Die andere Hälfte trifft sich vielleicht auf der anderen Seite der Kirche im historischen **Kurpark.** Dort befindet sich noch immer das alte **Casinò Municipale** (Via delle Palme 6), das auch schon als Kino gedient hat, noch immer einen grandiosen Ballsaal und einen kleineren Ausstellungsraum sowie ein Café besitzt.

Arboretum des Parco Arciducale

Via Fossa Grande s/n, tgl. Okt.–März 9–16, April–Sept. 8–19 Uhr; Eintritt frei

Auf dem Weg zum *Castello* (der ausgeschilderten Hauptstraße entlang), kommt man nach wenigen Schlenderminuten zum herrlich grünen fürstbischöflichen Park mit seiner reichen und wunderbar gepflegten Flora. Im Sommer spenden die Baumriesen kühlenden Schatten, in den kleinen Teichen blühen Seerosen. Erzherzog Albert von Habsburg hat den Park neben der gleichnamigen Villa 1872 anlegen lassen, in den 1960er-Jahren wurden die Miniaturlandschaften angelegt, die an die ursprüngliche Umgebung der Pflanzen erinnern sollen. Immerhin gedeihen hier auf kleinstem Raum mehr als 150 Arten von Bäumen, Büschen und Blumen aus aller Welt, in der Hauptsache natürlich aus dem mediterranen Raum – ein wunderschönes Plätzchen für eine geruhsame Pause.

Rocca von Arco !

Via Castello 10, tgl. Okt.–März 10–16, April–Sept. 10–19 Uhr (obere Türme kürzer, Jan. nur So)

Der 30-minütige Aufstieg zu Fuß vom historischen Zentrum zur Rocca (gut ausgeschildert) führt durch einen idyllischen Ölbaumhang – und ist eine Pflichtübung. Nicht nur wegen des wunderschönen Olivenhains, den u. a. Rainer Maria Rilke besungen hat und der immer wieder Ausblicke über die Dächer des Städtchens freigibt, sondern vor allem wegen der Burgruine, die kaum malerischer sein könnte. Albrecht Dürer hat diese Festung auf seiner Italienreise 1495 präzise gezeichnet und damit ihr Aussehen vor der Sprengung durch die Franzosen (1703) der Nachwelt überliefert. Der Aufstieg ist gepflastert und gut zu schaffen, oben sollte man dann aber doch ganz gut zu Fuß sein, denn das Klettern bis an die oberste Festungsspitze lohnt sich, nicht zuletzt wegen des überwältigenden Rundblickes!

Innerhalb der wenigen erhaltenen Räume sind die zuletzt entdeckten Fresken (vermutlich 14. Jh.) mit höfischen Szenen im »Zimmer der Spiele« besonders sehenswert, so genannt, weil der Bilderzyklus um ein Schachbrett gruppierte Hofdamen und Ritter erkennen lässt.

Auf den Spuren Rilkes

Der Rilke-Weg ist keine festgelegte Route, man kann einzelne Punkte (s. Karte) anlaufen und dabei in das ›echte‹ Arco mit seinen historischen Villen und schönen Panoramen eintauchen. Die elf markierten Punkte beziehen sich jeweils auf Briefe und Gedichte Rilkes. Die ausführliche Liste mit den Zitaten gibt es im Verkehrsbüro (APT, s. S. 98).

An der Piazza III Novembre beginnt mit der Via Segantini beispielsweise der kurze Weg Richtung Ceniga, der am städtischen Schwimmbad, zwei Campingplätzen und der außen wie innen freskierten Kirche Sant'Apollinare (14.–16. Jh.) vorbei und durch Wiesen mit Oliven- sowie vereinzelt Feigenbäumen zur **Einsiedelei San Paolo** führt. Selbst wenn man gemütlich geht, schafft man den Weg leicht in einer Stunde. Rainer Maria Rilke (1875–1926), der von 1897 bis 1910 in Arco immer wieder seine hier kuren-

Auf den Spuren von Rilke

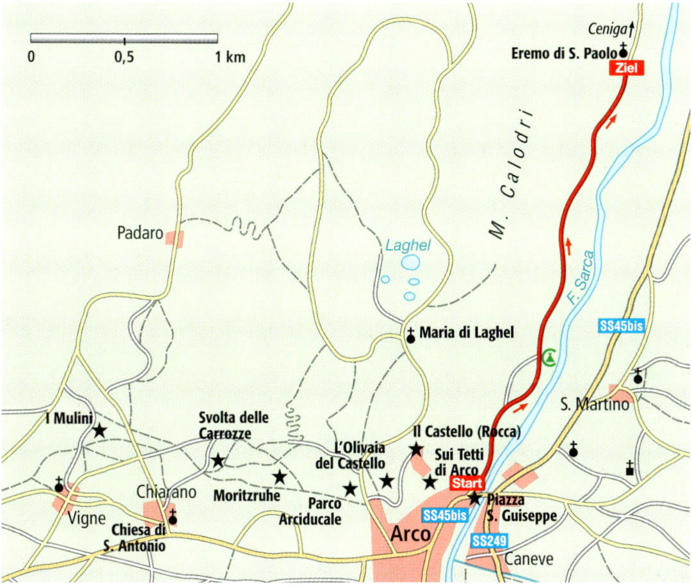

Auf einem steilen Felsen hoch über der Stadt thront die Rocca von Arco

de Mutter besuchte, liebte das 1186 geweihte Kirchlein von San Paolo allein schon wegen seiner zauberhaften Lage, als wachse es aus dem Felsen heraus, und der gut erhaltenen Außenfresken. Hineingehen kann man allerdings nur in den Sommermonaten Juli und August, wenn sonntags ein Kustode Dienst tut (10–12, 16–19 Uhr).

Übernachten

Ferienwohnungen sowie kleine B & B schießen zurzeit wie Pilze aus dem Boden, befinden sich meistens außerhalb von Arco und kosten wegen der hohen Nachfrage selten weniger als die handverlesenen in der Stadt (s. u.). Aktuelle Listen unter www.gardatrentino.it.

Für Sportliche – **Pace:** Via Vergolano 50, Tel. 04 64 51 63 98, www.hotelpace.net, ganzjährig, DZ/ÜF 69–88 €, zu Messezeiten in Riva höher. Sehr freundliches, familiäres, schlichtes, modernes Stadthotel mit 42 unterschiedlichen, teils großzügigen Zimmern im historischen Zentrum, dennoch mit Garten unter dichter Weinpergola für angenehme Sommerabende. Restaurant für die Hausgäste, großes Frühstücksbuffet. SAT-TV. Stefano Tamburini führt seine Gäste am liebsten selber in die Felsüberhänge, gibt aber als ambitionierter Sportler gerne auch fundierte Tipps.

Verwöhn-Atmosphäre – **Residence Villa Nicole:** Via Fossa Grande 8, Tel. 04 64 51 63 98, www.villanicole.it, Wochenpreis für 2–4 Personen 350–720 €, für bis zu 6 Personen (Nummer 301) sowie Tagespreise auf Anfrage. Wer die Küche lieber kalt lässt, kann im dazugehörigen Hotel Pace frühstücken bzw. zu Abend essen (5 bzw. 15 € pro Person). Wunderbar restaurierte historische Villa agli Stallazi, deren Entstehungszeit unbekannt geblie-

ben ist, jedoch im Jahr 1887 erstmals urkundlich genannt wird. Darin nun großzügige, liebevoll eingerichtete Ferienwohnungen (herrliche Bäder!) für Leute, die Ruhe suchen. 13 Apartments, Nummer 301 besitzt eine große Terrasse mit Blick über den (jetzt privaten) Palazzo Arciducale hinweg zur Rocca. SAT-TV, Parkplatz.
Klare Linien – **Residenza Arcobella:** Via Sant'Anna 19/B, Tel. 04 64 53 16 55, mobil 33 57 07 98 91, www.appartamenti-arcobella.com, ganzjährig, Tagespreise für 2–7 Pers. 60–120 €. 8 moderne Apartments ohne Schnickschnack am Rand der Altstadt, jeweils mit kleinem Balkon. SAT-TV. Parkplatz im Preis inbegriffen.

Essen & Trinken

Man findet in Arco immer mehr Pizzerien und Bars mit Kleinigkeiten zu essen, die so schnell wechseln, dass mancher Besitzer mit dem Umbeschriften der Lokalität nicht nachkommt ... Sichere Adressen sind:
Traditionell und gemütlich – **Alla Lega:** Via Vergolano 4, Tel. 04 64 51 62 05, www.ristoranteallalega.com, ca. 20. Jan.–20. März geschl., Mo–Fr nur abends, Sa, So auch mittags, Menü ab 20 €. Traditionsreiches Lokal in einem historischen Altstadt-Palazzo mit unterschiedlichen, gemütlichen Räumen, z. T. unter freskierten Gewölbedecken und unter der angenehmen Weinpergola im Innenhof, dem schönsten Platz im Sommer. Hier gibt es Spezialitäten aus dem Trentino, vor allem Fleischgerichte (immer inkl. Beilage!) wie Kaninchen in Rosmarin- und Weinsoße, Trentiner Reh- und Rindsgulasch, Milchlamm. Für Vegetarier gibt's außer Pasta Gemüse vom Grill und Kartoffeln aus dem Backofen.
k.-u.-k.-Plüsch – **Casinò Municipale:** Kurpark. Außer Mo von 9 bis 24 Uhr. Auch Città d'Arco genanntes Jugendstilcafé. Die plüschigen Sessel um kleine Caféhaustische im Inneren und die Designerstühle unter dem Jugendstil-Schmiedeeisenwerk draußen laden zu einer geruhsamen Zeitungslektüre bei Café oder Aperitif ein. Zzt. länger eingerüstet.
Gewölbe-Gemütlichkeit – **Caffè Conti d'Arco:** Piazza III Novembre, tgl. 7–2 Uhr. Einheimischentreff unter historischen Gewölben.

Einkaufen

Märkte – Zum Mittelpunkt des Sarca-Tales verwandelt sich Arco jeden 3. Sa im Monat, wenn die Plätze rings um die Collegiata zum Schauplatz des ganztägigen **Floh-** und **Antiquitätenmarktes** werden. Dasselbe gilt, wenn hier der recht nordeuropäisch wirkende **Weihnachtsmarkt** stattfindet.
Sportgeschäfte – Sehr gute Läden für alle Arten von Aktivitäten am Berg.

Aktiv

Freeclimbing – **Friends of Arco:** Outdoor Activity Centre & Mountain Guide Office, Via Segantini, 64, Tel. 04 64 53 28 28, mobil 33 55 62 88 62, www. friendsofarco.it. Seit über zehn Jahren bieten Friends of Arco einen Bergführerservice mit Bergsportschule an. Neben der Kerndisziplin Klettern gehören auch andere Outdoor-Sportarten wie Trekking, Canyoning und Skitouren sowie die Organisation von Events rund um den Bergsport dazu. Die Friends of Arco haben auch die Leitung der schon legendären Rockmaster-Kletterwand übernommen und an ihr die Climbers Lounge geschaffen. In dem Informations- und Austauschzentrum für Besucher und Einheimische befindet ▷ S. 98

Auf Entdeckungstour:
Vorsicht Spritzer! – Cascata del Varone

Der Wasserfall von Varone mit seinem von den privaten Besitzern angelegten Botanischen Garten südwestlich von Arco ist eine Natursehenswürdigkeit ersten Ranges. Rund 100 m tief stürzt sich der Wasserfall durch eine von ihm selbst senkrecht in den Berg gegrabene Klamm.

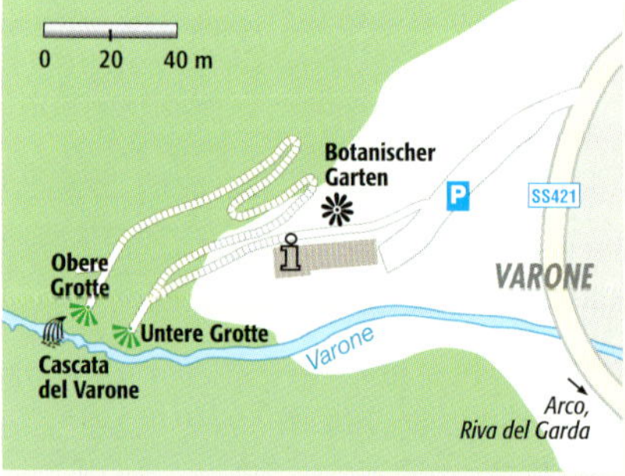

Reisekarte: ▶ G 1

Start: Via Cascata 12, 38060 Tenno (TN), Dorf Varone, Parkplatz bei der Cascata

Planung: Parco Grotta, www.cascata-varone.com, tgl. März, Okt. 9–17, April, Sept. 9–18, Mai–Aug. 9–19, Nov.–Febr. nur So, Fei, 26. Dez.–7. Jan. 10–17 Uhr, Erw. 5,50 €; mindestens 1 Std. veranschlagen

Johann König von Sachsen und Prinz Nicola von Montenegro verbrachten gerade ihre Ferien am See, als man am 20. Juni 1874 den Wasserfall offiziell als Attraktion eröffnete. So wurden sie zu dessen Paten – ein Großereignis für Riva, und erst möglich, weil man einige Zugänge wie den Tunnel vor der Oberen Grotte geschaffen hatte. Vorher konnten nur erfahrene Bergsteiger zu dem Naturwunder vordringen.

Durch die senkrechte enge Klamm stürzt sich das vom Tenno-See unterirdisch fließende Wasser hier fast 100 m in die Tiefe. So laut, dass man sein eigenes Wort nicht versteht, und so spritzend, dass man unbedingt auch im höchsten Hochsommer an Regenschutz denken sollte (man wird dennoch ziemlich sicher nass)! Die privaten Betreiber der Cascata del Varone haben auf dem Weg zwischen den beiden Grotten eine Art botanischen Garten angelegt, der ebenfalls sehenswert ist.

Inspiration für Thomas Manns »Zauberberg«

1901 besuchte Thomas Mann den bereits berühmten Wasserfall. Er war so fasziniert von dem tosenden Spektakel, dass er gleich in sein Notizbuch hineinschrieb: »Ganz hinten in der engen, tiefen Schlucht am nackten Felsen, glitschig wie große, dicke Fischbäuche, stürzte die Wassermasse mit ohrenbetäubendem Lärm hinunter. Hinten, oben, und überall hört man bedrohliche und mahnende Rufe, Trompeten, rauhe Männerstimmen.« Den Text übernahm er 1924 in seinen »Zauberberg«.

Untere Grotte

Ein mit Geländer gesicherter und gepflasterter Weg führt vom Eingang durch den Botanischen Garten zur *Grotta Inferiore,* der unteren Grotte. Man gelangt in Schlangenlinien rund 55 m tief in den Felsen, und schon hier bekommt man eine Ahnung von der Gewalt des Wassers, das sich durch die enge, senkrechte (!) Klamm presst und sie so in rund 20 000 Jahren geformt hat. Die Klamm, in der es spritzt und höllisch laut ist, weist vom Wasser glatt geschliffene Wände mit Aushöhlungen auf – ursprünglich ein natürlicher enger Riss.

Obere Grotte

40 m weiter oben erreicht man über angenehm zu begehende flache Stufen und einen 13 m langen Tunnel die *Grotta Superiore,* die Fortsetzung der senkrecht gestellten Klamm, die noch faszinierender ist und in die man wegen des feinen Wasserstaubes nur mit Mühe hineinschauen kann. Die obere Grotte liegt etwa 18 m tiefer im Felsen als die untere. Nur von hier kann man den Wasserfall in seiner gesamten Höhe von 98 m bewundern.

Die Geologie dazu liest sich eher einfach: Das gesamte Gebiet zwischen Tenno-See und dem Norden des Gardasees wurde vom Tertiärgletscher des mittleren und oberen Jura mit seinem harten Kalkstein geformt. Als er sich zurückzog, bildete er eine Furche, die dem heutigen Sarca-Tal entspricht und die im Laufe der Zeit durch Erosion immer flacher wurde. Nach Abschmelzen des Gletschers konnten die Wasser aus der oberen ›Etage‹ mit dem Bellino-Tenno-Tal in Sturzbächen abfließen. Das Wasser war und ist aber nicht ganz rein, sondern mit unterschiedlich großen Sandpartikeln und Kieseln durchsetzt, die wie Schleifsteine wirken und sich immer weiter in den Felsen bohren. Fazit: Der Wasserfall arbeitet sich dadurch selbst immer weiter in den Fels hinein, bis heute – und zwar um die 2 mm pro Jahr.

sich auch das Büro des Unternehmens und der Startpunkt für die div. Wochenprogramme, die sich auch an Anfänger sowie speziell an Kinder und Familien wenden, hauptsächlich Outdoor-Sportarten. Genau dort, wo auch die inzwischen legendären Rock-Master-Events (s. u.) stattfinden.

Radsport – Ähnlich wie in Riva steht in Arco alles im Zeichen der **Mountainbiker.** Infos gibt es in den Hotels (z. T. mit Biker-Weekends) und beim Touristenamt (s. a. Riva und Tórbole bzw. www.carpentari.com). Durch manche Dörfer im Trentino dürfen Mountainbiker mittlerweile jedoch nicht mehr fahren (s. Schilder am Ortseingang)!

Infos & Termine

APT Garda Trentino: Viale delle Palme 1, 38062 Arco (TN), Tel. 04 64 53 22 55, www.gardatrentino.it.

Rock Junior: Wochenende Anfang/ Mitte Juni. Bedeutendster Wettbewerb des Kletter-Nachwuchses.

Rock Master: 1. Sept.-Wochenende. Das international wohl wichtigste Ereignis für Extremkletterer aus aller Welt (www.rockmaster.com).

Weihnachtsmarkt: 1. Advent–23. Dez. Habsburger Weihnachtsmarkt an allen vier Advents-Wochenenden rund um die große Pfarrkirche, Stände mit lokalem Kunsthandwerk, kulinarische Spezialitäten und ein Schlemmerzelt.

Santa Massenza

▶ nördlich von H 1

Entlang des Sarca-Flusses haben sich mehrere Ausbuchtungen gebildet, kleine Seen, die dem Gebiet seinen Namen gaben: Valle dei Laghi, das Tal der Seen. Rund 15 km nördlich von Arco liegt der hübsche **Lago di Toblino.** Geschmückt mit einem kleinen, malerischen Castello, das in Privatbesitz ist und nur zu besonderen Anlässen oder für Restaurantgäste zugänglich ist. Der gesamte See steht streng unter Naturschutz, man kann nur an wenigen Stellen parken, dafür lässt sich der Lago di Toblino über Holzstege und gepflegte Trampelpfade erschließen.

An seinem nördlichen Ausläufer liegt 3 km weiter hinter der unübersehbaren Umspannstation des Energieversorgers Enel, ein interessantes kleines Dorf, das sich seit Generationen dem Schnapsbrennen (im Trentino bekanntlich eine alte Tradition) verschworen hat: **Santa Massenza.** Bevor die Umspannstation gebaut wurde, verbrachten hier im **Palazzo Vescovile** von 1492 Bischöfe oder andere geistliche Würdenträger ihre Sommerfrische. Entstanden ist der Palast als Fischerei- und Jagdresidenz der Fürstbischöfe während des Trientiner Konzils.

15 Destillerien arbeiteten früher in dem höchstens 120 Einwohner kleinen Dorf, wo alle Poli oder Bassetta heißen. Geblieben sind immerhin noch fünf Familienbetriebe, ein jeder mit seiner eigenen Philosophie und Rezeptur. Übrigens werden im Trentino im Jahr rund 3 Mio. Flaschen Grappa (à 0,7 l) erzeugt, meist in familiären Kleinbetrieben.

Essen & Trinken

Burgambiente – **Castel Toblino:** Via Caffaro 1, 38072 Sarche (TN), Tel. 04 61 86 40 36, www.casteltoblino.com, Mitte März–kurz vor Weihnachten Mi–Mo, Menü ab 40 €. Ganz feine Trentiner Küche im wunderbaren historischen Ambiente des mittelalterlichen Kastells im Toblino-See. Besser voranmelden, weil es öfters geschlossene Gesellschaften gibt.

Lieblingsort

Trattoria Piè di Castello

In der urigen Familien-Trattoria oberhalb von Varone (s. Entdeckungstour, S. 96) gibt's fast nur *carne salada,* das gepökelte Rindfleisch des Trentino, in zig Variationen. Alles hausgemacht von Giorgio Benini, seiner Frau und deren drei Töchtern. Grandios: das Menü vom Antipasto bis zum hausgemachten Kuchen, inkl. eigenem Wein, Likör oder Grappa. Köstlich: der lauwarme Apfelkuchen im Winter! Via al Cingol Ros 38, 38060 Cologna di Tenno (TN), Tel. 04 64 52 10 65, www.piedicastello.it, Aug.–Juni Mi–Mo, vollständiges Menü um 25–35 €.

Trentinisch – **Osteria Dal Lorenzin:** Santa Massenza 39, 38070 Vezzano (TN), Tel. 04 61 34 00 29, Fr–Mi, im Winter kürzere Öffnungszeiten, Anruf angeraten, Menü ab 30 €. Im Winter machen sich die großartigen Gewölbekeller der Familie Lorenzin besonders gut, bieten angenehmes Ambiente an dunklen, rustikal gedeckten Holztischen. Im Sommer ist man im Garten hinter der hohen Mauer aber auch gut aufgehoben. Es gibt die unterschiedlichsten *taglieri* (Holzbretter) mit lokalen Schinken- und Wurstwaren, Käse, hausgemachte Pasta, Fleisch aus lokaler Produktion. Bio-Fans und Vegetarier dürften sich freuen: Hier gibt es stets frisches Gemüse (ausgebacken eine Spezialität des Lokals) aus biologischem Anbau.

Einkaufen

Grappa-Probierstube – **Azienda Agricola e Destilleria Casimiro Poli:** 38070 Santa Massenza di Vezzano (TN), Hausnr. 43, Tel. 04 61 86 41 40, www.casimiro.it. Der bekannteste Schnapsbrenner von Santa Massenza dürfte Casimiro Poli sein, der im Erdgeschoss seines gepflegten Dorfhauses eine angenehme Probierstube mit Verkauf eingerichtet hat. Man kann sich hier über die Grappa-Produktion informieren und im Spätherbst, meist im November, beim Brennen zuschauen. Einfach klingeln, oder vorher anrufen.

Lago di Ledro ▶ E/F 1/2

Ein 5 km langer, gut ausgeschilderter Tunnel führt kurz vor Riva (von Norden kommend) ins Ledro-Tal. Die so oft beschriebene, atemberaubend schöne Bergstraße direkt am Gardasee wurde inzwischen nach aufwendigen Instandsetzungsarbeiten nur für Wanderer und Radfahrer wieder eröffnet. Auf den Tunnel folgt eine 5 km lange, ebenfalls wunderschöne, kurvenreiche Strecke oberhalb des tief unten fließenden Ponale-Baches, die man nach dem finsteren Tunnel wahrlich verdient hat! Alternativ führt ein schönes Sträßchen zwischen den Weilern Prè und Barcesino unten durch das Tal.

Pieve di Ledro ▶ E 1

Die nächsten 5 km führen am nördlichen Ufer des bis zu 49 m tiefen Ledro-Sees entlang, durch Mezzolago nach Pieve di Ledro, dem Hauptort des Sees mit netten, kleineren Hotels. Ein idealer Ausgangspunkt für eine Rundtour um den tiefgrünen See mit seinen einladenden Badeplätzen und seiner intakten, an Wildblumen reichen Natur. Hier bieten sich auch hervorragende Wandermöglichkeiten.

Molina di Ledro ▶ F 2

In der beliebten Sommerfrische Molina di Ledro (652 m) folgt man den Spuren der Ureinwohner der Gardasee-Region. Denn hier kamen 1929 Reste der prähistorischen Pfahlbautensiedlung (um 1700 v. Chr.) zum Vorschein, nachdem man den Seespiegel zu Reinigungszwecken abgesenkt hatte. Erst 1937 begannen die Ausgrabungen der 4500 m^2 großen Siedlung auf mehr als 10 000 Pfählen, deren Verbindungskonstruktion mit den Hüttenböden genau nachvollziehbar war.

Museo Palafittico
Via Lungolago 1, 38060 Molina di Ledro (TN), Tel. 04 64 50 81 82, www.palafitteledro.it; Di–So März–Juni, Sept.–Nov. 9–17, Juli–Aug. 10–18 Uhr, Erw. 3,50 €

Aus den reichhaltigen Funden an Waffen, Gebrauchsgegenständen und Schmuck richtete man das sehr sehenswerte Pfahlbautenmuseum ein. Es steht in geradezu romantischer Lage direkt am See, in einem modernen Glas-Holzbau, der ein wenig an die Pfahlbauten erinnern soll. Zu sehen sind Gegenstände aus Bronze und Feuersteine, geschliffene Steinwerkzeuge und Tongut, Spieße und Fäustlinge, und in Vitrinen Getreide, Eicheln, Kastanien und Haselnüsse (hier gefunden!). Nach einem verheerenden Erdrutsch wurden drei Hütten wieder aufgebaut: 11, 15 und 20 m² groß und funktionsfähig eingerichtet.

Übernachten

Charme am See – **Lido:** Via al Lago 1, 38060 Pieve di Ledro (TN), Tel. 04 64 59 10 37, www.hotellidoledro.it, ca. Mitte März–Anf. Nov., DZ/ÜF 92–190 €. Schön renoviertes Hotel am Nordende des Sees mit 20 gepflegten Zimmern, großem Garten und eigenem Seezugang (Bootsstege, Bootsverleih), ruhig abseits der Hauptstraße. Galaabende und Abendessen mit Trentino-Spezialitäten; gepflegte, sportliche Atmosphäre (Innenpool, kleiner Fitnessraum). Parkplatz.

Angenehm – **Garden:** Via Vittoria 6, 38060 Pieve di Ledro (TN), Tel. 04 64 59 10 33, www.gardenledro.it, April–Okt., DZ/ÜF 52–120 €. Ruhig in einem restaurierten Berghaus von 1780 nahe der Pfarrkirche gelegen, familiär geführt; Candellight-Dinner im netten Restaurant mit lokaler Küche. 30 Zimmer, Pool.

Bescheiden am See – **San Carlo:** Via Maffei 115, 38067 Molina di Ledro, Tel. 04 64 50 81 15, www.hotelsancarlo.info, April–Mitte Okt., DZ/ÜF 60–146 €. Kleineres Hotel (22 Zimmer) mit Terrasse zum Pfahlbautenmuseum; eigener Badesteg und -platz mit Tretbootverleih. Restaurant für Hausgäste. Parkplatz.

Camping – **Al Lago:** Via Alzer 7/9, 38067 Pieve di Ledro (TN), Tel./Fax 04 64 59 12 50, www.camping-al-lago.it, Ostern–Ende Sept., Zeltplatz 8–13 €, pro Pers. 6–10,50 €. Beliebter Campingplatz am See mit Verleih von Caravans und zahlreichen Sportmöglichkeiten in der Nähe (Wassersport, Reiten und Tennis).

Essen & Trinken

Die Hotels akzeptieren in ihren Restaurants normalerweise auch Tagesgäste, aber eine tolle Initiative gibt es von den Restaurants am See unter der Bezeichnung »Menù Ledro«: im Frühjahr, Herbst und Winter bieten sie viergängige Spezialmenüs an, 22–35 € (Adressen und Menüs unter www.valdiledro.com).

Etwas Besonderes – **Osteria La Torre:** Via Vittoria, Pieve di Ledro, Tel. 04 64 59 15 55, chetdamaso@alice.it. Ruhetag Mi. Gepflegtes Ambiente in einem schönen Dorfhaus. Mo–Fr Mittagstisch (2-Gänge-Menü) 15 €, abends Degustation Trentinier Spezialitäten um 30 €.

Aktiv

Wandern – Das **Touristenamt** (s. u.) organisiert von Mai bis Sept. meistens themenbezogene, kostenlose geführte Wanderungen, z. B. zur Flora oder Geologie (mit Vorbereitungsabenden). Jede Woche drei Wanderungen: Di, Fr halbtägige Spaziergänge, auch für Familien mit Kindern geeignet; Mi ganztägige Wanderungen zu den schönsten Gipfeln des Ledro-Tals.

Infos

Consorzio Pro Loco: Via Nuova 7, 38060 Pieve di Ledro (TN), Tel. 04 64 59 12 22, www.vallediledro.com.

Das Beste auf einen Blick

Das Ostufer

Highlights!

Malcésine: Der ganze Ort ist zauberhaft, ein Muss ist aber seine Skaligerfestung auf einem steilen, aber winzigen Felsen direkt am See. S. 105

Monte Baldo: Auf dem Bergriesen am Ostufer mit seiner vielfältigen Flora lässt es sich nicht nur hervorragend wandern, er ist auch ein Paradies für Paraglider. S. 106

Punta San Vigilio: Arnold Böcklin soll sie angeblich in seinem Bild »Die Toteninsel« festgehalten haben, die Punta San Vigilio. Mit ihrer zauberhaften Baia delle Sirene ist sie jedenfalls einer der schönsten Winkel des Gardasees. S. 125

Auf Entdeckungstour

Ausflug auf den Monte Baldo: Mit der Panoramaseilbahn auf den höchsten Berg am See – und dann beim Wandern herrliche Ausblicke genießen und nach Herzenslust einkehren. S. 110

Ölmuseum von Cisano: Hier lernt man, wie Olivenbäume angebaut werden und mit welchen Techniken man über die Jahrhunderte hinweg das hervorragende Gardasee-Olivenöl gewann – Verkostung und Einkaufsmöglichkeit inbegriffen. S. 140

Kultur & Sehenswertes

Felszeichnungen: Im Rathaus von Brenzone befindet sich der imposante, ca. 2 x 4 m große Stein von Castelletto mit steinzeitlichen Felsritzungen. S. 116

Museum von Torri del Benaco: In der Skaligerfestung am See kann man viel über das Leben und Arbeiten am Gardasee lernen – von der Fischerei bis zum Olivenanbau. S. 118

Zu Fuß unterwegs

Von Prada auf den Monte Baldo: Ob zu Fuß oder per Lift – der Weg zum Gipfel lohnt sich in jedem Fall. S. 122

Wanderung zum Monte Lúppia: Zwischen Ölbäumen und Macchia zu den Felsgravuren aus prähistorischer und jüngerer Zeit. S. 126

Val dei Molini: Rundweg durch die artenreiche Vegetation der Valtesina. S. 133

Genießen & Atmosphäre

Sonnenuntergang in Garda: Die tiefroten winterlichen Sonnenuntergänge am Gardasee entwickeln – von Garda aus gesehen – vor der Silhouette der zackigen Berge am Westufer oft einen ganz besonderen Zauber. S. 128

Fischessen in Lazise: An der Nordflanke des Hafenkanals reiht sich ein Fischlokal an das andere – ein atmosphärischer Ort für ein Essen. S. 146

Abends & Nachts

Osteria Santo Cielo: Winzige Osteria in Malcésine, im Sommer mit Tischen auf dem Platz. An der kleinen Theke werden laufend *crostini* und *bruschette* frisch zum Wein zubereitet. S. 114

Hollywood DanceClub: Alles erinnert in dieser In-Disco bei Bardolino mit dem Ambiente einer mediterranen Villa aus den 1950er-Jahren an Kino. Herrlich: der Garten mit Pool unter Palmen in See-Panoramalage. S. 138

Entlang der Olivenriviera

Das Ostufer des Gardasees, die Riviera degli Ulivi (Olivenriviera), ist die bekannteste Seite des Sees und wird von den meisten Urlaubern von jenseits der Alpen frequentiert. Geprägt wird das Ostufer vom Monte Baldo, Sommerfrische und Wintersportgebiet in einem. Doch weil das Bergmassiv so nah ist, bleibt entlang des Sees kaum Platz für ordentliche Strände: Die Gardesana-Straße führt dicht am See vorbei, und die Touristen finden ihr Glück hier eher auf dem Wasser und in den einladenden Ortschaften. Das gilt besonders für die Uferstrecke zwischen Tórbole und Malcésine und für das aus mehreren Orten bestehende Brenzone.

Malcésines Rocca lockt von Weitem, Torri del Benaco besticht durch die Lage seiner Skaligerfestung direkt am kleinen, romantischen Hafen. Die nahe Punta San Vigilio gilt als der schönste Aussichtspunkt am ganzen See, dominiert von einer Renaissance-Villa mit Miniaturhafen. Am Berghang findet man hier auch interessante Felszeichnungen. Der historische Kern von Garda zwischen der Gardesana und dem See ist zwar sehr hübsch, gleicht im Sommer aber einem orientalischen Basar. Dafür zählt die Uferpromenade, bestückt mit Caféhaustischen, zu den längsten und schönsten am See.

Bardolino ist bekanntlich der Weinort des Gardasees, mit großzügigen Plätzen, netten Weinlokalen und guter Hotellerie, die gut ausgestatteten Campingplätze sind ideal für Was-

Infobox

Internet

www.gardaportal.com sowie **www.gardaweb.com** für den gesamten Gardasee und den Osten, mit guten Links zu Unterkünften, Sport und anderen Aktivitäten, Tipps für Ausflüge, Museen etc. Alle Seiten auch auf deutsch.

Anfahrt

Am schnellsten gelangt man über die Brennerautobahn A 22 (oder die alte Brennerstraße SS 12) ans Ostufer. Für den nördlichen Teil der Olivenriviera in Rovereto abfahren, weiter über Mori nach Tórbole (ca. 11 km) und dann je nach Urlaubsziel entlang der Uferstraße (SR 249) nach Süden. Um nach Garda und südlicher zu kommen, fährt man auf der A 22 bis Affi und von dort nach Garda (9 km) bzw. Bardolino (ca. 6 km) oder Lazise (ca. 8 km). Zwischen den Seeorten verkehren Linienbusse, während der Saison auch die Linienboote der Navigarda.

Bus & Bike

Von Juni–Sept. bietet die Provinz Verona ihren radelnden Gästen einen besonderen Service an: Sie können in speziellen Bussen ihre Räder den Berg hinauf transportieren lassen. Den Dienst gibt es ab Garda, Costermano, Caprino Veronese, Spiazzi, Ferrara di Monte Baldo, Novezza, Bardolino, Torri del Benaco, Albisano, San Zeno di Montagna und Prada. Weitere Infos unter **www.apt.vr.it.** Auch die Seilbahn Malcésine–Monte Baldo (s. S. 110) und der Sessellift Prada–Costabella (s. S. 124) transportieren zeitweilig Bikes.

sersportler. Im winzigen Cisano lockt ein privates Olivenölmuseum mit Verkaufsladen, in Lazise sind es die guten Fischlokale am hübschen Kanalhafen. Im Süden folgen die weltberühmten Vergnügungsparks des Sees: Canevaworld und Gardaland sowie im Hinterland bei Pastrengo der Wildpark Natura Viva.

Malcésine ! ▸ G 4

Südlich von Tórbole rückt der Monte Baldo so dicht an den See, dass beim Bau der Uferstraße Gardesana Orientale einige Tunnel gegraben werden mussten. Die meisten Hotels stehen auf der Bergseite, vom selten ansehnlichen Strand durch die meist viel befahrene Straße getrennt. Noch immer im Schatten des Monte Baldo taucht plötzlich die auf einem kleinen Vorgebirge am See thronende Rocca von Malcésine auf. Im Ort angekommen, stellt man das Auto am besten auf einen der kostenpflichtigen Parkplätze.

Die Venezianer drückten Malcésine deutlich ihren Stempel auf, hatten sie doch von 1405 bis 1797 abwechselnd vom hiesigen Palast des Capitano del Lago oder von Garda und Torri del Benaco aus das Sagen. Später widerfuhr dem Ort das gleiche Schicksal wie dem gesamten venetischen Gardaseeufer: 1798 bis 1866 wurde es österreichisch, dann italienisch. Zum Glück blieb Malcésine (ca. 3750 Einw.) in seinen mittelalterlichen Mauern ziemlich intakt. Viel wurde saniert und restauriert. Die Gassen sind wieder mit Steinpflaster belegt und die Häuser gepflegt. Der alte Bootshafen zu Füßen der Festung hat inzwischen seine Bootsrutsche verloren zugunsten einer hübschen Anlage mit Steinskulpturen. Denn der Bootsbetrieb wird nun ausschließlich über den neuen Hafen abgewickelt, wo sich ein Café an das andere reiht und es ein lebendiges Kommen und Gehen gibt, sobald die ersten Sonnenstrahlen das kleine Rechteck beleuchten. Malcésine lässt sich mit Recht kein Gardaseebesucher entgehen!

Altstadt

Vom Bootshafen zum Palazzo del Capitano del Lago

Die Besichtigung Malcésines sollte am **Bootshafen** 1 (Porto) beginnen. Meist zieht tagsüber allerdings ein unaufhörlicher Menschenstrom Richtung Festung, dem man unweigerlich folgen muss. Beim **Palazzo dei Capitani** oder **del Capitano del Lago** 2 (s. S. 107), dem Palast des venezianischen Statthalters, sollte man anhalten und durch den hohen Hausdurchgang in den kleinen Innenhof eintreten, der eigentlich eine ummauerte Terrasse zum See ist. Hier stehen einige Palmen und es gedeihen das ganze Jahr über bunte Blumen, eine kleine Bar bietet Getränke und Eis. Wendet man sich vom See ab und schaut zurück, sieht man die Fassade des Palastes mit ihren Renaissancefenstern, Balkönchen und Fantasiezinnen, und der Blick schweift weiter nach oben zum nahen Monte Baldo. Im Erdgeschoss des Palastes befindet sich das Informationsbüro mit angrenzendem Ticketschalter für Veranstaltungen rund um Malcésine, bis hin zur Arena von Verona. Die ornamental freskierten, repräsentativen Räume im Obergeschoss werden leider nur für Ausstellungen geöffnet.

Porto Vecchio

Geht man vom Palast aus die Gasse weiter und folgt dem Vicolo Porto Vecchio, gelangt man zum heimeligen alten Hafen, dem **Porto Vecchio** 3 (Piazza Magenta). Die frühere Rampe, auf der man die Boote an Land zog, wurde umgewandelt in eine kleine Ruhezone mit zeitgenössischen Steinskulpturen. Der Platz ist umgeben von schlichten Altstadthäusern mit Restaurants, deren Terrassen im Sommer weit bis zum See reichen. Dahinter steigt die Gasse relativ steil an in Richtung Castello.

Castello Scaligero 4

8. Dez.–6. Jan. (außer zu Weihnachten) tgl. 10.30–16.30, Febr./März nur Sa/So, sonst tgl. 9.30–18.30 Uhr, Erw. 6 €

Schwalben umschwirren die trutzig auf einem steilen Felsen hockende Skaligerburg, auch Rocca oder Castello Scaligero genannt. Der Burgfried aus glatt behauenen weißen Steinen ragt hoch aus dem großen Komplex aus Bruchsteinmauerwerk empor. An der Gassenecke, von der man steil hinauf blicken muss, um die Zinnen des Burgfriedes zu erkennen, ist linker Hand eine Inschrift angebracht: »Von hier aus hat Goethe die Burg gezeichnet …« Und damit erlebte der Dichter das erste Abenteuer seiner Italienreise. Denn eben wegen seiner Skizzen hatte man den Geheimrat gefangen genommen und bezichtigt, als Spion Pläne von der Festung gezeichnet zu haben. Seitenlang ist Goethes dramatische Schilderung des 14. September 1786 in der »Italienischen Reise«. Das Abenteuer endete, nachdem man ihm schließlich geglaubt hatte, dass er nichts Böses im Schilde führte, und man erkannte, wie er sich um den Fremdenverkehr in Malcésine verdient machen würde: Denn, so Goethe, »der Wirt, bei dem ich eingekehrt war, gesellte sich nun zu uns und freute sich schon auf die Fremden, welche auch ihm zuströmen würden, wenn die Vorzüge Malcesines erst recht ans Licht kämen.«

Der ursprüngliche Eingang der Festung weiter oben ist meist geschlossen. Deshalb einfach den Hinweisschildern und dem Strom der Besucher nach links folgen und durch eine Mauer mit einfachen, geraden Zinnen steigen. Dass die gut erhaltene Anlage (seit 1902 ein geschütztes Nationalmonument) aus drei ineinander verschachtelten Innenhöfen besteht, erkennt man erst vom Burgfried aus.

Gleich hinter dem Eingangstor befinden sich das **Museo del Garda** und das **Museo del Baldo** im harmonisch wirkenden Palazzo Inferiore, den die Venezianer 1620 als Kaserne errichten ließen. Mit Malcésine, so erfährt man hier, beginnt die geologisch interessante Val di Sogno (Tal der Träume), mit reichen Ammonitenfunden, Seeschnecken u. a. Vor 70 Mio. Jahren bedeckte noch das Thetys-Meer das Gebiet der Brescianer Berge, des Gardasees, des Monte Baldo und der Lessiner Berge.

Eine steile Treppe führt zum zweiten Hof, in dessen österreichischer Pulverkammer das kleine Goethe-Museum eingerichtet ist. Im winzigen Vorgarten steht Goethes Bronzebüste.

Den dritten Hof bildet die eigentliche Skaligerburg, der Urkern der Festung, mit dem imponierenden, 70 m hohen Burgfried, den man erklettern kann, um eine fantastische Aussicht zu genießen. Nicht minder schön ist der Blick von den Mauern dieses Hofes. Hier befindet sich auch eine Zisterne, die den Bewohnern bei Belagerungen die Versorgung mit Wasser garantieren sollte. Sie steht vor dem **Museo Pariani**, dem kleinen Fischereimuseum.

Monte Baldo ! ▶ F–H 4–6 5

Der Hausberg Malcésines und eigentlich des gesamten Gardaseegebietes erreicht mehr als 2000 m Höhe (s. auch Entdeckungstour, S. 110). Wanderer, Mountainbiker sowie Pa-

Lieblingsort

Seehof des Palazzo del Capitano del Lago
Ganz gleich, wie wuselig es in Malcésine zugeht, weil vielleicht gerade wieder einmal eines der vielen Ausflugsboote gelandet ist – auf der Seeseite des Palastes, im schmalen Innenhof, ist es immer beschaulich ruhig. Auf der Mauer sitzend oder bei einem Drink im kleinen Café kann die venezianische Palastfront bewundert werden.

raglider bevorzugen Malcésine als Startort für ihre Auffahrt per Seilbahn auf den Monte Baldo. Das gesamte Monte-Baldo-Massiv ist ein Mountainbiker-Paradies. Hier findet man fast ganzjährig beste Bedingungen vor. Es gibt Abfahrten aller Schwierigkeitsgrade. Zu bestimmten Zeiten können die Bikes mit der Seilbahn nach oben transportiert werden, bei manchen Spezialisten ist die Auffahrt im Paketpreis enthalten. Auch zur Skisaison ist das Bergmassiv mit seinen Aufstiegshilfen gut besucht. Im November pausiert die Bahn zu Wartungszwecken.

Übernachten

Weißes Ambiente am See – **Venezia 1**: Viale Roma 26, Tel. 04 57 40 00 70, www.hotelvenezia-malcesine.it, Ostern–Ende Okt., DZ/HP 130–220 €. Nettes Haus mit 26 Zimmern direkt am See bzw. an der Strandpromenade. Ambiente in Weiß, Glas und Holz als dominierende Stilelemente, Balkone zum See, ausgestattete Liegefläche mit eigenem Seesteg und Anlegebojen; im Garten gibt es einen Whirlpool. Restaurant mit lokaler Küche. Nachmittags wird man an der Bar mit einem Imbiss verwöhnt.

Seekomfort – **Du Lac 2**: Via Gardesana 63, Tel. 04 57 40 01 56, www.dulac.it, April–Okt., DZ/ÜF 104–210 €, auch Familienzimmer bzw. Suiten. Ruhig an der Strandpromenade zwischen Val di Sogno und Malcésine gelegenes Hotel mit Garten und Terrassenrestaurant sowie eigenem Bootssteg (ausgestattete Liegeterrasse am Wasser), mit 40 Zimmern (darunter Suiten mit Terrasse), Pool, Whirlpool auf der Terrasse. Garage, Parkplatz.

Malcésine

Sehenswert
1 Bootshafen
2 Palazzo del Capitano del Lago
3 Porto Vecchio
4 Castello Scaligero
5 Monte Baldo

Übernachten
1 Venezia
2 Du Lac
3 San Marco
4 Castello
5 Ischia
6 Locanda Monte Baldo

Essen & Trinken
1 Vecchia Malcésine
2 Portovecchio
3 Baita dei Forti
4 La Capannina

Einkaufen
1 Enoteca Malcésine
2 Frantoio Consorzio Olivicoltori Malcésine
3 Ferramenta Ruben
4 Outlet Store H20

Aktiv
1 Öffentlicher Strand
2 Stickl Sportcamp & Sport Hotel
3 WWWind Square Malcésine
4 Bike Extreme
5 Paragliding Club
6 Fraglia Vela Malcésine

Abends & Nachts
1 Osteria Santo Cielo
2 Osteria alla Rosa
3 Enoteca Winebar Hippopotamus

Historisch – **San Marco 3**: Via Capitanato 9, Tel./Fax 04 57 40 01 15, www.sanmarcomalcesine.it, DZ/ÜF 78–150 €. Historisches und trotzdem modernes Haus am Hafen mit Bar/Café im Erdgeschoss. 12 Zimmer, davon 4 mit Balkon zum See sowie eine Mansarden-Suite. Zum selben Besitz gehören zwei Villen (eine davon mit Pool) rund 2 km außerhalb in einem schönen Olivenhain, Infos unter www.appartamentiloncrini.it.

Schöne Lage, familiär – **Castello 4**: Via Paina 21, Tel. 04 57 40 02 33, www.h-c.it, ca. Ostern–Anf. Nov., DZ/ÜF 80–230 €, Suiten bis 330 €. Sehr freundlich und betont familiär geführtes Haus (U-förmig angelegt) zu Füßen des Castello auf seiner ortsabgewandten nördlichen Seite; direkt am schmalen Kiesstrand (getrennt von der Hotelanlage). Sonnendurchfluteter Salon mit Terrasse zum See, 32 relativ kleine, aber komfortable Zimmer mit SAT-TV. Restaurant mit elegantem Tischgedeck (Silberbesteck!) und liebevoll zubereiteten Abend-Menüs. Sonnenterrasse, überdachter Whirlpool. Parkplatz. Deutsche Tageszeitungen an der Bar. Beliebtes Hochzeitshotel!

Familiär im Olivenhain – **Ischia 5**: Via Sottodossi 5, Località Fornaci, Tel. 04 57 40 05 88, www.garniischia.com, Ostern–Anf. Nov., DZ/ÜF 70–100 €. Familiäres kleines Hotel garni im Olivenhain in ruhiger Lage; 200 m vom See und 700 m vom Zentrum Malcésines entfernt, mit Pool und Garage; alle 14 Zimmer mit Bad, Balkon, Telefon und SAT-TV.

Am Monte Baldo

Aussichtsreich – **Locanda Monte Baldo 1**: Località San Mi- ▷ S. 112

Auf Entdeckungstour: Tolle Aussichten und Natur pur – Ausflug auf den Monte Baldo

Mit der Panoramaseilbahn auf den Monte Baldo – und dann nach Herzenslust wandern, herrliche Ausblicke genießen, den Drachen- und Gleitschirmfliegern zusehen und genüsslich einkehren.

Reisekarte: ▶ G 4/5

Ausgangspunkt: Malcésine (s. S. 105)

Fahrtzeiten: April–Anfang Nov. tgl. 8–17/18/19, Dez.–Anfang März 8–16.45 Uhr halbstündlich; inkl. Umsteigen in San Michele ca. 0,5 Std.

Ticketpreise: Erw. einfach 13 €, Hin- und Rückfahrt 19 €, Kinder bis 1 m gratis, Kinder unter 1,40 m und Senioren ab 65 J. 10 € bzw. 15 €, Familienticket 19 €

Hortus Italiae, Garten Italiens, nannte man den Monte Baldo wegen der unglaublichen Vielfalt seiner Flora, die zu einem hohen Prozentsatz endemisch ist, also nur hier vorkommt, bereits in der Renaissance. Der Boden hier oben ist schon im beginnenden Frühjahr bedeckt mit winzigen, meist leuchtenden Blumen: mit weißen Krokussen und dunklem Enzian, kleinen Kissen blassgelber Himmelsschlüsselchen. Vom letzten Sommer übrig gebliebenen sind die geduckten Golddisteln.

Schnelle Gondelfahrt

Los geht die Tour auf den höchsten Berg am Gardasee in Malcésine. Halbstündlich verlässt hier die 1962 eingeweihte und 2002 ab der Mittelstation mit Drehkabinen völlig umgebaute Seilbahn die Talstation in Malcésine in 106 m Höhe. Über die Umsteigestation San Michele (572 m) mit der einladenden Locanda Monte Baldo, die noch mit dem Auto zu erreichen ist, führt sie hinauf zur Bergstation des Monte Baldo (1790 m). Nach zweimal zehn Minuten plus Umsteigen ist man oben.

Panoramaweg

Der Panoramaweg führt ganz bequem von der Bergstation links Richtung Monte Altissimo über die weite Alm, die kaum merklich ansteigt (reine Laufzeit einfach 0,5 Std., s. auch Tipp S. 113). Vorbei geht es am Revier der Gleitsegler, die die günstigen Winde zu nutzen verstehen. Um den waghalsigen Sportlern zuzuschauen, muss man etwas weiter an den Rand der Alm spazieren, zu ihrem Startpunkt schräg gegenüber der Blockhütte La Capannina. Dabei genießt man umwerfende Ausblicke über den See: Unten erkennt man Malcésine mit seiner markanten Festung, weiter südlich Brenzone; ganz im Süden taucht die lange schmale Halbinsel von Sirmione auf, wie eine Kobra mit dickem Kopf. Am gegenüberliegenden Seeufer erkennt man im Süden den tiefen Einschnitt von Salò, fast vis-à-vis erscheint Limone zum Greifen nahe. Dahinter sieht man von hier oben das riesige Almgebiet von Tremósine und Tignale wie aus der Vogelperspektive – darüber die weiß strahlenden Gletscher.

Boote fahren zwischen Limone und Malcésine unaufhörlich hin und her. Die beiden Inselchen vor der Val di Sogno wirken von oben wie zwei vor Anker liegende Boote. Großartig sind auch die Ausblicke, die sich auf der Ostseite des Bergmassivs auftun (man muss nur wenige Schritte nach rechts schlendern) über den kleinen Stausee von Prà da Stua zum Etsch-Tal. Vorne, wo die sanfte Weide abrupt an einer Steilwand endet, schaut man auf das Nordende des Gardasees im Kranz der Alpenriesen und hat eine Totale von Riva zu Füßen. Wenn die Sonnenstrahlen zwischen den Wolken über den See huschen, verändert sich sein Graublau in helles Blau und unglaubliches Smaragdgrün.

Abstieg für Geübte

Eine Einkehr auf dem Monte Baldo sollte man einplanen. Und zwar in der sehr einladenden Blockhütte der Trattoria La Capannina mit Tischen im Freien und gemütlichen Innenräumen (s. S. 112). Berühmt ist die leckere frische Milch von der hiesigen Alm.

Den Weg abwärts direkt von der Bergstation sollte nur zu Fuß gehen, wer noch genügend Zeit bis zur Dämmerung hat und über eine gute Kondition verfügt. Der Wanderweg ist z. T. sehr steinig und nicht ungefährlich, zudem ist er weder gut ausgeschildert noch sind die angekündigten Almhütten wirklich immer geöffnet.

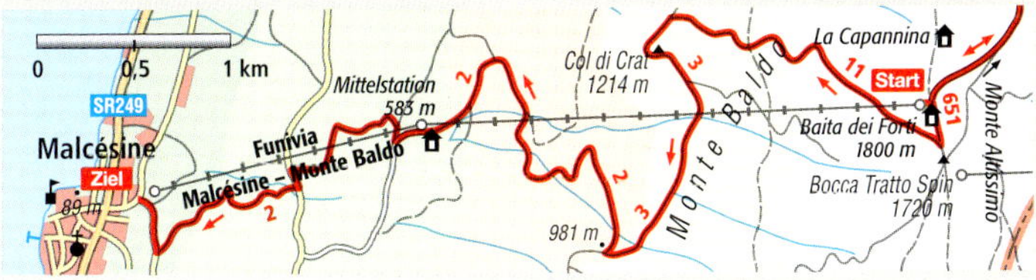

chele, in 570 m Höhe an der Zwischenstation der Seilbahn am Monte Baldo, Tel. 045 74 00 61, www.locandamontebaldo.com, DZ/ÜF 86–100 €. Berghotel mit 11 freundlichen Zimmern mit SAT-TV und z. T. Balkon, Restaurant (gute und relativ preiswerte Hausmannskost, auch Aufschnittplatten, herrliche Aussichtsterrasse); Garage und Parkplätze.

Essen & Trinken

Die meisten Restaurants in Malcésine sind auf Touristen ausgerichtet, sowohl um den Bootshafen herum als auch am alten Hafen. Wenn man nur satt werden will, wird man in allen Preisklassen fündig; auch die Cafés und Bars bieten einige Kleinigkeiten zu essen an. Besonders gut speist man übrigens außerhalb des Städtchens z. B. am Monte Baldo.

Seeblick – **Portovecchio 2**: Porto Vecchio, Tel. 04 56 58 43 35, Menü ab 30 €. Gut besuchtes Fischrestaurant mit großer Terrasse am alten Hafen, der sich in eine nette Ecke Malcésines verwandelt hat.

Mein Tipp

Raffiniert und fein

Wunderschönes kleines Lokal in einem alten Steinhaus am oberen Rand des Städtchens mit Panoramagarten. Tolles Ambiente, raffinierte Küche, die noch einen Hauch lokaler Tradition aufweist, vor allem bei den Spezialitäten mit Seefischen (Michelin*).

Vecchia Malcésine 1: Via Pisort 6, Tel. 04 57 40 04 69, Do–Di, Nov. sowie Ende Jan.–Mitte März geschl., Mittagsmenü 35, Abendmenü ab 65 €.

Auf dem Monte Baldo

Prima Selbstbedienung – **Baita dei Forti 3**: Località Tratto Spino 1, Monte Baldo (VR), Tel. 04 57 40 03 19, www.baitadeiforti.com, Gerichte ab 6 €. Preiswertes Selbstbedienungslokal direkt an der Bergstation der Seilbahn, durchgehend geöffnet.

Urige Alm – **La Capannina 4**: Località Colma, in ca. 1800 m Höhe etwa 350 m links von der Bergstation, Tel. 04 56 57 00 81, www.monte-baldo.it, April-Anf. Nov. tgl. 9.30–18.30, Mitte Dez.–März 9–16.30 Uhr, Hauptgericht mit Beilage 15 €. Einladend schöne Trattoria in einer mehrteiligen urigen Almhütte mit Tischen im Freien (in traumhafter Lage). Seit mehr als 40 Jahren im Besitz der Gastwirtfamilie Zuccali. Trentiner und Veroneser Spezialitäten wie Kaninchen, Polenta, deftige Pasta, hausgemachter Apfelkuchen, frische Milch direkt von der Alm, die auch eigenen Käse produziert – alles bio!

Einkaufen

In den Gassen Malcésines findet man zahlreiche Souvenirläden, viele von ihnen mit typischen lokalen Produkten wie Wein, Oliven und anderen Kulinaria. Ein paar besondere Adressen sind:

›Geistreich‹ – **Enoteca Malcésine 1**: Viale Roma 15 b. Reiche Auswahl an lokalen Weinen, Grappa und anderen Spirituosen aus verschiedenen Regionen; auch Probieren ist möglich.

Alles aus Öl – **Frantoio Consorzio Olivicoltori Malcésine 2**: Via Navene. Verkaufsladen im Vecchio Frantoio (der alten Ölpresse). Olivenöl und damit konservierte andere Lebensmittel.

Kunsthandwerk – **Ferramenta Ruben 3**: Via Casella 27. Eisenwarenladen, der zwar noch immer alles für den täglichen Bedarf führt, aber auch eine große Auswahl an schmiedeeisernem Kunsthandwerk bietet.

Preiswert – **Outlet Store H20 4**: Via Gardesana Centro 302. Sportkleidung zu Fabrikpreisen, vor allem Windsurfer- und Kiter-Ausstattung, aber auch für Wanderer und Biker.

Aktiv

Baden – Der eigentliche (kiesige) **öffentliche Strand 1** Malcésines liegt im Norden, im Vorort Retelino, und beginnt zu Füßen der Festung.

Der Surfspezialist! – **Stickl Sportcamp & Sport Hotel 2**: Via Gardesana 136, Tel./Fax 04 57 40 16 97, www.stickl.com. Seit Heinz Stickl 1976 als Pionier der Surfszene und Surfweltmeister die erste Surfschule Italiens in Malcésine gründete, ist das Sportcamp am Ostufer ein Begriff: Es ist die heute vielleicht größte Surf- und Segelschule und erste Kitesurfschule am See. Sie bietet in allen Sportarten eine Topausbildung und erstklassiges Leihmaterial. Das **Sport Hotel** ist in der Villa Orizzonte eingerichtet, nur wenige Meter vom Strand und der Wassersportstation entfernt, idyllisch mit einmaligem Blick auf die Bucht gelegen.

Katamaranfahren und Surfen – **WWWind Square Malcesine 3**: Località Sottodossi, Tel./Fax 04 57 40 04 13, www.wwwind.com. Das Wassersportcenter bildet seit 1980 im Windsurfen, Katamaran oder Segeln aus.

Mountainbike – **Bike Extreme 4**: nahe der Talstation der Seilbahn, Tel./Fax 04 57 40 01 05, www.bikeapartments.com. Radverleih und -verkauf, Shuttle-Dienste, organisierte Touren, auch Ein- bis Dreiraumapartments.

Paragliding – **Paragliding Club Malcésine 5**: Via Gardesana/Ecke Strada Panoramica, c/o Hotel Ideal, mobil 33 56 11 29 02, www.paraglidingmalcesine.it, Infos u. a. beim Sailing Center Hotel, Località Campagnola, Tel. 04 57 40 00 55, www.hotelsailing.com.

Mein Tipp

Wandern auf dem Monte Baldo

s. auch Entdeckungstour S. 110

Wer eine kurze Wanderung auf dem **Monte Baldo** unternehmen möchte, kann den Weg Nr. 11 von der Bergstation nach Prai zum **Ex-Rifugio Kira** wählen (45 Min.). Längere Wanderwege führen von der Bergstation zu den Berghütten und Gipfeln des Bergmassivs, z. B. der CAI-Weg Nr. 651 in südlicher Richtung zum **Rifugio Telègrafo** (3,5 Std.) oder nach Norden zum **Rifugio Monte Altissimo** (2 Std. 40 Min.).

Segeln – **Fraglia Vela Malcésine 6**: Via Gardesana 205, Tel./Fax 04 56 57 04 39 und 04 57 40 02 74 (Büro), www.fragliavela.org. Der Segelclub (mit Segelschule) ist einer der ältesten am See und Talentschmiede für Olympia. Kurse und Termine auf der Website.

Abends & Nachts

Die wunderbar um den kleinen Hafen herum liegenden Cafés bieten sich für Aperitif und ›Absacker‹ gleichermaßen an. Es gibt aber auch einige kleine Lokale in den engen Altstadtgassen, z. B.:

Urig und gemütlich – **Osteria Santo Cielo** 1: Piazza Turazza 11, mobil 348 45 13 45, www.osteriasantocielo.com, Do–Di, im Sommer tgl. Kleine Osteria im alten Stil, im Sommer mit Tischen auf der kleinen Piazza. An der Theke werden laufend *crostini* und *bruschette* (2,50–4 €) sowie *tagliere* (ab 7,50 €), also Holzbrettchen mit Aufschnitt u. Ä., frisch zubereitet. Dazu glasweise Wein.

Wie in alten Zeiten – **Osteria alla Rosa** 2: Piazzetta Boccara 5, Tel. 04 56 57 07 83, www.osteriaallarosa.it, tgl. 9–2 Uhr. Echte Osteria vom Beginn des 20. Jh., mit karierten Tischdecken und bäuerlichem Werkzeug an den Wänden. Unter der Pergola sitzt man in lauen Sommernächten besonders schön. Auch wenn man hier sehr gut speisen kann (venetische Küche, hausgemachte Pasta, Seefisch), ist das Besondere der Wein, zu dem bis spät abends Appetithäppchen gereicht werden.

Tolle Weinauswahl – **Enoteca Winebar Hippopotamus** 3: Piazza Cavour 19, Tel. 04 56 57 00 69. Ein Abendlokal zum Immerwiederkommen. Gute Weinauswahl, auch glasweise. U. a. für den späten kleinen Hunger geeignet. Guter Wein je Flasche ab 20 €.

Konzerte im Theaterzelt

Das vielteilige, hübsche Zeltdach unterhalb der Festung ist **Malcésines Open-Air-Saal** bzw. das Theaterzelt. Hier finden den ganzen Sommer über gut besuchte Veranstaltungen statt, klassische wie auch Pop- oder Rockkonzerte. Infos beim Ufficio Informazioni (s. o.). Highlight des Konzertjahres von Malcésine ist das **Blues Festival,** normalerweise Fr, Sa ca. Mitte Aug.; mit Ausstellungen in den Altstadtgassen.

Infos & Termine

Ufficio Informazioni: Via Capitanato del Porto 6/8, 37018 Malcésine (VR), Tel. 04 57 40 00 44, www.malcesinepiu.it, iatmalcesine@provincia.vr.it.

Hoteliervereinigung: Tel./Fax 04 57 40 03 73, www.malcesine.com.

Boote: Verbindungen mit Limone und Riva sowie Wassertaxi nach Limone, während der Saison je nach Bedarf in dichter Folge. Linienboote auch zu allen anderen Seeorten.

Busse: Entlang der Gardesana Orientale (SR 249) verkehren Busse in relativ dichter Folge (ca. stdl.) zwischen Tórbole und Garda bzw. bis nach Verona.

Seilbahn: Fahrtzeiten s. Entdeckungstour, S. 110; Infos: Tel. 04 57 40 02 06, www.funiviedelbaldo.it.

Festa del Pesce: Juni. Fischfest mit Musik und (Frei-)Sardinen für jedermann.

Festa Patronale: Juli. Stadtfest mit großem Feuerwerk am Ende.

Festa al Castello: Juli, Aug. Schlossfest mit gastronomischen Ständen, am Abend mit Musik.

Ciottolando con Gusto (›Mit Geschmack übers Kieselsteinpflaster ziehen‹): letzter Sept.- oder 1. Okt.-Samstag. Initiative der Wirte, einiger Weinkellereien und des Olivenölkonsortiums von Malcésine. Man kann sich den ganzen Tag lang kulinarisch verwöhnen lassen, indem man von Lokal zu Lokal zieht – kostenloses Parken und kostenloser Besuch des Kastells inbegriffen. Rechtzeitig Tickets (gegen Vorkasse je nach Kauftermin 35–40 €) bestellen: Malcesinepiù, Via Capitanato 1, Tel. 04 57 40 08 37, www.ciottolando.com.

Gepflegte Schönheit – Malcésine mit Skaligerburg und Palazzo del Capitano del Lago

Brenzone ▸ F 5/6

Gleich nach den Villen der Halbinsel der Val di Sogno und den wenigen verwinkelten Häusern des freundlichen Cassone in Höhe der Insel Trimelone (mit kleiner Festungsruine) beginnt die Streusiedlung Brenzone (ca. 2550 Einw.), die sich rund 10 km entlang des Sees und die Abhänge des Monte Baldo hinaufzieht.

Die kleinen Häfen am Gemeindeufer bieten nur wenigen Booten Platz. Als Segelzentrum ist Brenzone stolz darauf, auch international bedeutende Regatten auszurichten. Surfen ist hier ebenfalls angesagt.

Assenza ▸ F 5

Der nördlichste Vorort von Brenzone hat sich speziell auf der Bergseite der Gardesana Orientale entwickelt, die hier ganz nah am See entlangführt. An der kleinen, unter Bäumen liegenden Piazza San Nicola da Bari lohnen die Fresken der tagsüber fast immer geöffneten Kirche **San Nicola** aus dem 14. Jh. einen Besuch. Sehenswert ist vor allem die noch streng byzantinisch gestaltete Abendmahlszene links vor dem Chor mit der allerdings recht lebendig dargestellten Tischgesellschaft der Jünger. Während manche eine Wassermelone auf dem Tisch entdeckt haben wollen, sprechen einheimische Kenner eher von einer Schüssel und sehen in den sogenannten Melonenstücken einfach kleine Brötchen (falls Kirche geschlossen, Schlüssel im Nachbarhaus links).

Porto und Magugnano ▸ F 6/5

Zu Füßen von Castello di Brenzone am Berghang liegt am See das winzige, zauberhafte **Porto** mit seinem Miniaturhafen. Er besteht nur aus einem engen Kanal für zwei kleine Bootsreihen. Dann folgt übergangslos **Magugnano,** dessen durchgezogene, enge Einbahnstraße – parallel zur Landstraße – man vom Süden her anfahren muss (oder man parkt am Rand der Gardesana und geht ein paar Meter zu Fuß). Das unmittelbar am See gelegene **Rathaus** (Via XX Settembre 8) mit kleinem Parkplatz auf der Seeseite ist während der üblichen Bürostunden zugänglich. In der kleinen Eingangshalle ist der **Stein von Castelletto** (Pietra di Castelletto) aufgestellt, der 1965 von Mario Pasotti entdeckt wurde. Nach einer längeren Odyssee kam der etwa 2 m² große, vermutlich 4550 Jahre alte Stein erst vor wenigen Jahren wieder fast an seinen Fundort zurück und wird hier liebevoll als ein Stück Kulturgeschichte der Gemeinde Brenzone gehütet. Für die auf dem Stein zu erkennenden Symbole und Zeichen gibt es die verschiedensten Deutungen. Waren z. B. die abgebildeten Äxte religiöser Ausdruck der prähistorischen Menschen? Jedenfalls ist ihre Ähnlichkeit mit den Doppeläxten der Minoer auf Kreta verblüffend.

Marniga und Castelletto

▶ F 6

Das kleine Bergdorf **Marniga** schiebt sich mit seinen bescheidenen Häusern die Ölbaumhänge des Monte Baldo hinauf. Und schon nach weniger als 2 km folgt im Süden das hübsche **Castelletto di Brenzone,** der Fundort des Steins, den man stolz im Rathaus in Magugnano präsentiert (s. o.). Platanen schmücken den schmalen Streifen zwischen See und Straße (mit Kurzparkplätzen). Der kleine Hafen mit Bootswerft und Segelschule wirkt auch in der Hochsaison wegen der Cafés und Fischrestaurants recht einladend. Allerdings durchschneidet die Gardesana den historischen Kern in zwei Teile.

San Zeno ▶ F 6

Südlich von Castelletto steht auf dem Friedhofsgelände (Bergseite) direkt neben dem gleichnamigen Campingplatz die kleine **Kirche San Zeno** (Gardesana Orientale, 10.–12. Jh.) aus sorgfältig behauenen Steinen und mit einem auffälligen Aufbau. Sie ist zweischiffig, aber das linke Schiff ist schmaler als das rechte. Die Trennwand ruht abwechselnd auf Säulen mit unterschiedlichen Kapitellen und auf dicken Pfeilern bzw. schlichten Wandstücken. Außerdem besitzt die Kirche – ungewöhnlich bei nur zwei Schiffen – drei Chorapsiden, die von außen recht harmonisch wirken. Sie sind innen ebenso wie die Nordwand freskiert, wahrscheinlich zur selben Zeit wie das Kirchlein von Assenza (14. Jh.). Die Bilder haben im Lauf der Jahrhunderte gelitten, ihre Motive sind aber noch gut zu erkennen, etwa das Leben Johannes des Täufers und mehrere Apostel. Der Kirchturm links der Fassade besitzt gedrungene romanische Klangöffnungen (Biforien).

Übernachten

Ruhig am See – **Du Lac:** Porto, Via Zanardelli 3, Località Vaso, 37010 Brenzone (VR), Tel. 04 57 42 01 38, www.dulachotel.it, Ostern–Mitte Okt., DZ/ÜF 100–170 €, Suiten 140–230 €. Größeres, am See gelegenes Haus mit 29 Zimmern und 10 Suiten. Innendekoration mit Bildern des Gardesaner Malers Benito Tomezzoli. Schöne Liegeflächen am See, perfekt für Wassersportler. Freundlicher Familienbetrieb mit einem eigenen Kiesstrand, Bootshafen; Parkplatz.

Einladend am See – **Piccolo Hotel:** Magugnano, Tel. 04 57 42 00 24, www.piccolohotel.info, Ostern–Ende Okt., DZ/ÜF 100–120 €. Kleineres, familiär geführtes Haus im Ortszentrum direkt am See mit eigenem Strandabschnitt. 20 freundliche Zimmer mit SAT-TV; Restaurant mit Terrasse; Parkplatz.

Romantisch am See – **Hotel Brenzone & Villa del Lago:** Magugnano, Via XX Settembre 26, Tel. 04 57 42 03 88, www.hotelbrenzone.eu, Ostern–Anfang Okt. Apartment für 2 Personen bzw. DZ/ÜF 88–170 €. 22 Mini-Apartments sowie 14 Zimmer in einer schön sanierten Villa von 1911 am See in Hafennähe, ruhig.

Essen & Trinken

Es gibt mehrere kleine Restaurants mit Fischküche sowie Bars mit Snacks entlang der Ortsstraßen und an den kleinen Häfen des vielteiligen Ortes Brenzone.

Fisch satt – **Alla Fassa:** Via Beato Nascimbeni 13, Castelletto, Tel. 04 57 43 03 19, www.ristoranteallafassa.com, Mitte Febr.–Mitte Dez. Mi–Mo, Menü 25–35 €. Angenehmes Restaurant mit Fischküche, am nördlichen Ortsrand direkt am See, mit Garten und Wintergarten.

An der Mole – **Taverna del Capitano:** Via Lungolago 8, Porto, Tel. 04 57 42 01 01, nach Ostern–Okt., Herbst und Frühjahr Mi–Mo, Menü um 30 €, auch Kostproben-Platte für 12/15 €. Spartanisch und doch gemütlich eingerichtete Trattoria mit Tischen an der schmalen Mole am See. Seefische in allen Zubereitungsarten, die meist morgens bei den lokalen Fischern gekauft werden; schöne Antipasti. Kleine, aber passende Weinauswahl.

Hafenatmosphäre – **Da Umberto:** Castelletto, Via Imbarcadero 15, am Hafen, Tel. 04 57 43 03 88, www.daumberto.it, im Sommer durchgehend, sonst Do–Di, 3 Degustationsmenüs zu je 40–45 €, auch Snacks und Pizza sowie Gelateria. Einladendes Restaurant mit großer gedeckter Terrasse am Wasser, zurückversetzt von der Hauptstraße; mit lokalen Fischgerichten und italienischer Küche.

Aktiv

Kulturtouren – Für kulturell Interessierte werden Juni–Sept. jeden Mi geführte Touren organisiert: zu den Kirchen des Gemeindegebietes sowie ins Volkskundliche Museum; Teilnahmegebühr 5 €, Picknick mit lokalen Produkten inbegriffen (s. u. I.A.T.).

Mountainbike – Im Gemeindegebiet von Brenzone gibt es interessante Aufstiege durch Dörfer auf den Monte Baldo bzw. auf die Route Torri del Benaco – Assenza, die auch durch den Busservice »Bus & Bike« bedient wird.

Segeln und Surfen – Die Adressen der Segelschulen in Castelletto findet man auf der Website der Gemeinde (s. u.); der **Jachtclub** befindet sich ebenfalls im Ortsteil Castelletto (s. u.). **Gardasurf:** Surfschule im Hotel Santa Maria, Via Benaco 12, Castelletto, www.gardasurf.com. Auch Surfbrett- und Bootsverleih.

Tauchen – **Athos Diving:** www.athos-diving.com. Geführte Tauchgänge (s. u.).

Wassersport – **Acquafresca:** Das Wassersportzentrum ist über das Assessorato Polisportivo Culturale Fior d'Olivo erreichbar, Assenza, Tel. 04 57 42 05 75, www.circoloacquafresca.it; **Circolo Nautico Brenzone:** Via Vespucci 10, Castelletto, Tel. 04 57 43 01 69, www.cnbvela.it. Alle möglichen Wassersportarten: Kiten, Surfen, Segeln ...

Wracktauchen – **Athos Diving:** Via Gardesana 54, Assenza, Tel. 04 56 59 00 15, www.athos-diving.com.

Infos & Termine

Ufficio Informazioni: Rathaus in Magugnano, 37010 Brenzone (VR), Tel. 045 74 20 00 76, www.comune.brenzone.vr.it.

I.A.T. Ufficio Turistico: Via Zanardelli 38, 37010 Brenzone (VR), Tel. 0457 42

00 76, www.brenzone.it, nur während der Saison.
Boote: Linienboote der Navigarda während der Saison zweimal am Tag.
Busse: Verbindungen mit den anderen Orten des Ostufers und mit Verona ganzjährig in ca. stdl. Rhythmus.
Venerdi Santo: Eindrucksvolle Karfreitags-Prozession.
Festa della Madonna del Colera: 11. Juli im Ortsteil Castelletto.
Festa di San Rocco: 15./16. Aug. im Ortsteil Marniga.

Torri del Benaco und Umgebung ▸ D/E 8

Rings um den kleinen Hafen von Torri del Benaco (knapp 3000 Einw.) gedeihen prächtige Olivenbäume, seine Mole schmücken gestutzte Platanen, die Burgruine trägt eine imposante Mauer mit Schwalbenschwanzzinnen sowie einigen Turmresten und die Pfarrkirche strotzt vor Steinintarsien. Die kleine Altstadt liegt auf einer breiten Halbinsel; in den Gassen zwischen niedrigen, meist einfacheren Häusern haben Lebensmittelgeschäfte und Modeboutiquen Platz gefunden.

Das Bergmassiv des Monte Baldo rückt schon weiter ab bzw. ist bei Torri keine 1000 m mehr hoch. Auch das führt dazu, dass der Ort einen lichteren Charakter hat. Die befestigte Strandpromenade zieht sich bis zur wenig vorspringenden Punta Cavallo weit nach Norden. Sie endet am hübschen und ruhigen öffentlichen Kiesstrand vor dem Hotel dei Pini und ist eine beliebte Flaniermeile. Im Süden befindet sich vor dem Parkplatz, auf dem montags der Wochenmarkt abgehalten wird, eine kleine Bootswerft. Weiter südlich nahe beim Kreuzungspunkt mit der Gardesana Orientale sorgt der Fährhafen für die ganzjährige (!) direkte Verbindung mit Maderno am Westufer (auch für Autofahrer).

Da der historische Ortskern von Torri del Benaco Fußgängerzone ist, müssen Autofahrer ihren Wagen draußen parken. Ein großer, gebührenpflichtiger Parkplatz befindet sich zwischen der Bootsanlegestelle und der Festung. Mittelpunkt des Geschehens ist der kleine historische Hafen, jetzt nur noch Anlegeplatz für kleinere Boote.

Castello Scaligero

Viale Fratelli Lavanda 2, www.museodelcastelloditorridelbenaco.it, April–15. Juni, 16. Sept.–Okt. 9.30–12.30, 14.30–18, 16. Juni–15. Sept. 9.30–13, 16.30–19.30, Nov.–März nur an Wochenenden und meist nur auf Anfrage 9.30–12.30, 14.30–18 Uhr, Erw. 5 €

Auffälligstes Bauwerk am historischen Hafen ist die Skaligerburg von 1383. Sie verlor 1760 ihren Festungscharakter, als man ihre Südmauer einriss, um stattdessen die *limonaia* auf der Sonnenseite zu platzieren. Übrigens ist dieses Gewächshaus für Zitronen jetzt neben dem kleinen privaten der Punta San Vigilio das einzige am Ostufer, das noch, wenn auch hier zu Demonstrationszwecken, wirklich funktioniert.

In der Burg hat das **Museo del Castello Scaligero** mit sieben didaktisch hervorragend aufgebauten Sammlungen seinen Sitz. Sie beschäftigen sich zum größten Teil mit dem Leben und dem Handwerk der Bootsbauer und Fischer, der Olivenölproduktion sowie dem Anbau der Zitrusfrüchte. Ein Saal zeigt ein Modell des mittelalterlichen Torri, Saal 9 informiert mit Originalen, Kopien und Gipsabdrücken sowie Filmen über die Felsgravuren am Gardasee. Die (teils gekappten) Türme der Festung gewähren fantastische Ausblicke.

Rund um den Hafen

Im Scheitelpunkt des Hafens steht ein mittelalterliches Haus mit drei Loggia-Reihen: die **Ca'Bertea** (Porto Vecchio; um 1400). Die Restaurierung hat das mittelalterliche Juwel zum Strahlen gebracht.

Schräg gegenüber, also auf der Nordseite des Hafens, steht die unscheinbare Kirche **Santissima Trinità** (Piazza Calderini) heute ein Kriegerdenkmal und praktisch den ganzen Tag über geöffnet. Ihre farbenprächtigen, der Giotto-Schule zugeschriebenen Fresken sind recht gut erhalten. Man betritt den einschiffigen Kirchenraum auf seiner Südseite. Rechts vom Altar, der im Westen steht, sind Reste eines Abendmahls zu erkennen, eine mit Fischen gedeckte Tafel und sechs Apostel. An der Südwand befindet sich ein Fresko der Madonna mit Kind und Heiligen. An der Ostwand sieht man Christus in einer zart ausgemalten Mandorla, von zwei Heiligen und den kräftigen Symbolen der vier Evangelisten umgeben, darunter eine Kreuzigungsszene. Links von der Mandorla ist ein beschädigtes Fresko zu sehen, das einen kräftigen Christophorus und die Taufe des – völlig nackten – Christus zeigt. Diese im ländlich-retardierten Veroneser Stil ausgemalte Kirche diente dem **Palazzo Gardesana dell'Acqua** (Piazza Calderoni) nebenan als Kapelle. Im Palast ist heute das Hotel Gardesana (s. Übernachten) untergebracht, das ein bedeutendes Stück Geschichte Torris schrieb und in dessen Ratsherrensaal heute fein gespeist wird.

Durch die Altstadtgassen

Zwischen der Santissima Trinità und der Trattoria Bell'Arrivo geht es hinein in die freundliche Fußgängerzone mit schönen Modegeschäften und Lebensmittelläden. Dort, wo sich eine hohe casatorre (Turmhaus) erhebt, endet die Fußgängerzone. Am **Turmhaus** erinnert auf der dem Kirchplatz zugewandten Seite eine Tafel an den Besuch Berengars I. am 31. Juli 905 in Torri.

Nette Geschäfte laden in Torri del Benaco zum Einkaufsbummel ein

Mein Tipp

Design am Strand
Das Baia dei Pini ist ein zauberhaft am See gelegenes, durch den eigenen Pinienpark vom Straßenlärm abgeschirmtes kleines Hotel mit hübscher Dependance (insgesamt 15 Zimmer). Immer noch im Familienbesitz, aber von der jungen Generation völlig zu einem Designhotel umgebaut. Restaurant mit guter Küche, Pool, Terrasse über dem Kiesstrand mit Surfschule und Mountainbike-Verleih (s. u.). **Hotel Baia dei Pini:** Via Gardesana 115, Tel. 04 57 22 52 15, www.baiadeipini.com, Ostern–Ende Okt., DZ/ÜF 140–300 €, inkl. Liegen am Strand.

Zwei Schritte weiter befindet sich die Fassade der barocken Pfarrkirche **Santi Apostoli Pietro e Paolo** (Vicolo Chiesa s/n), die über den schön gestalteten Platz hinweg auf den See blickt. Sie entstand 1712 bis 1723 und überrascht mit kostbar intarsierten Marmoraltären. Am eindrucksvollsten aber ist die Innenwand des Haupteingangs. Hier erkennt man seitlich vom Hauptportal je einen versteckten Beichtstuhl. Die Wand und das prunkvolle Orgelgehäuse darüber wurden von Angelo Bonatti aus Desenzano als reich geschmücktes Gesamtkunstwerk gestaltet.

Übernachten

Elegantes Design – **Hotel del Porto:** Lungolago Barbarani, Tel. 04 57 22 50 51, www.hoteldelportotorri.com, Mitte März–Nov., DZ/ÜF 110–250 €, Suite 260–1200 €. Zu einem Designhotel umgebautes ehemaliges Albergo Calcinardi von 1883 an der Seepromenade, dem man ein Haupthaus sowie ein miniaturhaftes Fischerhaus aus dem Jahre 1623 (jetzt eine zauberhafte Suite) angeschlossen hat. Großzügige Halle, 29 unterschiedliche, bis ins Detail durchkonzipierte Zimmer, darunter 23 Junior- und richtige Suiten; wunderschöne Bäder. Restaurant in einem sonnendurchfluteten Glaskubus, mit Terrasse auf dem See. Schöner Blick von fast allen Zimmern aus. Garage in der Nähe (Transfer), eigene Bootsanlegestelle.

Historisch – **Gardesana:** Piazza Calderini 20, Tel. 04 57 22 54 11, www.hotel-gardesana.com, ca. 20. März–Ende Okt. und evtl. zu Weihnachten, DZ/ÜF 110–200 €. Historisches Hotel am Hafen mit sehr schönem Blick auf die Burg und den See von den meisten der eher kleinen, elegant im venezianischen Stil eingerichteten 34 Zimmer. Sehr gutes Restaurant (ein Buonricordo) mit Seespezialitäten.

Günstig auf der Bergseite – **Albergo del Garda:** Località La Pozza 1, Via Gardesana, Tel. 04 56 29 00 45, www.albergodelgarda.com, April–Sept. DZ/ÜF 74–104 €, lohnende HP 96–106 €, Wochenarrangements wie 7 Tage HP pro Person ab 259 €. Einfacheres Haus mit 23 Zimmern auf der Bergseite mit eigenem kleinen Strand- und Bootsbereich sowie Parkplatz. Restaurant mit italienischer Hausmannskost. Alle Zimmer mit Schallschutzfenstern.

Am eigenen Strand – **Residence Sirenella:** Pai di Torri del Benaco, Tel. 04 57 26 00 11, www.torridelbenaco.com/hotel_sirenella, Ostern–Sept., DZ/HP 96–118 €, Apartments für 4 Personen, pro Woche 400–650 €. Die Residence liegt oberhalb der Gardesana, nur 5 km nördlich von Torri del Benaco entfernt. Alle Zimmer haben Schallschutzfenster, Klimaanlage, Balkon und Seeblick sowie SAT-TV. Angenehmer Speisesaal, Lesesaal, Terrasse am See, eigener Strand. Parkplatz, Box für die Surfbretter, Bootssteg und Bojen; im Preis inkl. sind auch Strandliegen und Sonnenschirme.

Essen & Trinken

Buonricordo – **Gardesana:** s. Hotels. März–Nov. Mi–Mo, nur abends. Bei gutem Appetit ist das typische »Menü vom See« zu empfehlen, das allerdings auch seinen Preis hat: um 70 €. Feines Restaurant im OG des historischen Palastes, von der Terrasse Blick auf den Hafen und das Castello; das dazugehörige Café mit Tischen am Hafen ist schon früh morgens geöffnet.

Raffinierte Fischküche – **Viola:** Via Gardesana 186, Tel. 04 57 22 50 83, www.ristoranteviola.com, Mitte Febr.–Mitte Jan., im Winter Do–Di, Menü 30–40 €. Im stylischen Restaurant in einem schlichten Hotel auf der Bergseite der Gardesana Orientale gibt es raffinierte Gerichte, gerne auf der Basis von Gardaseefisch und anderen lokalen Spezialitäten wie Baldo-Trüffeln. Hervorragend sortierter Weinkeller. Der Küchenchef arbeitet daran, sich den verlorenen Michelin-Stern zurückzuerobern.

Einladend – **Bell'Arrivo:** Piazza Calderini 10, Tel. 04 56 29 90 28, Di–So, im Sommer tgl., Menü mit Meeresfisch 53 €, mit Seefisch 31 €. Feine Fischküche mit hausgemachter Pasta, in zwei freundlichen Räumen am Hafen sowie im angenehm schattigen, pergolierten Garten hinter dem Gebäude. Leider gab es in letzter Zeit häufiger schlechte Kritiken für die Küche – am besten erkundigt man sich vorher, etwa im Hotel Galderini, wie es um das Lokal steht.

Aktiv

Segeln – **Yachting Club Torri:** Via Marconi 1, Tel. 04 56 22 51 24, www.yctorri.it.

Surfen und Mountainbikeverleih – **Centro Surf Jean Pierre Ruesegger:** c/o Hotel Baia dei Pini, Via Gardesana, Tel. 04 57 22 52 15. Viel gelobtes Surfzentrum, das auch Bikes verleiht.

Bootsfahrt über den See – Von Torri aus ist eine Überfahrt besonders bequem durch die relativ dichten **Fährverbindungen** mit dem Westufer. Damit kann man auch Autorundfahrten abkürzen, also den Nord- oder Südteil umrunden, ohne eine Übernachtung einplanen zu müssen.

Abends & Nachts

Entlang der gesamten Seepromenade findet man während der Saison Café an Café, genau das Richtige für eine Kaffeepause oder einen Aperitif am Abend.

Am Hafen – **Il Baretto:** Porto Vecchio. Hübsche ›kleine Bar‹ mit Tischen direkt am Hafen. Blick auf das nachts beleuchtete Castello sowie auf die Westseite des Sees.

Anspruchsvoll – **Gardesana/Torri:** s. Hotels und Restaurants. Sehr einladendes Café mit Tischen am Hafen.

Infos & Termine

Ufficio Informazioni: Via Gardesana s/n, 37010 Torri del Benaco (VR), Tel./Fax 04 57 22 51 20, iattorri@provincia.vr.it (normalerweise nur Saisonbetrieb).

Associazione Albergatori: wie Ufficio Informazioni, Tel./Fax 04 56 29 64 82, www.hotelstorri.com, www.torridelbenaco.de.

Autofähren: Torri ist durch die Autofähren ganzjährig mit dem Westufer, genauer mit Maderno verbunden, im Sommer in dichterer Folge (Mittagszeit ausgenommen).

Busse: Dichter Fahrplan der öffentlichen Busse entlang der Gardesana

Orientale, auch gute Verbindungen (ca. stdl.) mit Verona.

Festa dell'Olio: 10 Tage im Jan. Kulinarisches Fest zum Thema Olive.

Festa dell'Ospite: Anfang/Mitte Aug. Fest des Gastes sowie Festa della Gioventù (der Jugend) mit gastronomischen Ständen und Musik; ein richtiges Sommerfest mit Feuerwerk.

Carnevale Settembrino: Mitte Sept. Sommerkarneval mit Umzug.

Albisano und San Zeno di Montagna ▸ E 7/8

Von Torri del Benaco führt eine der schönsten Bergstraßen entlang der westlichen Abhänge des Monte Baldo auf die stille Hochebene von Prada und wieder abwärts nach Assenza.

Zunächst geht es über **Albisano** durch dichte Olivenplantagen, in denen sich unzählige Privathäuser, Pensionen und auch ein paar größere Hotels verstecken. Schnell ist man auf diesem panoramareichen Abschnitt der schmalen Straße in **San Zeno di Montagna** angekommen, einer recht zersiedelten Sommerfrische in 581 m Höhe. Der historische Ortskern bietet einen fantastischen **Aussichtspunkt** hinter der Pfarrkirche.

Im Vorort **Ca'Montagna** (590 m) befindet sich die zum Kulturzentrum mit Bibliothek restaurierte Ca' Montagna (14. Jh.), ein typisches Patrizierhaus mit *portici* (Bogengängen) im Erdgeschoss und einer offenen Loggia darüber, von der aus man den gotischen Saal erreicht. Das Haus der Familie Montagna, die hier zwischen dem 13. und 17. Jh. wohnte, besteht aus hellem Bruchsteinmauerwerk mit Rändern aus gebranntem Ton *(cotto)* und zeigt an der geschützten Außenwand der Loggia u. a. das Fresko eines riesigen Christophorus sowie geometrische Muster (Rhomben) in brauner, beiger, grüner und weißer Farbe (14./15. Jh.). Drei harmonische, zugespitzte gotische Fenster öffnen sich über den Loggiabögen zum Vorhof, auf dem jetzt ein kleines Freilichttheater entstanden ist. Leider hat man das Treppenhaus u. a. aus Sicherheitsgründen durch eine Glas-Holz-Konstruktion geschlossen. Das hat der Ca'Montagna viel von ihrer architektonischen Eleganz genommen.

Von Prada auf den Monte Baldo ▸ F/G 5–7

Der Monte Baldo war zur Zeit der Patrizierfamilie Montagna ein reiches Weideland, fast 50 000 Schafe wurden im 16. Jh. registriert. Heute sind es gerade mal 200, gehütet von einem einzigen Schäfer aus dem Trentino. Wo früher Schafweiden die Berghänge bedeckten, befinden sich heute im unteren Bereich dichte Macchia-Wälder. Ein Projekt zur Wiederansiedlung von Schafen am Monte Baldo scheiterte am Protest der Naturschützer. Sie sahen die Wildtiere und vor allem auch die vielfältige Vogelwelt bedroht.

Dass die Gegend noch immer gutes Weideland ist, beweisen die vielen grasenden Kühe und Pferde. Wunderschöne uralte Kastanienbäume mit markanten Kronen setzen Akzente, sonst gedeihen hier zahlreiche Kirschbäume. Darüber hinaus handelt es sich um ein beliebtes Ausflugsziel für Feinschmecker, wie die vielen Restaurants und Trattorien belegen, die als Spezialität vornehmlich Zicklein oder Steinpilze mit Polenta anbieten.

Wanderung auf die Cima Valdritta

Wichtig: Der Kabinenlift ermöglicht den Aufstieg für je zwei Erw. und ein Kind oder zwei Erw. mit leichter

Ausrüstung oder eine Person mit Mountainbike oder anderem sperrigen Sportgerät.
Für die Wanderung muss man sich die Wege Nummer 658, 670 und schließlich 651 merken, die gut ausgeschildert sind.
Der beste Ausgangspunkt für Wanderungen auf dem Monte Baldo vom Süden her ist **Prada** in rund 1000 m Höhe. Wer länger wandern möchte, darf sich auf eine wunderbare Natur inmitten von Bergwiesen, auf Steige und alte Kriegsstraßen freuen. Wer es sich einfach machen möchte, steigt mit dem Sessellift in zwei Teilabschnitten (Umsteigen vom Zweier- in einen Einzelsessel) zum **Rifugio Fiori del Monte Baldo** (1815 m) am langen Kamm des Monte Baldo auf. Oben erwartet einen eine wunderbare Sommerfrische mit herrlichen Wanderwegen und Einkehrmöglichkeiten (s. S. 124).

Weiter geht es von dort nach Norden zu Fuß über den 2072 m hohen **Coàl Santo** und die 2136 m hohe **Punta Sascaga.** Schönstes Ziel für Wanderer mit Ausdauer und richtiger Ausrüstung ist die **Punta Telègrafo** (2199 m) mit Schutzhütte im Norden (Gehdauer ca. 3 Std.) und ca. eine Stunde später die **Cima Valdritta** (2218 m), der Gipfel des Monte Baldo. Keine Frage, dass die Ausblicke von hier mehr als grandios sind, ganz gleich, in welche Richtung man schaut.

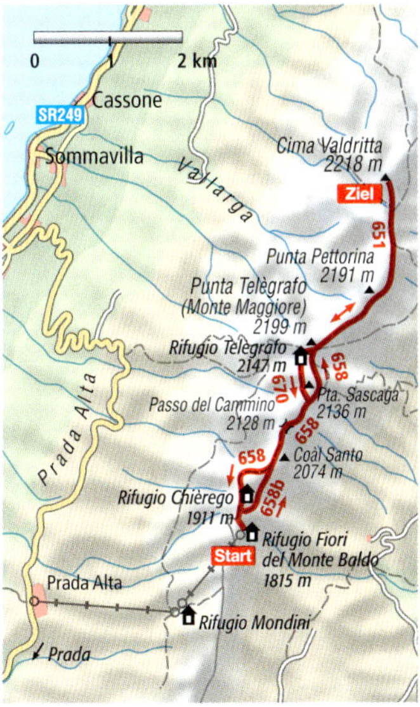

Cima Valdritta

Abfahrt nach Brenzone

▶ F 6

Seit die Straße nach Brenzone einen Asphaltbelag hat, lässt sie sich normalerweise das ganze Jahr über gut befahren. Bei **Castelletto** überwindet sie die grandiose **Schlucht der Val Trovai.** Vom Aussichtspunkt genießt man einen Blick über fast den ganzen See und das nahe Westufer. Dann geht es in vielen Kehren und Kurven abwärts durch tiefen Wald, das letzte Stück rechts (nördlich) nach **Assenza** oder links (südlich) nach **Porto di Brenzone** (jeweils ca. 10 km ab Prada).

Übernachten

Ringsum nur Natur – **La Palazzina:** Via Prada 11, 37010 San Zeno di Montagna (VR), Tel. 04 56 28 92 51, ganzjährig, DZ/ÜF 60–80 €, die (lohnende) VP für 2 Personen im DZ 90 €. Neuere Hütte an einer historischen, verfallenden Almhütte in der Nähe der Seilbahn, mit großem Bar-Restaurant (s. u.) mit sonniger Terrasse sowie einfachen, aber gepflegten 11 Zimmern. Sehr freundlicher neapolitanischer Wirt, der sich hier dennoch sehr gut auskennt, gute Wandertipps gibt und gerne Mountainbikes reserviert. Parkplatz.

Einfach, aber authentisch – **Al Fogolar:** Via San Zeno 10, Albisano, Torri del Benaco, Tel./Fax 04 57 22 56 88, März–Okt., DZ/ÜF 60 €, mit HP 84–88 €. Kleiner Agriturismo-Betrieb mit eigener Geflügel- und Kaninchenzucht mitten in San Zeno di Montagna. 4 einfache Zimmer (sehr einfache Bäder), eines davon für 3 Personen, Rest DZ. Ruhiger Garten auf der Rückseite des Hauses. Kleines Restaurant (auch für Tagesgäste auf Vorbestellung).

Höhenluft – **Rifugio Fiori del Baldo:** Località Costabella, 37010 San Zeno di Montagna (VR), Tel. 04 56 86 24 77, www.fioridelbaldo.it, ganzjährig, im Winter nur zu Fuß bzw. mit Schneeschuhen erreichbar, ab dem Parkplatz an der Talstation von Prada je nach Wetterverhältnissen und Kondition 1,5 bis 2 Std., nur noch mit HP (45 €/Pers.). Berghütte in 1850 m Höhe an der Bergstation des Sessellifts, im Ex-Rifugio Cornetto. Bar-Restaurant mit lokaler Küche und Übernachtungsmöglichkeiten (nur im Sommer) in 3 Mehrbettzimmern (insgesamt 16 Betten).

Essen & Trinken

Edles Speise- und Weinlokal – **Taverna Kus:** Via Castello 14, 37010 San Zeno di Montagna (VR), Tel. 04 57 28 56 67, www.ristoranteveronatavernakus.it, Mitte März–Anf. Jan. Fr–So Mittag bis Abend(essen), im Hochsommer tgl., jahreszeitlich unterschiedliche Degustationsmenüs, z. B. kleineres Hausmenü (24 €). Nicht nur für Vegetarier ein Genuss: das Käse-Probiermenü (33 €), jeweils plus hausgemachtem Brot (Gedeck 2,50 €), sonst *à la carte.* Auch auf glutenfreie Gerichte wird geachtet, Betroffene brauchen nur Bescheid zu geben. Einst schlichtes Bauernhaus mit Stallungen und *cantina,* aus dem eine teure, wenn auch gemütliche und kulinarisch hochwertige Adresse vor allem für Touristen bzw. Geschäftsleute wurde, die guten Wein schätzen.

Einfach gut – **La Palazzina:** s. Übernachten, tgl. ganztags. Sehr einfaches Ambiente. Hausgemachte Pasta (6,50–7,50 €) sowie Fleisch vom Grill (8–13 €), eine schöne Auswahl an Wurst- und Schinkenaufschnitt, Waldpilze. Kleine, saisonale Karte, im Herbst z. B. mit Kastanien und Pilzen: Gulasch vom Wildschwein mit Kastanien, Ossobuco mit Polenta und Pilzen (je 11 €), 4-Gänge-Menü 15 €.

Berghüttenromantik – **Malga Prada:** Prada, Tel. 04 57 28 57 28. Die Berghütte im Rifugio Mondini (1550 m) an der Umsteigstation von den Zweier- in den Einzelsessellift liegt zwischen dem ausgedehnten Buchenwald und den vegetationsarmen Almen. Sie verfügt über eine einladende Bergterrasse und ein Bar-Restaurant (s. Übernachten: Rifugio Fiori del Baldo).

Infos & Termine

Ufficio Informazioni: Via Ca' Montagna, 37010 San Zeno di Montagna (VR), Tel./Fax 04 56 28 92 96, iatsanzeno@provincia.vr.it.

Busse: nach Garda und weiter bis Verona Linienverkehr werktags zu den Hauptverkehrszeiten, nach San Zeno di Montagna Linienverkehr zu den Hauptverkehrszeiten und in der Saison auch bis zur Talstation von Prada.

Seilbahn: Via Prada, 37010 San Zeno di Montagna (VR), Tel. 04 57 28 56 62. Prada–Costabella/Monte Baldo (ca. 1000–1815 m). Mit Umsteigen an der Malga Prada/Rifugio Mondini vom Zweier- in den Einzelsessellift. Je nach Jahreszeit 9/9.30–17/17.30/18.30 Uhr, Ostern–18. Juni Sa/So/Fei, 19. Juni–9. Sept. tgl., 10. Sept.–22. Okt. nur So sowie am 29. Sept. (Michaeli-Fest). Die Fahrt-

zeit dauert insgesamt rund 30 Minuten (14 € hin und zurück). Auch Transport von Mountainbikes. Im Winter ist die Bergstation nur zu Fuß erreichbar und daher ein Paradies für Naturfreunde!
Festa di San Michele: 29. Sept. in Prada.

Punta San Vigilio!

▶ D 9

Arnold Böcklin hat sie angeblich in seinem Bild »Die Toteninsel« festgehalten, obwohl er nachweislich niemals hier war, am wohl schönsten Winkel des Gardasees: der Punta San Vigilio. Diesen weit in den See hineinragenden Ausläufer des Monte Lúppia (416 m) mochten wohl schon die Menschen in prähistorischer Zeit, weshalb sie (und spätere Bewohner des Gebietes auch) der Nachwelt auf seinen von den Eiszeitgletschern glatt geschliffenen, schräg gestellten Felswänden ihre Felsritzungen hinterließen. So findet man zwischen Torri del Benaco und der Punta San Vigilio, vor allem oberhalb vom Ortsteil Brancolino, eine Menge dieser *incisioni rupestre*, heute z. T. von dichter Macchia und hohen Eichen überwuchert (s. u.).

Die Punta San Vigilio mit rund 30 000 m² Olivenhain schmückt als kostenlose Dreingabe der Natur eine zauberhafte Bucht. Seit Prinz Charles 1986 in dieser Baia delle Sirene gebadet hat, so die Bewohner der Umgebung, wird hier im Sommer vom Nobelhotel für das Bade- und Sonnenvergnügen ein saftiger Obulus als Eintritt verlangt …

Villa San Vigilio

Eine kurze, aber imposant hohe und dunkle Zypressenallee führt von der

Einer der schönsten Winkel am Gardasee – die Punta San Vigilio

Gardesana direkt zur Renaissance-Villa mit ihrer einfachen, aber eleganten Architektur. Sie ist von perfekten Dimensionen: nur zweistöckig mit fast flachem Dach, die Fenster zur Landseite einfache Rechtecke, nur die beiden Loggien übereinander zum See mit Rundbögen, als eine Art Wintergarten verglast. Tatsächlich darf man die Villa nicht für sich allein betrachten, sondern muss sie zusammen mit ihrem Park und dem Gardasee als homogene Einheit verstehen. Ganz so, wie es der Humanist Agostino Brenzone sah, als er sie 1540 bauen ließ.

Schon die Römer hatten in dieser hervorragenden Lage eine Villa als Erholungsort errichtet, wie einige Fundstücke beweisen. Außerdem soll hier eine kleine Kapelle gestanden haben. Sie bildete den Grundstock für die heute noch vorhandene Kapelle, die schon 1200 in den Urkunden des Klosters San Zeno in Verona erwähnt wird und San Vigilio, dem ersten christlichen Missionar des Trentino und des Gardasees, geweiht ist. Architekt der Villa war keine Geringerer als Michele Sanmicheli (1484–1559), der damals bedeutendste Architekt Veronas und wichtigster Festungsbaumeister Venedigs. Er verstand es, die ganze Spitze von San Vigilio so zu gestalten, wie sie uns heute praktisch unverändert begegnet, mitsamt *limonaia* und *locanda* sowie mit kleiner Kapelle und Taverne der Fischer und Bootsmänner. Leider darf man die schöne Villa nur von außen betrachten, weil sie sich in streng gehütetem Privatbesitz eines Veroneser Pasta-Fabrikanten (Rana) befindet.

Locanda di San Vigilio

Zwischen den Mauern der Villa und dem niedrigen ehemaligen Personaltrakt geht es auf einer mit unregelmäßigen Steinen gepflasterten Gasse etwas absteigend zum See und zur Locanda di San Vigilio sowie durch einen Torbogen zum winzigen Privathafen des Komplexes. Während die eigentliche Villa in Privatbesitz ist und nicht besichtigt werden kann, beherbergt die Locanda – wie die Villa im Renaissancestil mit dekorativen Bögen gebaut, hinter denen sich die gemütlichen Zimmer befinden – heute ein sündhaft teures, zauberhaftes kleines Hotel mit einem sehr feinen Restaurant. Die Taverne am Hafen mit ihren wenigen Tischen auf der schmalen Mole ist vor allem an den Wochenenden ein beliebtes Ausflugsziel (von Garda etwa zu Fuß über den schmalen Kiesstrand erreichbar, sonst auch mit dem Boot).

Wanderung zum Monte Lúppia ▸ E 9

Wanderzeit je nach Interesse ca. 1 Std.

Richtung Garda bei km 57,1 der Gardesana Orientale (SR 249), zweigt links die Via Castei ab, die mit Holztafeln auf die *graffiti* am Monte Lúppia hinweist. Man kann den Wagen entweder hier am Straßenrand abstellen oder Richtung Punta San Vigilio (bzw. direkt von dort aus loslaufen). Der wunderschöne Weg führt zunächst zwischen Ölbäumen und dann durch dichten Wald hindurch. Man wandert zuerst auf dem alten, steinbefestigten Weg, der bald in eine Schotterstraße und später in einen Trampelpfad übergeht, durch dichte Macchia mit hohen Steineichen. Bald trifft man auf eine kleine Wegkreuzung mit dem Hinweis zu den *incisioni,* den Felsgravuren (was richtiger ist als *graffiti,* denn es sind Ritzungen im Fels, keine Zeichnungen).

Kurz danach, nach insgesamt rund 20 Min. Gehzeit, breitet sich rechter Hand die **Pietra delle Griselle** aus, unschwer an den hübschen Segelschiffen mit ihren Strickleitern *(griselle)* zu erkennen. Der Stein zeigt eine lang gezogene Mulde, an der entlang der eiszeitliche Gletscher Mahlsteine vorgeschoben haben muss, die sich tief eingegraben hatten. Das soll vor 1,6 oder 1,8 Mio. Jahren geschehen sein. Auf der *pietra* ist die Landung mit Segelbooten zu erkennen, wie sie von den Bewohnern des Gebietes von hier oben beobachtet werden konnte. Prähistorisch sind diese Gravuren sicher nicht, Fachleute datieren sie sogar ins 19. Jh., weil deutlich Dampfräder zu erkennen seien. Schließlich sei es zur Tradition geworden, in den Felsen zu ritzen, was man ständig vor Augen hatte. Ob es Schäfer waren, die sich hier aus Langeweile verewigten? Der Monte Baldo bot schließlich bis in die 1950er-Jahre hinein begehrtes Weideland. Auch Sonnensymbole und Hände findet man auf den nahen Felsen, doch diese sind wohl tatsächlich jungsteinzeitlich.

Der nächste, ausladende Fels trägt wegen seiner zwölf Reiterskizzen den Namen **Pietra dei Cavalieri.** Fabio Gaggia, der Experte der Monte-Baldo-Zeichnungen, hält diese Gravuren für napoleonisch. Denn die Reiter trügen keine Lanzen, sondern Gewehre mit Bajonett, wie am Knick deutlich zu erkennen sei.

Eiszeitlich hingegen sollen ein Stück weiter durch den Wald in Höhe von Crero (oberhalb einer riesigen Ferienhaussiedlung) die Felsritzungen der **Pietra di Crero** sein, die stilisierte Menschen zeigen. Nur 10 % der Felszeichnungen am Monte Baldo gelten als eiszeitlich, der große Rest entstand in späterer Zeit, vor allem ab dem Mittelalter. Die Bewohner des Gebietes nutzten die natürlichen Schreibflächen auch zum Festhalten ihrer Tätigkeiten: Olivenanbau, Schafe hüten, Steinbrucharbeiten, aber auch in Kriegszeiten, die es in diesem Grenzgebiet zwischen Veneto

Wanderung zum Monte Lúppia

Die Villa Albertini mit ihren hohen Magnolienhecken prägt das Ortsbild von Garda

und Lombardei mehrfach gab. Übrigens: Rund 90 % der Felsritzungen am Monte Baldo wurden katalogisiert, zum größten Teil aber wieder mit Humus bedeckt, um sie vor Wetter und Vandalismus zu schützen.

Garda ▸ E 9

Die Bucht von Garda zeigt fast das ganze Jahr über prächtige Farben. Die lange und recht breite Uferpromenade des beliebten Ferienortes, dessen Hausberg oder Rocca dem See seinen Namen gab, wird beschattet von zurechtgestutzten Alleebäumen (u. a. Ahorn). In den Gärten und Parks erreichen die Bäume eine erstaunliche Größe (Zedern und Magnolien, Pinien und Zypressen, Ölbäume und Oleander, Lorbeer und Eichen), und die Obstbäume tragen schon früh im Frühjahr ihr duftendes Blütenkleid. Ohne Frage: Das milde Klima in geschützter Lage bekommt der Vegetation ebenso wie den Einheimischen (etwa 3600) und lockt besonders viele sonnenhungrige Touristen hierher. Besonders schön ist es im Winter, wenn die Sonne tiefrot in den gezackten Bergen am Westufer versinkt.

Garda besitzt zudem einen noch recht intakten historischen Kern. An der ausnehmend hübschen Uferpromenade stehen Café an Café – mit Tischen bis zum See – sowie einige kleinere Hotels. Man kann nach Norden bis zum kleinen Jachtclub und von da aus auf einem meist gepflegten Trampelpfad direkt am See in Richtung Punta San Vigilio laufen. Die großen Herbergen und Residence-Anlagen stehen am Rande im neueren Teil des Ortes oder in den umgebenden Hügeln in Richtung Costermano: auf Terrassen mit Ölbäumen oder in blühenden Gärten, mit herrlichem Seeblick.

Überragt wird Garda von seiner geschichtsträchtigen Rocca (s. S. 135), von der allerdings nur noch eine Ruine erhalten ist. Der Fels in Form eines schmalen Tafelberges (295 m) bildet die geografische Grenze zu Bardolino.

Noch immer leben in Garda die meisten Fischer des gesamten Sees, insgesamt rund einhundert. Hauptberuflich arbeiten jedoch gerade einmal acht oder neun. Sie sind in einer Kooperative organisiert (s. S. 57). Ihre Boote schaukeln im Hafenbecken vor dem venezianischen Palazzo del Capitano del Lago und prägen damit das Bild eines ruhigen Fischerdorfes, was Garda natürlich schon lange nicht mehr ist.

Jetzt lebt das Städtchen zum größten Teil vom Tourismus und ist nicht nur am Markttag (freitags) eine beliebte Einkaufsadresse. Im Hochsommer sind die Gassen voller Stände mit Souvenirs und Lederwaren. Angenehmer ist es daher ab Ende Oktober – und einen besonderen Charme bekommt der Ort ab Anfang Dezember, wenn der Weihnachtsmarkt in Kooperation mit der bayerischen Partnerstadt Beilngries seine Stände aufbaut.

Rund um den Hafen

Garda besitzt mehrere Anlegeplätze sowie zwei Häfen: den Fischerhafen und den Hafen der Linienschiffe. Vor beiden liegt die das Ortsbild schon von Weitem bestimmende, historische **Villa Albertini** (Via San Carlo 8; 1799 und 19. Jh.) mit ihrer 10 m hohen Magnolienhecke (ganzjährig privat bewohnt).

Schon bei der Ankunft mit dem Boot glaubt man sich nach Venedig versetzt, auch wenn der wunderschöne **Palazzo del Capitano** (Piazza Catullo) nicht mehr wie ursprünglich als Anlegestelle dient, sondern die vorgebaute Mole des künstlich geschaffenen Hafens. Dort, wo früher der Hafen lag, erstreckt sich heute die weite **Piazza Catullo** mit ihren endlosen Reihen von Caféhausstühlen. Den gelblichen, im Stil der venezianischen Gotik erbauten Kapitänspalast (15. Jh., jetzt Café) könnte man bei der Promenade am See entlang vor lauter Cafés glatt übersehen. Er ruht auf drei großen Rundbögen und dem schmalen Durchschlupf in die Gasse rechts, darüber folgen zwei Stockwerke mit unregelmäßig verteilten Dreipassfenstern, das linke im ersten Stock als Biforie, das mittlere im zweiten Stockwerk mit einem kleinen Balkon, alle von Frühjahr bis Herbst mit prächtig blühenden Topfpflanzen geschmückt.

Venezianisches Viertel

Das eigentlich historische, also venezianische Viertel erstreckt sich direkt dahinter, und zwar von Nord nach Süd zwischen den beiden Stadttoren.

Das nördliche Stadttor ist in den früheren **Palazzo Fregoso** (Via Vittorio Emanuele/Ecke Via Spagna; 1510) integriert, dessen Freitreppe zu einem hübschen Renaissanceportal führt. Das südliche Stadttor wird außen bekrönt von einem **Uhrturm** (Piazza Calderini). Zwischen beiden Stadttoren verläuft die schmale Via Vittorio Emanuele – nicht gerade, sondern mit einem Knick. An dieser Gasse reihen sich zahllose Modegeschäfte, Eisdielen und Lebensmittelläden.

Von der Losa zur Pfarrkirche

Südlich des venezianischen Kerns steht am See der **Palazzo Carlotti** (Via Regina Adelaida/Ecke Via Manzoni) wegen seiner offenen Aussichtsloggia zum See *Losa* genannt. Ein großer und doch fast unscheinbarer Baukomplex aus der Renaissance, der an der rückwärtigen Seite bis zur Via Vittorio Emanuele reicht und von Michele Sanmicheli stammen soll. Fünf rustizierte Rundbögen im Erdgeschoss tragen die durch ihre zierlichen Säulen leicht wirkende fünfbogige Loggia des Obergeschosses.

Auch hier reiht sich wieder eine Caféhausbestuhlung an die andere. Und obwohl die Flaniermeile dadurch eingeengt wird, bleibt sie eine der großzügigsten am östlichen Gardasee. Südlich des Palastes bildet das Ufer eine breite Halbinsel. Hier stehen die ältesten Hotels Gardas und das neue Rathaus neben dem alten **Municipio** (Lungolago Regina Adelaide 15), das jetzt u. a. die Stadtbibliothek beherbergt. Die Promenade folgt der Halbinsel nach Süden und geht über in einen breit angelegten Weg zwischen kleinen Bade- und großen Campingplätzen, immer wieder von naturgeschützten Schilfbereichen unterbrochen, bis nach Bardolino (rund 3 km).

An dem kleinen, spitz am See endenden Park (mit neuem Freilichttheater) im südlichen Garda, erreicht man über einen kurzen Durchstich den von hohen Platanen geschmückten Piazzale Roma und schaut jenseits der Gardesana Orientale direkt auf die Pfarrkirche **Santa Maria Assunta** (Gardesana Orientale/Piazzale Roma). Ihr Ursprung wird auf das 6. und 7. Jh. datiert. Sie bildete den Kern einer der ältesten Diözesen am See mit dem damals einzigen Taufbecken der Gegend. Ihr heutiges Aussehen erhielt die Kirche im 15. Jh., 1774 wurde sie barockisiert und 1830 umgestaltet. Sie besitzt noch den originalen Kreuzgang aus dem 10.–15. Jh., der in seiner Einfachheit (vor allem nach seiner Restaurierung) eine wohltuende Ruhe ausstrahlt: Seine Ostseite ruht auf sechs kräftigen Pfeilern, die Südseite auf vier Säulen, die durch Rundbögen miteinander verbunden sind. Darüber befindet sich eine offene Loggia, in die man über eine Treppe nahe dem Eingang hinaufsteigen kann.

Im eng daneben stehenden, hohen Glockenturm der Kirche sind seit 1571 ein paar langobardische Bildhauerarbeiten eingelassen: vorne direkt über dem Sockel ein Lebensbaum, in einem Dreipass unter einem Wappen ein Matthäus-Engel, auf der Rückseite recht weit oben eine Taube.

Das rechte Seitenschiff (Südwand der Kirche) weist innen ein paar Freskenreste auf, und im linken Seitenschiff steht gleich neben dem Eingang die wohl größte Kostbarkeit der Kirche: ein hölzernes Kruzifix aus dem 15. Jh. – eindrucksvoll durch die leichte Neigung des Kopfes auf die rechte Schulter und das ganze Drama der Passion widerspiegelnd.

Übernachten

Bestes Haus am Platze – **Regina Adelaide:** Via Francesco d'Assisi 23, Tel. 04 57 25 59 77, www.regina-adelaide.it, ganzjährig, DZ/ÜF 150–260 €, Suiten 210–420 €. Großes, traditionelles und familiär geführtes Hotel mit 59 Zimmern in mehreren renovierten Gebäudeteilen, Pool im hübschen Garten, Hallenbad, zwischen Seepromenade und Hauptstraße ruhig gelegen; anspruchsvolle Schönheitsfarm mit Fitnesszentrum.

Sportlicher Riesenpark – **Poiano:** Località Poiano, Tel. 04 57 20 01 00, www.poiano.com, Ostern–Nov. DZ/ÜF 90–200 €. Weitläufige Hotelanlage (60 ha Wald und Wiesen) ca. 3 km oberhalb von Garda in schöner Panoramalage; ruhig, mit separaten Ferienwohnungen und vorzüglichem Restaurant; insgesamt 120 Zimmer und 160 Apartments (zum Teil mit Terrasse), Animation, olympischer Pool, 6 Tennisplätze; Parkplätze.

Fast herrschaftlich – **La Vittoria:** Lungolago Regina Adelaide 57, Tel. 04 56 27 04 73, www.hotellavittoria.it, Mitte März–Nov., DZ/ÜF 92–178 € inkl. Parkplatz, Eintritt ins Gardacqua und MB-Fitnesscenter. Schön restaurierte

Jugendstilvilla mit Designermöbeln, an der Seepromenade; einladende Caféterrasse, nette Bar, 12 großzügige, z. T. mit Stilmöbeln eingerichtete Zimmer (die an der Rückseite/zur Hauptstraße wegen Lärms bei der Buchung meiden).

Nett und zentral – **Astoria:** Via Lungolago/Via Verdi 1, Tel. 04 57 25 52 78, www.garda-tourist.com, ganzjährig, DZ/ÜF 80–100 €. Renoviertes Haus gleich hinter der Losa bzw. der Uferpromenade, das sich in den hinteren Ortsteil hinein ausdehnt; mit Garten und Terrasse, beliebtem Restaurant und netten 23 Zimmern.

Einfaches Stadthotel – **Alla Torre:** Piazza Calderini 1, Tel. 04 57 25 65 89, Fax 04 57 25 57 31, ganzjährig, DZ/ÜF 80–100 €. Freundliches, einfacheres Stadthotel mit 28 Zimmern direkt am südlichen Stadttor von Garda; Frühstücksbuffet im kleinen Restaurant, Hauptmahlzeiten im benachbarten Hotel Astoria (s. o.).

Familiärer Komfort – **Eden:** Via del'Abaco 8–9, Tel. 04 57 25 54 84, www.edengarda. it, März–Okt., DZ/ÜF 50–114 €. Kleineres Haus ca. 1 km vom Ortszentrum an der Straße nach Costermano; einfache, aber komfortable 25 Zimmer; Pool, Liegewiese, familiäre Atmosphäre. Restaurant für die Hausgäste (gute italienische Küche).

Essen & Trinken

In Garda gibt es viele nicht ganz preiswerte Cafés, mit Tischen vor allem direkt am See, an denen man auch eine Kleinigkeit zu essen bekommt. Die meisten Gäste ziehen den Restaurants des Ortes die meist gute Hotelküche (besonders nennenswert: Poiano und Regina Adelaide) vor. Wer ausgeht, tut dies in der Regel außerhalb von Garda (s. u. und Valtesina, S. 133).

Ländlich perfekt – **Tre Camini:** Murolongo 82 bei Albaré, 37010 Costermano (VR), Tel. 04 57 20 03 42, www.trecamini.it, Di–So, im Sommer tgl., Menü ab 37 €. Einladendes Gartenrestaurant mit rustikalen Räumen auf einem alten Landgut; überwiegend Grillgerichte, im Sommer im Freien. Ausgezeichneter Weinkeller; gutes Preis-Leistungs-Verhältnis.

Einkaufen

Frischfisch – **La Pescheria:** Via Antiche Mura 8, werktags ca. 8–12.30 Uhr. Verkaufsladen der Fischerkooperative von Garda. Hier gibt es nicht nur den fangfrischen Fisch, sondern auch eingelegte oder auf andere Weise konservierte Fischspezialitäten (s. S. 57).

Sehenswert – **Wochenmarkt:** Fr vormittags nahe dem Hafen.

Aktiv

Infos jeweils beim APT (s. S. 132), Treffpunkt jeweils am Rathaus.

Geführte Ausflüge und Wanderungen – Von Mai bis Sept. werden Sa, So kostenlose geführte Wanderungen angeboten und von einer speziellen Organisation im Auftrag der Gemeinde bzw. des Touristenamtes geleitet. Das Programm wechselt von Jahr zu Jahr, es geht z. B. zur sonst nicht zugänglichen privaten Villa Guarienti an der Punta San Vigilio oder in die Valle dei Molini, dem Mühlental östlich von Garda.

Stadtführungen – Rundgänge durch die **Altstadt** normalerweise So 9–13 Uhr. Abendliche Wanderungen auf die **Rocca** meist Sa 20–22.30 Uhr.

Mountainbike – Gut ausgeschilderte Wege, besonders schön auf der **Rocca di Garda** (s. S. 135) Richtung Bardolino und am Monte Baldo (s. S. 110).

Reiten – **Ranch Barlot:** Località Barlot, Porcino, Caprino Veronese, mobil 34

Feuerspucker beim Palio delle Contrade in Garda

87 23 40 82, info@ranchbarlot.it. 18 Pferde stehen für Reitunterricht und Ausritte zur Verfügung. Auch Wochenend-Programme.
Badespaß – **Gardacqua:** Costermano, Tel. 04 57 25 55 94, www.gardacqua.it, Mo–Fr 10–22, Sa,So 10–20 Uhr; Erw. ab 9,50 €. Supermoderne Wellnessanlage um 3 Innen- und 1 Außenpool, Wasserrutsche, riesige Saunalandschaft.

Abends & Nachts

Discofans müssen nach Bardolino oder noch weiter ziehen. Zahlreich sind jedoch die touristischen Cafés an der Uferpromenade.
Treffpunkt der Einheimischen – **Bar Riviera:** Promenade/Ecke Via San Francesco 3/5. Von früh bis spät ganzjährig geöffnet. Glas Wein an der Bar 1,50 €. Hier liegt noch die Tageszeitung für alle zum Lesen aus.
Kunst und Konzerte – **Villa Carlotti:** Während des ganzen Jahres finden hier wechselnde Ausstellungen statt, Konzerte im Freien vor der Villa Carlotti bzw. im Rathaus ab 21 Uhr.

Infos & Termine

IAT del Garda: Piazza Donatori di Sangue 1, 37016 Garda (VR), Tel. 04 56 27 03 84, iatgarda@provincia.vr.it.
APT Garda: Lungolago Adelaida 3, Tel. 04 56 27 03 84, www.aptgardaveneto.de.
Regata delle Bisse: Juni–Aug. (wechselnde Termine). Bootsrennen mit den schlanken langen Gardasee-Booten.
Coro la Rocca: Juni–Sept. Platzkonzerte des Traditionschors (Di 21 Uhr).
Sardellata: Juli. Nächtliches gastronomisches Fest mit vielen Sardinen und Feuerwerk auf dem See.
Palio delle Contrade: 15. Aug. Nächtlicher Kanuwettbewerb der Stadtteile von Garda, Abschluss mit Feuerwerk.
Jazz Festival: Sept./Okt. Musikfestival nicht nur mit Jazz-Musik; kostenlos beim Rathaus. Gleichzeitig findet der **Autunno d'Oro** statt: Sept./Okt. ›Gol-

dener Herbst‹ mit Traubenkur, Kastanien, Pilzen, zahlreichen Konzerten, Ausstellungen und Kochkursen.

Natale tra gli Ulivi: Ende Nov.–10. Jan. vor allem an den Wochenenden. Weihnachtsmarkt mit gastronomischen Ständen, speziellen kulinarischen Angeboten der Hotels und Restaurants, Ausstellungen, Konzerten und anderes mehr.

Boote: Linienverbindungen der Navigarda-Boote von Ostern bis Ende Okt. in dichter Folge mit fast allen anderen Seeorten, speziell im Südosten.

Busse: Garda liegt auf der Busstrecke entlang der Gardesana Orientale, die im Sommer etwa stündlich bedient wird und auch Verona einbezieht.

Parkplätze gibt es auf dem bewachten und kostenpflichtigen Platz hinter der Busstation an der Via Colombo (Landseite, ausgeschildert) oder auf einem unbewachten Platz nahe dem Friedhof, sonst ist meist nur befristetes Parken am südlichen Ufer möglich. Die enge Altstadt ist Fußgängerzone.

Wanderung in die Valtesina ▸ E 9

Rundweg von ca. 2 Std.

Die Wanderung in die Valtesina, in das historische **Val dei Molini** (Mühlental), beginnt zwar direkt in Garda, der schönere Einstieg aber befindet sich links der kleinen Brücke (von Garda kommend) Richtung Costermano, gegenüber der Via Poiano, etwa 1 km vom See entfernt. Der Schotterweg ist zwar zunächst noch befahrbar, aber es wäre schade, die Ruhe der Natur zu stören. Nach ein paar Minuten muss man den Wagen ohnehin abstellen, denn der Weg verengt sich nun. Er geht an der **Trattoria Molini,** die noch mit dem Wagen erreichbar wäre und daher auch einen Parkplatz bietet, in einen Trampelpfad über, ansteigend und immer wilder, aber sehr schön. Die mediterrane Vegetation ist dicht und artenreich, der Tesina-Bach plätschert munter Richtung Garda, wo er sich in den See ergießt. Man steigt nach dem Lokal recht schnell aufwärts und folgt dem ausgeschilderten Gesundheitsparcours.

Am Ende hat man sich eine Schlemmerpause verdient! Doch am Wochenende ist die Valtesina ein beliebtes Ausflugsziel und wer in einer der beiden Trattorien (Adressen s. u.) einen Tisch bekommen möchte, sollte daher spätestens zu Beginn der Wanderung reservieren.

Essen & Trinken

Alles vom Grill – **Trattoria Molini:** Valle dei Mulini/Valtesina Haus Nr. 27, 37016 Garda (VR), Tel. 04 57 25 63 39, Di–So, im Sommer tgl., im Winter besser vorher nachfragen, Menü um 20 €. Schlichte, beliebte Trattoria im einfachen Bauernhaus. Nur wenige Fisch- und Fleischgerichte vom Grill; berühmt ist der *risotto alla tinca gri-*

Val dei Molini

gliata (mit Schleie), dazu offener Wein aus der Gegend; im Sommer kann man im Garten sitzen.

Leckere Forellen – **Trattoria La Val:** Valle dei Mulini/Valtesina Haus Nr. 1/A, 37016 Garda (VR), Tel. 04 57 20 01 88, Mitte März–Okt., Di mittags geschl., Menü ab 25 €. Einfache Trattoria, familiär geführt, in einem schlichten Haus am nördlichen Talende mit Sommerveranda. Hausgemachte Pasta, Fleisch und Seefisch vom Grill, Spezialität: Gardaseeforelle, im Winter Polenta mit Seehecht oder Hausmacherwurst; preiswerter lokaler Hauswein.

Bardolino ▸ E 9/10

Die meisten Reisenden dürften den hübschen Ort zumindest beim ersten Mal aufsuchen, weil sie dem Namen des berühmten venetischen Weins folgen: Bardolino. Doch der Ort hat sich mit guter Infrastruktur – Hotels und Pensionen in allen Kategorien sowie viel Wassersport – auch als Ferienbleibe einen guten Namen gemacht.

Nur 3 km trennen Bardolino von Garda. Der mit hübschen Laternen geschmückte Spazierweg entlang dem See führt zwischen Bade- und Campingplätzen, Olivenbäumen und Kiefern hindurch. Am Ufer wächst dichtes, naturgeschütztes Schilf – an solchen Stellen ist Baden verboten. Ein paar Bootsanlegestellen und Badestege sowie ein kleiner Jachtclub (Roccavela) folgen. Man passiert die öffentlichen Gärten, gefolgt von ein paar hübschen kleinen Villen. Oder man fährt mit dem Bus oder Auto auf der Gardesana Orientale nach Bardolino und parkt im südlichen Ortsbereich oder beim Touristenbüro an der Gardesana. Am schönsten ist jedoch wie so oft am Gardasee die Anfahrt mit dem Boot.

Geschichte

Im Vorort Cisano wurden Pfahlbauten gefunden, die belegen, dass das Gebiet schon zur Bronzezeit besiedelt war. Erst die Römer, die den Gardasee bereits als Erholungsgebiet zu schätzen wussten, legten eine Stadt an. Um 1100 zur selbstständigen Gemeinde geworden, wurde sie im Mittelalter von den Skaligern beherrscht und dabei durchaus wohlhabend. Venedigs Adel ließ sich hier nieder und legte ausgedehnte Parkanlagen um seine Villen an. Erst nach Fertigstellung der Gardesana Orientale 1929 begann Bardolinos touristischer Aufschwung.

Von den ca. 6800 Bewohnern des Ortes arbeiten nur noch wenige hauptberuflich im an sich bedeutenden Wein- und Olivenanbau. Überwiegend lebt man hier vom Tourismus. Im gesamten Gemeindegebiet gibt es rund 60 Hotels mit etwa 3000 Betten, außerdem einige Campingplätze und zahlreiche Ferienwohnungen (zusammen ca. 11 000 Plätze!). Wie in Meran in Südtirol gibt es in Bardolino Traubenkuren im September und Oktober – und natürlich ein Weinfest. Im November wird außerdem der Bardolino Novello gefeiert, der neue Wein.

Am Hafen

Das Weinstädtchen am südlichen Rand der Riviera degli Olivi wirkt etwas kühl, vielleicht liegt das am gleichmäßigen Verlauf seiner Straßen. Mittelpunkt ist die lang gezogene Piazza Matteotti, auf die man mit dem Boot zufährt. Sie reicht vom Hafen bis zur Pfarrkirche und verleiht so dem mittelalterlichen Ortskern eine klare Gliederung. Den Platz säumen Cafés und Geschäfte aller Art, sodass es hier sowohl tagsüber als auch abends recht lebhaft zugeht – besonders an den Markttagen (donnerstags). Vom Hafen mit dem Kriegerdenkmal blickt man direkt auf die Pfarrkirche **Santi Nicolò e Severo** (Piazza Matteotti 2; 1840) mit ihrer klassizistischen Fassade. Die **Piazza Matteotti** davor, der ›Salon‹ des Ortes, ist mit großen Steinplatten belegt. Neben der Pfarrkirche werden am Donnerstag die Marktstände der Lebensmittelhändler aufgeschlagen, sozusagen zwischen der Kirche und der von Efeu umrankten, unscheinbaren Ruine der Skaligerburg.

Villa Guerrieri Rizzardi

Gleich neben der eleganten Porta Verona am Ende des Borgo Cavour befindet sich die Villa Guerrieri Rizzardi. Durch das hohe Tor zum riesigen Park kann man tagsüber einen Blick auf das Gebäude werfen. Bereits im 16. Jh. angelegt und im 18. Jh. mit Bäumen aus anderen Kontinenten bepflanzt, reicht der Park bis zur Seepromenade. Allerdings versperrt eine hohe Mauer die Sicht. In der Villa leben die wohl bekanntesten Weinproduzenten von Bardolino, die Familie der Conti Rizzardi. Sie besitzt ausgedehnte Weingüter auch im Soave-Gebiet und in der Valpolicella, auch dort jeweils mit mindestens einer Prachtvilla. Im Pförtnerhaus der Villa von Bardolino kann man die Produkte ihrer Landgüter kaufen (s. auch S. 62).

San Severo

Gardesana Orientale/Via Marconi, durchgehend geöffnet

Kunstinteressierte besuchen Bardolino vor allem wegen seiner beiden romanischen Kirchen (die dritte sehenswerte Kirche steht in Cisano, s. S. 139). San Severo erreicht man von der Chorseite der Pfarrkirche aus

Mein Tipp

Ausflug zum Eremo dei Camaldolesi ▶ E 9

Vom Norden Bardolinos kann man zu Fuß oder mit dem Mountainbike einen schönen Ausflug zum Eremo dei Camaldolesi, auch Eremo San Giorgio genannt, unternehmen. Der mit *La Rocca* gekennzeichnete Weg führt zuerst zum Friedhof unterhalb des Klosters, das man über einen breiten Weg erreicht. Man kann die Klausur zwar nicht betreten, aber beim Pförtner die Produkte des Klosters, z. B. Liköre und Olivenöl, erstehen. Zurück zur kleinen Kreuzung mit einer Wandertafel, von wo aus der Wanderweg zur Rocca Vecchia führt, der Ruine der Festung von Garda.

Es geht immer wieder steil hinauf und wieder hinab durch den herrlich schattigen Laubwald, vorbei an restaurierten Grotten, die im Krieg als Unterstand dienten. Ein Trampelpfad lockt rechts nach Garda abwärts, doch wir bleiben auf dem Rocca-Weg. Denn die Ruine bietet den schönsten Blick auf das Nachbarstädtchen, wunderbar schattige Plätze sowie ein paar noch nicht fertige Ausgrabungen. Wieder zurück auf den Weg, auf dem es nach links in vielen Kehren bzw. in hohem Bogen zum Ausgangspunkt zurück geht. Je nach Kondition und Pause an der Rocca: 1–2 Stunden zu Fuß. Klosterpforte werktags 10.30–12, 15.30–17.30, So, Fei 12.10–12.30, 15.30–16.45, 17.30–18 Uhr. Weitere Infos unter www.eremosangiorgio.it.

durch einen schattigen Park. Sie steht auf der Zentrumsseite Bardolinos direkt an der Gardesana Orientale am nördlichen Stadtrand. Ihr schlanker Turm trägt eine mit rotem *cotto* belegte Spitze, die weithin sichtbar ist. Die Seitenschiffe der Kirche aus Bruchstein sind unterschiedlich lang und breit. Dennoch wirkt der Bau sehr harmonisch. Er ist über und über mit verblassten, an den Mittelschiffwänden jedoch deutlich erkennbaren Bildern freskiert (12./13. Jh.), beispielsweise mit einer Apokalypsedarstellung und Passionsszenen. San Severo gilt als eine der schönsten und besterhaltenen romanischen Kirchen im veronesischen Raum. In ihrer jetzigen Form datiert man sie auf das Jahr 1100, ihr Ursprung geht jedoch weiter zurück, wahrscheinlich auf das 8. Jh. Eine offen gelassene Grabung ist unter dem Chorraum zu sehen.

San Zeno

Via San Zeno; durchgehend geöffnet

Rund 400 m südlich, jenseits der Hauptstraße, steht die karolingische Kirche San Zeno innerhalb eines privaten Hofes zwischen einfachen Wohnneubauten. Man erreicht sie über einen Fußgängertunnel (unter der Gardesana) und die Via San Zeno. Die schönsten Elemente der kleinen Kirche sind seit der letzten Restaurierung bestens ausgeleuchtet. Der winzige, nur einschiffige Bau mit Querhaus (lateinisches Kreuz, und damit wie das Deckengewölbe für die Erbauungszeit eine Besonderheit) besitzt sechs architektonisch ›unsinnig‹ an die Wände gelehnte Säulen aus rotem Marmor mit etwas unbeholfenen weißen Kapitellen nach römischem Vorbild. Überall finden sich kleine restaurierte Freskenreste. Das Kirchlein soll laut einer Urkunde König Pippins von 807 ein unbekannt gebliebener *comacino*, also einer der berühmten Steinmetzen und Architekten aus Como, im 8. Jh. geschaffen haben. Es dürfte damit eines der ältesten der Diözese sein.

Weinmuseum

Via Costabella 9, 37011 Bardolino (VR), www.museodelvino.it/de, Mitte März–Ende Okt. Mo–So 9–13, 14.30–19, Nov.–Mitte März Mo–Sa 8.30–12.30, 14.30–18.30 Uhr; Eintritt frei (man bezahlt nur die Verkostung der besseren, gelagerten Weine)

Bereits an der Gardesana ausgeschildert, ist das etwas außerhalb im Ortsteil Costabella liegende Weingut der Familie Zeni nicht zu verfehlen. Hier liegt auch ihr privates Weinmuseum – das einzige am Gardasee. Es ist eher ein großer Verkaufsladen mit einigen z. T. historischen Demonstrationsobjekten zu Weinanbau und zu Weinherstellung wie Karren, Bottiche, Darren zum Trocknen der Trauben (für den *passito)* und vielen anderen Geräten. In der Vinoteca mit kostenloser Verkostungsmöglichkeit junger Weine kann man selbstverständlich alle Zeni-Weine, ihren Grappa, ihr Olivenöl etc. probieren und kaufen.

Übernachten

Zweite Reihe – **San Pietro:** Via Madonnina 15, Tel. 04 57 21 05 88, www.san-pietro-hotel.com. Ende März–Okt. DZ/ÜF 135–185 €, Suiten 175–230 €. Freundlich geführtes, sehr hübsch renoviertes und ruhiges Hotel; mit zauberhaftem Pool im schmalen Vorgarten, gutes Restaurant; Parkplatz, komfortable 48 Zimmer, im Erdgeschoss besonders groß.

Sportlich am Strand – **Sportsman:** Località Serenella, Tel. 04 56 21 05 55, www.europlan.it, Ostern–Mitte Okt., DZ/ÜF 104–210 €. Gut geführtes Haus mit großem Sportangebot (Fitnesszentrum, Tennis), vom See nur durch die Promenade getrennt, postmoderner Anbau von 1994; 71 komfortable Zimmer. Pool im Garten, Privatstrand, Anlegesteg, Parkplatz.

Rührig – **Kriss Internazionale:** Lungolago Cipriani 3, Tel. 04 56 21 24 33, www.hotelkriss.it, März–Nov., DZ/ÜF 90–234 €, in der Dependance 56–100 € (Mahlzeiten im Hotel). Auch Ferienwohnungen sind im Angebot der rührigen Hoteliers. Familiär geführtes Hotel mit moderner Dependance. Restaurant mit lokaler Küche und vegetarischer Karte (gutes Preis-Leistungs-Verhältnis), Terrasse. Modernisierte 35 Zimmer mit Seeblick im Haupthaus, in der Dependance Aida 50 m entfernt 10 Zimmer; Tiefgarage/Parkplatz, eigener Liegeplatz am schmalen Strand.

Hübsch verträumt – **Riviera:** Lungolago Lenotti 11, Tel./Fax 04 56 21 26 00, www.allariviera.it. April–Okt. DZ/ÜF 66–140 €, Suite 128–188 €. Hübsch eingerichtetes kleineres Hotel Garni mit 32 unterschiedlichen Zimmern in stilvoller Villa mit Anbau und Orangerie für das Frühstücksrestaurant im Garten; zentral an der Seepromenade. Parkplatz und Garage in der Nähe (5–9 €). Ein verträumtes Plätzchen am Rande des Promenadengewusels von Bardolino!

Auf dem Landgut – **La Zerla:** Località Ca'Bottura 3/A, 37010 Bardolino (VR), Via San Colombano, Tel. 04 56 21 12 99, www.lazerla.it, meist ganzjährig, DZ/ÜF 60–90 €, Suite 84–110 €. Modernes Agriturismo im früheren Herrenhaus eines Landgutes zwischen Bardolino und Costermano mit Wein- und Olivenölproduktion sowie eigener Schlachtung. 9 einfache, freundlich eingerichtete Zimmer im OG (weitere 5 Zimmer und 1 Suite im Anbau, einem restaurierten Rustico). Große, einladende Terrasse; Parkplätze. Alles liebevoll familiär und gepflegt. Das rustikale Restaurant wurde inzwischen leider geschlossen.

Camping mit Seezugang – **Serenella:** Località Mezzariva 19, Tel. 04 57 21 13 33, www.camping-serenella.it, Mitte März–Mitte Okt., Stellplatz 9,50–19.80 €, pro Person 4,50–10.30 €, Bungalow 26–55 €. Großer Campingplatz mit 1860 Stellplätzen, 2 Pools und Bungalows auf 50 000 m^2 großem Areal an der Promenade mit direktem Seezugang.

Essen & Trinken

Uriges Weinlokal – **Il Giardino delle Esperidi:** Via Mameli 1, Tel. 04 56 21 04 77, Mi–Mo, Sa, So, Fei auch mittags, sonst nur abends, Menü ab 35 €, aber eigentlich bestellt man hier eher eine ›Platte‹ zum Wein. Zauberhaftes Weinlokal mitten in der Altstadt in einem urigen kleinen Raum, im Sommer mit Terrasse und Innenhof. Gute italienische Weine, zu essen gibt es nur wenige Spezialitäten wie mariniertes Rinderfilet oder gratinierte Trüffel, aber auch Wurstplatten und Käseauswahl. In einem kleinen ›Salon‹ kann man besondere Zigarren und Destillate probieren.

Strada del Vino

Um der Straße des Bardolino-Weines genau folgen zu können, sollte man sich beim Consorzio Tutela Vino Bardolino an der Piazza Matteotti oder im Touristenbüro den entsprechenden Prospekt holen. Sie ist aber auch unterwegs immer wieder ausgeschildert. So erreicht man, z. T. auf Umwegen, alle der insgesamt knapp 50 Weingüter. In diesen kann man z. T. Wein verkosten und fast überall auch kaufen. Auch für Radfahrer ist die Strada del Vino gut zu bewältigen (www.stradadelbardolino.om).

Klein und einladend – **La Formica:** Piazza Lenotti 11, Tel. 04 57 21 17 05, Di–So, Menü ab 28 €. Einladende kleine Trattoria mit einem feineren Hinterzimmer und Tischen auf der kleinen Piazza im historischen Ortskern. Hausgemachte Pasta, saisonbedingt lokale Spezialitäten wie Fisch und Trüffel; auch Pizza.
Zum Sitzenbleiben – **Alla Vecchia Osteria:** Piazza Betteloni 18, Tel. 04 56 21 03 73, tgl. von früh bis spät geöffnet. Freundliches, einfaches Café mit Tischen auf der Gasse, ein preiswerter Einheimischentreff.

Einkaufen

Hauptsache Wein – **Café Italia:** Piazza Principe Amedeo 3, Tel. 04 57 21 15 85, Mitte März–Mitte Okt. tgl. 8–2 Uhr. Eine schöne Location an der Promenade/Ecke Rizzardi-Park, um *primi* sowie diverse Platten zum Wein zu genießen. Dazu gehört auch eine gut sortierte Enothek mit Bardolino-Weinen u. a. zum Mitnehmen.
Edel – **Villa Guerrieri Rizzardi:** Porta Verona (s. o.), 10–12.30/13, werktags auch 15–18/19 Uhr. Hier kann man im Pförtnerhaus die hauseigenen Weine erstehen (nicht probieren).
Mit Weinmuseum – **Cantina Fratelli Zeni:** s. S. 136
Zum Bummeln – **Wochenmarkt:** neben der Pfarrkirche Santi Nicolò e Severo; immer Do vormittags.
Zum Entdecken – **Antiquitätenmarkt:** 3. So im Monat, ganztags, Piazza Matteotti und Umgebung.

Aktiv

Wassersport – Entlang des Seeufers von Bardolino, vor allem Richtung Garda, befinden sich die großen Campingplätze mit **Wassersportschulen** und guten Wassersportmöglichkeiten. Auch an den am See gelegenen Hotels wird Wassersport angeboten, auf jeden Fall haben sie eigene Bootsanlegestellen. **Centro Nautico Bardolino:** Lungolago Preite 10 (Richtung Garda), Tel. 04 57 21 08 16, www.centronauticobardolino.it. **Segelschulen: Sailtribe,** Via Dante Alighieri 52, Tel. 04 57 21 11 03, www.sailtribe.it; **Base Nautica Roccavela:** Via Gardesana dell'Acqua 35, Tel. 04 57 21 12 88, www.roccavela.it. **Wasserski: Waterski Herbert Planatscher,** beim Campingsplatz Serenella, Tel. 045 72 11 33, www.waterskigardalake.com.
Baden – Zwischen Punta Cornicello und Centro Nautico wurde ein breiterer **Strand** aufgeschüttet, gegenüber Lido Holiday Beach (s. Abends & Nachts).
Parasailing – c/o **Camping Serenella,** Tel. 04 57 21 13 33, www.parasailing.it.

Abends & Nachts

Bardolino hat im Verhältnis zu den anderen Seeorten am Ostufer eine geradezu nennenswerte Discoszene. Aber auch die Weinlokale sowie die Cafés und Lokale an der Strandpromenade bieten abends besondere Kostproben und Genussstunden.
Für Junggebliebene – **Lido Holiday Beach:** Lungolago Riva Cornicello 5, www.lidoholiday.com. Elegantes Strandrestaurant mit viel Musikprogramm und Tanz auf Riesenterrasse. Im Sommer täglich bis spät in die Nacht *aperitivi* & Co. Im Winter nur Sa DJs. Außerdem Strandservice und beliebte Location für private Feste.
Mediterran – **Hollywood DanceClub:** Via Montavoletta 11 (800 m vom Ortszentrum entfernt), Tel. 04 57 21 05 80, www.hollywood.it (ab Ostern, Fr–So 21.30–5 Uhr). Alles erinnert in dieser In-Disco, die seit 1986 mit dem medi-

terranen Ambiente einer Villa aus den 1950er-Jahren aufwartet, an Kino. In der Dekoration an Antoni Gaudí und Friedensreich Hundertwasser angelehnt. Der herrliche Garten mit Pool unter Palmen liegt in Seepanoramalage. Das Restaurant trägt den Namen Sinatra.

Gartenambiente – **Orange Disco Garden:** Via Monsurei 1 (auf der ›Bergseite‹ vor dem Weinmuseum), Tel. für die Tischreservierung 04 56 21 27 11 (Fr, Sa 22–5 Uhr). Disco mit Sommerrestaurant, schönes Gartenambiente, Innenräume mit Rattanmöbeln ebenfalls auf ›Garten‹ getrimmt.

Eleganter Club – **Primo Life Club:** Via Marconi 14 (im Ortsbereich an der Gardesana), Tel. 04 56 21 01 77, www.primolifeclub.it (Fr–Sa 21–4 Uhr). Disco mit Pianobar in klaren, modernen Linien und international bekannten DJs; fantasievolle Drinks. Das dazugehörige Restaurant Le Perlage in elegantem Ambiente bleibt nur bis 24 Uhr geöffnet und bietet eine verfeinerte Küche, mit drei tollen Menüs (auch ein vegetarisches) zur Wahl, Getränke inklusive. Spezieller Raucherbereich; an sommerlichen Wochentagen immer wieder besondere Events, die groß auf Plakaten angekündigt werden.

Infos & Termine

IAT: Piazzale Aldo Moro 1, 37011 Bardolino (VR), Tel. 04 57 21 00 78, iatbardolino@provincia.vr.it.

Hoteliersvereinigung Associazione Albegatori Bardolino: Piazzale Aldo Moro 1, Tel. 04 56 21 06 54, www.abardolino.it.

Boote: Bardolino ist im Sommerhalbjahr mehrmals tgl. mit den Booten der Navigarda erreichbar und damit mit fast allen Seeorten verbunden, am häufigsten mit denen am südöstlichen Seeufer.

Busse: Per Linienbus ist Bardolino mit allen Orten des Ostufers sowie mit Verona verbunden. Sie verkehren mindestens stündlich.

Festa dell'Uva e del Vino Bardolino Classico DOC: Anfang Okt. Weinfest mit ähnlichem Programm wie Anfang Nov. (s. u.).

Festa del Vino Bardolino Novello DOC: Anfang Nov. Fest um den neuen Wein. Dabei werden in den Lokalen spezielle Menüs passend zum jungen Wein serviert. Auch Ausstellungen sowie ein farbenprächtiger Umzug der Bruderschaft von Bardolino widmen sich dem Thema. Abends gibt es Livemusik am Hafen.

Cisano ▸ E 10

Die ruhige Ortschaft mit winzigem Hafen 2 km südlich von Bardolino kann man von Bardolino oder Lazise auch zu Fuß am See entlang schlendernd erreichen. Feinschmecker kommen hierher, um vor Ort das gute Olivenöl von Cisano zu probieren und zu erstehen – verbunden mit dem Besuch im **Olivenölmuseum** (s. S. 140).

Schräg gegenüber erhebt sich, fast versteckt an einem kleinen, liebevoll gepflegten Platz, die Pfarrkirche **Santa Maria** (Piazza Chiesa 3), ein bedeutendes Beispiel romanischer Architektur in der Provinz Verona. Der Vorgängerbau wurde wahrscheinlich im 4.–8. Jh. über einem heidnischen Heiligtum errichtet. Die Folgekirche entstand im 12. Jh., erlitt bei einem Erdbeben allerdings so schwere Schäden, dass sie in den folgenden Jahrhunderten restauriert und dabei stark verändert wurde, zuletzt im Klassizismus. Falls man hineinkommt, was leider nicht geregelt ist, findet man in der Apsis mit ihren Rundbögen und verzier- ▷ S. 143

Auf Entdeckungstour: Die pure Olive – Besuch im Ölmuseum von Cisano

Im Ölmuseum von Cisano ist zu sehen, wie Olivenbäume angebaut und Olivenöl gewonnen werden. Im Zentrum der Präsentation steht die Ölmühle von 1700 bis zum Beginn der Industrialisierung – Verkostung und Einkaufsmöglichkeit inbegriffen.

Reisekarte: ▶ E 10

Adresse: Via Peschiera 54 (an der Landstraße), 37011 Cisano di Bardolino (VR), Tel. 04 56 22 90 47, www.museum.it

Öffnungszeiten: werktags 9–12.30, 14.30–19, So, Fei 9–12.30 Uhr, Jan./Febr. nur werktags (Ausnahmen s. Internet)

Eintritt: frei

Flavio Turri weiß, wovon er spricht, hat er doch die Olivenölproduktion quasi mit der Muttermilch aufgesogen – als Sohn des Olivenanbauers Umberto Turri, der das interessante Olivenölmuseum bereits 1988 eröffnet hatte. Inzwischen führen Flavio und seine Frau Liliana Martino den groß gewordenen Betrieb mitsamt Museum. Sie haben es erweitert und mit neu erstandenen Gegenständen weiter ausgebaut.

Leitfaden des Museums ist die Entwicklung von der handwerklichen Ölmühle aus der Zeit um 1700 bis hin zu modernen industriellen Pressverfahren. Über die historischen Exponate hinaus werden Videos gezeigt (auch in deutscher Sprache), die alles rund ums Olivenöl sehr anschaulich demonstrieren und erklären.

Zermahlen der Oliven

Der Parcours durch die Olivenölgewinnung beginnt mit der wohl ältesen Art der Ölpressung – mit Hilfe eines Pferdes oder eines Esels. Durch das Gewicht der bewegten Steinräder konnte das Fruchtfleisch mitsamt den Kernen zerkleinert werden. Die dadurch entstandene gleichförmige Paste wurde anschließend gepresst.

Wasserkraft statt Pferdestärken

Neben anderen sehr originellen Modellen von Pressen aus Holz und Eisen ist auch eine noch einwandfrei funktionierende Ölmühle mit Wasserantrieb ausgestellt. Die wasserbetriebenen Ölpressen wurden dort eingesetzt, wo natürliche Wasserläufe vorhanden waren. Dieses System vereinfachte die Auspressarbeiten erheblich, da man keine Tiere innerhalb der Ölmühle mehr benötigte und gleichzeitig die damit verbundenen technischen und hygienischen Schwierigkeiten wegfielen. Wasserbetriebene Ölmühlen konzentrierten sich hauptsächlich im nordwestlichen wie im nordöstlichen Gardaseegebiet, wo zahlreiche Wasserläufe die Hänge des Monte Baldo bzw. des Montegargnano hinunterflossen. In vielen Fällen erreichte man dank der Verwendung von Rädern mit großem Durchmesser auch bei geringer Wasserzufuhr gute Ergebnisse.

Fiscolo und Sottino

Geradezu imposant ist eine mächtige Hebelpresse aus Eichenholz, die an alte Weinpressen erinnert (s. S. 66). Sie ist sicher eines der wichtigsten Stücke des Museums. Mit ihrer Hilfe wurden die mit der hergestellten Paste gefüllten Pressbeutel *(fiscoli)* unter Druck ausgepresst. Dank ihrer Durchlässigkeit konnte der Most durchsickern, der zu zwei Dritteln aus Wasser und zu einem Drittel aus Öl bestand; das Öl wurde in einem Behälter gesammelt und anschließend in den *sottino*, ein mittelgroßes Tonerdegefäß zum Schöpfen des Öls, gegossen. Durch das unterschiedliche spezifische Gewicht stieg das leichtere Öl an die Oberfläche und wurde mit einem Schöpflöffel gesammelt. Die Pressrückstände, auch *sansa* genannt, verwendete man gewöhnlich zum Heizen.

Stilvolle Dampfpressung

Interessant ist auch eine Jugendstil-Ölmühle aus dem Jahr 1927, die mit Originalteilen nachgebaut wurde und aus der spanischen Estremadura stammt. Die Anlage arbeitete ursprünglich mit einer außerhalb des Gebäudes installierten Dampfmaschine, die später durch Strom ersetzt wurde. Sie bestand aus einem großen Mühlstein mit drei kegelförmigen Rädern, drei riesigen Eisenpressen und drei Pumpen, die mit Hilfe eines komplizierten Fußbodenrohrsystems

Druck erzeugten. Der von den Pumpen erzeugte Druck bewegte den Kolben, der sich im unteren Maschinenteil befand; dieser enthielt eine Säule mit Pressbeuteln, die mit der gemahlenen Masse gefüllt wurden. Aus dieser öl- und wasserhaltigen Masse wurde das Öl mit Hilfe einiger Dekantierbecken abgesondert.

Mit dem ebenfalls ausgestellten Thermomixer von 1962 konnte das Öl schneller von der Masse getrennt werden. Es reichte ein einziger Auspressvorgang aus, das Öl verlor nicht an Aroma und man konnte die Oxydierung vermeiden – eine Verbesserung der Qualität des Endproduktes! Zudem konnten damit größere Olivenmengen in kürzerer Zeit verarbeitet werden.

Öllampen- und Flaschenkollektion

Interessant ist auch eine Kollektion von Lampen aus verschiedenen Epochen. Bekanntlich basierte das antike Beleuchtungssystem vorwiegend auf Öllampen, meist aus Ton. Sie ließen sich recht leicht herstellen, waren nicht teuer und gut zu transportieren.

Wunderschön ist die Ölflaschenkollektion aus der Zeit vom Ende des 18. bis zum Anfang des 20. Jh. Die Ölflaschen stammen aus verschiedenen europäischen Regionen, aber auch aus Afrika und Indien. Den höchsten künstlerischen Wert haben die Ölflaschen aus Silber und Kristallglas, die Kollektion umfasst aber auch wertvolle Exemplare aus Keramik und Porzellan. Die Flaschen aus Silber weisen meist eine Basis auf, die sich auf vier kleine Füße stützt, und einen langen mittleren Henkel mit einem ringförmigen Griff.

Wo kommt die Olive her?

Generell gedeihen Oliven auf beiden Erdhälften zwischen dem 30. und 50. Breitengrad, der Gardasee gilt daher als eines der nördlichsten Anbaugebiete der Welt und sicherte den Bauern speziell durch den Export in die nördlichen Regionen seit dem Mittelalter zwar keinen Reichtum, aber doch ein Grundeinkommen. Die Wildolive kam aus Indien über den Orient und Kleinasien nach Südeuropa, Griechenland und vor allem Italien. Am Gardasee siedelten die Römer den kultivierten Olivenbaum an, und schon ab dem 9. Jh. gibt es schriftliche Zeugnisse über den Export des Olivenöls in die Emilia Romagna (s. auch S. 65).

ten Säulen noch Reste des ursprünglichen Baus. Zum Glück aber sind die schönen langobardischen Arbeiten an der Westfassade problemlos von außen zu bewundern.

Lazise ▸ E 11

Schon 3 km südlich von Cisano (ca. 7000 Einw. mit dem Umland) lockt eine der Perlen des Gardasees viele Besucher mit einem kastellgeschmückten und noch komplett mittelalterlich ummauerten Ortskern an. Auch die Lage ist bestechend schön, trotz der im Hinterland flacher werdenden Moränenhügel. Feinschmecker kommen nach Lazise wegen der guten Fischrestaurants in schönster Hafenlage.

Schöne, einst wehrhafte Mauern aus Flusskieseln, Bruchstein und Tonziegeln, die mit backsteinernen, nach innen offenen Türmen sowie einfachen Zinnen bewehrt sind, umschließen den historischen Kern und sind ein Schmuckstück unter den Stadtmauern des Gardasees. Die (fast autofreien) kopfsteingepflasterten Gassen haben ihren mittelalterlichen Charakter nahezu vollständig bewahren können. Die frühere, trotz ihrer Schwalbenschwanzzinnen nicht besonders auffällige Skaligerburg ist zum Teil in die südliche Stadtmauer mit ihren Wehrgängen am See eingelassen. Sie gehört zur privaten Villa Bernini mit ihrem Park, aus dem hohe Zedern und anderen Baumriesen herausragen.

Autoreisende parken am besten auf dem großen Parkplatz im Süden des Städtchens. Von hier führt die den Fußgängern vorbehaltene Via Rosenheimer – zu Ehren der bayerischen Partnerstadt – ins historische Zentrum von Lazise. Doch am schönsten ist auch im Fall Lazise die Anreise mit dem Boot.

Geschichte

Den bereits in prähistorischer Zeit besiedelten Ort bewohnten später die Römer, doch erst unter den Skaligern erlangte Lazise Bedeutung. Diese errichteten 1370 eine Stadtbefestigung mit integriertem Kastell. Ab 1387 war der Ort unter den Visconti aus Mailand ein wichtiger Verteidigungspunkt des Untersees, dann wurde er venezianisch und ab 1428 wieder mailändisch. Es befand sich in ständigem Krieg mit Venedig, dessen Flotte 1509 nur 600 m vor Lazise im See verbrannt wurde. (Die Funde aus den Jahren 1962–65 befinden sich im Museum des Kastells von Malcésine, s. S. 106.) Im Risorgimento leisteten die beiden Ortsteile von Lazise, Pacengo und Colà, erbitterten Widerstand gegen die österreichischen Besatzer.

Dogana Veneta

Wer mit dem Boot an der Schmalfront des Kanalhafens ankommt, erblickt zur Linken die hübsche Häuserzeile der breiten Seepromenade mit netten Hotels, Restaurants und Cafés. Zur Rechten aber schaut er auf die beiden ausladenden Bögen der offenen Loggia der Dogana Veneta, des venezianischen Arsenals. Das 900 m^2 große Gebäude (Länge: 43,10 m) ist nur 10 m hoch und wirkt daher sehr gedrungen und massig. Schmale Backsteinstreifen im weißen Bruchsteinmauerwerk mit Seekieseln betonen die Horizontale noch mehr, ebenso die Backsteinumrahmungen der Loggiabögen. Die Fassade zum See hin trägt schwere Zinnen, die das recht niedrige Dach aus roten Ziegeln hinter sich verbergen.

Der Bau ist seit dem 14. Jh. belegt, dürfte jedoch vermutlich noch älter sein. Bis 1577 wurde das zum Ortskern hin lang gestreckte Gebäude als Reederei genutzt, später diente es einem heute eher merkwürdig anmutenden

Zweck: Alle sechs Monate brachte man hier eine Herde von etwa 200 Schafen unter und stellte aus ihrem Urin, mit einer speziellen Erde vermischt, Sprengstoff (Schwarzpulver) her.

1606 richtete die Gemeinde Lazise unter der Aufsicht der Republik Venedig in diesem Gebäude die Zollstelle *(dogana)* für den Warenverkehr zwischen Venedig und der Lombardei ein. Doch die folgenden Jahrhunderte brachten neue Reisemöglichkeiten auf Straße und Schiene und stürzten damit den Schiffstransport in eine solche Krise, dass das Zollamt in der zweiten Hälfte des 19. Jh. geschlossen wurde. Nach dem Ersten Weltkrieg zog hier eine Baumwollspinnerei ein, später kamen die Faschisten. Doch nach ihrem Sturz verfiel der einst so schöne Bau und nun steht er, vorbildlich saniert, der Gemeinde für Ausstellungen und auch private Veranstaltungen wie Hochzeiten etc. zur Verfügung.

San Nicolò

Via San Nicolò s/n, außer zur Mittagszeit geöffnet

Der zierliche Glockenturm, der aus dem Dach der Dogana aufzusteigen scheint, gehört zum direkt dahinter liegenden romanischen Kirchlein San Nicolò (12. Jh.). Im 18. Jh. war die Soldatenkirche des Militärhafens von Venedig, die man heute durch das schlichte Portal (rechts ein noch konservativ restauriertes Fresko, »Thronende Madonna«, 14. Jh.) von der Hafenseite betritt, total heruntergekommen. Die 1953 begonnenen Restaurierungsarbeiten brachten innen u. a. schon von Giottos bewegter Bildsprache beeinflusste Freskenreste zum Vorschein. Das Hell und Dunkel der Farben und die Ausformung der Gestalten weisen auf die höfisch geprägte Gotik hin, was am besten an der Madonna gleich nach dem Eingang rechts zu erkennen ist.

Von Platz zu Platz

Die **Piazzetta Partenio** im Scheitelpunkt des Kanalhafens geht an ihrem nördlichen Ende direkt in die großflächige, nach Osten hin lang gestreckte **Piazza Vittorio Emanuele** über. Der im Schachbrettmuster mit großen Platten belegte, mittelalterliche Marktplatz ist umrahmt von Cafés, Restaurants und kleinen Läden. Beide Plätze zieren venezianische Paläste der schlichten Art wie der **Palazzo Comunale.**

Der dritte Platz, die **Piazza Don Agostino,** blickt direkt auf die weiße, klassizistische Westfassade der Pfarrkirche **San Martino,** zu der man ein paar Stufen hinaufsteigt. Die einschiffige, recht große Kirche mit halbrundem Chorabschluss ist geschmückt mit barocken und klassizistischen Altären aus rotem, weißem und grauem Marmor, der Fußboden mit großen Veroneser Marmorplatten (rot und weiß) belegt.

Parco Termale

Villa dei Cedri, Via Madonna 23, 37010 Colà di Lazise (VR), Tel. 04 57 59 09 88, www.villadeicedri.com, Mo–Do 9–21, im Sommer bis 23, Fr, Sa 9–2, So, Fei 9–23 Uhr, für Gäste ohne ärztliche Verordnung Einlass erst ab 10 Uhr, Erw 22 €, ab 16 Uhr 18 €

Im herrlichen Park der Villa Cedri wenige Kilometer landeinwärts ist der Thermalpark in die in Jahrhunderten gewachsene weite Parklandschaft mit imposanten Baumriesen und zwei natürlichen Thermalwasserseen eingelassen, die aus 37 °C warmen Quellen direkt darunter gespeist werden: der Lago Piccolo mit 2200 m^2 Fläche und der Lago Grande mit 5500 m^2 Fläche.

Außerdem gibt es ein Thermalbecken mit 39 °C warmem und 400 m^2

großem, kombiniertem Innen- und Außenbecken mit moderner Hydromassage und Gegenschwimmanlage. Eine Geysirzone und eine Grottenarchitektur ergänzen das feuchtwarme Vergnügen, welches abends attraktiv beleuchtet wird. In der Villa kann man auch feudal übernachten.

Vergnügungs- und Freizeitparks

Die größten Vergnügungs- und Freizeitparks des Gardasees befinden sich in dem geografischen Dreieck Lazise – Pastrengo – Peschiera:

Canevaworld

Località Fossalta 58, 37017 Lazise (VR), Tel. 04 56 96 99 00, www.canevaworld.it; Mitte Mai–Mitte Sept.10–18/19, Movieland Studios 10–18, Juli/Aug. Night Festival bis 24 Uhr, genaue Öffnungszeiten s. Website, Erw. ab 25 €, Kinder unter 1,40 m Körpergröße ab 19 €
Gleich hinter dem südlichen Ortsrand von Lazise liegt dieser Wasservergnügungspark auf 300 000 m² Fläche, der sich zu einem gemischten Vergnügungspark mit weiteren Attraktionen entwickelt hat. Eigentlich geht es aber nach wie vor ums Wasser, daher fehlt es an nichts, was es an Spielereien mit dem nassen Element gibt. Kino satt gibt es im Movieland, abends (Do–So) erlebt man im Rock Star Restaurant Discoersatz mit musikalischer Unterhaltung zum Buffet, von dem man essen kann, soviel man eben will.

Parco Natura Viva

Località Figara 40, 37012 Bussolengo (VR), Tel. 04 57 17 01 13, www.parconaturaviva.it, März–Nov. tgl. 9–18.30/19.30 Uhr, Dez. nur Do, So, Erw. inkl. Parco Faunistico 20 €
Südlich von Pastrengo im Winkel zwischen Brenner-Autobahn und der Landstraße nach Castelnuovo del Garda breitet sich dieser *Parco Zoo del Garda* aus. In einem Teil des 40 000 m² großen Parks können die sicher in ihren Wagen sitzenden Besucher Nashörner, Giraffen und Löwen beobachten. Auf dem übrigen Gelände warten ein Zoo mit tropischer Voliere und Treibhaus, eine Reptilienanlage und der Dinosaurierpark auf Gäste. Insgesamt leben hier mehr als 800 Tiere. Restaurant im Areal des Parks vorhanden.

Gardaland

Località Ronchi, 37014 Castelnuovo del Garda (VR), kurz vor Peschiera, Tel. 04 56 44 97 77, www.gardaland.it, Ende März–Juni 10–18, Ende Juni–Anf. Sept. 10–23 Uhr; vom 7. Dez.–6. Jan. Weihnachtliches Gardaland, meist an den Wochenenden 10–18 Uhr, Erw. 37,50 €/33 € online/, 18–23 Uhr, 16 €, nach Familientickets fragen
Kurz vor Peschiera befindet sich bei Ronchi der größte Vergnügungspark des Sees und Italiens Nummer eins mit zig technischen Attraktionen, weltweit ein Inbegriff für das pure organisierte Vergnügen. Daneben lockt ein riesiges Broadway-Theater. Die neueste Attraktion ist das Sealife mit riesigen Aquarien, das noch einmal extra kostet (Erw. 15 €). Das Gardaland zieht so viele Besucher aus der näheren und weiteren Umgebung an, dass man zumindest an den Wochenenden einen großen Bogen um diese Strecke nach Süden machen sollte.

Übernachten

Frühere Weinkellerei – **Cangrande:** Corso Cangrande 16, Tel. 04 56 47 04 10, www.cangrandehotelt.it, Febr.–Mitte Dez., DZ/ÜF 130–156 €, Suite 170–198 €. Nettes Hotel in den

Räumen einer *cantina* mit Weinproduktion nahe der Gardesana, dennoch ruhig; mit kleinen, komfortabel eingerichteten 18 Zimmern, darunter eine zweigeschossige Suite, kostenloser Parkplatz; ohne Restaurant.

Bonbonrosa – **Miralago:** Lungolago Marconi 16, Tel. 04 57 58 00 15, www.gardasee.de (Link zum Hotel), meist ganzjährig geöffnet, DZ/ÜF 83–123 €. Nettes kleineres (20 Zimmer) und einfacheres, aber renoviertes Hotel mit hübschen schmiedeeisernen Balkonen und beliebtem Terrassenrestaurant an der Uferpromenade auch für Nichtübernachtungsgäste; Parkplatz.

Stylish – **Alla Grotta:** Via Fontana 8, Tel./Fax 04 57 58 00 35, www.allagrotta.it, Mitte Febr.–Mitte Dez., DZ/ÜF 85 €, Juniorsuite 125 €. Unglaublich, was aus den Obergeschossen des schlichten Hauses mit dem berühmten Restaurant (s. u.) gemacht wurde. Fast ein kleines Designerhotel! Unter Verzicht auf eine höhere Zimmerzahl wurden z. T. je zwei zu einer komfortablen Juniorsuite zusammengelegt, daher gibt es nur 12 Zimmer – jedes anders. Eckzimmer mit schönem Blick auf den Kanalhafen!

Winzig – **La Forgia:** Via Calle I Nr. 26, Tel. 04 57 58 02 87, meist ganzjährig, DZ/ÜF 65–85 €. Winziges Hotel mit nur 7 Zimmern, kleinem Lokal mit hübscher Terrasse zum See und einfacher, preiswerter Küche.

Camping

Zusammen mit Pacengo besitzt Lazise zahlreiche gut ausgestattete Campingplätze (ab ca. Ostern bis Sept. geöffnet). Alle ausgewählten Plätze sind behindertengerecht.

Mit Sandstrand – **La Quercia:** Località Bottona, Tel. 04 56 47 05 77, www.laquercia.it, Stellplatz 11,10–28,25 €, pro Person 5,65–13,35 €, Bungalow für 4 Personen (nur wochenweise Sa–Sa zu haben) 34–89 €. Der vielleicht schönste Campingplatz am Gardasee, mit Privatsandstrand, großem Pool, vielen Sporteinrichtungen, auch Reiten, Kinderprogramm, 1100 Stellplätzen und 180 Bungalows.

Mit beheiztem Pool – **Du Parc:** Località Sentieri, Tel. 04 57 58 01 27, www.campingduparc.it, Stellplatz 11–25,50 €, pro Person 5,60–11,10 €, Bungalow 40–111 €. Schöner Platz mit Privatstrand und Bungalows; 1455 Stellplätze.

Pool und Fitness – **Lido:** Via Peschiera 2, Pacengo, Tel. 04 57 59 00 30, www.campinglido.it. Stellplatz 13–24 €, pro Person 4,70–9,50 €, Bungalow 18–40 €. Eine Zypressenallee führt von der Hauptstraße in den weitläufigen Platz mit 2700 Plätzen und Bungalows, Privatstrand und Sporteinrichtungen.

Essen & Trinken

Tolle Lage – **Alla Grotta:** s. Übernachten, Mi–Mo, Menü ab 31 €. Gutes Fischrestaurant mit See- und Meeresfischen, ausnehmend schön am Kanalhafen gelegen; man sitzt innen nahe dem großen Holzkohlengrill, draußen im Schatten einer kleinen Loggia.

Am Jachthafen – **Il Porticciolo:** Lungolago Marconi 22, Tel. 04 57 58 02 54, Febr.–Dez. Mi–Mo, Menü ab 30 €. Wohl das beste, sehr familiäre und dafür gar nicht so teure Restaurant von Lazise, abseits des Kanalhafens gegenüber dem kleinen Jachthafen, der im Sommer die meisten Gäste liefert. Man sitzt im Winter in einem schlichten Raum mit dem riesigen Grillkamin, im Sommer draußen im Garten.

Einkaufen

Trinkfest – **Enoteca L'Arte del Bere:** Via Cansigniorio 10, www.artedelbere.com.

Beherzter Sprung ins kühle Nass – Badende in Lazise

Alteingesessene Enothek (seit 1962) eines echten Kenners. Bardolino u. a. lokale und ausländische Weine sowie Grappa, Whisky etc. Auch Verkostung möglich.
Edel – **Da Fabio Yachting:** Via Arco 10. Sportliche Edelklamotten der Marken Paul & Shark, Il Mozzo, Navy 3 Fly und Blue & Blue.
Für Neugierige – **Wochenmarkt:** jeden Mittwochvormittag am See.

Aktiv

Wassersport – Die besten Sportmöglichkeiten findet man auf oder bei den Campingplätzen (auch für Gäste).

Abends & Nachts

In Lazise sitzt man am schönsten bis tief in die Nacht am Kanalhafen, sonst in einem Café auf einem der Plätze.
VIP-Lokal – **Paparazzi Royal Prince Leopold Café:** Via Telegrafo 6, Pastrengo, und **Paparazzi Palace Cafè,** Via Gardesana 52, Tel./mobil 338 34 74 83, www.caffepaparazzi.it, tgl. 19–2 Uhr. Großes wechselndes Aperitifbuffet, danach Livemusik im Wechsel mit DJs bzw. wechselnde Programme je nach Lokal und Saison, s. Homepage.
Essen satt – **Rock Star Restaurant:** im Freizeitpark Canevaworld, Via Fossalta 1, Tel. 04 56 96 99 00, www.movieland.it (Do–So 18–24 Uhr). Wechselnde Programme mit DJs und dabei so viel essen, wie man kann ...

Infos

IAT: Via Francesco Fontana 14, 37017 Lazise (VR), Tel. 04 57 58 01 14, iatlazise@provincia.vr.it.
Boote: im Sommer Boote der Navigarda zu den anderen Seeorten.
Busse: regelmäßige Linienbusverbindungen mit allen Orten am Ostufer und mit Verona. Spezielle Busse fahren während der Saison zu den großen Vergnügungsparks (zahlreiche Haltestellen).

Das Beste auf einen Blick

Verona und die Valpolicella

Highlight!

Verona: Die ganze Altstadt, von der Etsch regelrecht in die Arme geschlossen, ist eine echte Schönheit, deren Besuch man nicht verpassen sollte. Nicht nur Kulturinteressierte zieht es in die vom Gardasee nur einen Sprung entfernte Stadt, auch Urlauber, die einen ergiebigen Einkaufsbummel schätzen – und Verliebte natürlich: auf den Spuren von Romeo und Julia. S. 150

Auf Entdeckungstour

Andar per i goti: Alteingesessene Veroneser drehen mittags gern eine Runde zwischen ihren Lieblingskneipen und holen sich bei jeweils einem Gläschen Wein und kleinen Häppchen den richtig großen Appetit auf das Mittagessen. Nachmachen! S. 164

Parco di Molina: Im streng geschützten Naturpark in den Lessiner Bergen zu Füßen der Veroneser Alpen kann man eine wunderschöne Wanderung unternehmen: über Brückchen und auf schmalen Pfaden zu kleinen Wasserfällen, Grotten und aufregenden Felsüberhängen. S. 174

Kultur & Sehenswertes

Oper in der Arena: Mindestens einmal im Leben sollte man sich eine Oper im wunderschönen Oval der römischen Arena von Verona ansehen – möglich ist das von Ende Juni bis August. S. 151

Villen im Veneto: Die hochherrschaftlichen Villen in der Valpolicella sind heute vielfach Hotels oder verkaufen den hier produzierten Wein. Nicht versäumen: das ›Grüne Theater‹ der Villa Rizzardi in Pojega bei Negrar! S. 170

Zu Fuß & mit dem Rad

Radtour durch die Valpolicella: Den Hügeln folgend ziehen sich schmale Straßen meist gemütlich durch die weinselige Landschaft. S. 167

Wanderung zum Ponte di Veja: Von Erbezzo auf dem Fernwanderweg E 5 zum eindrucksvollen Naturbogen. S. 173

Genießen & Atmosphäre

Im Café an der Piazza Brà: Von früh bis spät eine Schau ist dieser großartige Platz in Verona, dessen Hauptattraktion die römische Arena ist. S. 151, 166

Weinprobe in der Valpolicella: Entlang der gut ausgeschilderten Weinstraße findet man zahlreiche Weinlokale und Kellereien, in denen man Wein probieren und kaufen kann. S. 167

Abends & Nachts

Cappa Café: Für seine Live-Jazzabende im Winter berühmtes Veroneser Café. Im Sommer fasziniert das Lokal durch seine Terrasse zur Etsch. Geeignet für Mittagessen und Aperitif oder – später am Abend – für den Cocktail. S. 163

Verona! ▸ J/K 12

Kein Gardasee-Urlauber wird sich die schöne Stadt in der Etsch-Schleife entgehen lassen. Sie ist nicht nur ein wunderbares Ausflugsziel, sondern eignet sich für Städteliebhaber auch für einen längeren Aufenthalt; mindestens zwei Tage sind schnell mit Unternehmungen und Besichtigungen gefüllt. Verona ist nicht nur voller Zeugnisse der starken Präsenz der Römer – die berühmte Arena steht dafür ja geradezu sinnbildlich –, sondern auch der im Mittelalter mächtigen Skaliger. Außerdem ist Verona eine sehr modische Einkaufsstadt.

Als Hauptort der gleichnamigen Provinz ist Verona (knapp 264 000 Einw.) eine sehr lebhafte, in ihren Außenbezirken teilweise vom Verkehrsinfarkt bedrohte Stadt, weshalb es angenehmer ist, ohne Wagen anzureisen. Falls man hier sein Quartier aufschlagen möchte, kommt man am besten mit der Bahn. Vom Ostufer oder dem Süden des Gardasees aus fahren zudem regelmäßig Linienbusse. Das historische Zentrum ist fast komplett den Fußgängern vorbehalten.

Geschichte

Veronas Geschichte begann im 1. Jh. v. Chr. als bedeutende römische Stadt. Aus dieser Zeit stammen die imposantesten Baudenkmäler wie die Arena im Zentrum und das römische Theater jenseits der Etsch. Im 6. Jh. war Verona ostgotisch regiert, unter Theoderich

Infobox

Internet

www.tourism.verona.it: Links zu Gardasee und Verona (inkl. Valpolicella).
www.comune.verona.it: Erfasst alle touristisch relevanten Vereinigungen der Stadt; Infos und Webadressen.
www.cittadiverona.it: Aktuelle Infos über Verona mit dem Newsletter der Stadt, allen Hotels und Veranstaltungen sowie Kneipen-Tipps.
www.veronatuttintorno.it: Alles Interessante rund um Verona für Touristen, inkl. Sehenswürdigkeiten, Unterkunft, Kunst und Kultur, Gastronomie etc.

Verona Card

Für zwei (15 €) bzw. fünf aufeinanderfolgende Tage (20 €) kann man mit der Verona Card die wichtigsten Museen, Kirchen und Monumente besichtigen, aber leider nicht mehr die öffentlichen Verkehrsmittel der Stadt benutzen.

Kirchenpass

Eine Sammelkarte ähnlich der Verona Card, aber für die fünf wichtigsten Kirchen der Stadt, kann man für 6 € in der ersten besuchten Kirche erwerben: San Zeno, Museo Canonicale, Dom, Sant' Anastasia und San Fermo (Eintritt einzeln 2,50 € je Kirche). Infos und Öffnungszeiten: www.chieseverona.it.

B & B alla Veneziana

Nach einer Vorschrift der Region Venetien dürfen echte B & B aus höchstens 3 Zimmern bestehen und das Frühstück nur verpackt anbieten. In manchen B & B muss man sich das Frühstück aus dem Hinterlegten selber zubereiten.

Königssitz neben Pavia und Ravenna, dann Stützpunkt der deutschen Kaiser, um ihre Herrschaft in Oberitalien zu sichern. Seit dem 13. Jh. beherrschten die ghibellinischen Skaliger die Stadt, wurden 1387 von den Visconti aus Mailand abgelöst, und diese wiederum schon 1405 von Venedig. Mehr als 400 Jahre sollte die Herrschaft der Venezianer dauern, Zeit genug, um der Stadt einen deutlichen Stempel aufzudrücken. Weshalb der venezianische Löwe zum Symbol auch für Verona wurde und blieb – trotz napoleonischer (ab 1796) und österreichischer (ab 1814) Herrschaft, die 1866 vom Königreich Italien abgelöst wurde.

Altstadt

Piazza Brà 1

Durch das Doppeltor der **Portoni della Brà** in der mit hohen Zinnen bewehrten Stadtmauer der Skaliger gelangt man auf die Piazza Brà, Veronas Visitenkarte mit der Arena und der breiten Promenade. Hier in einem der Cafés zu sitzen und sich die hohen Mauern des römischen Amphitheaters anzuschauen, ist ein Genuss. Auch wenn man sich den Sitzplatz im wahrsten Sinne des Wortes meist teuer erkaufen muss, weil hier die Preise naturgemäß hoch sind (Ausnahme s. u.). Auf diese Weise kann man die Arena so betrachten wie Goethe, als er hier im September 1786 auf seiner Italienreise Station machte und die »Simplizität des Ovals« bewunderte.

Römische Arena 2

Piazza Brà, www.arena.it; Mo 13.45–19.30, Di–So 8.30/9–19/19.30, während der Festspiele 8.30/9–15.30 Uhr, Erw. 6 €

Aus Sicherheitsgründen dürfen während der Opernfestspiele nur noch 15 000 Zuschauer in das 138 m x 109 m große Bauwerk aus dem 1. Jh. hinein, obwohl es fast das Dreifache fassen würde. Der zweigeschossige, monumentale Außenbau war ursprünglich der eigentlich unsichtbare Kern des inneren Aufbaus. Eine dreigeschossige, 30 m hohe Mauer aus sorgfältig behauenen Riesenblöcken des lokalen rosafarbenen Marmors umgab ihn. Von der gewaltigen Außenmauer sind nur vier Arkaden erhalten geblieben. Man kann die Arena auch ohne Opernbesuch besichtigen.

Casa di Giulietta 3

Cappello 23, Mo 13.30–18.45, Di–So 8.30–18.45 Uhr, Erw. 4 €, Hof frei zugänglich

Das angebliche Wohnhaus der Julia, das bei aller Unklarheit über seine Authentizität eine besondere Atmosphäre ausstrahlt, gilt als Pflichtziel. Hübsch ist vor allem der kleine Innenhof, und die Attraktion schlechthin: der berühmte Balkon. Nicht nur Liebespärchen aus aller Welt zieht es hierher, wahrscheinlich ist dies der meistbesuchte Ort der Stadt – dem man dies leider auch ansieht (Schmierereien an den Außenwänden).

Piazza delle Erbe 4

Dort, wo einst das lang gestreckte römische Forum lag, findet heute der wohl meistbesuchte Obst- und Gemüsemarkt Venetiens, bestimmt aber Veronas statt. Mit dem Tourismus nahmen aber die Buden mit Postkarten und Kitsch überhand, die grauen Stoffplanen verbreiteten eine triste Atmosphäre. Jetzt sollten die neuen Buden für den Sonntag abgebaut werden.

Der malerische Platz selbst ist umgeben von schmalen Turmhäusern und eher schlichten Palästen, die zum Teil freskierte Fassaden aufweisen. Die Mitte markiert die **Fontana di Ma-**

Verona

Sehenswert

1 Piazza Brà
2 Römische Arena
3 Casa di Giulietta
4 Piazza delle Erbe
5 Palazzo della Ragione
6 Arche Scaligere
7 Santa Maria Antica
8 Sant'Anastasia
9 Dom Santa Maria Matricolare
10 Teatro Romano mit Museo Archeologico
11 Castelvecchio
12 Ponte Scaligero
13 San Zeno Maggiore
14 Tomba di Giulietta

Übernachten

1 Due Torri Hotel
2 Accademia
3 Verona
4 All'Opera
5 Alle Piscine
6 Giulietta e Romeo
7 Torcolo
8 Ostello della Gioventù Villa Francescatti
9 Ostello della Gioventù Villa Santa Chiara
10 Campeggio Castel San Pietro
11 Casa Don Bosco

Essen & Trinken

1 Arche
2 12 Apostoli
3 Tre Marchetti
4 Antica Bottega del Vino
5 Locanda di Castelvecchio
6 Casa Mazzanti Caffè Ristorante
7 Al Carro Armato
8 Brek
9 Osteria del Bugiardo
10 El Buso del Goto
11 Osteria a le Petarine
12 Caffè Monte Baldo

Aktiv

1 Centro Culturale Italiano

Abends & Nachts

1 Enoteca Segreta
2 Cappa Caffè
3 Nessun Dorma

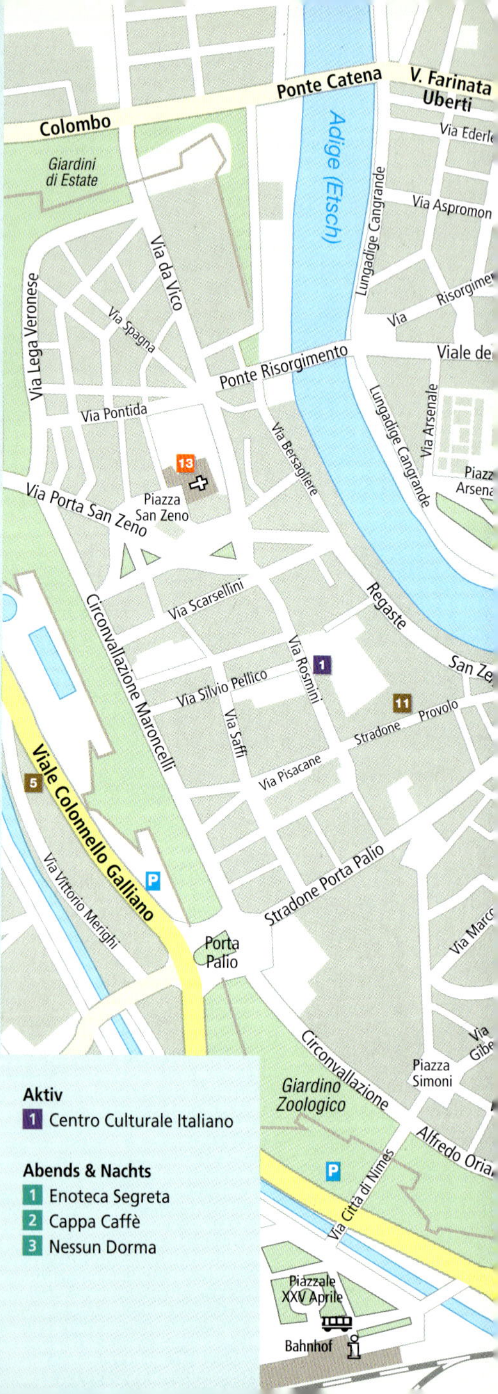

Viale Nino Bixio
Via
Piazza Vittorio Veneto
Viale dei Mille
Viale D'Annunzio
Porta San Giorgio
San Giorgio
Lungadige
Via Regaste Redentore
Via Castel San Pietro
Rovereto
Via Anzani
Via Todeschini
Via IV Novembre
Via Prato Santo
Lungadige Matteotti
Ponte Gribaldi
Piazza Duomo
Ponte Pietra
Via Salici
Via Duomo
Via Cappelletta
Piazzetta Brà Molinari
Via Tascherio
Via Santa Chiara
Piazza Frà Giovanni
Via Tonale
Via Sole
Via Garibaldi
Via Pigna
Via Forti
Piazza S. Anastasia
Vic. Gatto
Repubblica
Via San Mamaso
Via A. Pacifico
Via Rosa
Corso S. Anastasia
Via S. P. Martire
Vic. 2 Stelle
Via Trota
Vic. Cavaletto
Via Sottoriva
Via Emilei
Piazza Dante
Via Arche Scaligere
Piazzale Cadorna
Ponte della Vittoria
C. P. Borsari
Via Pellicciai
Via Dante Alighieri
Via Cairoli
Ponte Nuovo
Interrato dell'Acqua Morta
Lungadige Campagnola
Via 4 Spade
V. Catullo
V. Cantore
Via Nizza
Lungadige Bartolomeo Rubele
Lungadige San Michele
Via Mazzini
Via Stella
Via Cappello
Via Oberdan
Via Scala
Via San Vitale
Corso Cavour
Via A. Mario
Vicolo Tre Marchetti
Via San Cosimo
Vicolo T. Filarmonico
Via Cattaneo
Vicolo Liston
Via Frattini
Via Leoncino
Ponte Navi
Via San Paolo
Via Dietro Liston
Via Roma
Stradone San Fermo
Via Museo
Museo di Storia Naturale
Via San Francesco
Via degli Alpini
Via dei Mutilati
Via Manin
Vic. Volto San Luca
Stradone S. Maffei
Vic. Vento
Via Dogana
Lungadige Vittoria
Piazza Cittadella
Via San Antonio
Via Sciesa
Via Santa Caterina
Via Tezone
Via Adigetto
Via Pallone
Vic. Torcoletto
Via Macello
Viale Università
Via Valverde
Via Bentegodi
Ponte Aleardi
Viale dei Partigiani
Via Battisti
Corso Porta Nuova
Via SS. Trinità
Via del Pontiere
Via Shakespeare
Via Franceschine
Lungadige Capuleti
Piazzale Cimitero
Via dello Zappatore
Via del Minatore
Via Bertoni
Via Montecchi
Adige (Etsch)
Lungadige Galtarossa
Via del Fante
Circ. Raggio di Sole
Piazzale Porta Nuova
Via F. Faccio
Ponte San Francesco
Mantua
0
150
300 m

donna Verona, die Cansignorio bereits 1386 schaffen und hier aufstellen ließ. Sie wird bekrönt von einer römischen Statue aus dem 1. Jh., ursprünglich ein Torso, der damals ergänzt wurde. Die Piazza wird bewacht von der hohen **San-Marco-Säule** (1523) aus weißem Marmor mit dem venezianischen Löwen. Das Original wurde von den Franzosen zerstört, die Nachbildung stammt aus dem Jahr 1886.

Palazzo della Ragione 5

Piazza Dante, Turmbesteigung tgl. 9.30–-9.30/20.30, Fr, Sa bis 24, So bis 22 Uhr, Erw. 3 €, mit Lift 4 €

Die großzügige **Piazza Dante** oder Piazza dei Signori, von der Piazza delle Erbe durch einen Bogen mit ›Mammutrippe‹ getrennt, ziert in der Mitte ein Dante-Denkmal von 1865. Dominiert wird der ausgewogene Platz vom prachtvollen **Palazzo del Comune** oder Palazzo della Ragione, der im Kern aus dem 12. Jh. stammt. Seit 1193 erlebte dieser Gerichtspalast mehrere Umbauten. Sehr sehenswert sind die Freitreppe im Innenhof, den man Corte del Mercato Vecchio nennt, weil hier früher der Markt stattfand, sowie die von hier aus zugängliche **Torre Lamberti** (Via della Costa 1) beide im 15. Jh. vollendet. Von dem 84 m hohen Turm, auf den man per Aufzug oder auch zu Fuß hinaufgelangt, genießt man den vielleicht schönsten Blick über Verona. Zum harmonischen Bild der Piazza Dante trägt auch der von Schwalbenschwanzzinnen bekrönte **Palazzo Scaligero** (Piazza Dan-

Der berühmte Balkon der Casa di Giulietta zählt zu den meistbesuchten Orten Veronas

te), heute Sitz der Präfektur, bei. Dieser Skaligerpalast (mit einem späteren Portal von 1533), ist über Eck mit der luftigen **Loggia del Consiglio** (1486–92) verbunden.

Arche Scaligere 6

Via Santa Maria Antica s/n, von außen durch das Gitter gut zu betrachten

Direkt hinter dem Palazzo della Ragione versteckt sich einer der ruhigsten Plätze des historischen Zentrums mit dem kleinen Privatfriedhof der Skaliger. Hinter einem kunstvoll gestalteten, schmiedeeisernen Gitter aus dem 14. Jh. mit dem Leitermotiv, dem Symbol des Skaliger, stehen ihre teils monumentalen Hochgräber. Während das Grabmal des Cangrande I, der 1329 starb, noch über das Portal der benachbarten Kirche Santa Maria Antica eingebaut wurde (Kopie; Original im Museum von Castelvecchio), sind die Hochgräber seiner Nachfolger bildhauerische Kleinode des 14. Jh.: Über dem eigentlichen Sarkophag mit der liegenden Figur des Toten erhebt sich ein Baldachin, überbaut mit einer Pyramide, die ein Reiterstandbild des Verstorbenen trägt.

Santa Maria Antica 7

Via Santa Maria Antica s/n, unregelmäßig geöffnet, mittags lange geschl., Eintritt frei

Die kleine romanische Kirche bei den Skaligergräbern besitzt eine ganz eigene Atmosphäre. Beinahe so, wie sie sich heute dank einer Restaurierung von 1897 präsentiert, wurde diese Hauskirche der Skaliger 1185 geweiht, sie stammt jedoch ursprünglich aus dem 8. Jh. Der recht finstere, dreischiffige Innenraum mit seinen drei Apsiden bietet im meist gut besuchten Verona eine Oase der Ruhe.

Sant'Anastasia 8

Piazza Sant'Anastasia, werktags 9/10–18, So, Fei 13–18 Uhr; Eintritt s. Kirchenpass S. 150

Ein eindrucksvolles Relikt aus der Zeit vor den großen Überschwemmungen der Etsch ist die Via Sottoriva. An diese sogenannte ›Straße unter dem Ufer‹ stößt die mächtige gotische Kirche Sant'Anastasia, die von 1290 bis 1481 errichtet wurde. Sie besitzt ein reich verziertes Portal und eine vielgliedrige Chorseite mit fünf Apsiden.

Von allen erhaltenen Kunstwerken der reichen Ausstattung gelten die Fresken der Chorapsiden als die bedeutendste spätgotische Malerei Veronas. Zu verdanken sind sie der Blütezeit der Skaliger, die mit dem sogenannten höfischen Stil beispielgebend auch für die Zeit danach war.

Ob biblische oder weltliche Szenen – sie spiegeln sich in reich gekleideten und geschmückten fürstlichen und ritterlichen Gestalten wider, aber auch in klerikalen. Der höfische Stil gipfelt im sicher berühmtesten Fresko dieser Grabkirche mächtiger Veroneser Familien: In der Sakristei ist das restaurierte Fresko »Aufbruch des hl. Georg zum Kampf mit dem Drachen« (um 1433) von Antonio Pisano, genannt Pisanello, zu sehen.

An dieser Stelle Veronas befanden sich einst die Handelslager der Stadt. Heute sind hier kleine Antiquitätenläden zu finden und einige *osterie*, die nicht nur bei der Veroneser Jugend beliebt sind.

Dom Santa Maria Matricolare 9

Piazza Duomo s/n, werktags 10–17.30, So, Fei 13.30–17.30 Uhr, im Winter kürzer, Eintritt s. Kirchenpass S. 150

Weiter im Norden der Etsch-Schleife steht der sehr sehenswerte Dom, Santa Maria Matricolare geweiht. Von der Vorgängerkirche, der ersten Veronas (zu Beginn des 5. Jh.) ist noch das Bodenmosaik erhalten. Im 10. Jh. erbaute man darüber trotz der zentrumsfernen Lage – wohl wegen des geweihten Platzes – einen frühmittelalterlichen Dom, der wie viele oberitalienische Kirchen nach dem Erdbeben von 1117 neu aufgebaut werden musste (1139–84), nun aber mit Taufkirche, Kreuzgang und Bischofspalast. Sein heutiges Aussehen erhielt der Dom hauptsächlich in den Jahren 1444 bis 1520: Der recht massive romanische Außenbau bekam ein gotisches Innenleben. Sehr harmonisch wirkt seine romanisierende Westfassade, obwohl sie erst 1565 bis 1606 vollendet wurde. Ihr zweigeschossiger Portikus von Meister Nicolò (1138) betont noch die Vertikale des Mittelschiffs.

Innen besticht der Dom durch seine großzügige Dreischiffigkeit, die ab 1444 ganz im Sinne der italienischen Gotik umgestaltet wurde und mit den weiten Arkaden eher wie eine Halle wirkt. Zu seinen Kostbarkeiten zählen zwei Ölgemälde: Tizians »Himmelfahrt« von 1530 im linken Seitenschiff und in der zusammengesetzten Altarwand eine »Anbetung der Könige«. Letzteres gilt als das Hauptwerk von Liberale da Verona (Ende 15. Jh.) mit einer zauberhaften venetischen Hügellandschaft.

Teatro Romano mit Museo Archeologico 10

Regaste Redentore 2, Mo 13.30–19.30, Di–So 8.30–19.30, während der Theaterspiele 9–15 Uhr, Erw. 3–4,50 €

Die römische Via Postumia (Genua–Aquilea), die in Verona in Höhe des Castelvecchio mit der Via Gallica (Turin–Mailand–Brescia–Verona) zusammenstieß, führte durch das damalige Stadtzentrum hindurch, am Teatro Romano vorbei auf die Hügel zu. Das römische Theater ist zusammen mit dem nicht sehr reich bestückten Museo Archeologico zu besichtigen. Doch von den Rängen genießt man einen wunderbaren Blick auf die Altstadt.

Ponte Scaligero 12

Die großartige, Fußgängern vorbehaltene Skaligerbrücke verbindet das Castelvecchio mit dem Nordufer der Etsch bzw. mit der Bergseite Veronas. Wenn man zwischen den markanten Schwalbenschwanzzinnen der Brücke auf die Festung zugeht, genießt man den Blick auf das trutzige Castelvecchio, und – von den kleinen, bastionenähnlichen Ausbuchtungen – auf die Etsch. Für die im 14. Jh. errichtete Brücke wurde Spolienmaterial römischer Vorgängerbauten benutzt, wie einige Kapitelle zeigen, die man bei

Niedrigwasser im unteren Bereich erkennen kann.

San Zeno Maggiore 13

Piazza San Zeno, Mo–Sa 8.30/9–18, So, Fei 13–18 Uhr, im Winter kürzer, Eintritt s. Kirchenpass S. 150

Die Lieblingskirche der Veroneser und eine der schönsten Kirchen Italiens überhaupt ist San Zeno Maggiore: ein klassisches Beispiel lombardischer Hochromanik. Auch sie besaß einen Vorgängerbau aus dem 5. Jh., über dem Grab des Stadtpatrons San Zeno, dessen Gebeine in der Krypta ruhen. Nur ein Jahr nach dem großen Erdbeben von 1117 wurde mit dem Neubau der Kirche begonnen, der bereits 1135 bis auf die großartig gegliederte Westfassade und den frei stehenden Glockenturm vollendet war. Weißer Tuff und rote Ziegel bilden seitdem die schöne Struktur der Kirchenfassade.

Beim Eintreten auf der linken Seite (das Hauptportal bleibt normalerweise geschlossen) sollte man links erst einen Blick in den Kreuzgang (s. S. 154) werfen, der in seiner Harmonie seinesgleichen sucht! Seine zierlichen Doppelsäulchen stammen aus dem berühmten rosa Marmor von Sant'Ambrogio in der Valpolicella, Veroneser Marmor bzw. Rosso Veronese genannt.

Prunkstück und größter Schatz der Kirche sind die herrlich gearbeiteten Bronzetüren der Westfassade, die um 1100 bzw. 1200 geschaffen wurde. Sie zeigen 21 Szenen aus dem Alten und 20 aus dem Neuen Testament sowie vier aus dem Leben des hl. Zeno. Lange Jahre restauriert, wurden sie nicht mehr an die Außenseiten der Türen angebracht, sondern zum Schutz vor zu starker Sonneneinstrahlung innen.

Am Hochaltar, dessen Predellabilder Napoleon nach Paris bringen ließ, befindet sich eine »Madonna mit Heiligen« von Andrea Mantegna (1456–59). Sie gilt als die erste Darstellung mit Zentralperspektive in Verona. Im linken Seitenschiff steht vor dem Chor die hohe und etwas schwerfällige bemalte Marmorgestalt »San Zeno surride«. Sie zeigt den 380 verstorbenen San Zeno,

Mein Tipp

Castelvecchio 11

Am Fluss erhebt sich diese mächtige Skaligerburg, die Cangrande II nach 1354 zum Schutz vor den Veronesern errichten ließ. Tatsächlich weil ihm, dem Tyrannen, seine Familienpaläste im Zentrum nicht mehr sicher genug erschienen. Schon fünf Jahre später starb er – allerdings nicht durch Veroneser Bürger, sondern durch die Hand seines Bruders Cansignorio. Dieser ließ dann die Burg von den besten Künstlern seiner Zeit prächtig ausschmücken. Inzwischen ist Castelvecchio zu einem einladenden **Museo Civico d'Arte** mit einer großartigen Sammlung Veroneser Malerei umgestaltet worden. Hier befindet sich u. a. das Originalgrabmal Cangrandes vom Portal der Kirche Santa Maria Antica (s. d.). Eine Dreingabe beim Besuch der interessanten Sammlungen ist das Kastell selber, man kommt praktisch in alle Räume hinein, geht über Treppen und Wehrgänge, schaut in Innenhöfe hinein und auf die Etsch. Corso Castelvecchio 2, Mo 13.45–19.45, Di–So 8.30–19.30 Uhr, Erw. 4,50 €.

Lieblingsort

Kreuzgang von San Zeno Maggiore

San Zeno Maggiore ist nicht nur ein klassisches Beispiel lombardischer Hochromanik, sondern eine der schönsten Kirchen Italiens überhaupt. Kaum ein anderer Ort in Verona bietet zudem eine solche Stille in einem so harmonischen Rahmen wie dieser Kreuzgang.

dem die Kirche geweiht ist. Sein Lächeln, so sagen die Veroneser, habe ihr freundliches Wesen bestimmt.

Tomba di Giulietta 14

Via del Pontiere 35, Mo 13.30–19.30, Di–So 8.30–19.30 Uhr, Erw. 4,50 €, mit dem Museo degli Affreschi 7 €

Das – wie der Balkon – nur vermeintliche Grab der Julia befindet sich an einem ganz besonders ruhigen Ort, abseits genug vom historischen Zentrum, um nur noch wenige Besucher hierher zu locken. Dabei liegt das **Kloster San Francesco** nur einen Katzensprung südlich der Skaligermauer. Ein schlichter Steinsarkophag unter einem niedrigen Tonnengewölbe in einem fast dunklen Raum – mehr ist es nicht, was den Besucher am Julia-Grab erwartet, doch das bescheidene Kloster strahlt eine wunderbare Atmosphäre aus. Für Kunstfreunde ist zudem das **Museo degli Affreschi** von Interesse, das im Kloster eingerichtet wurde. Es zeigt Fresken aus dem Mittelalter und der Renaissance, die in Kirchen Veronas abgenommen wurden.

Übernachten

Luxus pur – **Due Torri Hotel** 1: Piazza Sant'Anastasia 4, Tel. 045 59 50 44, www.duetorrihotels.com, DZ bzw. Suiten mit Frühstück 187–682 €. Das feinste Haus der Stadt in einem Palazzo des 14. Jh. mit 82 Zimmern und 9 Suiten, teilweise im Louis-XVI-Stil. Hier logierten so illustre Gäste wie Mozart, Goethe und Garibaldi. Garage, Parkplätze; hervorragendes Restaurant Brunello mit verfeinerter lokaler Küche.

Gemütlich und zentral – **Accademia** 2: Via Scala 12, Tel. 045 59 62 22, www.hotelaccademiaverona.it, DZ/ÜF 137–355 €. Wunderschönes Altstadthotel bei der feinen Einkaufsmeile Via Mazzini; den Namen trägt das Haus von der 1565 hier eingerichteten Reitakademie. 1797 wurde daraus ein Reitstall mit Herberge, 1880 bereits ein elegantes Hotel. Allein 6 Salons bietet das angenehme Hotel mit 87 Zimmern und 7 Juniorsuiten seinen Gästen. Restaurant; Parkplätze.

Schlichte Modernität – **Verona** 3: Corso Porta Nuova 47/49, Tel. 045 59 59 44, www.hotelverona.it, DZ/ÜF 99–219 €. Renoviertes enges Stadthotel, günstig zwischen Bahnhof und Altstadt gelegen, mit 26 Zimmern und Parkplätzen; ohne Restaurant.

Angenehme Eleganz – **All'Opera** 4: Via Alberto Mario 11 A, mobil 33 88 58 87 63, www.bbopera.com, DZ mit italienischem Frühstück 90–170 €. Sehr zentrales, geschmackvolles und gemütliches B & B. Zwei Einheiten aus 3 und 2 unterschiedlichen Zimmern, teils so geräumig wie Suiten, z. T. unter Holzbalkendecken. Sehr liebevoll und elegant eingerichtet! Schönes Frühstückszimmer mit Blick auf die Arena.

Für Sportliche – **Alle Piscine** 5: Viale Galliano 19, mobil 34 87 03 28 97, www.allepiscineverona.it, DZ mit italienischem Frühstück 50–75 €. B & B gegenüber einer privaten Sportanlage mit Pools und nahe einer Tennisanlage. 3 eher bescheidene, aber freundliche Zimmer; Küchenbenutzung.

Parkplatz inklusive – **Giulietta e Romeo** 6: Via Adigetto 9, Tel./Fax 04 58 01 54 92, www.bbgiuliettaromeo.it, DZ mit italienischem Frühstück 60–110 €. 2 freundliche Zimmer mit einem gemeinsamen Bad inkl. Parkplatz, und das mitten in Verona!

Zentral und günstig – **Torcolo** 7: Vicolo Liston 3, Tel. 04 58 00 75 12, www.hoteltorcolo.it, DZ ohne Frühstück 90–150 €. Nettes Hotel in bester Arena-Lage, 1953 als Osteria mit Locanda eröffnet. Familiäre Atmosphäre, schön restauriertes Ambiente (19 Zimmer).

Renaissance-Ambiente – **Ostello della Gioventù Villa Francescatti** 8: Salita Fontana del Ferro 15, Tel. 045 59 03 60, www.ostelloverona.it, ganzjährig, Bett mit Frühstück 18 €, im Familienzimmer 20 €, Mahlzeit 8 €. Herrliche Jugendherberge in einer Renaissancevilla (16. Jh.) im Grünen oberhalb des Teatro Romano mit rund 242 Betten in 35 Zimmern.

Klösterlich – **Ostello della Gioventù Villa Santa Chiara** 9: Via Santa Chiara 10, Tel. 045 59 78 07, Fax 04 58 00 91 27, April–Okt., Bett mit Frühstück im Mehrbettzimmer 18 €. Jugendherberge im ehemaligen Klosterkomplex von Santa Chiara mit rund 70 Betten in 8 Zimmern; nur 2 Gemeinschaftsbäder.

Schön gelegen – **Campeggio Castel San Pietro** 10: Via Castel San Pietro 2, Tel./Fax 045 59 20 37, www.campingcastelsanpietro.com, Mai–Sept., Stellplatz 10–21 €, pro Pers. 10 €. 6500 m^2 kleiner Campingplatz oberhalb der Stadt auf dem San-Pietro-Hügel (nördl. des Teatro Romano) für max. 240 Personen.

Essen & Trinken

Veronas Restaurants sind sehr teuer, aber meist gut bis sehr gut. Preiswert sind noch immer viele der traditionellen Osterien im Altstadtzentrum; es gibt auch Bars, die Kleinigkeiten zu essen anbieten, und inzwischen ein paar SB-Restaurants, die zwar nichts mit Verona zu tun haben, aber eine ordentliche Qualität mit lokalem Anstrich bieten. Achtung: Während der Opernfestspiele in guten bzw. bekannten Lokalen unbedingt langfristig einen Tisch vorbestellen!

Seit 1879 in – **Arche** 1: Via Arche Scaligere 6, Tel. 04 58 00 74 15, www.ristorantearche.com, 3 Wochen im Jan. geschl., sonst Montagabend–Sa, Degustationsmenü 60 €. Kleines, traditionsreiches Toprestaurant (seit 1879 in Familienbesitz) mit wenigen Tischen im historischen Zentrum. Venetische kreative Küche mit hervorragender Wein- und Destillate-Auswahl.

Römischer Weinkeller – **12 Apostoli** 2: Vicolo Corticella San Marco 3, Tel. 045 59 69 99, www.12apostoli.com, Juli–Mitte Juni, Di–So mittags, Menü ab 57 €. Weil sich 1750 zwölf in der Nähe arbeitende Händler in einer Art Osteria zur Mittagspasta zu treffen pflegten, übernahm das Lokal den Namen bei seiner Eröffnung. Seitdem Traditionsadresse in historischen Gewölben mit neu freskierten Wänden, die noch mehr Historie signalisieren. Eines der Locali storici d'Italia, Feinschmeckerlokal mit Veroneser Spezialitäten in großen Portionen; Weinkeller im 50 m langen römischen Gewölbekeller, in dem auch Weinproben zelebriert werden. Seit 1968 wird hier an italienische Publizisten der Journalistenpreis »12 Apostoli« verliehen.

Klein und begehrt – **Tre Marchetti** 3: Vicolo Tre Marchetti 19/b, Tel. 04 58 03 04 63, www.tremarchetti.it, 1 Woche im Juni, 2 Wochen im Sept. geschl., Winter Mo–Sa, Sommer Di–So, während der Opernfestspiele bis 4 Uhr früh geöffnet, Menü ab 35 €. Kleines, lautes, immer volles Lokal mit Veroneser Küche wie Stockfischmus, Schweinefüßchen mit weißen Bohnen, *moscardini* (Mini-Tintenfische)

Case per Ferie

In und um Verona gibt es mehrere dieser meist von kirchlichen Organisationen geführten Häuser, in denen junge Leute preiswert übernachten können wie etwa in der **Casa Don Bosco** 11: Via Provolo 16, 04 58 07 07 11, DZ 8–50 €, s. auch »Guida all'Ospitalità« (Unterkunftsverzeichnis von Verona).

mit frischen Tomaten, hausgemachte *bigoli* (Pasta) mit Sardinen aus dem Gardasee oder Entenragout.

Riesentheke – **Antica Bottega del Vino 4**: Via Scudo di Francia 3, Tel. 04 58 00 45 35, www.anticabottegadel vino.net, tgl. 10.30–15, 18–24, in der Opernsaison bis 4 Uhr morgens, im Winter Mi–Mo, Menü ab 40 €. Eines der Locali storici d'Italia, von 1890, früher Treffpunkt von Mundartdichtern und der Lokalpresse. Dunkel getäfelt, der Speiseraum vom Thekenraum optisch abgetrennt; Veronas vielleicht bester Weinkeller und Osteria mit köstlichen Gerichten aus dem Veneto und Kleinigkeiten an der langen Theke in der Tradition der Veroneser *osterie*.

Traditionell und gemütlich – **Locanda di Castelvecchio 5**: Corso Cavour 49, Tel. 04 58 03 00 97, www.ristoran tecastelvecchio.com, Mitte Aug.–Juli Mi abends–Mo, Menü ab 40 €. In den Räumen einer historischen *salumeria* mit eigener Produktion von Wurst- und Schinkenwaren im Untergeschoss (heute Weinkeller). Einladendes Lokal, gemütlich dunkel getäfelt, überall hängen Bilder und Spiegel und ergänzen Weinregale die Holzwände; schwere, weinrote Vorhänge. Ein kleiner und ein größerer Raum, dazu eine Sommerterrasse auf dem Bürgersteig. Gute lokale Küche, saftige Braten und *bollito di manzo* (gekochtes Rindfleisch aus verschiedenen Teilen des Tieres wie Zunge, Schulter etc.) mit diversen Beillagen und Veroneser Soßen, alles in allem fleischlastig – trotz Tintenfisch, der in Verona nicht fehlen darf.

Elegantes Ambiente – **Casa Mazzanti Caffè Ristorante 6**: Piazza Erbe 32, Tel. 04 58 00 32 17, www.casamaz zanticaffe.it. Das historische Lokal wurde in ein elegantes Restaurant mit freundlichen hellen Räumen und stuckierten Wänden sowie mit Tischen auf der einladenden Piazza delle Erbe verwandelt. Die In-Location ist berühmt für ihre Cocktails und die Aperitivi, die appetitlich angerichteten Teller. Italienisch-internationale Küche, auch Sushi. Erlesene Weine und Spumanti.

Beliebt bei der Jugend – **Al Carro Armato 7**: Im Geviert Vicolo Gatto 2/Via Due Stelle/Via San Pietro Martire, Tel. 04 58 03 01 75, 11–15, 18–1 Uhr, Di–So, Tellergerichte und Aufschnittplatten 6–12 €, vollständiges Menü mit Wein 25 €. Urige, dunkle Osteria, bei jungen Leuten beliebt; einfache Veroneser Küche (leckere Pasta, gute Tintenfische mit Polenta) und preiswerte lokale Weine.

Selbstbedienung – **Brek 8**: Piazza Brà 20, Tel. 04 58 00 45 61, www.brek.com, tgl. 11.30–15, 18.30–22 Uhr, im Sommer draußen 9–22 Uhr, warme Gerichte wie Pasta ab 4 €, Fisch oder Fleisch vom Grill ab 7 €. Guter Schnellimbiss an der großen Arena-Piazza in gepflegtem und modernem Ambiente; auch Tische im Freien auf der Piazza mit Blick auf die Arena. Perfekt zubereitete italienische und speziell veronesische Spezialitäten, für den ›schnellen Hunger‹ und für Familien mit Kindern geeignet.

9 – 12: s. Entdeckungstour S. 164

Einkaufen

Immer wieder gibt es neue Anleitungen bzw. Führer zu den Shoppingadressen der Stadt. Doch eigentlich benötigt man sie nicht, wenn man zum Einkaufsbummel in die einladende **Fußgängerzone** geht. Hier findet man sowohl teure als auch normalpreisige Boutiquen und sogar ein gutes Kaufhaus an der Ecke zur Piazza delle Erbe. Die feinste Einkaufsstraße ist die **Via Mazzini** zwischen der Piazza Brà und der Piazza delle Erbe. Hier fehlen weder Cartier noch Fiorucci oder Al Duca d'Aosta (für Damen und Herren getrennte Geschäfte). Wer sich vorab informieren will, findet einige Tipps z. B. unter www.veronastyle.com.

Aktiv

Sprachkurse – **Centro Culturale Italiano 1**: Via Rosmini 6, Tel. 04 58 00 31 54, www.centroculturaleitaliano.it. Intensivkurse in Gruppen und einzeln, auch für Sänger und Handelsitalienisch, Kurse zur italienischen Kultur und spezielle Prüfungsvorbereitungen.

Abends & Nachts

In Verona gibt es zahlreiche Kinos, außerdem Pianobars (auch in den Nobelhotels, für Nichtübernachtungsgäste zugänglich), dopocena- (›nach dem Essen‹/›After Dinner‹) und Karaoke-Lokale. Informationen über die wechselnden Programme u. a. auf den stets aktuellen Seiten von www.cittadiverona.it, weiter zu Locali a Verona, s. auch www.2night.it, Verona anklicken.

Beim Sommelier – **Enoteca Segreta 1**: Vicolo Samaritana 10, Tel. 045 80 15 24, www.enotecasegreta.it, 17–24 Uhr, Mo–Sa. Stylische Aperitif-Location. Bietet eine große Weinauswahl (Hausherr Gigi ist Sommelier) zu feinen Aufschnitt- und Käseplatten; sehr gute Risotti.

An der Etsch – **Cappa Caffè 2**: Piazzetta Brà Molinari 1/a, Tel. 045 80 04 45 49, www.cappacafe.it, tgl. 9–2 Uhr. Berühmt für seine Live-Jazzabende im Winter, im Sommer fasziniert das Lokal allein schon durch seine Terrasse zur Etsch. Man kann hier genauso gut ein leichtes Mittag- oder Abendessen (ab 20 €) wie einen Aperitif genießen, später geht man eher zu Cocktails über.

Märkte in Verona

Piazza delle Erbe: tgl. außer So, Fei; Ursprünglich ein Obst- und Gemüsemarkt, inzwischen auch mit den üblichen Souvenirs. Die Stände sollten abends und an Sonntagen abgebaut werden, um den historischen Platz wieder zur Geltung zu bringen.

Andere gemischte Märkte:

Di: San Zeno, San Massimo, Borgo Venezia und Piazza Isolo

Mi: Borgo Trento, Ponte Crencano und Porta Vescovo

Do: Golosine, Parona, San Michele und Santa Lucia

Fr: Porta Vescovo, Saval, San Zeno und Volto San Luca

Sa: Quartiere Stadio (Stadium)

Antiquitätenmarkt: jeden 3. Sa auf der Piazza San Zeno (mit Kunsthandwerk)

Diskotheken

Die Veroneser gehen zum Tanzen gerne in die Edel-Diskotheken von Bardolino. In der Nähe der Stadt liegt außerdem:

In-Disco auf dem Land – **Nessun Dorma 3**: östlich von Verona zwischen Soave und Bolca, Via dell'Artigianato 14, Costalunga di Monteforte (VR), mobil 329 95 34 13, www.nessundormaverona.it, Mi–Sa 20–2, So 18–2 Uhr, Eintritt frei! Jede Woche Themenabende mit Animation; fantasievolle Cocktails.

Infos & Termine

IAT: Via degli Alpini 9/Piazza Brà (in der Skaligermauer), 37121 Verona, Tel. 04 58 06 86 80, www.tourism.verona.it. Weitere Informationsbüros am Bahnhof sowie am Flughafen Valerio Catullo, während der Saison auch am Viale del Lavoro (Autobahnausfahrt Verona Süd).

▷ S. 166

Auf Entdeckungstour: Andar per i goti – zum Aperitif in Veronas Kneipen

Keine andere Stadt im Umkreis des Gardasees hat so viele stylische Bars, Cafés und traditionelle Osterien zu bieten wie Verona. Alteingesessene drehen mittags eine Runde zwischen ihren Lieblingskneipen und holen sich bei jeweils einem Gläschen Wein und kleinen Häppchen den richtig großen Appetit für das Mittagessen.

Karte: s. S. 152

Ausgangspunkt: Piazza delle Erbe

Zeitpunkt: um die Mittagszeit

Budget: Ein Gläschen *(goto)* Aperitif ca. 1–3 €. Häppchen ab 1 €, Pastagerichte oder Veroneser Fisch- und Fleischspezialitäten um 4–6 €; für rund 10 € kann man richtig satt werden.

Machen Sie's wie wir und ziehen Sie von Kneipe zu Kneipe, um ein Gläschen zu trinken und ein Häppchen zu essen. Als wir im Dunstkreis der Piazza delle Erbe in der sechsten Osteria angekommen waren, sprach uns der betagte Radames an. Ja, den Namen habe ihm seine opernbegeisterte Mutter gegeben, frei nach Verdis Aida. Und angesprochen habe er uns, weil er beobachtet habe, mit welchem Interesse wir uns in seinen Osterien nach dem schönen Brauch erkundigt hätten. Tatsächlich sei es Tradition, vor dem Mittagessen auf einen *goto* – ursprünglich ein kurzer Stamper – in eine Osteria zu gehen und dazu ein oder zwei kleine Häppchen als Appetitanreger zu sich zu nehmen. Doch eine richtige Tour durch die Kneipen sei doch viel schöner, außerdem spare man sich so das Mittagessen – und das bei netten Gesprächen mit den Thekennachbarn. So richtig vergnüglich wird eine Goto-Tour am Abend, nach der Arbeit und vor dem Abendessen, so man zu den Einheimischen zählt. Da trifft man sich mit Freunden oder Kollegen in noch lockererer Atmosphäre und dehnt die Aperitif-Zeit schön aus.

Osteria del Bugiardo 9

Das *andar per i goti erlebt* in Verona eine echte Renaissance. Es werden sogar neue Lokale im alten Stil eröffnet, weil die Nachfrage wächst. Eines dieser neuen Lokale mit einem so schönen Ambiente, dass man meint, es stünde schon einhundert Jahre, ist die Osteria del Bugiardo (Gasthaus zum Lügner), mit einer herrlich verlockenden Auslage und ein paar Stehtischen, an denen man kaum einen Platz bekommt. Die Wartezeit verkürzt man sich im Stehen, probiert sich durch die leckeren Häppchen oder durch Tellergerichte wie *trippa* (Kutteln), *pasta faggioli* (Bohnensuppe mit Pasta), *parmiggiana* (überbackene Auberginen), Lasagne, Pferdegulasch *(pastissada di cavallo)* oder ein *bollito*-Stück – das Glas Wein in der Hand balancierend (Corso Porta Borsari 17/A, Di–So 11–22, Fr/Sa bis 24 Uhr).

El Buso del Goto 10

Das El Buso del Goto in der Via Dietro Listón, also »hinter dem Listón«, wie der breite Bürgersteig an der Piazza Brà vor der Arena im Dialekt heißt besteht aus einem winzigen länglichen Raum. Es ist ein ebenfalls neueres Lokal mit nur vier Tischchen und ein paar Plätzen an der Wand. Die wenigen Speisen wechseln täglich, z. B. gedämpftes Kraut *(crauti),* Kalbsgulasch *(spezzatino)* mit Polenta, im Winter gerne *cotecchino,* eine Kochwurst mit Polenta. Man kann hier den ganzen Tag über etwas zu essen bekommen, und wenn es diverse Frikadellen oder die großen *bruschette* sind, Brote, die mit kleinen Tomatenstücken belegt oder mit Leberpastete bestrichen werden (Via Dietro Listón 5, Mo–Sa 9–21 Uhr).

Osteria a le Petarine 11

In der nahen Osteria a le Petarine gibt's in zwei bescheidenen Räumen nur Veneto-Weine und dazu zwar nicht selbst gemachte, aber dennoch leckere kleine Gerichte (Pasta 5 €, 7–9 € die Portion Stockfisch oder Pferdegulasch, beides mit Polenta) aus der Region und stets frisch zubereitete Brote. Man kann hier an der dunkel getäfelten Theke auch Wein fürs Hotelzimmer zu relativ normalen Preisen kaufen, für einen *goto* offenen Hauswein verlangt Wirtin Paola nur 1 €, aus der Flasche 1,30–2,50 € (Via San Mamaso 6, Mo–Fr 7–21, Sa 7–13 Uhr).

Caffè Monte Baldo 12

Auch im Caffè Monte Baldo in seinen beiden kleinen dunklen Räumen, einer voller Weinregale, wird man mit warmen Mahlzeiten aus einer Spezialküche, die auch andere Lokale beliefert, versorgt; die Brote und Aufschnittplatten sind hausgemacht, der Wein aus dem Bardolino perfekt und doch preiswert (ab 1,50 €; Via Rosa 12, Di–So 10–14, 17–21 Uhr).

Flugzeug: Flughafen Valerio Catullo bei Villafranca, 14 km vom Zentrum entfernt. Mehrmals tgl. Flugverbindungen mit deutschen Flughäfen (Air Dolomiti, www.airdolomiti.it, in Zusammenarbeit mit der Deutschen Lufthansa). Bustransfer zum Bahnhof/Tickets im Flughafen.

Busse: Linienbusverbindungen in die Stadt/Air Terminal am Bahnhof Verona Porta Nuova tgl. vom Bahnhof 5.20–23.10, vom Flughafen 6.35–23.35 Uhr; 6 €). In die Provinz fahren die Busse des APTV (Azienda Provinciale Trasporti Verona, Tel. 04 58 05 79 11/12) in dichter Folge (ca. halbstdl.). Abfahrt vom Bahnhof zum Gardasee: Nr. 62–64 ans Ostufer nach Lazise und weiter nach Norden bzw. bis Riva; Nr. 82 nach Sirmione und Desenzano.

Innerstädtische Busse: ATV-Busse (Tel. 045 805 78 11) verkehren in dichter Folge vom Bahnhof (Nr. 11, 12, 13) zum Zentrum sowie rings um den historischen Kern, der zum großen Teil den Fußgängern vorbehalten ist. Wichtige Umsteigepunkte sind: Bahnhof/Piazza Stazione F.S., San Luca, Castelvecchio, Piazza Isolo, San Fermo, Ospedale Maggiore und Porta Vescovo.

Bahn: Bahnhof Verona Porta Nuova südl. des historischen Zentrums; zu Fuß über den Corso Nuovo in ca. 15 Min. erreichbar. Gute Anbindung Veronas an die oberitalienischen Städte im Stundentakt; Verona liegt an der EC-Strecke München–Bozen–Bologna. Call Center italienweit: Tel. 89 20 21.

Opernfestspiele: Ende Juni/AnfangJuli–Ende Aug./Anfang Sept. in der berühmten Arena, Tel. 04 58 00 51 51, www.arena.it oder www.veronaticket.com.

Stagione sinfonica: Die winterliche Konzertsaison genießen eher die Experten, die ein großes Programm erwartet, z. B. im Teatro Filarmonico; im Winter außerdem Jazzveranstaltungen in der Arena (www.arena.it).

Vinitaly: Ende März/Anfang April; www. veronafiere.it. Die Weinmesse ist die international relevanteste Messe Veronas; zu dieser Zeit ist in der Stadt und im Umkreis kein Hotelzimmer zu bekommen (auch am Gardasee nicht).

Krippenausstellung: Dez. In der Arena, umgeben von den Buden des Weihnachtsmarktes.

Auch abends voller Leben – die Piazza Brà in Verona mit der römischen Arena

Valpolicella ▶ G/H 10

Nordwestlich von Verona breitet sich, abgegrenzt von Autobahn und Etsch, quasi vor der Haustür Veronas, das Weinland der Valpolicella aus, eine zauberhafte Hügellandschaft mit tiefen Tälern. Neben dem Wein bilden hier die großen Marmorvorkommen den wichtigsten Wirtschaftsfaktor, die den Wohlstand des Gebietes noch festigen. Übersetzt bedeutet Valpolicella – auf den Wein anspielend – so viel wie »Tal mit den vielen Kellern«. Den Weinanbau führten hier bereits die Römer ein, weil die hügelige, der Sonne zugewandte Lage ideal und zudem genügend Wasser vorhanden war. Denn die kleinen Seitentäler im Bogen der Etsch sind mit zahlreichen Quellen gesegnet und von den Lessinischen Bergen zu Füßen der Veroneser Alpen fließen viele Wildbäche durch die Hügellandschaft Richtung Etsch. Unzählige Villen zieren die Valpolicella, denn in der Renaissance liebte es der Veroneser Adel, seine Landvillen in diesem fruchtbaren Gebiet zu errichten. Villa bedeutete damals Landgut und sie diente – als Pendant zu den Palästen in den Städten – der Landwirtschaft und der Sommerfrische zugleich *(villeggiatura)*.

Weinstraße der Valpolicella

Die »Strada Valpolicella Classico« ist zwar etwas verwirrend zu fahren, weil sie mehrere Schleifen macht, doch es lohnt sich! Man kommt nicht nur zu den wichtigsten Weingütern des Gebietes, sondern entdeckt dabei auch Villen, Kirchen und landschaftliche Schönheiten. Wegkarten bekommt man in den Weingütern; an allen wichtigen Kreuzungen gibt es eine entsprechende Beschilderung. Die Weinstraße befährt man am besten mit Rad (s. u.) oder Pkw. Linienbusse verkehren zwar entlang der Weinstraße, jedoch für Ausflügler zu ungünstigen Zeiten.

Mit dem Fahrrad unterwegs

In der Valpolicella kann man über lange Strecken hinweg durch eine von Verkehr fast freie Landschaft radeln (gute Kondition erforderlich). Tipps für den Streckenverlauf findet man u. a. im Internet unter: www.amicidellabicicletta.it und www.stradadelvinovalpolicella.it.

Sant'Ambrogio ▶ G 10

Das überschaubare Sant'Ambrogio, der Hauptort der Valpolicella in 180 m Höhe, blühendes Zentrum des Wein- und Obstanbaus, ist ein nettes Städtchen, das man gern wegen seiner Wein-

Infobox

Internet

www.valpolicellaweb.it: Website des Pro Loco Valpolicella mit allen Orten, Weingütern, Veranstaltungen, etc.

Weinproben

Weinproben kann man in einigen Restaurant-Enotheken und den Landgütern machen. Auf der Website **www.unvinounterritorio.it** findet man Kellereien und andere gute Tipps zu Weinverkostung und -kauf, auch wenn die Beschreibungen nicht objektiv sind.

kellereien und wegen des Hinterlandes aufsucht. Der Ort lebt außerdem vom Abbau des Marmors, den schon die Römer sehr zu schätzen wussten.

Pieve di San Giorgio

Piazza della Pieve, Località San Giorgio, 37015 Sant'Ambrogio (VR), normalerweise 7–19 Uhr geöffnet

Der wichtigste kunsthistorische Anziehungspunkt vielleicht der gesamten Valpolicella befindet sich im noch mittelalterlich geprägten Vorort San Giorgio (375 m), nur 1 km nördlich. Zauberhaft mitten im Dorf liegt der Klosterkomplex mit dem hoch aufragenden Glockenturm, dessen auffällige Lisenen ihn noch höher erscheinen lassen. Die langobardisch-romanische Pfarrkirche stammt aus dem 7. bis 12. Jh. Sie ist dreischiffig und besitzt keine Hauptfassade, dafür an der Westseite eine und an der Ostseite drei Apsiden. Im Innern wird die Kirche von vier kräftigen Pfeilerpaaren im Westen und drei ungleichmäßigen Säulenpaaren im Chorbereich getragen. Alle drei Schiffe der Basilika schließen mit offenem Dachstuhl ab.

Die Innenflächen der Rundbögen zwischen den Kirchenschiffen sind mit geometrischen Motiven freskiert, an der Südwand wurde ein großes Abendmahlfresko durch den Einbau einer Tür zerstört. Fast vollständig, wenn auch blass erhalten sind die Fresken in der westlichen Rundapsis, durch die man in die Kirche tritt, überragt von »Christus in der Mandorla«. Sonst zeigt die harmonisch wirkende Basilika nackte Steinwände. San Giorgios Kleinod steht im Chorraum: ein kleines Ziborium aus der Langobardenzeit, das allerdings erst 1923 aus Teilen des Kreuzganges zusammengesetzt worden sein soll.

Den zauberhaften Kreuzgang schuf 712/13 ein Meister namens Ursus. Die Kapitelle, die auf vielen kleinen, schlanken Säulen und konisch geformten Rechteckpfeilern thronen, wirken richtig nordisch, also langobardisch. Sie zeigen u. a. Tiermotive und christliche sowie geometrische Symbole.

Übernachten

Für Feinschmecker – **Dalla Rosa Alda:** Strada Garibaldi, 37015 San Giorgio di Valpolicella (VR), Tel. 04 57 70 10 18, www.dallarosalda.it, März–Dez., DZ/ÜF 90–105. B & B über der berühmten Trattoria (s. Mein Tipp). Im 1. OG 3 altmodisch mit Antiquitäten eingerichtete, im 2. OG 6 moderne und klimatisierte Zimmer mit Internetanschluss. Etwas für Feinschmecker, die zentral und auch noch direkt über dem Schlemmertempel wohnen möchten.

Schönes Panorama – **Villa San Giorgio:** Via Conca d'Oro 1, 37015 San Giorgio di Valpolicella (VR), Tel. 04 56 83 81 70, www.villasangiorgio.com, DZ/ÜF 90–130 €. Zauberhaftes, nur 6 Zimmer kleines Hotel in einem restaurierten Steinhaus zwischen Sant' Ambrogio und San Giorgio in wunderbarer, unverbaubarer Panoramalage mit Blick auf den Gardasee. Entrée im Designer-Stil, die Zimmer gemütlich mit großen Betten, ein Zimmer hat einen großen Aussichts-Balkon. Restaurant mit Aussichtsterrasse und guter lokaler Küche. Parkplatz. Kleiner Pool in Dependance, die 50 m entfernt liegt.

Essen & Trinken

Klein und teuer – **Groto de Corgnan:** Sant'Ambrogio di Valpolicella, Tel. 04 57 73 13 72, www.grotodecorgnan.it, Mo abends–Sa, Degustationsmenü 50 €, *à la carte* um 50 €. Nur 15 Plätze hat dieses kleine Abendlokal plus Terrasse, man speist, was Giorgio Soave empfiehlt.

Elegantes Ambiente – **Al Covolo:** Piazza Vittorio Emanuele 2, Sant'Ambrogio di Valpolicella, Tel. 045 77 32 35 05, Mi–Mo, Menü *à la carte* 25–40 €. Elegantes und doch traditionelles Restaurant mit Enoteca im Untergeschoss; die Bar am Eingang gilt immer noch als Einheimischen-Treff. Außer Stockfisch nur Fleischgerichte wie brasato al Amarone (Rindsgulasch in Amarone-Soße), Pasta mit würzigem *sugo* aus Kaninchen- oder Hasen-, Zicklein- oder Lammfleisch. Sommerterrasse, abends Cantina (mit riesiger Auswahl an Valpolicella-Weinen) als Grill-Lokal.

Einkaufen

Probierstuben, Weinkellereien und Winzer im jährlich neu erscheinenden Büchlein »Un Vino un Territorio« (bei den Betrieben erhältlich, zusammen mit einer Card für Ermäßigungen, kostenlose Weinproben etc.) bzw. unter: www.unvinounterritorio.it.

Urig – **Enoteca El Tinel:** Strada Garibaldi, 37015 San Giorgio di Valpolicella (VR). Winzig kleine Weinprobierstube mit Verkauf in einem restaurierten Dorfhaus aus dem Jahre 1650 gegenüber der Trattoria Dalla Rosa Alda (im selben Besitz). Darunter kleinerer Weinkeller, aus dem Felsen geschlagen. Laut Sommelier Lodovico Testi selbst ideal »für Leute, die im Glas nicht nur einen Rotwein vorfinden wollen ...«.

Infos & Termine

Pro Loco Valpolicella: Via Ingelheim 7, 37029 San Pietro in Cariano (VR), Tel./Fax 04 57 70 19 20, www.valpolicellaweb.it.

Tavola della Valpolicella: Via San Osan 45, 37022 Fumane (VR), Tel. 04 56 83 91 46, www.valpolicella.it (Restaurantvereinigung).

Mein Tipp

Einladend und köstlich

Die alteingesessene **Trattoria Dalla Rosa Alda** mitten im Dorf San Giorgio di Valpolicella hat drei kleine, unterschiedliche Räume (einer davon mit schönem Steingewölbe), einen Weinkeller im Felsen darunter sowie einen pergolierten Innenhof für den Sommer. Die schlichte, saisonabhängige Küche nutzt Originalrezepte der Mutter Alda des Wirts Lodovico u. ä. Quellen. Garantiert immer zu haben sind die *paparele en brodo* (im lokalen Dialekt: Nudelsuppe mit Hühnerleber), Risotto je nach Saison mit Kirschen oder Gemüse (immer mit Amarone, dem Spitzenwein der Valpolicella), Polenta mit Käse und Pilzen aus den Lessiner Bergen und die Rinds-Tagliata mit Amaronesoße. **Trattoria Dalla Rosa Alda:** s. Übernachtung, Di–So mittags, 21. Juni–21. Sept. tgl. Satt und zufrieden wird man schon ab 30 €, für ein Menü inkl. Wein zahlt man rund 50 €.

La Campanna di San Giorgio: Tgl. um 12 Uhr schlägt, nein ›singt‹ die Kirchglocke ein Ave Maria – so schön, dass man einfach zuhören muss!

Festa de le Fae: 2. So. im Nov. Fest der trockenen Saubohnen. Sie werden nach der Messe mit der Brotsegnung aus großen Schüsseln in die eigens dafür hergestellten Schüsselchen gegeben und kostenlos an die Dorfbewohner verteilt. Ein alter, wieder aufgenommener Brauch heidnischen Ursprungs, für den ganz San Giorgio in die einfachen Kleider von ›anno dazumal‹ schlüpft. An der Messe um 10 Uhr sowie am Fest von 12 bis 18 Uhr können auch Touristen teilnehmen: An kulinarischen Ständen werden Kostproben angeboten, vor allem aus Kastanien und Pilzen und natürlich auch Bohnensuppe – dazu Recioto und Amarone der Valpolicella sowie Musik und Tanz. Infos: www.valpolicellaweb.it, www.dallarosalda.it.

Rund um Negrar

▶ J 10

Entlang der Weinstraße fährt man hinauf nach Monte und in Schlangenlinien wieder abwärts nach **Fumane** (192 m) mit der stolzen **Villa della Torre** (16. Jh., privat). Ein Stück nördlich von Fumane kann man einen Abstecher (mit dem Wagen befahrbar, Parkplatz in Molina) durch das Tal des Baches Progno di Breonio zu den Wasserfällen von **Molina** machen, einem wunderschönen Park mit vier ausgewiesenen Wanderwegen (s. S. 174). Zurück auf der Straße von Fumane nach Marano geht es kurz vor Marano links ab Richtung Norden über San Rocco nach **Prun,** wo oberhalb einer Straßenkurve ein aufgelassener historischer Steinbruch zu sehen ist, der einer Ruine ähnelt. Hier hat man die kostbare *Pietra di Prun,* den Stein von Prun, abgebaut und dabei natürliche Stützpfeiler stehen lassen. Den hellen, weiß und rosa gefärbten Stein findet man in der nördlichen Valpolicella in sage und schreibe 37 Arten und Dicken. Er ist – anders als der Veroneser Marmor, der in Blöcken aus dem Berg geholt wird – in Schichten angeordnet, die sich als Naturplatten abbauen lassen. Zum Mauerbau eignet er sich ebenso wie zum Bedecken von Dächern.

Folgt man von Prun den Hinweisen nach Negrar, kommt man automatisch durch dessen Vorort **Torbe** in großartiger Aussichtslage. Der 190 m hoch gelegene Weinort **Negrar** ist berühmt für seinen Recioto – und für seine Kirschen. Die Bäume bringen außerordentlich große Früchte hervor und liefern das feste Holz für die kleinen Weinfässer, in denen der Amarone, der Spitzenwein der Valpolicella, am besten reift. Nach Negrar selbst fährt man, um in der Umgebung Wein zu probieren und zu kaufen oder um das schönste und größte ›Grüne Theater‹ Italiens zu bewundern.

Giardino di Pojega/Villa Rizzardi
37024 Negrar (VR), Tel. 04 57 21 00 28, www.pojega.it; April–Okt. 2 x

Die Valpolicella östlich des Sees ist eines der bekanntesten Weinbaugebiete Italiens

wöchentl., meist Do, Sa 15–19 Uhr, oder nach Vereinbarung, Erw. 8 €
Graf Antonio Rizzardi gab den herrlichen Park seiner Villa 1783 beim Architekten Luigi Trezza in Auftrag, der auf einer Fläche von 5,4 ha einen bis heute einmaligen Garten all'italiana schuf. Zwischen Steineichen und Buchen, Ahorn und Eiben entdeckt man ein Tempelchen mit Statuen des Herkules, der Jagdgöttin Diana und anderen mythologischen Figuren; auf anderen Ebenen breiten sich der Garten der Agrumen, flankiert von zwei limonaie, und der ›Raum des Brunnens‹ aus – eine grüne, kreisrunde Zone mit einem Wasserbecken in der Mitte. Einzigartig und spektakulär jedoch ist das sog. ›Grüne Theater‹ mit sieben aufsteigenden Rängen, Italiens größtes. Bei Aufführungen wird das ›Parkett‹ bestuhlt. Die Abendveranstaltungen im Teatro Verde (normalerweise ab 21 Uhr) sind sehr gefragt und daher meist lange im Voraus ausverkauft: Klassik vor allem, aber auch Jazz. In der Barchessa der Villa werden Wein u. a. Produkte verkauft.

Arbizzano ▸ J 11

Vom Garten der Villa Rizzardi fährt man entlang der Ostflanke von Negrar, begleitet von einem Wildbach, der sich kurz vor Verona in die Etsch ergießt, 5 oder 6 km bis zum kleinen Vorort **Novare** von Arbizzano, wo sich linker Hand die Weingärten der Villa Bertani ausdehnen.

Villa Mosconi Bertani

Località Novare, 37024 Arbizzano di Negrar (VR), Tel. 04 56 02 05 07, www.bertani.net, zur Weinprobe anmelden, werktags ist aber fast immer jemand im kleinen Verkaufsladen im linken Seitenflügel

Im zersiedelten Arbizzano erhebt sich die großartige Villa Bertani von Adriano Cristofoli (1759 vollendet), die man von außen betrachten kann. Imposant wirkt der Mitteltrakt der Dreiflügel-Anlage. Er wird bekrönt von einer mit Statuen verzierten Attika, die eher toscanisch denn venetisch wirkt. In der rechten Barchessa steckt die Privatkapelle der Villa, im linken Seitenflügel kann man den vom Gut Bertani produzierten Wein kaufen. Beide Gebäudeteile sind mit Obelisken geschmückt, die dem Hof dazwischen eine noble Note verleihen. Seit 1857 Weingut und berühmt für seinen edlen Amarone Classico Bertani.

Übernachten

Feines B & B – **Relais Ca' delle Giare:** Via Campi di Sopra 1, 37024 Negrar (VR), Tel./Fax 045 60 15 09 59, www.cadelegiare.it. DZ mit italienischem Frühstück, das auf Wunsch mit Aufschnitt o. Ä. aufgewertet wird, 120–130 €. Wunderschön restauriertes Anwesen aus dem 18. Jh. mit 2 Zimmern unter Holzbalkendecken im Obergeschoss und 1 großen Zimmer im Erdgeschoss.
Rustikales B & B – **La Meridiana:** Via Orsan 16, Fumane, Tel. 04 56 83 91 46, www.lameridiana-valpolicella.it, DZ ohne Frühstück 70 €, mit Frühstück in der nahen Enoteca 90 €. Rustikal und liebevoll gestaltete Zimmer, 5 unter dicken Holzbalkendecken, 1 unter einem schönen Steingewölbe.
Für Pferdeliebhaber – **Le Corone:** 37022 Cavalo di Fumane (VR), Tel./Fax 04 56 84 50 54, www.lecorone.com, DZ/ÜF 80–100 €, bei Wochenbuchung 20 % Nachlass. Reiterhof 12 km nördlich von Fumane in ruhiger Lage, umgeben von grünen Hügeln, Eichen- und Birkenwäldern und natürlich Weinbergen, in großartiger Panoramalage. B & B mit 1 Suite mit

Terrasse, 1 Doppel- und 1 Zweibettzimmer sowie 2 zusammengehörende Zimmer für 4 Personen. Elegantes Clubhaus mit Kamin, Kachelofen und angeschlossenem Weinkeller (um Weine der Valpolicella zu verkosten). Der Reiterhof organisiert Ausritte in die Umgebung und mehrtägige Trekkingtouren; Mountainbike- und Trekking-Tipps mit Kartenmaterial.

Essen & Trinken

Mit Weinhandlung – **Enoteca della Valpolicella:** Via Orsan 45, 37022 Fumane (VR), Tel. 04 56 83 91 46, www.enotecadellavalpolicella.it, Sept.–Juli Di–So mittags, schönes Menü um 30–36 €. Freundliche Trattoria in einem Landsitz aus dem 15. Jh. mit fast allen guten Weinen der Gegend (und aus Rest-Italien sowie aus den besten Lagen der Welt). Lokale Spezialitäten wie Rinderbraten in Amarone; auch Weinprobe und -verkauf. In der Nähe besitzen die beiden Wirtinnen das B & B La Meridiana, s. Übernachten.

Klein, aber fein – **Antica Osteria della Valpolicella:** Località San Rocco, Via Monti Lessini 35, 37020 Marano di Valpolicella (VR), Tel. 04 57 75 50 10, www.anticaosteriavalpolicella.com, Di–So, Degustationsmenü inkl. Getränke 25–35 €. Trattoria mit Enothek, nur 7 kleine Tische; im OG kleiner Saal mit weißem Kachelofen. Weinwürzige lokale Küche, z. B. Risotto mit Radicchio und Recioto, hausgemachte *bigoli* mit Ente oder gefüllte *gnocchi*, Eselgulasch.

Traditionsreicher Familienbetrieb – **Trattoria Caprini:** Via Zanotti 9, 37020 Negrar di Valpolicella (VR), Tel. 04 57 50 05 11, www.trattoriacaprini.it, Do–Di mittags, Vier-Gänge-Menü 27,50 €. Alteingesessene, gemütliche Trattoria seit 1907, direkt gegenüber der Pfarrkirche. 2 Räume und eine neue Enoteca für Weinproben oder kleine Gesellschaften im Obergeschoss mit Aussichtsterrasse, im Erdgeschoss urige Osteria. Perfekte lokale Küche, hausgemachte Pasta, z. B. Lasagne mit diversen Füllungen oder Tortellini (8 €), Nudelsuppe *(paparelle)* mit Hühnerleber (8 €), Kaninchengulasch oder Rindsbacken in Amarone (10 €) – und aus dem immer brennenden Küchenkamin Kalbs- oder Pferdefleisch vom Grill (13 €). Berühmt ist die hausgemachte *pasta frolla di Recioto* (Mürbeteigkuchen mit dem Edelsüßwein der Valpolicella) – ein köstlicher süßer Abschluss (4 €)! Große Valpolicella-Classico-Weinkarte.

Nur mit eigenem Wein – **Antica Trattoria da Bepi:** 37020 Marano di Valpolicella (VR), Tel. 04 57 75 50 0, www.anticatrattoriadabepi.it, Di–So, Menü *à la carte* 25–35 €. Gute Trattoria in drei kleineren Räumen und mit Garten, seit 1920 im Familienbesitz. Hausgemachte Pasta und *dolci,* Braten und Grillwürste; es wird nur Wein vom eigenen Landgut von Giuseppe Lonardi ausgeschenkt. Auf Vorbestellung Weinverkostung!

Parco Regionale della Lessinia

In den Lessiner Bergen zu Füßen der Veroneser Alpen wird kein Wein an- und kein Marmor abgebaut. Kurz: Hier ist die Valpolicella noch intakt, dürfen Bäche fließen, wie es sich die Natur ausgedacht hat, springen Wasserfälle von einer Ebene zur nächsten, kann man in Grotten hineinklettern und ganz tief Luft holen. ›Der Regionale Naturpark von Lessinia‹ wurde 1990 zum Schutz des reichen Bestands an natürlichen und historischen Schätzen ausgerufen. Er erstreckt sich über den nördlichsten Teil von Lessinia, auf

1200 bis 1800 m Höhe. Leider müssen solche Plätze vor dem Menschen geschützt werden, weshalb man im südlichen Bereich beim kleinen Molina (10 km nördlich von Sant'Ambrogio, s. Wegbeschreibung, S. 170), auf 100 000 m^2 einen begehbaren Naturpark geschaffen hat (s. S. 174).

Ponte di Veja ▶ J 8

Weiter östlich liegt die Naturbrücke von Veja, am schönsten auf einer wunderbaren Bergstraße von Molina über Sant'Anna d'Alfaedo, Fosse und Ceredo erreichbar, die bis auf fast 1000 m ansteigt und das Panorama der Lessiner Berge so richtig genießen lässt. Ein riesiger Parkplatz und eine Trattoria davor zeugen von der Beliebtheit von Ponte di Veja. Oft werden hier ganze Schulklassen aus Bussen ausgeladen. Doch wenn sie (meist recht schnell) wieder weg sind, kann man das Naturwunder in aller Ruhe betrachten und untersuchen.

Der bogenartig über dem Veja-Bach gespannte Fels soll einmal der ›Tragbalken‹ des Eingangs einer sehr großen Karsthöhle gewesen sein. Allmählich stürzte das mittlere Grottengewölbe in den Abgrund; die beiden kleineren Höhlen an den Brückenköpfen werden als Beweis dafür herangezogen. Die Brücke hat noch heute wahre Gardemaße: Sie ist 29 m hoch, hat eine Dicke von 9 bis 11 m und bedeckt eine Fläche von 23 x 16 m. Natürlich hat der Fels Dichter und Künstler inspiriert, allen voran Dante, der diese Brücke vor Augen gehabt haben soll, als er die Hölle und die teuflische Überbucht in seiner »Göttlichen Komödie« genauer beschrieb. An einer der beiden dickstämmigen Kastanien vor dem Lokal (Umfang 12,10 m) steht geschrieben, der Dichter habe hier zwischen 1300 und 1320 auf der Flucht aus Florenz als Gast der Skaliger geweilt.

Wanderung von Erbezzo zum Ponte di Veja ▶ K 7–8

Fernwanderweg E 5, Weglänge 7,6 km, Wanderzeit ca. 2 Std.

Vom bequem mit dem Wagen oder dem Fahrrad zu erreichenden Ort Erbezzo folgt man dem Fernwanderweg E 5, hier schön auf einem Maultierpfad, der mit den typischen Steinplatten begrenzt wird. Man quert die **Contrada Masselli** und den Ort **Campilonghi** und erreicht die altertümliche **Contrada Portello** (776 m), im Lessinischen gerne als *piccola porta,* kleines Tor zur Gemeinde von Erbezzo bezeichnet. Danach geht es weiter nach Südwesten, zur **Contrada La Rocca** (654 m). Ab hier wird der Weg etwas beschwerlich, fällt schnell abwärts Richtung **Ponte dei Basasenoci** in 480 m Höhe. Etwa 200 m von der Provinzialstraße Bellori-Sant'Anna d'Alfaedo links, hier wiederum nach einem steilen Anstieg, erreicht man das Tagesziel: den Naturbogen des **Ponte di Veja** (611 m).

Essen & Trinken

Ideale Lage, köstliche Küche – **Trattoria di Veja:** 37020 Sant'Anna d'Alfaedo (VR), Tel. 04 57 54 50 48, www.pontediveja.com, Mi–Mo, im Sommer tgl., Menü um 20 €. Kleine Trattoria oberhalb der Naturbrücke mit großer Terrasse, auf der sich gerne auch ganze Schulklassen einfinden. Viel Hausgemachtes, Spezialität: gegrilltes Fleisch, im Herbst und Winter auch Pilzgerichte. *Pappardelle* mit gemischten Pilzen der Lessiner Berge, 6,50 €, Braten aus dem Backofen mit gemischter Beilagen 12 €, Rehbraten mit Polenta 10 €. Für den kleineren Hunger: Polenta mit Pilzen und Käse 7 €. Auch 3 einfache DZ (60 €).

Auf Entdeckungstour: Es rauscht und plätschert überall – Parco di Molina

In den Lessiner Bergen zu Füßen der Veroneser Alpen, als Teil des Parco Regionale Lessinia, ist die Natur noch intakt und bietet mit dem Molina-Naturpark eine dichte Folge von Wasserfällen, die früher Mühlen antrieben und heute viel Freizeitvergnügen versprechen.

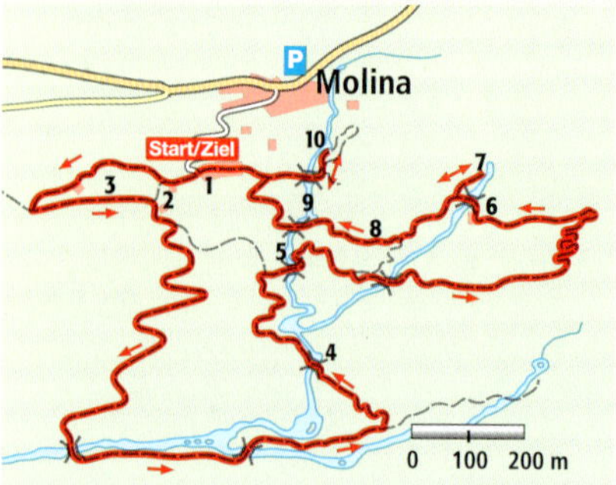

Reisekarte: ▶ H 8
Ausgangspunkt: 37022 Molina (VR), 10 km nördlich von Sant'Ambrogio, www.parcodellecascate.it. Tickets beim Infobüro im Dorf und am Parkeingang
Öffnungszeiten und Eintritt: April–Sept. tgl. 10–18, März, Okt. So, Fei 10–18 Uhr, Erwachsene 5 €, Kinder unter 6 J. frei, 6–11 J., Senioren ab 60 J. 4,50 €

Die Region der **Lessiner Berge** entstand im Tertiär, also vor 25 bis 30 Mio. Jahren. Die Wasserläufe aber sind recht jung und zeichnen sich durch schnelles Fließen aus, weil sie steile und enge Schluchten passieren – und sie dabei gestalten. In Molina waren bis 1930 allein 17 Mühlen aktiv, die meisten dienten als Getreidemühlen, manche auch zum Pressen von Nüssen (Nussöl), als Hammerschmiede, zum Walken von Wolle und als Sägemühle.

Drei Routen und mehr

Vom Dorf Molina geht man in wenigen Minuten vom Parkplatz vor der Kirche den ausgeschilderten schmalen, aber befestigten Weg hinab zum Eingangskiosk, hinter dem sich die einladende Terrasse einer Bar befindet. Man kann zwischen der halbstündigen grünen, der einstündigen roten und der zweistündigen schwarzen Tour wählen. Wer sich für die Letztere entscheidet, wird es bestimmt nicht bereuen – und kann auch allerlei Abstecher einplanen. Schließlich gilt es, sieben Wasserfälle, Reste einer wasserbetriebenen Mühle, zwei Grotten und in den Felsen gehauene Kreuze zu entdecken.

Die ›schwarze‹ Tour

Von der **Bar (1)** einen Schlenker nach rechts, führt der schmale, schwarz markierte Pfad (auf der Karte blau) abwärts. Es fängt recht steil an, doch schon in der ersten Kurve steht man vor einer **Mühlenruine (2),** gefolgt von einer **Spiel- und Liegewiese (3)**. Immer weiter geht es durch tiefen Mischwald, erst ein Stück geradeaus, dann wieder in angenehmen Kehren abwärts.

Rechts unten fließt ruhig ein schmaler Bach, linker Hand aber donnert ein Wasserfall herunter, die **Cascata dell' Orso (4),** das Wasser umspielt tänzelnd einen höheren Felsbrocken. Weiter oben stürzen noch mehr Kaskaden abwärts, eine nach der anderen.

Auf der anderen Seite des Baches geht es um einen Felssturz herum, und eine in ihn geschlagene und schön befestigte Treppe mit Holzgeländer hinauf. Zwischen zwei Kaskaden folgt man an seinem linken Rand einem Wasserlauf. Über dem oberen Wasserfall macht der Weg einen Knick nach rechts. Man blickt auf den hohen Wasserfall namens **Cascata Spolverona (5),** der sich, wie sein Name sagt, in feines Wasser-›Pulver‹ aufzulösen scheint.

Es geht weiter nach oben, und Ambitionierte können bald einen Abstecher zum **Pozzo Tondo (6)** machen, einem schönen Aussichtspunkt mit Blick über fast den ganzen Park. Von hier geht's weiter zur **Grotta delle Tette More (7,** Grotte der schwarzen Brüste), in der dicke dunkle Stalaktiten auszumachen sind. Man kann sie direkt vom Hauptweg aus über die etwas steile Waldtreppe erreichen. Zurück am Hauptweg, sind gleich rechts kleine mysteriöse **Kreuze (8)** in den Felsen gehauen worden. Der Weg führt hart an den Felswänden vorbei, und nach wenigen Minuten erreicht man einen schönen Punkt zwischen zwei Wasserfällen: Links stürzt sich die bereits bekannte Cascata Spolverona ins Tal hinab, rechts schaut man hinauf zur **Cascata Nera (9,** Schwarzer Wasserfall), die so heißt, weil sie sich in eine dunkle Schlucht ergießt. Man kann sich auf einer Schaukel hineinkatapultieren lassen!

Der Weg macht nun einen scharfen Knick nach links und wieder nach rechts, trifft auf den Hauptweg unterhalb der Bar, doch man geht noch ein Stück weiter, quert den Wasserlauf und genießt rechts den Anblick einer mit Blumen übersäten Wiese und geradeaus die von einer herrlichen Waldlandschaft umgebene **Cascata Verde (10).**

Das Beste auf einen Blick

Der Süden

Highlights!

Peschiera: Die Altstadt des aufstrebenden Ortes wird umschlossen von einer eindrucksvollen sternförmigen Festungsanlage, der wuchtigsten Italiens überhaupt. S. 178

Sirmione: 3,5 km ragt die schmale Halbinsel in den See hinein, an ihrer Spitze die über eine Brücke angebundene Insel mit den vielen Sehenswürdigkeiten: die Skaligerburg, die Kirche San Pietro in Mavino und die sogenannten Grotten des Catull. S. 184

Auf Entdeckungstour

Visconti-Brücke – Bollwerk und Legende: Verwirrend in seiner Konstruktion und doch herrlich anzuschauen ist das Bollwerk, das die Mailänder Visconti gegen die Mantovaner Gonzaga errichtet hatten. Auf einem gemütlichen Spaziergang von dem winzigen Schlemmernest Borghetto hinauf auf die Brücke kann man die Mincio-Landschaft genießen oder sich beim allsommerlichen Fest des ›Liebesknotens‹ kulinarisch verwöhnen lassen. S. 206

Kultur & Sehenswert

Die römischen Mosaiken von Desenzano: Die zierlichen Putten der Fußböden einer römischen Villa widmen sich den typischen Arbeiten am Gardasee: Weinbau und Fischerei. S. 196

Rocca di Manerba: Die imposante Festungsruine auf dem steilen Felsen bietet einen großartigen Blick auf das gegenüberliegende Ufer, die beiden Inseln zu ihren Füßen und Sirmione. S. 221

Aktiv unterwegs

Mit Kanu und Rad auf dem und am Mincio: Auf dem Wasser ist die Strecke von Peschiera zum Staudamm von Salizone ein einfach zu bewältigendes Erlebnis. Mit dem Rad empfiehlt sich die 60 km lange Distanz am rechten Mincio-Ufer nach Mantua. S. 181

Westlich des Mincio: Entlang der gut ausgeschilderten Weinstraßen finden Radfahrer ihr Paradies. S. 202

Genießen & Atmosphäre

Das Aquaria von Sirmione: Hier kann man bis spät in die Nacht im angenehm warmen Thermalwasser die Seele baumeln und sich in duftenden und von farbigem Licht verzauberten Räumen massieren lassen. S. 193

Parco Sigurtà: Nicht nur Botanikerherzen schlagen höher beim Besuch dieses Parks in der zauberhaften Mincio-Landschaft. S. 210

Abends & Nachts

Damm Atrà: In Sirmione trifft sich hier der Jetset. Tagsüber elegantes Café, danach gut besuchtes Nachtlokal mit angenehmem Ambiente und einladendem Außenbereich. S. 194

Coco Beach: Einen Steinwurf nördlich von Desenzano, am Lido di Lonato, befindet sich die neueste Attraktion für die Schickeria am See – mit aufgeschüttetem Sandstrand, Restaurant und edler Diskothek. S. 200

Von Peschiera nach Desenzano

Der Süden des Gardasees vermittelt mit seiner Breite von 17 km das Gefühl, sich auf dem Meer zu befinden. Gleich zwei Highlights erwarten einen hier. Ziemlich genau in der Mitte, weit in den See hineinragend, liegt das wunderschöne Sirmione mit seiner zauberhaft trutzigen Skaligerburg und den imposanten Grotten des Catull. Trotz aller Unkenrufe ob der allsommerlichen Touristenfülle darf man sich einen Besuch hier nicht entgehen lassen, muss man eine Cafépause einlegen. Und wohl nirgendwo gibt es mehr Eisdielen so nahe beisammen wie in Sirmione!

Eine geradezu wuchtige Festung besitzt das lange Zeit etwas verschlafene Peschiera, das zweite Highlight im Süden. Dank der großartigen Lage seines historischen Zentrums auf zwei Inseln hat sich hier nun eine Szene mit schicken Aperitifbars und Restaurants entwickelt.

Die dritte Stadt am Südufer des Gardasees, das lebhafte Desenzano, prahlt ebenfalls mit einer – bescheideneren – Festung an höchster Stelle. Und auch hier findet man schöne Winkel wie den schmalen, historischen Kanalhafen.

Peschiera del Garda ! ▸ D/E 12

Die Altstadt von Peschiera liegt auf einer kleinen Insel – bis auf die Zähne bewaffnet mit ihren meterdicken Mauern und fünf weit vorspringenden Bastionen. Schon allein wegen dieser monumentalen venezianisch-

Infobox

Infos

Consorzio Riviera del Garda e Colline Moreniche: Piazzale Europa 5, 25019 Sirmione (BS), Tel. 03 09 90 42 79, www.gardariviera.com. Infos zu Kultur, Sport, Wellness und Hotels vor allem in Desenzano und Sirmione sowie in den Moränenhügeln.

Anfahrt und Reisen vor Ort

Für die Anreise mit dem **Auto** am besten die Brennerautobahn A 22 bis zur Ausfahrt Affi fahren, dann weiter auf der Schnellstraße 450 nach Castelnuovo del Garda und Peschiera. Oder bis Verona und dann auf der A 4 Venedig – Mailand nach Westen; Ausfahrten: Peschiera, Sirmione, Desenzano.

Colombare di Sirmione, Peschiera, und Desenzano sind **Bahnstationen,** die beiden letzteren auch für EC-Züge auf den Strecken Brenner – Verona – Mailand bzw. Mailand – Venedig.

Auch drei **Flughäfen** eignen sich für die Anreise: Verona im Osten, Montichiari/Brescia im Südwesten und Bergamo/Orio im Westen. Von allen drei Flughäfen Busanbindungen an die Hauptorte des südlichen Gardasees.

Linienbusse verkehren in dichter Folge zwischen Peschiera, Sirmione oder Desenzano, im Sommerhalbjahr auch **Linienboote** der Navigarda. Mit dem **Wagen** muss man im Sommer längere Fahrzeiten einplanen, weil der Verkehr fast immer zusammenbricht.

Peschiera ist sternförmig von dicken Festungsmauern umgeben

österreichischen Festungen lohnt die Garnisonsstadt, die letzte Bastion des Veroneser Ufers vor dem Brescianer Teil des Gardasees, einen Besuch.

Der richtige Tag dafür (falls man die Parkplatzsuche nicht scheut oder – besser noch – mit dem Boot anreist) ist der Montag, der einen bunten, nach gebackenen Sardinen duftenden Markt zwischen Festung und Altstadt bietet. War die knapp 10 000 Einwohner zählende Stadt bis vor Kurzem noch recht monoton, hat sie sich in den letzten Jahren richtig gemausert. Mit einer einladenden Fußgängerzone, einer richtigen Restaurantszene und tollen Aperitifbars. Auch die Hotellandschaft macht sich allmählich. Bootsliebhabern und -besitzern bot Peschiera ohnehin schon immer einen guten Hafen.

Altstadt

Die Festungsmauern mit der Altstadt umklammern sternförmig zwei Inseln in einer Ausbuchtung des Gardasees, eine dritte bewohnte Insel liegt mit dem Ortsteil Marina nördlich im Mincio. Zwischen den beiden erstgenannten Inseln fließt als Seitenarm des Mincio der **Canale di Mezzo** und vereint sich mit dem Fluss, der hier hinter einer Art Wehr seinen Lauf nach Süden zu den Moränenhügeln und nach Mantua beginnt. Die nördliche Insel innerhalb der Festungsmauern nimmt der angenehme **Parco Catullo** ein, die südliche ist durchzogen von den engen Gassen der eigentlichen Altstadt. Alle drei Inseln sind durch Straßenbrücken miteinander verbunden. Eine vierte liegt östlich der beiden erstgenannten wie ein kleines Schiff im Mincio.

Fährt man von Verona kommend durch das trutzige Tor zur Hauptinsel mit der Altstadt, hat man rechts den Gardasee und links den schmalen Kanalhafen vor sich. Die zum Teil begehbaren, rund 2 km langen Wälle bieten ebenso wie die venezianischen Bastionen (1550) schöne Rundblicke.

In der Via Dante, der Fußgängerzone, und ihrer Umgebung haben sich kleine Geschäfte herausgeputzt. Und am Canale di Mezzo schieben die Restaurants und Pizzerien bei schönem Wetter ihre Tische ganz nahe ans Wasser, eines sogar auf einem Floß auf dem Kanal – ein angenehmes Plätzchen zum Verweilen.

Caserma d'Artiglieria di Porta Verona

Parco Catullo 4, Tel. 04 56 40 23 85, www.comune.peschieradelgarda.vr.it, bei Veranstaltungen geöffnet

Mit großem Aufwand wurde die großartige Festungsanlage restauriert und der Öffentlichkeit zugänglich gemacht. Mit ihr auch die Kaserne am imposanten Verona-Tor, die 1854 bis 1857 von Radetzky errichtet wurde und nun wieder in kräftigem Gelb und Orangerot erstrahlt – die Farben der italienischen wie der österreichischen Artitellerie. Im Großen Radetzky-Saal, dem ehemaligen Munitionslabor auf dem Dachboden unter schweren Balken sowie im ersten Obergeschoss finden Ausstellungen und Konferenzen statt, im Innenhof werden Theateraufführungen und Konzerte veranstaltet.

Palazzina Storica

Museum wechselnde Öffnungszeiten, am ehesten außer bei Veranstaltungen Ende Juni–Sept. So 10–12, Do 20–22 Uhr, Eintritt frei (www.peschieramuseo.it)

Am 8. November 1917 trafen sich König Vittorio Emanuele III und die Alli-

Kanu- und Fahrradtouren auf und am Mincio

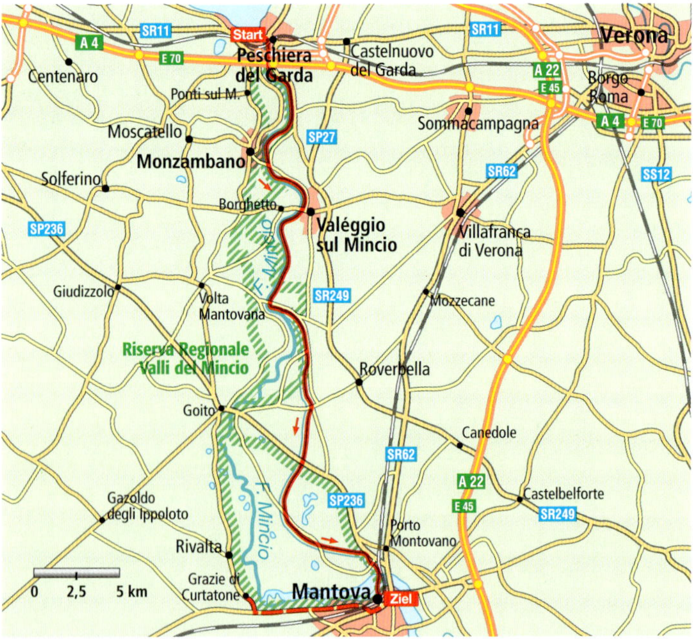

ierten in dieser neoklassizistischen **Palazzina di Comando della Piazzaforte,** wie sie ausführlich heißt. Sie liegt im sog. Militärviertel der Stadt am südlichen Ufer des Canale di Mezzo. Nichts soll seitdem in den mit Freskendecken dekorierten und mit Terrazzoböden belegten Räumen verändert worden sein: Auf dem Schreibtisch des Königs steht noch das Bild, auf dem alle Teilnehmer des ›Treffens von Peschiera‹ zu sehen sind. Es war so bedeutend, dass der Raum zum Nationalmonument erklärt wurde.

Strände

Von der Stadt aus ziehen sich die Strände vom Hafen nach Westen, begleitet von einem Radweg, vorbei an den Badeanstalten von Bergamini bis zum hübschen kleinen Bootshafen von Fornaci. Nach Norden führt eine angenehme *passeggiata* teilweise zwischen Röhricht und unter Schatten spendenden Bäumen hindurch.

Mit Kanu und Rad auf und am Mincio

Kanu- und Fahrradverleih bei den Campingplätzen, Infos unter Naturpark Parco del Mincio, Piazza Porta Giulia 10, Cittadella, 46100 Mantova, Tel. 037 62 28 31, info@parcodelmincio.it. Handfeste Infos und Buchungsmöglichkeiten bei den Barcaioli del Mincio, Via San Pio X 11, 46010 Grazie di Curtatone (MN), Tel. 03 76 34 92 92, www.fiumemincio.it

Mit seinen Pappelrändern ist der Mincio vom Wasser aus am schönsten, mit einem **Leihkanu** lässt er sich von Peschiera bis zum Staudamm von Salizone (rund 6 km) befahren. Doch eine längere Bootstour bietet garantiert einen besonderen Tag in einem wunderschönen, naturbelassenen Ambiente. Hierfür sollte man eine kombinierte Rad-Kanu-Tour mit Hilfe der Barcaioli del Mincio (s. o.) planen. Neuerdings starten die Boote zwischen März und Oktober täglich normalerweise nur ab dem kleinen Hafen von Grazie di Curtatone (zu Füßen der Wallfahrtskirche), wohin man auf einfacher Strecke (s. u.) radeln kann. Jedenfalls empfiehlt sich eine Vorbuchung, weil es sich nicht um einen Liniendienst handelt. Zur Wahl stehen drei Bootstouren von einer, eineinhalb und zwei Stunden Dauer, was jeweils 8, 9 oder 10 € kostet. Sehr praktisch: Das Fahrrad kann man für die Anfahrt von Peschiera an Bord nehmen (2 €). Wer kein eigenes Fahrrad dabeihat, kann sich eines u. a. auf den Campingplätzen leihen.

Mit dem **Fahrrad** gelangt man auf einem 60 km langen Radweg von Peschiera del Garda am rechten Flussufer des Mincio entlang bis nach Mantua. Die angenehme, einfach zu befahrende Strecke führt über Salizone (eine zauberhafte Mincio-Landschaft!) und Monzambano mit seinem Castello (s. S. 203) durch die von Weingärten geprägten Endmoränenhügel nach Valéggio sul Mincio und weiter über Porto Mantovano hinein ins wunderschöne, von gotischen Palästen und Plätzen geprägte Mantua. Von hier sind es zwischen 6 und 7 km nach Westen, am Südufer des ausgebuchteten Lago Superiore bzw. dem Mincio bis Grazie di Curtatone mit der Wallfahrtskirche, dem Ausgangspunkt der organisierten Bootstouren.

Unterwegs bieten sich kurze, aber lohnende Abstecher an, so nach Ponti sul Mincio bzw. Borghetto mit seiner berühmten Brücke (s. S. 206) oder ins gastliche Goito.

Übernachten

Zentrale Brückenlage – **Bell'Arrivo:** Piazzetta Benacense 2, Tel. 04 56 40 13 22, www.hotelbellarrivo.it, Mitte März–Mitte Nov., DZ/ÜF 80–160 €. Nettes Hotel am Kanalhafen, aber auch an der viel befahrenen Brücke, mit 27 unterschiedlichen Zimmern, meist klein, z. T. fast postmodern und luftig.

Hafenblick – **Fornaci:** Località Fornaci 12, San Benedetto di Lugana, Tel. 04 57 55 07 49, www.hotelfornaci.com, Mitte März–Okt. DZ/ÜF 90 €. Freundliches weißes Hotel am kleinen Hafen von Fornaci am westl. Stadtrand mit Restaurant im Garten (Spezialität: Seefischgerichte) und 23 Zimmern, davon einige mit Balkon und Seeblick.

Familiäre Pension – **Arilica:** Via XXX Maggio 4/6, Tel. 04 56 40 01 92, www.albergo-arilica.it, Dez.–Okt., DZ mit italienischem Frühstück 40–120 €. Kleine, familiär geführte Pension in einem schlichten und liebevoll renovierten Stadthaus, schön gefliest, an der Stadtmauer und nahe dem Kino gleichen Namens. 14 unterschiedliche Zimmer. Super Restaurant im EG (s. u.).

Freundlich mit Gartenpool – **Puccini:** Via Giacomo Puccini 2, Tel. 04 56 40 14 28, www.hotelpuccini.it, Mitte März–Mitte Nov., DZ 89–94 €. Freundliches Hotel mit 32 geräumigen Zimmern und Pool in Ufernähe bei einem kleinen Hafen, ca. 500 m westlich vom Zentrum.

Essen & Trinken

Innenhof-Ambiente – **Il Cantinone:** Via Galilei 14, Tel. 04 57 55 11 62, www.ilcantinone.info, April–Sept. tgl., sonst Do–Di. Schönes Fischmenü um 30 €. Kleines Lokal mit rückwärtigem, bedecktem Garten und angenehmer Innenhof-Atmosphäre. Spezialitäten aus Neapel: fangfrischer Meerfisch, Meeresfrüchte, aber auch Seefische. Salatbuffet, frische Büffel-Mozzarella. Empfehlenswert: Tartar vom frischen Thunfisch, Spaghetti mit Tintenfischtinte, Seebarschrolle mit Mozzarella und Minze.

Urige Gemütlichkeit – **L'Osteria:** Via Albarello 33, Tel. 04 57 55 05 45, www.ristoclassique.it, tgl., Menü ab 28 €. Wunderschön in einem früheren Stall unter Holzbalkendecken mitten in der Altstadt eingerichtetes Lokal mit Tischen auf der Fußgängergasse. Kleiner pergolierter Hinterhofgarten, im Winter eine Cantina. Wechselnde, lokal angehauchte Tagesgerichte wie Minitintenfische *(moscardini)* mit Polenta oder hausgemachte Nudeln *(bigoli)*, auch Kindermenüs und Pizza. Große vegetarische Karte!

Mantovaner Küche – **Arilica:** s. Übernachten, Di–So, Menü 30–70 €. Restaurant mit Tischen im Freien an der Stadtmauer. Inzwischen hat die zuvor kleine Trattoria sich total verwandelt, wunderbar aufgemotzt mit feiner Dekoration. Vor allem Meeresfische und Krustentiere.

Schöne Lage – **Hostaria Al Canal:** Canale di Mezzo/Via Fontana 3/5, Tel. 04 57 55 27 70, Do–Di, große Pizza 6,50–10 €. Restaurant mit Pizzeria direkt am Kanal, einfach, mit Wintergarten und Tischen im Freien. Während der Saison kann das Lokal ziemlich gut besucht sein.

Einkaufen

In der **Fußgängerzone** rund um die Via Dante und die Via Roma findet man preiswerte bis teure Mode sowie Schmuck.

Backfrisch – **Panificio Brizzolari:** Via Dante 10. Sehr gute, traditionelle Bäckerei-Konditorei.

Aktiv

Radfahren – Peschiera ist ideal als Ausgangspunkt für Radtouren entlang des Seeufers oder in die südlichen Moränenhügel.
Segeln – **Fraglia della Vela:** Punta Marina 1, Tel. 04 57 55 07 27, www.fragliavelapeschiera.com. Der örtliche Segelverein bietet auch spezielle Kurse für Jugendliche an.
Tauchen – **Garda Diving Center:** c/o Camping San Benedetto, Via Bergamini 14, Tel. 04 57 55 05 44, www.sanbenedetto.gardalake.com. Auch Tauchkurse für Reisende mit Handicap.

Abends & Nachts

Peschiera hat sich auch zu einem Aperitif-Ort gemausert. Immer mehr Lokale und Cafés bieten kleine Häppchen zu einem Glas Wein, einem *spritz* oder *pirlo* (Weißwein mit Sprudel und Campari bzw. Aperol). Man zahlt nur den Drink, das Knabberzeug bringt der Kellner gratis dazu.
Super! – **Caffè Bell'Arivo:** s. Übernachten, im Sommer bis spätabends geöffnet. Im Designerstil umgestaltetes Traditionscafé im gleichnamigen Hotel, Aperitif-Treff der Angestellten aus den umliegenden Büros, Bürgermeister inbegriffen. Tischreihe am Canale di Mezzo mit Blick auf die Bootsanlegestelle.
Einladend – **Centrale:** Via Dante 21, nahe dem Canale di Mezzo, im Sommer bis spätabends geöffnet. Gelateria, Bar, Caffetteria in einem dekorativen roten Palazzo (vornehme Ex-Kaserne) aus dem 19. Jh. mit original erhaltenen, schönen Innenräumen und großer, teilweise bedeckter Terrasse. Schwimmende Terrasse auf dem Canale di Mezzo. Kleinigkeiten und Aperitifs den ganzen Tag über.
Cocktails – **Milleluci:** Via XXX Maggio 1. Kleinere Bar mit hübscher pergolierter Terrasse nahe der Rocca und dem Kino, daher ein beliebter Treff für Cocktails vor und nach dem Kinobesuch; es gibt auch *panini* und *pizzette*.
Stylish – **Napule...è:** Via Roma 11 (Fußgängerzone), 17.30–2 Uhr, Mi–Mo. Lounge-Bar, spätabends American Bar mit Cocktails und guten Weinen. Fr ab 18 Uhr *happy hour* mit Musik, So ab 18 Uhr Aperitif mit wechselnden DJs.

Infos & Termine

IAT: Piazzale Betteloni 15, 37019 Peschiera (VR), Tel. 04 57 55 16 73, www.tourism.verona.it, bei direkten Anfragen iatpeschiera@provincia.vr.it.
Flug: Der Flughafen von Verona (s. S. 22) ist ca. 20 km von Peschiera entfernt. Busanbindung.
Boote: Navigarda-Boote fahren Peschiera im Sommer zwar regelmäßig, aber nicht sehr häufig an, dafür verkehren Ausflugsboote.
Bahn: ca. stdl. Zugverbindungen nach Venedig sowie nach Mailand. Der kurze Viale Stazione führt in wenigen Minuten über zwei Brücken zur Hauptinsel mit dem historischen Zentrum.
Busse: Verbindungen zwischen Verona und Brescia über Peschiera sowie Sirmione und Desenzano in dichter Abfolge. Um an die östlichen Seeorte zu gelangen, kann man in Peschiera/Bahnhof den Bus nach Riva nehmen; für die westlichen Seeorte muss man in Desenzano umsteigen.
www.peschieradelgarda.org: Infos zu Veranstaltungen (*manifestazioni*).
Calici di Stelle: 10. Aug. (nicht alljährlich; im Infobüro, s. o., nachfragen). Weinselige Veranstaltung in der Nacht von San Lorenzo innerhalb der Forti Ardietti, einem früheren Militärgebäude.
Fuoco dei Voltoni: ca. 1. So nach Ferragosto (15. Aug.). Riesiges Feuerwerk

als Abschluss des Palio delle Mura, eines Wettrennens mit venetischen Ruderbooten rund um die Mauern in der Tradition der Fischer. Auch am 11. Nov./San Martino.

Sirmione! ▸C 11

›Perle des Gardasees‹ oder ›Geliebte des Catull‹ – trotz der Touristenströme sind das Beinamen, die Sirmione gut stehen. Der mehr als 3,5 km weit in den See reichenden, schmalen Halbinsel mit dem Städtchen auf dem winzigen Eiland und dem engen Konglomerat an mittelalterlichen Steinhäusern, beschützt von der trutzigen Skaligerburg, kann kein Rummel etwas anhaben. Und noch immer gedeihen die Olivenbäume auf dem Mavino-Hügel zwischen dem historischen Altstadtkern und den sogenannten Grotten des Catull. Vom See her hat die Silhouette Sirmiones jedoch gelitten: Hotels und Restaurants – oft direkt am See gelegen – gleichen sich in ihrer meist fantasielosen Architektur allzu sehr.

Sirmione ist ein teures, teilweise sogar sehr teures Pflaster. Im Vorort Colombare am Beginn der Halbinsel findet man jedoch zahllose Ferienwohnungen und Campingplätze für die etwas preiswertere Urlaubsvariante. Außerdem ist Sirmione Kurort: Seine Boiola-Quelle speist eine Therme, deren Abteilung für Ohrenheilkunde (auch Lungen- und Hautkrankheiten) fast schon Weltruhm genießt. Keine Frage: Der einstige Fischerort Sirmione mit seinen rund 6600 Einwohnern (davon nur knapp 300 im historischen Kern) lebt heute vom Tourismus, bereits ausgelöst durch die 1889 wiederentdeckte und bald darauf neu gefasste Thermalquelle, die vor einigen Jahren für eine großartige Badelandschaft erschlossen wurde.

Geschichte

Ob der Ort etruskischen Ursprungs ist, gilt nicht als gesichert. Jedenfalls war er unter den Römern so bedeutend, dass sich am Südende der Insel zwei befestigte Häfen (Ost- und Westhafen) und an der nördlichen Spitze eine große Villa oder ein Militärlager befanden. Dazwischen lagen kleinere Villen als Sommerfrische reicher Familien aus Verona und Brescia. Der römische Dichter Gaius Valerius Catullus (87–54 v. Chr.), der sich hier gerne auf dem Landsitz seiner Familie aufhielt, besang den Ort mit Versen wie »Oh herrliches Sirmione, Perle der Halbinseln und Inseln ...«. Mehrere römische Inschriften wurden südlich des Cortine-Hügels gefunden, ebenso Votivsteine, ein Säulenstumpf und ein Meilenstein. Auf dem Hügel selbst wurden auch byzantinische und langobardische Funde gemacht, die von inzwischen längst verschwundenen Kirchen und Klöstern zeugen.

Im 13. Jh. übernahmen die Skaliger Sirmione und bauten die römischen Befestigungen um: den Osthafen zur Skaligerburg, den Westhafen zum großen Platz (heute Piazza Carducci). 1404 unterwarf sich Sirmione Venedig und blieb venezianisch, bis es mit der Einigung Italiens zur lombardischen Provinz Brescia kam, während es kirchlich noch immer der (venetischen) Diözese von Verona angehört.

Altstadt

Fast 3 km fährt oder läuft man von Colombare auf der engen Halbinsel nach Norden. Entlang alter und neuerer Villen, heute vielfach Hotels oder Pensionen, vorbei am großen – und teuren – Parkplatz. Kurz vor der Skaligerburg steht linker Hand der Pavillon der rührigen Touristeninformation. Hier endet auch die Fahrt für alle Fahrzeuge, die keine Sondergenehmigung vorzeigen können (Anwohner oder Bucher von Hotelzimmern).

Für Reisende mit dem Boot ist schon die Annäherung an Sirmione ein Erlebnis. Oft liegt der See im leichten Dunst, seine Ufer verschwimmen – denn dort, wo die schmale Halbinsel wie eine Kobra mit ihrem dicken Kopf aus dem Wasser ragt, ist der See am breitesten. Dann taucht zart die verschleierte Silhouette auf: die Rocca mit ihrem hohen Mastio, die Grotten des Catull, weiß strahlend ihr kalkiger Fels. Hinter den Grotten erhebt sich der mit Zedern und Zypressen bestandene Hügel der Villa Cortine, der sich fast schwarz vom Horizont absetzt. Akzente setzt dazwischen der massige Glockenturm der Pfarrkirche.

Castello Scaligero 1

Piazza Castello, im Prinzip April–Sept. Di–Sa 9–19 Uhr (besser anrufen, Tel. 030 91 64 68), Erw. 4 €, EU-Bürger bis 18 und ab 65 J. frei

Zwei große Plätze bestimmen das urbane Bild Sirmiones: die Piazza Castello mit der Skaligerfestung und die Piazza Carducci mit der Anlegestelle der Linienboote. Auch sie ist nicht weit von der Skaligerburg gelegen. Mit dem Auf und Ab ihrer Türme und Mauern sowie den zierlichen Schwalbenschwanzzinnen gilt sie als eine der besterhaltenen und imposantesten Burgen Italiens. Man sollte schon gut zu Fuß sein, um bei einem Rundgang all die herrlichen Ein- und Ausblicke genießen zu können. Die Wasserburg steht auf der südöstlichen Seite der Insel, der größte ihrer stark befestigten Höfe diente ihr als Hafen. Zwei Zugbrücken verbinden die Festung mit der Insel bzw. Halbinsel.

Man betritt das Kastell der Skaliger durch das mit Wappen geschmückte Tor der doppelten Westmauer mit ihren beiden Wachttürmen. Der einzige größere Raum beherbergt ein kleines Museum mit römischen und mittelalterlichen Funden aus Sirmione. Der höchste Turm (er steht im großen

Die Skaligerfestung von Sirmione zählt zu den imposantesten Burgen Italiens

Sirmione

Sehenswert
1 Castello Scaligero
2 Santa Maria Maggiore
3 Casa Romana
4 ›Strand der Blondinen‹
5 San Pietro in Mavino
6 Grotten des Catull

Übernachten
1 Villa Cortine Palace
2 Villa Pioppi
3 Ideal
4 Meridiana
5 Corte Regina
6 Oleandri
7 Villa Paradiso
8 Meublè Adriana
9 Garda Village

Essen & Trinken
1 La Rucola
2 Trattoria al Porticciolo
3 San Salvatore
4 Bar Ai Cigni

Einkaufen
1 Via Vittorio Emanuele II

Aktiv
1 Lana Planet Kite & Windsurf School
2 Centro Surf Martini
3 Bisoli
4 Aquaria

Abends & Nachts
1 Soleluna
2 Damm Atrà
3 Vino/Al Torcol

Hof) ist 47 m hoch und nur von den Wehrgängen über eine Zugbrücke zugänglich: außen heiter, romantisch geradezu, innen finsterstes Mittelalter, bis zu den Zähnen bewaffnet und verteidigungsbereit. Dieser Burgfried diente den Skaligern nicht nur zum Schutz vor äußeren Feinden, sondern durchaus auch vor den Bewohnern des Ortes selbst.

Von der Piazza Carducci zur Pfarrkirche

Mittelpunkt des historischen Zentrums ist die weite Piazza Carducci, auf der zahlreiche Cafétische zum Verweilen einladen und wo die Boote der Navigarda anlegen. Von dem einladenden Platz mit seinen Hotels und Restaurants zieht sich die feine und recht teure Einkaufsmeile Via Vittorio Emanuele als Hauptachse nach Norden. Mehrere Seitengassen führen linker Hand direkt zum See, die mittelalterlich verwinkelten auf der anderen Seite zur Pfarrkirche Santa Maria Maggiore. Eine Alternative zu der meist überfüllten Hauptachse ist die Via Dante, die im Norden der Skaligerburg beginnt und zwischen schön restaurierten, kleineren Steinhäusern direkt auf die Südpforte der Kirche zuführt.

Santa Maria Maggiore 2

Via S. Maria Maggiore 13, meist durchgehend geöffnet

Fast rührend schön ist der zarte Backsteinfries aus gotischen Dreipässen, der die Außenmauern unter dem Dach der Kirche ziert. Wahrscheinlich stand vorher an dieser Stelle schon ein langobardischer Kirchenbau, bevor im ausgehenden 15. Jh. die heutige Pfarrkirche erbaut wurde.

Innen wurde sie im 18. Jh. barockisiert, ihr Hauptaltar im tiefen gotischen Chorraum ist ganz aus Marmorintarsien gearbeitet – mit hellen Säulen und vorspringendem Gesims. Eine wunderschöne Schnitzarbeit ist die ebenfalls barocke Orgel an der Westwand, mit ein paar Freskenresten darüber, die wie die anderen dieser Kirche aus dem 15. Jh. stammen. An der Südwand gleich beim Eingang hängt das künstlerisch wertvollste, ein abgenommenes Fresko, das eine Kreuzigungsszene zeigt. Verlässt man die Pfarrkirche an ihrer Westseite, sollte ein Blick noch der hübschen Säulenvorhalle gelten. Eine der Stützen dürfte römischen Ursprungs sein: diejenige an der rechten Ecke.

Garda-
see
Lido
delle Grotte
Spiaggia delle Grotte
Piazza Orti
Manara
V. Caio Valerio Catullo
Via C. Arici
V.le Gennari
Parco
Maria Callas
Via San Pietro in Mavino
Passeggiata delle Muse
(Passeggiata Panoramica)
Via Punta Staffalo
V.C.V. Catullo
Thermalbad
Centro Termale
Catullo
Piazza
D. A. Piatti
Via G. Piana
V. Re Desiderio
Parco
Pubblico
Via Vittorio Emanuele II
Spiaggia
Parrocchiale
Via S. Salvatore
Piazza
Poto Valentino
Via Antiche Mura
Via Dante
Piazza
Flaminia
Via S. M. Maggiore
Vic.
Piazza
Carducci
Piazza
Castello
S. Anna
d. Rocca
Piazzale
Porto
V.le Marconi
0
150
300 m

Casa Romana 3

Via Antiche Mura s/n, meist durchgehend geöffnet

Die jüngste Sehenswürdigkeit Sirmiones liegt in der Via Antiche Mura im engen Altstadtgewühl nahe der Pfarrkirche: eine erst vor wenigen Jahren entdeckte, restaurierte und der Öffentlichkeit zugänglich gemachte römische bzw. frühchristliche Casa, die bis zum 5. Jh. benutzt wurde. Insgesamt fand man hier auf kleinster Fläche drei Siedlungsphasen mit zahlreichen Alltagsgeräten für das Weben, Fischen und Kochen. Man betritt den engen Raum und blickt geradeaus auf eine intime Hauskapelle in einer Rundapsis; darunter liegen die älteren römischen Funde: Mauern aus hellem Stein im Wechsel mit rotem Backstein sowie große steinerne Bodenplatten und ein Heizsystem.

Zum ›Strand der Blondinen‹ 4

Die Via Antiche Mura führt weiter zum hübsch gestalteten Stadtpark. Der Spaziergang durch den Park, der nach der berühmten Sopranistin und Bewohnerin von Sirmione Maria Callas heißt, kann im Sommer eine Labung sein. Danach folgt man der Via Catullo bis zu den Grotten des Catull. Oder man geht am östlichen Seeufer, das zu Recht Passeggiata Panoramica genannt wird, nach Norden und genießt das imposant-schöne Massiv des Monte Baldo in der Ferne. Man kommt vorbei am dichten Park des Cortine-Hügels mit seiner berühmten Villa (s. Übernachten), hier wachsen uralte Steineichen, Zypressen, Pinien und Akazien.

Gleich hinter der schwefelbromjodhaltigen Boiola-Quelle, die für die modernisierten Thermen gefasst wurde, ragt der lange Badesteg des Lido delle Bionde, der sogenannte ›Strand der Blondinen‹, in den See hinein. Es handelt sich um einen kleinen Strand unterhalb des Cortine-Hügels mit dem feinen Hotel. Gefolgt von der **Spiaggia delle Grotte** in herrlicher Lage zu Füßen der Grotten des Catull auf ihren weißen, steilen, wenn auch nicht sehr hohen Felsen. Ein Bar-Restaurant mit Eisverkauf sowie Verleih von Liegestühlen und Sonnenschirmen lädt zu einer Bade- oder Schlemmerpause ein.

San Pietro in Mavino 5

Via San Pietro in Mavino s/n, noch längere Zeit nur von außen zu bewundern, denn nach den Ausgrabungen folgen die Renovierungsarbeiten innen

Steigt man kurz vor dem schmalen, kiesigen Badestrand in den schattigen Stadtpark hinauf, tauchen bald die Hinweise zur Kirche San Pietro in Mavino auf, das kunsthistorische Kleinod Sirmiones schlechthin. Mit Recht wurde sie zu einem Gesamtkunstwerk erklärt – mitsamt Olivenhain und Zypressen. Die Lage des geduckten romanischen Kirchleins auf dem kleinen Mavino-Hügel mitten im Olivenhain ist zauberhaft. Wer Stille sucht, wird sie hier fast immer finden. An der **Campana dei Caduti,** der Glocke für die Gefallenen vorbei, erreicht man die Westfassade der kleinen Kirche, die 765 von langobardischen Mönchen errichtet, im 11./12. Jh. erweitert (Glockenturm und Chor mit drei Apsiden) und im 14.–16. Jh. mit Fresken ausgemalt wurde.

Um San Pietro herum hat man in den vergangenen Jahren interessante Funde eines frühchristlichen Friedhofs (2.–4. Jh.) sowie langobardischer Reste (6./7. Jh.) gemacht und die Ausgrabung nach ihrer Auswertung wieder geschlossen. Doch in der Kirche ist noch viel denkmalpflegerische Arbeit zu leisten. Nach ihrer Restaurierung wird man das einschiffige Gotteshaus wieder durch das bescheidene Portal betreten und direkt auf die Fresken der drei Apsiden schauen können, magisch angezogen vom Christus in der Mandorla: ein Christus Pantokrator, der Weltenrichter, ganz der byzantinischen Tradition verhaftet. Das Fresko der linken Apside zeigt eine »Thronende Madonna«, das der rechten eine Kreuzigungsszene. Alle Fresken sind in kräftigen Farben wunderbar aufeinander abgestimmt.

Grotten des Catull 6

Piazzale Orti Manara 4, im Sommer Di–Sa 8.30–19, So 9.30–13.30 Uhr, im Winter kürzer (besser anrufen, Tel. 030 91 61 57), Erw. 4 €, EU-Bürger bis 18, ab 65 J. frei

Der dritte Hügel und damit auch die sogenannten Grotten des Catull sind über die schmale Via San Pietro und die breite Via Catullo zu erreichen. Die viel zu groß geratene Piazza Orti Manara davor ist Endstation einer bunten Bimmelbahn. Ganz gleich, welche Funktion die Grotten einst hatten, eine schönere Lage hätten die Römer kaum wählen können, um diese wuchtige Anlage, die größte ihrer Art in ganz Italien, zu bauen. Auf ein Militärlager tippen die einen, wegen der hohen Untergeschosse; der Unterbau für eine prunkvolle Landvilla, meinen die anderen. Ganz sicher jedoch war es nicht die Villa Catulls, denn der römische Dichter war zur Zeit der Gründung (150 n. Chr.) bereits 200 Jahre tot. Er wurde erst posthum wegen seiner Poesie berühmt. Dennoch wurde die Diskussion erst jüngst wieder entfacht, als man ein Fresko fand, das einen Menschen mit einer Schriftrolle in den Händen zeigt (im Museum ausgestellt).

Wie auch immer: Allein die Lage der Grotten auf den weißen Klippen über dem ringsum smaragdgrünen See sowie ihre Größe (auf mehr als 20 000 m^2) sind beeindruckend. Das silberne Glitzern der Olivenblätter und der intensive

Kühler Genuss – in Sirmione gibt es viele gute Eisdielen

Duft der mächtigen Rosmarinhecken, der kleinen rosafarbenen Oreganokissen an den Hängen sowie der Minze, auf die man ungeachtet tritt, runden das Bild auch sinnlich ab.

Meist tragen die einzelnen Ruinenteile Fantasienamen: z. B. Sala dei Giganti (Saal der Riesen) oder Piscina (Schwimmbecken oder Becken); letztere war wohl das Calidarium der Therme, die von der bereits bei den Römern genutzten Boiola-Quelle gespeist wurde. Der Kryptoportikus, vielleicht sogar etruskischen Ursprungs, ist eine 158 m lange, nur zum Teil wieder aufgerichtete Wandelhalle (leider oft geschlossen), die auch bei weniger schönem Wetter oder großer Hitze Auslauf ermöglichte (oder Lagerraum war?).

Das anfänglich kleine Museum nahe dem Ausgang wurde großartig umgestaltet. Es zeigt auf zwei Geschossen dekorativ die Fundstücke, die man hier in mehreren Ausgrabungsphasen gehoben hat, aber auch solche aus anderen Grabungsfeldern bis nach Desenzano, darunter Bodenmosaiken, Freskenreste, Steinmetzarbeiten, Vasen, Bronzen u. v. m.

Thermen

Eine große Thermengesellschaft kümmert sich in Sirmione um die Erschließung des kostbaren Thermalwassers. Sie führt die beiden Thermalzentren der Stadt (**Centro Termale Catullo**

Auf der Piazza Castello in Sirmione genießt man beim Wein den Blick auf die Burg

zwischen der Altstadt und den Grotten des Catull wie das in Colombare befindliche **Centro Termale Virgilio),** dazu ein paar Hotels und – besonders interessant für alle, die nicht krank sind, sondern einfach das wohlig warme Thermalwasser genießen wollen – das sogenannte **Aquaria** bei der Catull-Therme (s. S. 193).

Strände

Der schönste Strand Sirmiones ist der **Lido delle Bionde** (s. S. 188) fast an der Spitze der Halbinsel (hier werden u. a. auch Paddelboote vermietet). Zwischen dem Castello und dem Stadtpark erstreckt sich ein erweiterter Kiesstrand, die **Spiaggia Parrocchiale** mit netter Bar (La Torre).

Außer ein paar kleinen kiesigen Strandabschnitten entlang der Halbinsel von Sirmione befinden sich längere Strände vor allem im Süden rechts und links der Halbinsel, wo auch die beliebten Campingplätze bzw. Feriendörfer stehen.

Übernachten

Luxus pur im Park – **Villa Cortine Palace** 1: Via Catullo 12, Tel. 03 09 90 58 90, www.palacehotelvillacortine.com, Ostern–ca. Mitte Okt., DZ/ÜF 350–480 €, Suiten 820 €, im Hochsommer nur HP möglich. Das Paradehaus Sirmiones in einem herrlichen Park auf dem Cortine-Hügel, Ruhe und Luxus pur in großartigen Räumen (50 Zimmer und 2 Suiten), die viele berühmte Persönlichkeiten beherbergten. Mit beheizbarem Pool, Tennisplätzen, eigenem Badesteg und Grillbar am See; Parkplätze. Im sehr feinen Restaurant wird man mit perfekt zubereiteten, lokal gefärbten Spezialitäten verwöhnt; tolle Cocktailbar.
Jugendstil-Ambiente – **Villa Pioppi** 2: Via XXV Aprile 76, Tel./Fax 03 09 90 41 19, Jan.–Nov., DZ/ÜF 110–140 €. Kleines Hotel in einer hübschen Villa von 1930 auf herrlichem Seegrund zwischen Colombare und dem historischen Kern Sirmiones. Mit Pool im großen Garten und Bootsanlegesteg. 12 Zimmer, davon 4 in der Dependance nebenan für je 4 Personen; nicht gerade pompös eingerichtet. Kein Restaurant, nur Barbetrieb, das aber den ganzen Tag über.
Kühl aber freundlich – **Ideal** 3: Via Catullo 31, Tel./Fax 03 09 90 42 45, www.hotelidealsirmione.it, April–Okt., DZ/ÜF 130–180 €. Familiär geführtes, in klaren Linien renoviertes Hotel in großem Garten, Pool, Privat-

zugang zum See; ruhig, in der Nähe der Grotten des Catull; Parkplatz und Garage. Restaurant nur für Hausgäste; 30 sonnige Zimmer, 2 Suiten.
Familienfreundlich – **Meridiana** 4: Via Catullo 5, Tel. 030 91 61 62, www.meridianahotel.net, Mitte März–6. Jan., DZ/ÜF 80–120 €. Freundlicher Familienbetrieb auf dem Weg zu den Grotten Catulls, der 2000 um einen Innenhof herum völlig neu aufgebaut wurde; mit Sonnenterrasse im Obergeschoss und 21 komfortablen Zimmern, davon einige Familienzimmer für 3–4 Personen und 2 behindertengerecht; einige Bäder mit Hydromassage, alle Zimmer mit SAT-TV, Safe etc. Ohne Restaurant.
Familiär – **Corte Regina** 5: Via Antiche Mura 11, Tel. 030 91 61 47, www.corteregina.it, Mitte März–Okt. DZ/ÜF 85–120 €. Gepflegtes kleines Hotel mit nur 14 Zimmern, davon einige für Familien (bis zu 4 Pers.) geeignet, nahe dem Skaligerkastell, dennoch mit einigen Parkplätzen (im Übernachtungspreis inbegriffen; ganz wichtig in Sirmione!). Im angeschlossenen, aber extra betriebenen Restaurant im selben Haus mit netter Terrasse können die Hotelgäste zum Sonderpreis speisen.
Fein herausgeputzt – **Oleandri** 6: Via Dante 31, Tel. 03 09 90 57 80, www.hoteldeglioleandri.it, April–Okt. DZ/ÜF (großes Buffet) 80–120 €. Fein herausgeputztes, familiär geführtes kleines Hotel zwischen Skaligerburg und Pfarrkirche in einem Haus aus dem 15. Jh. mit integriertem Brunnen. Kleines Restaurant (gute lokale Küche). Inkl. Dependance (als B & B) daneben 24 z. T. geradezu elegante Zimmer, mit schönem Blick über die Dächer von Sirmione.
Wahrlich paradiesisch – **Villa Paradiso** 7: Via Arci 7, Tel. 030 91 61 49, Ende April–Mitte Okt., DZ 72 €. Zauberhafte, einst herrschaftliche Jahrhundertwende-Villa mit einem kreuzgangähnlichen Vorbau in einem großen Park auf dem Mavino-Hügel gleich beim romanischen Kirchlein. 6 unterschiedliche, einfache aber saubere, mit Antiquitäten eingerichtete Zimmer, z. T. (vom 2. OG) mit schönem Blick über Sirmione, für höchstens 13 Personen. Zum Frühstück gibt es gute Tipps bei der sehr freundlichen greisen Besitzerin, die in einem ›Knusperhaus‹ nebenan wohnt.
Beim Maler daheim – **Meublè Adriana** 8: Vicolo Strentelle 21, Tel. 030 91 60 87, mobil 33 89 33 67 61, www.meubleadriana.it, März–Okt., DZ je nach Verweildauer 50–85 €, Suite 85–115 €. 8 Zimmer bzw. Suiten, Terrasse und Nr. 10 mit Castelloblick. Im höchsten Wohnhaus der Altstadt mit dem Atelier der Malerfamilie Raffaele und Jacopo Castellazzo, die gerne farbenfroh malen und ihr Haus entsprechend ausgestattet haben. Enkel Davide ist Musiker, übt ab und zu im großen Salon, wo auch die Hausgäste willkommen sind. Zum Frühstücken muss man in eine Bar gehen.

Camping

Rechts und links von Sirmione breiten sich mehrere Campingplätze aus. Beliebt ist u. a. der folgende:
Sportlich am See – **Garda Village** 9: Westl. von Colombare, Tel. 03 09 90 45 52, www.gardavillage.it. März–Okt., Bungalow für 2 Personen 65–175 €, in der Nebensaison im Frühjahr und im Frühherbst Nachlass 20 %. Riesiger Platz mit Bungalows direkt am See mit jedem Komfort, behindertengerecht, mit vielen Wassersportmöglichkeiten.

Essen & Trinken

Sirmiones Restaurants gehören fast durchweg der teuren Kategorie an. Wer Preiswertes sucht, findet in der Einkaufszone Cafés und Bars, in denen man auch Pizza am Stück, *panini* oder Eis bekommt. Sobald man sich aber in ein Café setzt, muss man auch da mit höheren Preisen rechnen.

Edles Ambiente – **La Rucola 1**: Vicolo Strentelle 3, Tel. 030 91 63 26, www.ristorantelarucola.it, Febr.–Dez Fr abends–Mi, Mittagsmenü ab 45 €, sonst ab 74 €. Feinstes, wenn auch sehr kleines Restaurant des historischen Zentrums in geradezu exzessiv dekorierten Räumen mit so kreativer Küche, dass sie seit Jahren mit einem Michelin-Stern gekrönt wird. Spezialitäten hauptsächlich aus dem Meer, z. B.: roher Fisch, Hummerraviolo mit kleinen Calamari oder Seeteufel auf Salzkruste.

Veranda am See – **Trattoria al Porticciolo 2**: Via XXV Aprile 83, Tel. 03 09 19 61 61, www.trattoriaalporticciolo.it, Menü à la carte 30–50 €. Traditionsreiches Restaurant am See (seit 1975), Hauptsaal als völlig verglaste Veranda mit Sommerterrasse. Spezialitäten vor allem aus dem See, z. B. hausgemachte tagliatelle Porticciolo (mit Seefisch) und *lavarello alla griglia,* der beliebteste Gardaseefisch (eine Art Renke), aufgeklappt gegrillt.

Halb Kellerlokal – **San Salvatore 3**: Via San Salvatore 5, Tel. 030 91 62 48, Febr.–Mitte Nov. Do–Di, Menü ab 30 €. Alteingeführtes Terrassenrestaurant am Ende der Einkaufsmeile mit Spezialitäten der Region noch zu erstaunlichen Preisen.

Leckere panini – **Bar Ai Cigni 4**: Via Vittorio Emanuele II 12. Großzügig belegte Riesenbrote für 4–5 €. Von der Theke an der Straße sehr leckere belegte *panini* in Riesenauswahl und viele Eissorten; innen ein freundliches Café auch mit diversen Pastagerichten.

Einkaufen

Einkaufsmeile – Sie beginnt am Skaligerkastell und zieht sich entlang der **Via Vittorio Emanuele II 1** jeweils zu den Plätzen Richtung See hin. An ihr gibt es meist sehr elegante und sehr teure Auslagen mit Weltmarken wie Cartier und Emporio Armani, Tissot und Calvin Klein. Entlang der Hauptgasse findet man auch die üblichen Souvenirgeschäfte mit mehr oder weniger authentischem Kunsthandwerk.

Mein Tipp

Wohlig

Das Aquaria ist die moderne Fortsetzung der Thermen Sirmiones. Die Poollandschaft bietet ein breit gefächertes Wellnessprogramm, im Eintrittspreis sind Gesundheitscocktail, frische Salate und Bademantelservice inbegriffen. Außerdem gibt es Sonderpakete, etwa zum Wochenende, zum Valentinstag oder zu Silvester mit Übernachtung in einem 4- oder 5-Sterne-Hotel der Gruppe.

Aquaria 4: Piazza Don Piatti 1, Tel. 030 91 60 44, www.termedisirmione.com, März–Dez. 10–22, Mo ab 14, Do bis 24 Uhr, 3 Std. 27–33 €, je weitere Std. 3 bzw. 5 € (Mo–Fr bzw. Sa, So, Fei).

Aktiv

Rund um die Halbinsel von Sirmione können fast alle Arten von Wassersport getrieben werden, sowohl von einigen Hotels aus als auch bei Spezialanbietern.

(Kite-)Surfen – **Lana Planet Kite & Windsurf School 1**: Lido Garda Village, Tel. 033 86 24 36 50, www.lanaplanet.it. Kite- und Windsurfkurse für Anfänger und Fortgeschrittene, Kajakverleih.

Surfen – **Centro Surf Martini** 2: Lido Porto Galeazzi, Tel. 030 91 62 08, mit Schule und Geräteverleih, auch an der Punta Grò.
Wasserski – **Bisoli** 3: Via XXV Aprile 29, Tel. 030 91 60 88, www.bisoli.com. Schule und Geräteverleih.

Abends & Nachts

Sowohl Discos als auch Bars fehlen in Sirmione fast gänzlich. Die Jugend zieht es eher in den Vorort Colombare oder nach Desenzano. Einen recht teuren Ausweg bieten die Bars der luxuriöseren Hotels, die man auch als Nichtübernachtungsgast aufsuchen kann. Angenehm sind auch die Strandlokale.
Himmlische Cocktails – **Villa Cortine Palace** 1: s. Übernachten. Die edelsten, fast schon historischen Drinks und neue Cocktails werden an der Bar des superfeinen Hotels kredenzt (auch für Nichthotelgäste).
Balinesisch – **Soleluna** 1: Via XXV Aprile 75, auf halber Strecke nach Colombare, tgl. 7–2 Uhr Disco und Cocktail-Bar mit balinesischem Flair; Garten am See (Bambusmöbel, gemütliche Liegen), Laden mit Souvenirs aus Bali. Do lateinamerikanische Musik.
Beim Jetset – **Damm Atrà** 2: Via Colombare 164, mobil 34 75 14 66 45, www.2night.it/dammatra, im Sommer tgl. 16.30–2 Uhr. Hier soll sich der lokale wie internationale Jetset treffen. Tagsüber elegantes Café, danach gut besuchtes Nachtlokal. Angenehmes Ambiente mit Holzböden, Ledersofas, Pop-Art-Bildern; Riesenlampen hängen über der Bartheke, an der Aperitifs und erlesene Weine ausgeschenkt werden. Einladender Außenbereich. Chill-out-Music.
Weinlokal – **Vino/Al Torcol** 3: Via San Salvatore 30, Tel. 03 09 90 46 05, Do–Di 12–15, 19.30–1 Uhr. Urige kleine Weinbar mit Miniaturterrasse auf der engen Gasse. Kleine tgl. wechselnde Gerichte, sonst Aufschnittplatten zu ausgesuchten Weinen.

Infos & Termine

IAT Sirmione: Viale Marconi 2, 25019 Sirmione (BS), Tel. 030 91 62 45, www.bresciatourism.com, für Direktanfragen iat.sirmione@provincia.brescia.it.
Flug: Die Flughäfen von Verona und Bergamo (s. S. 22) bieten tgl. Anbindungen mit deutschen Flughäfen und schnellen Transfer nach Sirmione.
Boote: Linienverbindungen mit den anderen Seeorten von kurz vor Ostern bis Ende Okt., besonders dicht innerhalb der südlichen Hälfte des Sees. Im Hochsommer sowie zu Neujahr auch nächtliche Bootsfahrten mit Musik und Abendessen.
Busse: Nach Colombare bzw. zur Hauptstraße im Süden des Sees ist die Anbindung vom Parkplatz nahe dem Informationsbüro je nach Jahreszeit gut; schwieriger, weil mit Umsteigen verbunden, ist die Fahrt an die anderen Seeorte; ca. halbstdl. Verbindung über Peschiera nach Verona sowie über Desenzano und Lonato nach Brescia (Baia Bus und APT Verona Nr. 81).
Bimmelbahn: Während der Saison vom historischen Zentrum bis zu den Grotten des Catull.
Gran Pescata alla Sardina: Im Juni Sardinenfest, im Juli **Aolata,** beides kulinarische Feste mit Fischspezialitäten.
Sirmione in Scena: Juli/Aug. Theaterfestival.
Festa dell'Uva: Sept. Weinfest.

Desenzano del Garda ▸ B 11/12

Wer Städtisches sucht oder einen ausführlichen Einkaufsbummel plant, der nicht allzu sehr ins Geld geht, für den ist Desenzano (27 500 Einw.) nicht nur am Markttag (Di) interessant. Außerdem zeigt sich das Ortsbild erst dann überraschend abwechslungsreich, wenn man schon drin ist: Kaum wird man sonst die Mauern des auf einer kleinen Hügelkuppe hockenden Kastells bemerken, zu dem sich schmale Gassen hinaufziehen. Das zweite attraktive Viertel des kommerziellen wie administrativen Zentrum des südwestlichen Sees liegt rings um den schmalen Kanalhafen, der von der Gotik ebenso geprägt wurde wie von der Renaissance. Außerdem besitzt Desenzano heute hervorragend ausgestattete Jachthäfen. Kunstkenner zieht es hierher vor allem wegen der römischen Villa mit ihren herrlichen Mosaiken sowie wegen Tiepolos »Abendmahl« in der Pfarrkirche Santa Maria Maddalena.

Altstadt

Rund um den Porto Vecchio 1

Ankunft mit dem Boot an der großen Anlegestelle gegenüber der ausladenden **Piazza Matteotti.** Das Hafenbecken wird im Westen von den zahlreichen Molen des Jachthafens begrenzt, in dessen Höhe sich der alte Bootshafen in das historische Zentrum hineinschiebt. Am Kopfende des **Porto Vecchio** steht der hübsche **Palazzo del Turismo** mit seinen hohen weißen Arkaden, das frühere Rathaus, schon länger Sitz des Informationsbüros und des Kongresszentrums. Auf der rechten Seite ist ein venezianisch anmutender Palazzo, gegenüber die ganz anders gestaltete Front mit dem Hotel Piroscafo zu sehen, mit Caféhaustischen unter niedrigeren Arkaden mit stark betonter Rustika-Fassade. Sie sind das prägende Stilelement auch auf der dahinter liegenden **Piazza Giuseppe Malvezzi.** In der Mitte des schönen Platzes steht das **Denkmal für Santa Angela Merici** (1474–1540), der Ordensgründerin der Ursulinerinnen und seit 1962 Schutzherrin ihrer Geburtsstadt Desenzano. Auf der Piazza, einer ruhigen Fußgängerzone, sind verlockende Caféhaustische aufgebaut. Man kommt hierher, um gesehen zu werden oder zu flanieren – die Fußgängerzone zieht sich lange parallel zum See rechts und links vom Platz.

Santa Maria Maddalena 2

Via Roma 5, 7.30–11.30, 16–18.30 Uhr

An ihrem Nordende stößt die Verlängerung der Piazza Malvezzi auf die Pfarrkirche Santa Maria Maddalena. Sie entstand über einer gotischen *pieve*, von der hauptsächlich der Glockenturm übrig geblieben ist. Heute präsentiert sie sich fast noch so, wie sie der damals im Brescianischen führende Baumeister Giulio Todeschini (1524–1603) in antikisierenden Spätrenaissanceformen konstruiert hatte. Nur das Portal wurde erst im 18. Jh. in die Fassade eingefügt.

Die reichen Bürger der Stadt ließen die Kirche kostbar ausstatten und konnten sich auch ein so bedeutendes Kunstwerk wie Giambattista Tiepolos (1696–1770) »Letztes Abendmahl« leisten. Es hängt in der Sakramentskapelle und zeigt eine Besonderheit: Der lange Tisch steht nicht breit vor dem Betrachter, sondern ist perspektivisch perfekt von seiner Schmalseite in die Tiefe gezogen. Außerdem sitzt Christus nicht wie üblich in der Mitte, sondern am linken Rand des Bildes, in so lockerer Haltung, als würde er den anderen nur zuhören. Die Jünger, auch die raffiniert schemenhaft beleuchteten im Hintergrund, haben ihren Blick fest auf den jugendlichen Christus gerichtet, und damit wiederum zum Betrachter.

Desenzano del Garda

Sehenswert
1 Porto Vecchio
2 Santa Maria Maddalena
3 Villa Romana
4 Museo Civico Archeologico
6 San Francesco
7 Villagio Turistico del Vò

Übernachten
1 Villa Maria
2 Lido International
3 Piroscafo
4 The Tower of the Old King
5 Alessi

Essen & Trinken
1 Bicocca
2 Alessi
3 Colomba

Einkaufen
1 Wochenmarkt
2 Bottega Orafa

Aktiv
1 Spiaggia d'Oro
2 Spiaggia Feltrinelli
3 Fraglia Vela Desenzano
4 Asso Sub Il Pellicano
5 Parco Waterland Le Ninfee

Abends & Nachts
1 Camera Caffè
2 Circus Café
3 Teatro Alberti
4 Coco Beach
5 Art Club
6 Circusbeatclub

Villa Romana 3

Via Crocefisso 22, März–Mitte Okt. Di–Sa 8.30–19, So, Fei 9–17,30, Mitte Okt.–Febr. Di–Sa 8.30–16.30, So, Fei 9–16.30 Uhr, Erw 2 €, bis 18 J. und ab 65 J. frei

Zu Ruhm gelangte Desenzano auch durch die römischen Funde: eine Villa mit herrlichen Mosaiken mitten im Gewirr neuerer Wohnhäuser. Als der Handwerker Emanuele Zamboni 1921 auf dem gerade erworbenen Grundstück die Fundamente für sein Haus ausheben wollte, kamen die Mosaiken zum Vorschein. Und was für welche! Auch wenn nur ein Bruchteil der antiken Villa ausgegraben werden konnte, gilt sie als eine der schönsten Anlagen in Oberitalien. Sie besteht aus drei Gebäuden: der Prunkvilla aus dem 3. Jh., einer Thermenanlage mit schwarz-weißen Mosaiken und einem Gebäude mit einer Apsis, wohl Teil einer frühchristlichen Basilika (4. Jh.).

Die Mosaiken der Prunkvilla zeigen eine reiche Farbskala (mind. 30 verschiedene Abstufungen) und viel Bewegung in der Darstellung. Niedlich sind die nackten, geflügelten Begleiter Amors, in den verschiedenen Räumen ein immer wiederkehrendes Motiv. Hier am Gardasee verrichten sie wie im richtigen Leben bäuerliche Arbeiten wie Weinlese und Obsternte, auch die Angel werfen sie für den Fischfang aus. Die nicht besonders große Villa Romana und ihr kleines, integriertes **Museum** (behindertengerecht) sind hervorragend beschriftet, und den Film, der am Eingang gezeigt wird, sollte man sich nicht entgehen lassen! Mit der Eintrittskarte erhält man einen archäologischen Wegweiser mit Grundriss und Rekonstruktion, auch in Deutsch.

Museo Civico Archeologico 4

Im aufgelösten Monastero di Santa Maria del Carmine, Piazza XXV Aprile, unsichere Öffnungszeiten (vorher nachfragen, Tel. 03 09 14 45 29), im Sommer meist Di–Do 16–20.30, Fr 17–21.30, So, Fei 17–20.30 Uhr, Eintritt frei

Zum Castello aufzusteigen ist meist nur dann interessant und möglich, wenn eine Veranstaltung stattfindet (Konzert, Freiluftkino). Umso mehr lohnt sich ein Besuch im Archäologischen Museum nahe der Bootsanlegestelle. Es trägt den Namen des eifrigsten Archäologen des Gebietes, Giovanni Rambotti, dem auch die bedeutends-

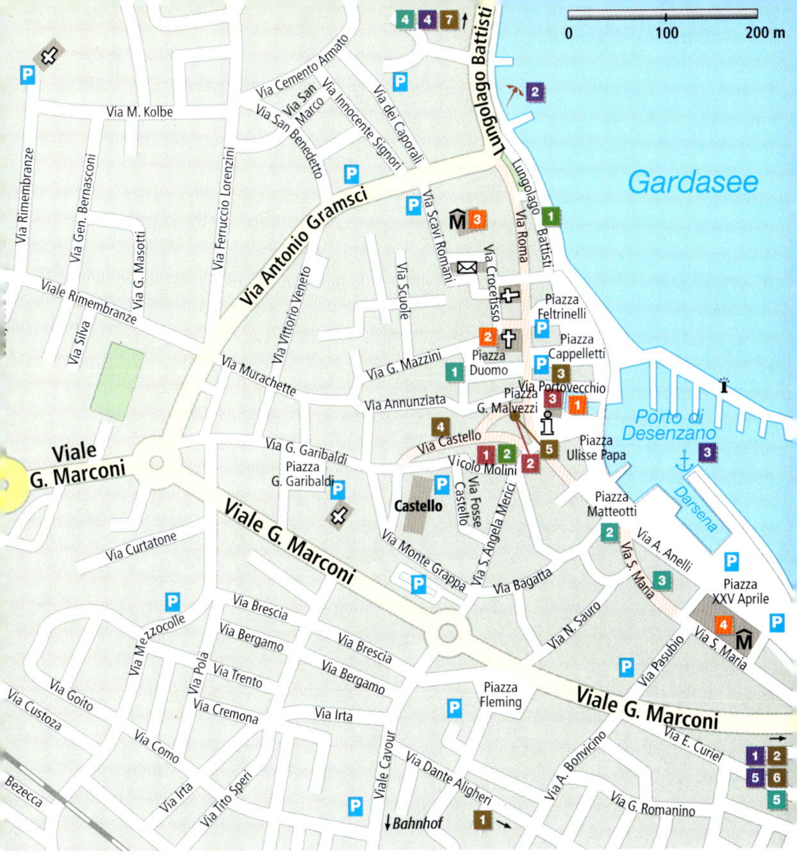

ten Fundstücke des (behindertengerechten) Museums zu verdanken sind.

Es ist in sieben Sektionen eingeteilt. **1. Saal:** Paläolithikum, Mesolithikum und Neolithikum am Gardasee; **2. Saal:** Bronzezeit und Kunsthandwerk am See; **3. Saal:** Pfahlbauten im Alpenraum (UNESCO-Schutz!); **4. Saal:** Landwirtschaft während der Bronzezeit; **5. Saal**: das Prunkstück des erst 1990 eröffneten Museums: der bronzezeitliche und älteste jemals gefundene Pflug. Er wird nach dem Fundort nur wenige Kilometer südlich von Desenzano stolz *il lavagnone* genannt. Entdeckt wurde er – fast vollständig erhalten – erst 1978 zwischen den Stämmen des Pfahlbautendorfes von Lavagnone. Der Pflug wird auf 2028–2004 v. Chr. (Bronzezeit) datiert; **6. Saal:** die Pfahlbauten des Lavagnone; **7. Saal:** diverse Sammlungen.

Übernachten

Liberty im Park – **Villa Maria** **1**: Viale Michelangelo 150, Tel. 03 09 90 17 25, www.villa-maria.tv, fast ganzjährig, DZ/ÜF 121–185 €, Apartment für 1–5 Personen 106–155 €. Ruhig in einer Parkanlage (15 000 m²) am Stadtrand gelegene Villa im Liberty-Stil mit 40

Mein Tipp

Übernachten im Turm

The Tower of the Old King 4 – Der englische Name dieses B & B täuscht: Typischer kann man hier nicht wohnen! Eigentlich sollte man solche Tipps nicht weitergeben, sagen manche, da käme man ja nie mehr in den Genuss, hier ein freies Zimmer zu bekommen. Ohnehin gibt es hier nur 2 komplette Zimmer und ein drittes mit Bad im Flur. Und zwar in den Obergeschossen eines schmalen Turmhauses – daher Tower – direkt unterhalb der Castello-Mauer. Mit Balkönchen! Sehr ansprechend eingerichtet mit ein paar Antiquitäten, sonst in hellem Holz. Gefrühstückt wird in der Küche im Erdgeschoss, im Sommer im kleinen Garten dahinter. Junge, sehr nette Wirtsleute mit Hund kümmern sich persönlich um ihre Gäste. Striktes Rauchverbot. Via Castello 66, mobil 33 87 06 35 78, www.thetoweroftheold king.it, ganzjährig, DZ/ÜF 80–100 €.

Zimmern und Suiten. Restaurant, Sonnenterrasse, Pool, Tennisplatz, Parkplatz und Garage. Zum Komplex gehören auch die Villa Maria Appartamenti.

Schöne Seelage – **Lido International** 2: Via Tommaso Dal Molino 63, Tel. 03 09 14 10 27, www.lido-interna tional.com, März–Okt., DZ/ÜF 140–200, Suite 105–250 €. Ruhig am See gelegenes, modernes Haus mit 36 Zimmern/ Suiten mit Pool am Stadtrand. Schöne Terrasse mit Blick auf die Halbinsel von Sirmione; Restaurant.

Am Kanalhafen – **Piroscafo** 3: Via Porto Vecchio 11, Tel. 03 09 14 11 28, www.hotelpiroscafo.it, März–Okt. DZ/ ÜF 85–135 €. Renoviertes, aber schlichtes, hübsch am alten Kanalhafen gelegenes Haus mit Café/Restaurant. 32 relativ kleine Zimmer, 8 schauen direkt auf den Hafen; kleiner Aufenthaltsraum.

Aufgepeppt – **Alessi** 5: Via Castello 3, Tel. 03 09 14 19 80, www.hotelales si.com, ganzjährig, DZ/ÜF 60–80 €. Altstadthotel mit 18 kleinen Zimmern und großem, gut besuchtem Restaurant mit Enoteca und Bar (s. Essen & Trinken) auf dem Weg zum Castello.

Camping und Ferienanlagen

Beide Ferienanlagen liegen direkt am See; großes Freizeit- und Sportangebot.

Im Grünen – **San Francesco** 6: Strada per San Francesco, Località Rivoltella, Tel. 03 09 11 02 45, www.campingsan francesco.com, April–Sept., Stellplatz 14–27 €, pro Person 6,50–13 €, Mobilhomes 78–195 €. Großzügige, grüne Campinganlage für Zelte/Wohnwagen und Mobilhomes.

Am Strand – **Villagio Turistico del Vò** 7: 1,8 km nördl. von Desenzano, Tel. 03 09 12 13 25, www.voit.it, März–Okt., Bungalow für 2 Personen 60–115 €, für 4 Personen 70–200 €. Ruhig gelegene, weitläufige grüne Anlage mit Bungalows (angegliederte Ferienwohnungen in kleineren Gebäuden) am Strand mit Badesteg und Pool. Residence jenseits der Straße (Tunnel zum See).

Essen & Trinken

In den zahlreichen Cafés entlang der Fußgängerzone sowie am Kanalhafen bekommt man stets Salate, Pastagerichte, belegte Brote u. a. Kleinigkeiten zu essen.

Abendessen für zwei – **Bicocca** 1: Vicolo Molini 6, Tel. 03 09 14 24 56, doriness@hotmail.com, Fr–Mi, Menü um 30 €. Restaurant mitten in der Altstadt, hier sitzt man in heimeliger Atmosphäre unter schönen Gewölben.

Hausgemachte Pasta, auch gefüllte; auserlesene Fleischgerichte wie verschiedene Tagliate, also rosa gegrilltes und dann in Scheiben aufgeschnittenes Filet bester Herkunft.

Dreimal klasse – **Alessi** 2: s. Übernachten, im Winter Do–Di; Enothek 19–24 Uhr, Menü um 35 €, Aperitif mit dem üblichen Buffet in der Enothek je nach Wein 3–7 €. Drei unterschiedliche Lokale, die einen kleinen Komplex in zwei Altstadthäusern mitsamt Innenhof bilden und zum gleichnamigen Hotel gehören: das Hauptrestaurant unter Backsteingewölbe, das Nebenrestaurant mit poppigem Flair, das Innenhofrestaurant (für Raucher) und eine Enoteca mit dunkler Täfelung und wenigen Plätzen, auch von außen direkt zugänglich. Spezialitäten vom Holzkohlengrill (Fisch und Fleisch).

Rustikal – **Colomba** 3: Porto Vecchio 16, Tel. 03 09 14 37 01, www.ristorantecolomba.it, Di–So, Menü um 25 €, auch Steinofenpizza (besonders große) für 5–10 €. Rustikal eingerichtetes Restaurant am alten Kanalhafen, u. a. mit Fischspezialitäten aus dem Gardasee und dem Meer.

Einkaufen

Hauptgeschäftsstraße ist der lange **Corso der Altstadtgassen** vom Dom über die Piazza Malvezzi, Via Papa Giovanni XXIII, Piazza Matteotti bis zur Piazza XXV Aprile. Im mittleren Bereich mit sehr feinen Auslagen. Schöne Mode findet man auch am alten Hafen (Marchetti), entlang der Via Castello, u. a. schöne Lampen (Deco House) und schicke Schuhe (Forini). Hier liegen auch die Enothek La Vite und die **Enoteca Alessi** 2 (s. Mein Tipp) für den Weineinkauf.

Preiswert – **Wochenmarkt** 1: Di großer Wochenmarkt entlang des Lungolago Battisti (Seepromenade).

Golden – **Bottega Orafa** 2: Vicolo Molini 1. Nahe beim Restaurant Bicocca überlebt schon lange die kleine Goldschmiede Manganoni, in der man sich nach eigenem Geschmack Kostbares aus Gold und anderen Edelmetallen arbeiten lassen kann.

Aktiv

Desenzano ist ein Dorado für Bootsbesitzer, die dennoch um die begehrten Plätze am Haupthafen, am historischen Hafen oder im Hafen des Segelclubs kämpfen müssen.

Baden – Die schönsten Badestrände Desenzanos liegen im Osten Richtung Rivoltella **(Spiaggia d'Oro** 1**)** und nördlich am Westufer **(Spiaggia Feltrinelli** 2**)**.

Segeln – **Fraglia Vela Desenzano** 3: Porto Maratona, Tel. 03 09 14 33 43,

Mein Tipp

Zum Aperitif in die Via Castello

Beim Hotel Alessi in deren **Enoteca Alessi** 2 (s. o.) gibt es die feinsten Aperitifs zu auserlesenen Weinen oder Spumanti. Etwas bescheidenere Häppchen bietet gleich nebenan in der Via Castello 17 das **Internet Caffè** ab 18 Uhr seinen Gäste an – ein richtig netter Treffpunkt für junge Leute! Gegenüber lockt ein originalgetreuer Irish Pub mit dem hübschen Namen **The Fiddler Of Dooney** zu längerem Verweilen ein. Zu den bekannt leckeren irischen Bieren gibt es geräucherten Lachs, Käse und diverse Bruschette. Der Irish Coffee ist perfekt (Via Castello 36, Tel. 03 09 14 22 62, www.irishpubdesenzano.it, tgl. 17–2 Uhr, Fr und Sa Livemusik).

www.fragliavela.it. Der Segelverein bietet Kurse für alle Altersgruppen, im Sommer jeweils zu festgelegten Terminen; März–Okt. zweiwöchige Erwachsenenkurse etc. Auch Organisation von Segeltouren und von Regatten.
Tauchen – **Asso Sub Il Pellicano** 4: Lido di Lonato, Tel. 03 09 14 44 49.
Wasserpark – **Parco Waterland Le Ninfee** 5: Via del Pilandro 16, Desenzano, 1 km von der Autobahnausfahrt Sirmione, ausgeschildert, Tel. 03 09 91 04 14, waterlandninfee@virgilio.it. Wasserpark mit Rutschen und Wasserspielen sowie Minigolf, Tennis- und Fußballfeld.

Abends & Nachts

Desenzano besitzt eine tolle Ausgehszene und zieht fast die gesamte Jugend aus der weiteren Umgebung an. Man hat die Wahl zwischen Aperitifbars, Weinlokalen, Diskotheken, Strandlokalen mit Nachtleben oder **Bierpubs**.

Nicht unbedingt klösterlich – **Camera Caffè** 1: Piazza Duomo 1, Di–So 8–2 Uhr. Zum Aperitif oder *dopocena* (nach dem Abendessen) die richtige In-Location in einem aufgelassenen Kloster. Auch zum Frühstücken oder für ein leichtes Mittagessen bei leiser Hintergrundmusik geeignet.
Mondän – **Circus Cafè** 2: Piazza Matteotti 23, Tel. 03 09 12 03 43, www.circuscafe.it, tgl. 19–3 Uhr. Sozusagen der mondäne Salon Desenzanos, mit Cocktails vom Feinsten (berühmt: Sweet & Sour Circis). Man sitzt auf Barhockern entlang der mit Bildern und Spiegeln voll hängenden Wände. Fr–So geht die Post ab, aber erst spät!
Von allem etwas – **Teatro Alberti** 3: Via Santa Maria 49, Tel. 39 14 15 13, www.teatroalberti.com. Dinner Show, Restaurant, Disco etc.
Sensationell – **Coco Beach** 4: Via Catullo 5, 25017 Lido di Lonato nördlich von Desenzano, mobil 34 77 02 99 52,

Desenzanos Jachthafen zählt zu den bedeutendsten am Gardasee

www.cocobeachclub.com, im Sommer tgl. 9.30–2, Fr, Sa, So 22–4 Uhr Disco, So meistens Aperitif mit Buffet von 18–2 Uhr. Beach Club mit Bar und Restaurant-Service an den Strandliegen. Das Restaurant Coco bietet Fr–So Mittag- und Abendessen, Mo–Do nur Mittagessen an – eine zwar kleine, aber ausgesucht feine Karte. *Die* Sensation der letzten Jahre am Westufer des Gardasees, mit Holzterrassen und aufgeschüttetem Sandstrand. Schönes Ambiente für Sommernächte. Sich fühlen wie an der Côte d'Azur oder in der Karibik, Drinks und Musik unter Sternenhimmel genießen, die Füße im weichen Sand.

Gemischtes Publikum – **Art Club** 5: Via Mantova 1/a, Tel. 03 09 99 10 04, www.artclubdisco.com, Dez.–Okt. Mi, Fr, Sa, Livemusik 23–2 Uhr. Disco mit Striptease; auch Schwulen-Treff.

Ausflug zum In-Tanzlokal – **Circusbeatclub** 6: Via Dalmazia 127, www.circusbeatclub.com (im Südwesten von Brescia, 32 km von Desenzanos Zentrum entfernt schnell über die Autobahn erreichbar). Seit über einem Jahrzehnt zieht der Club Tanzlustige aus großem Umkreis an. Mit DJs zur Tanzmusik, auch Livemusik, Sa mehr Techno für die Jugend, Sa eher Softpop ab 23 Uhr oder Themenabende.

Infos & Termine

IAT Ufficio Informazioni: Palazzo del Turismo, Porto Vecchio 34, 25015 Desenzano (BS), Tel. 03 09 14 15 10, www.bresciatourism.com, iat.desenzano@tiscali.it.

Großer Hof des Castello: Im Laufe des Jahres finden hier zahlreiche Veranstaltungen wie Konzerte, Theater, Ballett oder auch Freilichtkino statt. Sonst feiert Desenzano den ganzen Sommer über hauptsächlich mit gastronomischen Ständen und Musik. Die wichtigsten immer wiederkehrenden Feste sind:

Festa del Pesce: 1. Sa im Juli. Fischfest, bei dem es für alle kostenlos gebackenen Fisch und Lugana-Wein gibt.

Festa del Lago e dell'Ospite: Anfang Aug. Fest des Sees und des Gastes, eine rein touristische, sehr beliebte Veranstaltung im Vorort Rivoltella mit gastronomischen Ständen und Feuerwerk.

Festa del Vino: Weinfest 11.–15. Aug. in San Martino della Battaglia, am 15. Aug. großes Feuerwerk.

Notte d'incanto sul lago: Sa vor dem 15. Aug. Nacht des Gesangs auf dem See. Mit schön dekorierten Booten, vielen Lichtern und Feuerwerk.

Presepe sull'acqua: Mitte Dez.–ca. 6./7. Jan. Weihnachtskrippe auf dem Wasser im alten Hafen.

Flug: Nächster Flughafen ist Montichiari (vor allem Inlandflüge) 20 km südwestlich von Desenzano. International vor allem wegen der Billigflüge interessant ist aber Bergamos Flughafen Serio al Orio rund 70 km westlich, mit Bustransfer in die Stadt. Auch Veronas Flughafen (keine 30 km östlich) ist per Transfer an Desenzano angebunden, s. S. 22.

Boote: Linienbootsverkehr zu den anderen Seeorten im Sommer recht gut, speziell nach Sirmione. Autofähre nach Riva 2 x tgl. hin und zurück.

Bahn: EC-Bahnstation auf der Strecke Mailand–Venedig, und damit auch Verbindung mit Peschiera und Verona bzw. Brescia etwa im Stundentakt. Außerdem machen die EC vom Brenner nach Mailand einen Schlenker über Verona nach Desenzano, sodass man auf dieser Linie nicht einmal umzusteigen braucht.

Busse: Linienbusverbindungen mit Verona (über Sirmione/Colombare) bzw. mit Brescia (über Lonato) in dichter Folge.

Vom Mincio zur Valténesi

Richtung Padana, der breiten und flachen Po-Ebene, dehnen sich südlich des Gardasees die sanft gewellten Hügel der eiszeitlichen Endmoränen aus. Genau richtig für den Anbau von Wein und ein für Radfahrer hervorragend ausgeschildertes Gebiet mit mehreren Wegen. Viele kleine Dörfer zeugen von den blutigen Schlachten um die Einigung Italiens wie Solferino und San Martino della Battaglia. Andere Dörfer sind allein wegen ihrer Lage von besonderem Reiz wie Valéggio sul Mincio und sein Vorort Borghetto oder auch Castellaro Lagusello. Die beiden Letzteren sind wegen ihrer guten Restaurants in ganz Italien berühmt.

Im Osten begrenzt der Mincio die Moränenhügel, im Westen Castiglione delle Stiviere. Die Provinzen Verona, Mantua und Brescia treffen hier aufeinander. Das Gebiet gilt bei Kennern in Sachen Küche und Keller zwar nicht mehr als Geheimtipp, ist aber nach wie vor einen Ausflug wert. Wachsen hier doch der erfrischende Bianco di Custoza und der lokal bedeutende, süffige Bianco Colli Morenici. Außerdem verstehen sich so manche Wirte auf eine hervorragende Küche in angenehmer Atmosphäre. So ist an den Wochenenden mit starkem Ausflugsverkehr zu rechnen. Wer einkehren möchte, sollte dann unbedingt reservieren.

Infobox

Associazione Turistica Colline Moreniche del Garda: Piazza Torelli, 46040 Solferino (MN), www.collinemoreniche.it.

Internet

www.gardacolline.it: Gute Website mit Infos zu den Moränenhügeln und Sehenswürdigkeiten, Unterkunft- und Restaurant-Tipps, Links zu den Museen und zu den Stätten der Schlachten.
www.solferinoesanmartino.it: Ausführliche Beschreibung der Sehenswürdigkeiten, mit Links zu Hotels, Restaurants, aktuellen Meldungen etc.

Anfahrt und Reisen vor Ort

Von allen Orten des südlichen Gardasees sind die südlichen Moränenhügel gut erreichbar, man braucht nur die Autobahn A 4 hinter sich zu lassen, und schon schaut man auf die lockende Hügellandschaft. Weiter geht es nur per **Pkw** oder mit dem **Fahrrad.**

Mit dem Rad unterwegs

Schöne Radtouren führen entlang der hervorragend ausgeschilderten Weinstraßen. Asphaltiert, schmal und normalerweise wenig befahren folgen sie dem angenehmen Auf und Ab der Hügel. Auf **drei Routen** lassen sich die Moränenhügel erschließen: von **Monzambano** aus über Ponti sul Mincio, Pozzolengo, Castellaro Lagusello, Volta Mantovana, Valéggio zurück nach Monzambano (ca. 48 km); von **Castiglione delle Stiviere** über Cedole und Solferino zurück nach Castiglione (ca. 44 km); oder von **Solferino** über San Martino della Battaglia, Pozzolengo, Castellaro Lagusello, Volta Mantovana und Cavriana zurück nach Solferino (ca. 50 km). Infos: kostenlose Broschüre

»Le Colline Moreniche del Garda« oder www.collinemoreniche.it.

Nach Monzambano

▶ D/E 13

Die Tour beginnt südlich von Peschiera in **Ponti sul Mincio** mit seinen Villen und der Skaligerburg aus dem 13. Jh, deren Ruine im Sommer als Freilichtbühne genutzt wird. Die geruhsame Fahrt nach Süden führt nach nur 3 km in das ruhige, verschlafen wirkende Städtchen **Monzambano** mit seinem Castello. Der Blick vom Wachtturm über die ruhige Flusslandschaft des Mincio und zum Gardasee ist hinreißend (Ostern–Aug. normalerweise So, Fei 15.30–19 Uhr).

Übernachten

Stille Tage im Castello – **Agriturismo al Castello:** Via Circonvalazione 3, 46040 Monzambano (MN), Tel. 03 76 80 03 67, www.agriturismoalcastello.com, DZ 55–75 €, Apartment für 4 Pers. 60–95 €. 3 Apartments und 2 Zimmer in der restaurierten kleinen Festung, alle schlicht, aber komfortabel und schön ruhig.

Einkaufen

Wein – **Cantina Colli Morenici Alto Mantovano:** Strada Monzambano 75, 46040 Ponti sul Mincio (MN), Tel. 03 76 80 97 45, www.cantinacollimorenici.it, Mo–Sa 8/9–12, 14.30–18.30, So 9–12 Uhr. Alle DOC-Weine der Moränenhügel.

Infos & Termine

Comune: 46040 Monzambano (MN), Tel. 03 76 80 05 02, www.monzambano.gov.it.
Festa dell'Uva: 3. So im Sept. Im Innenhof der kleinen Festung von Monzambano. Der Höhepunkt des Weinfestes ist ein Umzug in historischen Kostümen.

Valéggio sul Mincio und Umgebung

▶ E 14

In großen Schleifen führt die von Akazien gesäumte Straße von Monzambano hinab bis zum Mincio (ca. 5 km). In einer Kurve biegt kurz vor **Valéggio sul Mincio,** das mit den Türmen seiner Skaligerburg auf dem Hügel jenseits des Flusses thront, noch diesseits des Mincio ein Sträßchen nach Borghetto ab.

Borghetto sul Mincio

▶ E 14

Karawanen ziehen an den sommerlichen Wochenenden in diesen Vorort Valéggios, eines der schönsten Dörfer Italiens, mit Picknickkörben ausgestattet oder einem entsprechenden Portemonnaie, um sich in den Landgasthöfen und Restaurants richtig verwöhnen zu lassen. Man parkt den Wagen auf dem ausgewiesenen Platz, der ganze Ort, erst recht die Holzbrücke, ist den Fußgängern überlassen (s. Essen & Trinken und Entdeckungstour, s. S. 206).

Übernachten

Freundlich – **Faccioli:** Via Tiepolo 8, Borghetto sul Mincio, Tel. 04 56 37 06 05, www.hotelfaccioli.it, evtl. Jan. geschl., DZ/ÜF um 100 €. Kleines Hotel mit 18 Zimmern in einem renovierten Bauernhaus plus Anbau mitten im mittelalterlichen *borgo;* das feine Restaurant Gatto Moro (s. S. 208) gehört zum Anwesen. ▷ S. 208

Lieblingsort

Einfach zauberhaft

Die sechs historischen Mühlen über dem Wehr sind heute ein kleines ›Feriendorf‹ mit Brückenanbindung mitten im Mincio; man kann wählen zwischen zehn völlig unterschiedlichen, zauberhaft ausgestatteten Wohneinheiten mit kompletter Küche, eine davon sogar mit Terrasse auf der Spitze des Wellenbrechers. Das Frühstück bereitet, so man möchte, das kleine Caffè Il Mulino oder die Bar Visconti gegenüber zu (s. Essen & Trinken S. 208).

Villaggio il Borghetto: Via Raffaello Sanzio 20, 37067 Borghetto (VR), Tel. 04 57 95 20 40, www.borghetto.it, ganzjährig, Apartment für 2 Personen 160–170 €, pro Woche 980 €.

Auf Entdeckungstour:
Visconti-Brücke – Bollwerk und Legende

Ein verwirrendes Konglomerat aus Damm und Brücken, Wasserkanälen und Wehren bei Borghetto bildet zusammen die Visconti-Brücke. Um die strategische, historische Verrücktheit rankt sich eine alte Legende, in deren Andenken sich das Bauwerk einmal im Jahr in ein unendlich langes Speisezimmer verwandelt.

Reisekarte: ▶ E 14

Ausgangspunkt: 37067 Borghetto (VR), Holzbrücke über dem Mincio

Von unten, also von Borghetto aus, sieht der Damm wie eine Festung aus, wenn auch durch den sichtbaren Verfall etwas zahnlos geworden. Erst wenn man am Brückenkopf steht, merkt man, dass es sich tatsächlich um eine Brücke handelt. Und zwar eine mit wahren Gardemaßen: 600 m lang, 26 m breit und rund 10 m über dem Mincio schwebend. Ein verwirrendes Konglomerat aus Damm und Brücken, Wasserkanälen und Wehren bildet zusammen die sogenannte Visconti-Brücke. Und wozu das Ganze?

Strategisches Bollwerk

Der Mailänder Fürst Gian Galeazzo Visconti (1351–1402) wollte 1393 mit diesem mächtigen Damm nicht nur ein

Bollwerk errichten, sondern außerdem die Gonzaga in Mantua von der Wasserversorgung durch den Mincio abschneiden. Gegen Mantua kam es jedoch nie wirklich zum Einsatz, aber es schreckte die Venezianer so, dass sie es 1438 tatsächlich vorzogen, ihre Kriegsflotte statt über den Mincio auf dem Landweg (!) über die Berge im Norden zum Gardasee zu transportieren, um diese gegen Brescia einzusetzen.

Legende von Malco und Silvia

Poetischer als die Kriegsgeschichte liest sich eine mit dem imposanten Bauwerk verbundene Legende, ebenfalls aus der Zeit des Mailänder Fürsten Gian Galeazzo Visconti. Sie berichtet, dass an seinem Hof ein Narr namens Gonella lebte. Eines Abends erzählte er den Soldaten, im Mincio lebten wunderschöne Nixen, die nachts ans Ufer stiegen, aber wegen eines Fluches furchtbar hässlich aussähen. Das ließ Malco, dem Mutigsten unter den Soldaten, keine Ruhe, er lauerte den hexenähnlichen Geschöpfen auf und ergriff eines von ihnen. Dabei verlor die Nixe Silvia ihren Mantel und zeigte sich in ihrer vollen Schönheit. Natürlich verliebten sie sich unsterblich ineinander und schworen sich ewige Treue. Als der Tag anbrach, musste Silvia wieder in den Fluss zurück, als Liebespfand schenkte sie Malco ein zartes Taschentuch mit einem kleinen Knoten.

Am nächsten Abend tanzten drei wunderschöne Mädchen auf einem Fest im Hof des Fürstensitzes. Malco erkannte unter ihnen seine Silvia. Die liebevollen Blicke der beiden fielen der Hofdame Isabella auf, die ihrerseits Malco liebte, und sie wollte Silvia in den Kerker werfen lassen. Malco trat dazwischen, Silvia konnte in den Fluss zurückspringen, doch Malco wurde an ihrer Stelle verhaftet. Nach langem Hin und Her retteten sich die Liebenden gemeinsam in den Fluss – am Ufer blieb nur ein Taschentuch mit dem Liebesknoten zurück ... Aus der Legende wurde 2008 unter der Federführung der Accademia Lirica di Verona eine Oper, uraufgeführt auf dem Hauptplatz von Valéggio sul Mincio. Der Kulturrat des Städtchens bemüht sich darum, die Oper immer wieder einmal aufzuführen, um sie nicht in Vergessenheit geraten zu lassen ...

Nodo d'Amore

Einmal im Jahr, 3. Di im Juni, veranstalten die tüchtigen Wirte von Borghetto im Andenken an die schöne Nixe und ihren Liebhaber ein riesengroßes Essen (pro Kopf 70 €): Die ganze Brücke dient als überdimensionales Esszimmer, in dem nach diversen Vorspeisen die Hauptsache serviert wird, die *Nodi d'Amore,* Liebesknoten: Winzig kleine Teigknötchen mit einer ganz speziellen Füllung, die Borghetto und Valéggio berühmt gemacht haben. Man kann sie das ganze Jahr über in den guten Metzgereien von Valéggio kaufen, aber original verspeist man sie an diesem Junitag auf der Brücke! Und das tun an die 4000 Menschen auf einmal. Zum Nachtisch gibt's ein riesiges Feuerwerk.

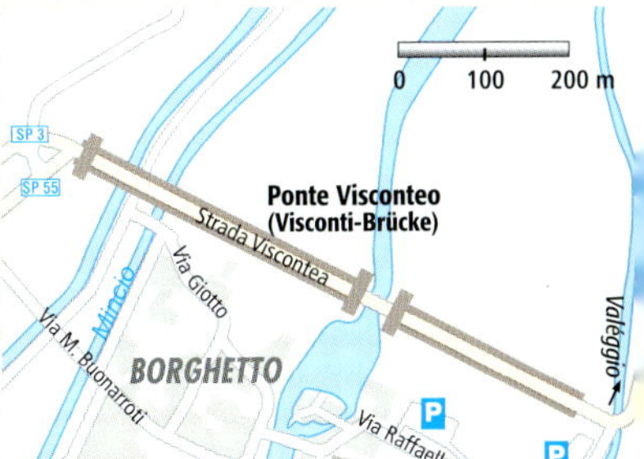

Mein Tipp

Historisch – Antica Locanda Mincio
Das historische Lokal ist die berühmteste kulinarische Adresse der Moränenhügel. Lange wurden hier die Postkutschenpferde gewechselt, bevor 1919 Angelo Bertaiola, der Großvater des heutigen, schnauzbärtigen Besitzers Gabriele, die Station in eine Trattoria umwandelte. Seitdem werden hier die traditionellen Gerichte der Moränenhügel und des Mincio gepflegt. Feine lokale Küche (mit Fluss- und Seefischen) zu hervorragenden lokalen Weinen; innen in einem elegant-ländlichen Ambiente, außen unter schattigen Bäumen direkt am Mincio. Eine besondere Spezialität sind die *agnolotti* (Teigtaschen), deren Rezept bereits der Großvater aus Mantua nach Verona brachte.
Antica Locanda Mincio: Via Michelangelo 12, 37067 Borghetto (VR), Tel. 04 57 95 00 59, www.anticalocandamincio.it, zwei Wochen im Febr. und Nov. geschl., Fr–Di, Menü ab 30 €, hervorragendes Preis-Leistungs-Verhältnis.

Essen & Trinken

Borghetto scheint nur aus Restaurants und Bars zu bestehen – einige eignen sich auch für den kleinen Hunger.

Geradlinig – **Gatto Moro:** Via Giotto 21, Tel. 04 56 37 05 70, Do–Mo, Ende Jan.–Mitte Febr. und Anf. Aug. geschl., Menü ab 31 €. Einst einfache Schänke, heute geräumiges Restaurant mit 2 kleinen Nebenzimmern und schattiger Pergola. Lokale Gerichte und Weine sowohl aus dem Veneto als auch aus dem Mantovanischen.

Anspruchsvolle kulinarische Oase – **Osteria della Vecchia Bottega:** 37067 Valeggio sul Mincio (Vr), Via Michelangelo Buonarroti 24, Tel./Fax 04 56 37 00 74, www.bottegaosteriaalponte.com, im Sommer Mi–Mo, sonst nur an Wochenenden, Menü ab 35 €. Heimelige Osteria am Parkplatz der kleinen Schlemmeroase, rustikal-gemütlich eingerichtet (von der Brücke hierher umgezogen). Anspruchsvolle Küche mit den besten lokalen Spezialitäten, vielen Polenta-Variationen, die Pasta ist hausgemacht.

Winzig und gemütlich – **Caffè Visconti:** Via Raffaello Sanzio 20/G, Tel. 04 57 95 85 55, tgl. 7.30–2 Uhr, im Winter Mi–Mo. Heimelige Cafetteria mit warmen und kalten kleinen Gerichten; Enothek, Cocktails, venezianische Aperitivi mit Knabbereien (3–5 €). Große Salate 6,50 €, Käseplatte mit *mostarde* 8,50 €.

Dopo cena – **Caffè il Mulino:** Via Raffaello Sanzio 16, Tel. 045 795 12 79, www.caffeilmulino.com. Stylisches Lokal, das sich ganz wunderbar fürs *dopo cena,* also die Zeit nach dem Abendessen, eignet. Sporadisch Abende mit Weinverkostung und dazu passenden lokalen Spezialitäten.

Einkaufen

Kleine, kostbar ausgestattete Delikatessläden kommen und gehen in Borghetto; in den Bar-Cafés kann man aber ebenfalls Kulinaria einkaufen.

Natürliches – **Acqua Terra e Fuoco:** Via Raffaello 35. Im historischen Gemäuer einer Mühle am kleinen Festungsturm (dem Eingang zur Mühleninsel) eingerichteter, recht netter Souvenirladen mit Naturprodukten sowie direkt importiertem Kunsthandwerk aus Silber, Seide und Batik, speziell aus Fernost und Simbabwe.

Aktiv

Wasserpark – **Parco Acquatico Cavour:** Località Ariano, Valeggio sul Mincio, Tel. 04 57 95 09 04, www.parcoacquaticocavour.it, Juni–Aug. Wasserpark u. a. mit Turborutschen, Lagunen, Whirlpool, Beach-Volleyball.

Infos & Termine

Comune: 37067 Valéggio sul Mincio (VR), Piazza Carlo Alberto 32, Tel. 04 56 33 98 00, www.valeggio.com.
Nodo d'Amore: 3. Di im Juni. Kulinarisches Fest, s. Entdeckungstour, S. 206.
Antiquitätenmarkt: jeweils 4. So im Monat in Valéggio sul Mincio; einer der schönsten im Gardaseegebiet.

Parco del Mincio

▸ E 13/14

Nördlich von Valéggio beginnt ein Flusspark, der sich bis Mantua bzw. bis zur Minciomündung in den Po erstreckt – eine gut gehütete Naturlandschaft, zu der auch die Seen um Mantua zählen. 1994 wurde hier ein Repopulationsprojekt für den Weißen Storch begonnen, das mit mehreren Neugeburten jedes Jahr erfolgreich verläuft. Außerdem bevölkern unzählige andere Vogelarten die Flussauen und es gedeihen hier an die 300 Arten von Wasser- und Uferpflanzen, z. B. die gelbe und weiße Seerose oder der Sumpfenzian.

Eine wunderschöne Erweiterung des Naturparks bildet der **Giardino Sigurtà** (s. Lieblingsort, S. 210).

Aktiv

Den Fluss erkunden – **Parco del Mincio:** Piazza Porta Giulia 10, Mantua, Tel. 03 76 22 83 20, www.parcodelmincio.it oder **Consorzio Barcaioli del Mincio:** Bootsführer, Tel. 03 76 34 92 92, www.fiumemincio.it. Man kann hier organisierte Ausflüge per Boot, mit dem Fahrrad oder auch zu Fuß buchen, s. S. 181.

Castellaro Lagusello

▸ D 14

Von Borghetto geht es in fast gerader Linie westwärts Richtung Solferino. Nach etwa 9 km zweigt rechts eine Straße nach Castellaro Lagusello (nochmals 2 km) ab, das zu Monzambano gehört und eine Pause wert ist. Nicht ohne Grund gehört es zu den *Borghi più belli d'Italia*, zu den schönsten Dörfern Italiens. Es besteht aus einem Burgdorf aus dem 12. Jh. und gehört wegen seiner Lage (und Verschlafenheit) zu den bezauberndsten Ecken im Mantovanischen. Geht man durch das kleine und doch trutzige Tor, stößt man gleich auf die Pfarrkirche **San Nicola** (Piazza Castello 27) die erstaunlich groß ausgefallen ist. Ursprünglich wohl romanisch, zeigt sie sich heute im barocken Kleid von 1741 mit weißgrauen Pilastern auf altrosa Wänden. Die bäuerliche, zart lächelnde und für die Zeit vielleicht etwas zu steif geratene Madonna dürfte das wichtigste Kunstwerk der Kirche sein.

Schräg gegenüber steht der schlichte, schöne **Palazzo Tacoli** (Via Castello 88) aus dem 13. Jh. mit späteren Umbauten. Er endet an einem schmiedeeisernen Tor in der südlichen Ortsmauer. Das Tor gibt den Blick frei auf einen

Lieblingsort

Parco Giardino Sigurtà ▸ E 14
Der private Garten in Valéggio sul Mincio ist eine immer wieder aufblühende Parklandschaft von besonderer Pracht auf 560 000 m² vor der bewohnten Villa aus dem 17. Jh. Eine kleine Bahn erschließt über eine 7 km lange Einbahnstraße den Park mit pflanzenreichen Teichen, Rosen- und Irisbeeten, Zypressenalleen, Tulpenfeldern, Azaleengärten und skurril gestutzten Buchsbäumen. Oder man genießt den Park auf eigene Faust – zu Fuß oder per Fahrrad, das man sich ausleihen kann. März–Anfang Nov. tgl. 9–17, 18, 19 Uhr je nach Sonnenstand, Einlass bis 1 Std. vor Schluss, www.sigurta.it, Erw. 12 €, ab 65 J. 8,50 €.

kleinen verschilften See, den man früher für die Fischzucht nutzte und der heute unter Naturschutz steht. Er besitzt die Form eines Herzens, was bei Romantikern besonders gut ankommt.

Übernachten

Zum Träumen – **Corte Uccellanda:** Via Castello 1, Tel. 037 68 87 63, www.corteuccelanda.it, 7. Jan.–Mitte Febr. geschl., Apartment/DZ für 2 Pers. mit Frühstück um 120 €, inkl. Benutzung der Sauna oder des türkischen Bades, Mountainbike. Wunderschön in einem historischen Gehöft am Ortsrand. 14 komfortable Suiten und Apartments mit fantasievoller Ausstattung rings um einen großen Innenhof, je 47–60 m², mit Kochzeile; von kuschelig bis geradlinig-modern und jeweils einem großen Dichter gewidmet. Odisseo (Odysseus) ist etwas für Träumer! SAT-TV und Safe. Kleine Beauty Farm. Parkplatz. Das Restaurant La Pesa (s. u.) gehört zum selben Besitz.

Familiär – **Antico Borgo:** Via Castello, Tel./Fax 037 68 89 78, www.anticoborgo.mn.it, ganzjährig, DZ/ÜF um 70 €. Kleine Familienpension mit großem Ausflugsrestaurant (an Wochenenden und Feiertagen also nicht gerade ruhig) mitten im historischen borgo, nur 7, z. T. recht große, moderne Zimmer (nicht alle mit Bad).

Essen & Trinken

Schlemmen im Lebensmittelladen – **La Dispensa:** Via Castello 15, Tel. 037 68 88 50, www.ristoranteladispensa.com, Do, Fr nur abends, Sa, So, Fei auch mittags, Menü ab 35 €. Alter Bauernhof mit Agriturismo, aus einem Lebensmittelladen mit großer Käseauswahl entstanden. Speisen aus eigenen oder anderen ausgewählten Produkten (auch Verkauf) zu gehobenen Preisen, was alle akzeptieren angesichts der Qualität. Im Sommersitzt man angenehm schattig um den Hof.

Qualität zu guten Preisen – **La Pesa:** Piazza Orlandi, am Ortsrand, Tel. 037 68 89 01, www.lapesa.it, Mi–Mo, die angeschlossene gemütliche Bar bleibt von früh bis spät geöffnet. Große Karte, empfehlenswert die 4 verschiedenen Menüs mit jeweils 4 Gängen zur Wahl, Sorbet zwischendurch, *caffè* und Wasser inkl. für 18, 22, 25 bzw. 28 € (Wein extra). Wunderbar unkomplizierte Trattoria in mehreren Räumen, mit Innenhof. Hervorragende und trotz ländlicher Eleganz recht preiswerte Küche, mit lokalen Spezialitäten (auch Wildgerichte) und hausgemachter Pasta.

Solferino ▸ B 14

Der Ort genießt einen traurigen Ruhm als Sinnbild der blutigen Schlachten um die Unabhängigkeit Italiens. Das sieht man dem verschlafenen Solferino (ca. 2600 Einw.) mit der winzigen Festung aus dem 11. Jh. nicht an.

Auf der **Piazza Castello** innerhalb der Burgmauer (mit hinreißendem Panorama) kann man den Wagen unter Schatten spendenden, ausladenden Kastanienbäumen parken. Neben der klassizistischen Kirche **San Nicola** steht direkt am hohen Torbogen der mächtige **Gonzaga-Turm** mit seinem hohen Tambour, den sich Orazio Gonzaga 1563 errichten ließ, als er die ganze Festung neu gestaltete. Heute bietet er wechselnden Ausstellungen Raum oder dient bei Veranstaltungen auf dem Platz als Kulisse, vor allem beim traditionellen Konzert zur Erinnerung an die Schlachten.

Museo della Rocca

Vicinale del Castello, Tel. 03 67 85 52 23, Di–So 9–12.30, 14.30–19 Uhr, Okt.–Febr. nur nach Vereinbarung, Erw. 2,50 €

Vom Turm führt ein Weg aus der Festung hinauf zum Museo della Rocca mit Bildern, Waffen und Erinnerungsstücken der französischen und österreichischen Truppen, die hier 1859 aufeinandertrafen, aber auch zur italienischen Geschichte von 1796 bis 1870. Der 23 m hohe Turm der Rocca wurde bereits 1022 errichtet und galt während der Unabhängigkeitskriege als die Spia d'Italia, der Spion Italiens: gegen Venedig, das damals noch österreichisch war. Und tatsächlich genießt man vom Museumsturm einen der schönsten Rundblicke in der Region.

Memoriale Croce Rossa Internazionale

Parco della Rocca, frei zugänglich, ohne Absperrung

Weiter führt der Weg zum Memoriale Croce Rossa Internazionale. Es wurde 1959 zum hundertjährigen Bestehen des Internationalen Roten Kreuzes im Gedenken an seinen Gründer, den Friedensnobelpreisträger Henry Dunant (1828–1910), errichtet. Die Stücke aus Marmor und anderen Steinen an dem Denkmal stammen aus den 148 Ländern die damals dem Roten Kreuz angehörten. Ein schöner Ort unter hohen, Schatten spendenden Bäumen!

Museo del Risorgimento

Via Ossario di Solferino, März–Sept. Di–So 9–12.30, 14.30–19 Uhr, im Winter auf Anfrage, Erw. 2,50 €

Unten an der Landstraße gegenüber dem Ortskern Solferinos befindet sich in einem neoklassizistischen Palazzo das Museo del Risorgimento mit Dokumenten, Uniformen und Zeugnissen zur Geschichte der Befreiungskriege.

San Pietro in Vincoli/ Cappella Ossario

Via Ossario s/n, tgl. im Sommer 9–19, sonst 9–17 Uhr, frei zugänglich

Gleich beim Museum, über eine leicht ansteigende, abgesperrte Zypressenallee zu erreichen, erhebt sich die Kirche mit dem Ossario als Mahnmal gegen den Krieg. Hier ruhen 1413 Totenschädel und 5600 Gebeine von 7000 in der Schlacht von Solferino gefallenen Soldaten, ungeachtet ihrer Nationalität.

Übernachten, Essen

Speisen im Gewölbe – **La Spia d'Italia:** Via dei Francesi 2, Tel. 03 76 89 34 70, www.albergolaspiaditalia.com, Mi–Mo, komplettes Menü ab 17 €, inkl. Getränke bis zum *caffè* 25–30 €. Einladendes Restaurant mit schönen Steingewölben im Gebäude des gleichnamigen Hotels, nur 200 m von der Festung Solferinos entfernt. Die Küche zeigt sich flexibel, abends gibt es auch Pizza und Spezialität ist u. a. spanische Paella. Alle Nachspeisen sind hausgemacht. Das Hotel bietet nette Zimmer (DZ/ÜF 65–100 €), einen eigenen Parkplatz, Fahrräder und Mountainbikes.

Schöner Blick – **Al Castello:** Piazza Castello 19, Tel. 03 76 85 52 55, Mi–Mo. Abend-Pizzeria auf schöner Piazza gegenüber der Residenz, im Sommer mit tollem Panorama. Pizza 7–10 €.

Infos

Pro Loco: Piazza Torelli 1, 46040 Solferino (MN), Tel./Fax 03 76 89 31 60, http://collinemoreniche.it.

Castiglione delle Stiviere ▸ A 13

Auch Castiglione (knapp 23 000 Einw.) erhebt sich in auffallender Hügellage (116 m). Es ist die Stadt des hl. Luigi Gonzaga, dem zu Ehren Francesco Gonzaga 1608 die **Basilica San Luigi** (Via Cesare Battisti 1) errichten ließ. Überragt vom **Castello** (Ripa del Castello) aus dem 9. Jh., ist Castiglione heute ein bedeutendes Wirtschaftszentrum (Handel, Handwerk und insbesondere Zuckerwaren-, Strumpf- sowie Schuhindustrie).

Die Stadt ist reich an Palästen wie der hervorragend erhaltenen **Villa Brescianelli** (Via Campasso 26) mit ihrem prächtigen Barockportal von 1763 (heute Ausbildungsstätte für den Jugendjustizvollzug) oder dem **Palazzo Pastore** (Via Ascoli 31; ab dem 16. Jh., heute Sitz der städtischen Bibliothek) in einem weitläufigen Park.

Museo Internazionale Croce Rossa

Via Giuseppe Garibaldi 50, www.micr.it, April–Okt. Di–So 9–12, 15–18, Nov.–März 9–12, 14–17 Uhr, Erw. 5 €

Berühmt ist Castiglione delle Stiviere außerhalb Italiens wegen des Internationalen Rot-Kreuz-Museums im schönen Renaissancegebäude des **Palazzo Triulzi-Longhi**. Das Museum wurde zum hundertjährigen Bestehen des Roten Kreuzes 1959 gegründet.

Während der Schlacht von Solferino weilte der Humanist und Philanthrop Henry Dunant in Castiglione, der zusammen mit dem Priester Luigi Barzizza an den Hilfsaktionen für die Kriegsopfer aktiv teilnahm. Aus dieser Erfahrung entstand die Idee, eine freiwillige, fest etablierte humanitäre Organisation zur Versorgung von Kriegsopfern – egal welcher Nation – zu gründen: das Rote Kreuz. Später kamen für die arabische Welt der Rote Halbmond und 2006 für die jüdische Welt die Rote Raute hinzu.

Das Museum zeigt Bilder von den Schlachten um Solferino ebenso wie chirurgische Instrumente u. a. Hilfsmittel des Roten Kreuzes.

Infos

Pro Loco: 46043 Castiglione delle Siviere (MN), Via Marta Tana 1, Tel./Fax 03 76 94 40 61, www.prolococastiglio nestiviere.it.

San Martino della Battaglia ▸ C 12

Wer den Spuren der Schlacht von Solferino folgen oder seine Rot-Kreuz-Tour vervollständigen möchte, sollte auch San Martino della Battaglia einplanen, das zwischen Pozzolengo und Colombare liegt. Der mehr als 65 m hohe Turm ist vom Gardasee aus weithin sichtbar.

Complesso Monumentale

www.solferinoesanmartino.it, Mo–Sa März–Sept. 9–12.30, 14.30–19, Okt.–Febr. 9–12, 14–17.30, So, Fei 9–17.30 bzw. 9–19 Uhr, Erw. 5 €

Der hohe Rundturm mit seinem Zinnenkranz ist Vittorio Emanuele II gewidmet. Darin zeigt das Museum Waffen und Fresken von allen Schlachten des Risorgimento und Erinnerungsstücke der Schicksalsschlacht von San Martino. Das Dach erreicht man über eine 400 m lange Rampe, und genießt von oben einen unvergesslichen Rundumblick. Obenauf erhielt der Turm ein Leuchtfeuer in den Farben der italienischen Tricolore: Grün, Weiß, Rot.

Valténesi ▸ A/B 9/10

Das Westufer, das komplett zur Region Lombardei bzw. zur Provinz Brescia gehört, beginnt im Süden zwischen Desenzano und Salò mit einem zauberhaften Landstrich, der Valténesi. Mit zwei Halbinseln und einer dazwischen liegenden breiten Bucht, in der Campingplatz an Campingplatz steht, ragt dieses leicht gewellte Moränenhügelland in den See hinein. Den südlichen Teil nimmt das Gemeindegebiet von Manerba del Garda ein, den nördlichen Teil San Felice del Benaco. Die Hügel sind zum größten Teil um die 100 m hoch und ergeben eine lichte, liebliche Landschaft. Ihre höchsten Erhebungen krönen Kastelle bzw. Ortschaften, die normalerweise aus diesen erwachsen sind.

Die Valténesi ist im Gardaseegebiet als gutes Weinanbaugebiet bekannt, mit kleinen Kellereien oder ganzen Kellereiortschaften wie dem winzigen Picedo. Überall locken große Plakate zum Einkauf direkt beim Erzeuger, bei dem man normalerweise auch auf eine Weinprobe einkehren kann.

Vor allem am See zeigt die Valténesi allerdings auch, was geschehen kann, wenn nicht rechtzeitig auf sanften Tourismus umgestellt und endlich Baustopp erlassen wird.

Padenghe sul Garda

▸ A 10/11

Zwischen Desenzano und Padenghe (rund 4300 Einw.) reiht sich ein Campingplatz an den anderen, dazwischen liegt das freundliche Strandbad **Lido di Lonato,** weiter nördlich befinden sich kleinere Jachthäfen. Schon von Weitem ist das mächtig breite **Castello di Padenghe** zu sehen, das in schönster Panoramalage in 119 m Höhe auf einem Hügel thront. Vom neueren Ortsteil führen Treppen zur Burg hinauf, und die mit hübschen schmiedeeisernen Laternen gesäumte Straße endet am Parkplatz vor dem Eingangstor mit seinem Schandkäfig. Von hier oben bietet sich ein grandioser Blick über den See.

Das Castello mit seinem einfachen Zinnenkranz und den drei mit großen Kieselsteinen gepflasterten parallelen Gassen zwischen den kleinen Häusern ist bewohnt und gepflegt. Die Mauer der Südwestecke trägt dekorative Schwalbenschwanzzinnen, die Ostbas-

Infobox

Infos

Tourist Coop Valténesi: Piazza Municipio 1, 25010 San Felice del Benaco (BS), Tel. 03 65 55 81 60, www.gardavaltenesi.com. Gute Links zu allen Orten der Valténesi, mit Stadt- bzw. Ortsplänen, Hotels u. a. Unterkünften sowie interessanten Mountainbiketouren.

Anfahrt und Reisen vor Ort

Bahn: Desenzano, die nächste Bahnstation, liegt an der EC-Strecke München – Mailand.

Pkw: Über die Autobahn Venedig – Mailand, Ausfahrt Desenzano und weiter entlang der Gardesana Occidentale Richtung Salò.

Busse: Linienbusverbindungen mit Desenzano und Brescia regelmäßig nur entlang der Gardesana Occidentale. Sonst ist man in der Valténesi auf einen Pkw oder ein Fahrrad angewiesen.

tion ist rund. Unter den Burganlagen der Valténesi dürfte Padenghe (auf den Grundmauern einer römischen Festung) die älteste sein. Sie besteht aus zwei Teilen: dem nordöstlichen (11. Jh.) und dem von einem Turm geschützten westlichen aus der Zeit der Kommunen (13. Jh.). Nach Peschiera und Riva besaß Padenghe zur Römerzeit (und während der venezianischen Epoche) den drittgrößten Hafen des Gardasees, damals lebten hier reiche Römer in ihren Sommervillen auf dem Hügel.

Übernachten

Komfortabel – **Terrazze sul Lago:** Via Prais 2, Tel. 03 09 90 04 68, www.leterrazzesullago.eu, ganzjährig geöffnet, im Winter besonders günstig, auch mit Pauschalpaketen, etwa zum Valentinstag, Apartment für 2 Personen 50–120 €. Recht neue Anlage westlich der Seestraße mit 125 modernen, komfortablen Wohneinheiten für 2–6 Personen, 2 Pools.

Mit Dorfblick – **Il Borgo:** Località Pratello, Via Pratello 37, Tel. 03 09 90 70 94, www.bbilborgopratello.it, normalerweise nur Febr.–Okt., auf Anfrage auch im Winter, DZ/ÜF 60–70 €. Kleines B & B mit 2 Mansardenzimmern und einem Mini-Apartment in einem Dorfhaus mit schönem Blick über dessen Dächer. Küchenbenutzung möglich.

Aktiv

Bootsverleih – **West Garda Marina:** Tel. 03 09 90 71 64, www.westgardamarina.it.

Mountainbike – Die Hügel hinter Padenghe sind ideal für sportliche Radler. Auf der Website der Valténesi (www.gardavaltenesi.com) finden sich mehrere Routenvorschläge.

Segeln – **West Garda Yachting Club:** Tel. 03 09 90 72 95.

Surfen – **Sporting Club Basso Garda:** Tel. 03 09 90 76 72.

Infos & Termine

Pro Loco: Via Barbieri 3, 25080 Padenghe sul Lago (BS), Tel. 03 09 90 88 89, www.comune.padenghesulgarda.bs.it.

Freilichtkino: Do Abend im Juli und Aug. im Castello.

Moniga del Garda

▶ B 10

Auch das beschauliche, inmitten von Olivenbäumen gelegene Moniga (ca. 2500 Einw.) besitzt ein sehenswertes **Castello** aus dem 10./11. Jh. Man betritt die rechteckige Anlage, von der das historische Zentrum überragt wird, durch ein vom massigen Turm bewachtes Tor. Von außen gar nicht zu erkennen sind die kleinen Häuser, die sich im Lauf der Jahrhunderte an drei parallelen Gassen in seinen Mauern mit den niedrigen, halbrunden Wachttürmen und einer Eckbastion eingenistet haben.

Monigas kleiner Hafen, der **Porto di Moniga,** befindet sich weniger als einen Kilometer vom historischen Kern entfernt. Ringsum gibt es viele Campingplätze, im Sommer ein richtig familiärer Ferienort. Weinliebhaber wissen, dass Moniga das Zentrum der Chiaretto-Produktion ist. Diesen weichen, duftigen Rosé serviert man hier am liebsten kühl zu leichten Gerichten wie Fisch.

Übernachten

Am Hafen – **La Pescatrice:** Via Porto 18, Tel./Fax 03 65 50 20 43, Febr.–

Okt., DZ/ÜF 55–75 €. Kleines Haus mit nur 7 Zimmern am Hafen von Moniga. Gutes Restaurant und Parkplatz.

Essen & Trinken

Einheimischen-Treff – **Trattoria Olivo:** Via Pergola 10, Tel. 03 65 50 21 18, www.trattoriaolivo.com, Mo Abend, Di geschl., Menü ab 25 €. Bei Einheimischen beliebtes Lokal mit schönem Blick über Ölgärten auf den See. Solide Gardasee-Küche, gern mit Gegrilltem, ob Seefisch oder Fleisch. Auch Zimmer, DZ/ÜF 80–120 €.

Viel Hausgemachtes – **La Gola:** Via Canestrelli 9, Tel. 03 65 50 36 22, kurz vor Ostern–Okt., Menü ab 20 €, Pizza ab 6 €. Bekannte und gute Pizzeria in schöner Panoramalage mit großer Terrasse, etwas landeinwärts. Auch Restaurant mit Hausgemachtem aus eigener Aufzucht und Schlachtung.

Die engen Gassen von Moniga del Garda werden von den Castello-Mauern umschlossen

Einkaufen

Durchprobieren – **Civielle:** Cantine delle Valténesi e della Lugana, Via Pergola 21, Tel. 03 65 50 20 02, www.civielle.com, tgl. außer Weihnachten und Neujahr 9–12.30, 15–19.30 Uhr. Ausstellungsraum der Winzervereinigung mit Wein, Olivenöl und zahlreichen Leckereien, die z. T. von den Mitgliedern der Vereinigung selbst produziert, z. T. bei Freunden eingekauft werden. Probieren möglich.

Infos & Termine

Pro Loco: 25080 Moniga del Garda (BS), Piazza San Martino 1, Tel./Fax 03 65 50 20 15, s. auch www.gardavaltenesi.com.
Boote: Moniga wird im Frühjahr und Herbst nur morgens und abends von den Booten der Navigarda angefahren, im Hochsommer auch mittags. Man muss daher den Besuch des Ortes sehr genau planen oder die Gegend mit dem Pkw bzw. dem Fahrrad erkunden.
Busse: Linienbusverbindung im Berufsverkehr entlang der Gardesana Occidentale.
Italia in Rosa: 1. Juniwochenende (Eintritt 10 €) auf der Piazza San Martino, mit Verkostung und Verkauf des Chiaretto, einem süffigen Rosé.
Konzerte: an Juli-Wochenenden Konzerte und Theater im Castello, 2. und 3. Aug.-Woche Konzerte und abendliche Spektakel im Freien.

Soiano del Lago ▸ A/B 10

Ohne den Golfplatz, so sagen böse Zungen am Gardasee, würde kein Mensch nach Soiano kommen, dabei

In Soiano del Lago lässt es sich zwischen Oliven und Zypressen angenehm golfen

bietet der Ort zumindest im Sommer eine Menge Kultur: Konzerte und Theater auf dem Castello. Das freundliche Soiano (1900 Einw.) liegt westlich der Hauptstraße der Valténesi in 196 m Höhe. Sein Neubaugebiet ist sehr gepflegt und besitzt großzügige Villen zu Füßen des kleinen Kastells. Flache, mit Kieseln gepflasterte, breite Stufen führen von der barocken Pfarrkirche **San Michele** (Via San Michele 46) aus dem 16. Jh. (u. a. mit einer »Verkündigung Mariä« aus der Schule von Celesti und einer üppig vergoldeten Orgel) hinauf zum **Castello** (Piazza Castello) aus dem 12. Jh. Früher war die Festung nur über eine Zugbrücke zu erreichen, wie man an der Außenkonstruktion nach wie vor erkennen kann. Die Ruine bildet im Sommer eine herrliche Kulisse für die beliebten Musikveranstaltungen. Der dekorative, kantige Uhrturm, früher der Wachtturm der Festung, dient heute der Pfarrkirche als Glockenturm.

Übernachten

Pool in Panoramalage – **Porta del Sole:** Tel./Fax 03 65 67 47 04, www.hotelportadelsole.it, ganzjährig, DZ/ÜF 90–160 €. Familiär geführtes Hotel gegenüber vom Castello mit 24 großen, gepflegten Zimmern (je 35 m^2). Pool mit drei alten Olivenbäumen mittendrin in herrlicher Panoramalage; Riesenterrasse. Restaurant Belvedere (s. Essen & Trinken).

Agriturismo mit Panorama – **Il Ghetto:** Vicolo Ghetto 3/A, Tel. 03 65 50 29 86, www.agriturismoilghetto.it, ganzjährig, 1-Raum-Apartment pro Woche für bis zu 3 Personen 400–750 €, für 6 Personen 420–770 €, pro Tag 80–100 €. Agriturismo in Panoramalage auf einem kleinen Hügel; wurde zu einem kleinen Dorf ausgebaut, nachdem die jungen Landwirte ein paar verfallene Dorfhäuser hinzugenommen und restauriert haben. Über das Grundstück verteilt inzwischen 20, z. T. sehr moderne Apartments (1-, 2- und 3-Raum), 2 Pools, angeschlossen ist ein elegantes Restaurant. Kein Zwang, wochenweise zu mieten! Auf Wunsch Frühstück (10 € pro Person). Verkauf der eigenen Produkte: Olivenöl und Marmeladen.

Essen & Trinken

Ehrlich und gut – **Belvedere:** s. Hotel Porta del Sole, tgl., Nichtübernachtungsgäste sollten sich am besten anmelden, Menü um 25 €. Ein recht elegantes Hotel-Restaurant mit lokalen Spezialitäten wie *bresaola,* gemischten Antipasti sowie hausgemachter Pasta (z. B. Tagliatelle mit Steinpilzen).

Aktiv

Diese Ecke der Valténesi ist ein **Golferparadies**. Man kann hier das ganze Jahr über spielen und hat die Wahl zwischen purem Luxus im Arzaga Golf Club etwas weiter im Hinterland und dem großen Gardagolf Country Club direkt in Soiano. Nicht weit ist auch der Golfplatz von Bogliaco, der zweitälteste von Italien (s. S. 248).

27-Loch-Platz – **Gardagolf Country Club:** Via Angelo Omodeo 2, Tel. 03 65 67 47 07, www.gardagolf.it, Nov.–März Di–So. Gepflegter 27-Loch-Platz auf 110 ha zwischen der Rocca di Manerba und den mit Wein und Olivenbäumen bepflanzten Hügeln der Valténesi.

Purer Luxus – **Arzaga Golf Club:** 25080 Cavalgese della Riviera (BS), Località Carzago, Tel. 03 06 80 62 66, www.arzaga-golf-garda.com. Die 18- und 9-Loch-Plätze gehen auf die beiden international bekannten Golfplatzexperten Jack Nicklaus und Gery Player zurück.

Infos & Termine

Pro Loco: 25080 Soiano del Lago (BS), Via Ciucani 2, Tel. 03 65 67 40 33, www.prolocosoianodellago.it, www.gardavaltenesi.com.
Soiano Blues Festival: meist an den Wochenenden Ende Juni–Mitte Aug. Jazz- und Blues-Konzerte, aber auch andere Konzerte mit bekannten nationalen wie internationalen Musikern. Infos unter www.slangmusic.com.

Polpenazze del Garda ▸ A 9/10

Die größere Nachbarin Soianos, Polpenazze (2600 Einw.) in 260 m Höhe, ist fast übergangslos erreichbar. Ihre weiße Pfarrkirche **San Pietro Apostolo** (Piazzale Biolchi 1) erkennt man schon von Weitem, denn sie steht auf einer ausladenden Terrasse. Die einschiffige Kirche mit ihrer palladianischen Vorhalle und den kleinen Obelisken wurde noch während der Renaissance (1579–88) erbaut und später leicht barockisiert, die Fassade erst 1808 bis 1903 fertig gestellt. Völlig barock wirkt das Innere, dessen Tonnengewölbe freskiert ist. Der abseits stehende Glockenturm dient gleichzeitig als Rathausturm, und der parkartig mit Ruhebänken angelegte Vorplatz bietet einen grandiosen Blick über Soiano und Moniga hinweg auf den See bis hin zur schlanken Halbinsel von Sirmione.

Der hübsche kleine Ortsteil **Picedo** mit seinen z. T. noch traditionellen Landhäusern lebt vom guten Wein, den seine Winzer auf ihren historischen Gütern produzieren. Hier kann man nicht nur Wein (und Olivenöl) einkaufen, sondern auch besonders lecker speisen (s. Mein Tipp).

Mein Tipp

Einfach lecker!
Die **Taverna Picedo** ist ein uriges Restaurant auf zwei Stockwerken mit Terrasse und kleinem Enoteca-Raum im Untergeschoss. Hervorragende Küche mit lokalen Gerichten, spezialisiert auf Fleisch wie *tagliata di manzo* (Scheiben vom gegrillten, feinsten T-Bone-Steak), sowie ausgebackenes Gemüse, hausgemachte Pasta und alles Süße (Dessertkarte verlangen!). Erlesene Weine, viele natürlich aus Picedo.
Taverna Picedo: Via Sottoraso 7, 25080 Polpenazze (BS), Località Picedo, Tel. 03 65 67 41 03, www.tavernapicedo.it, Mo, Di jeweils mittags geschl., alle 2 Wochen neues Menü für 30–45 € inkl. Hauswein.

Einkaufen

Auf fast allen Weingütern, speziell rund um Picedo, kann man lokalen Wein kaufen (den Hinweisschildern folgen und einfach klingeln).

Infos

Comune: Piazza Biolchi 1, 25080 Polpenazze (BS), Tel. 03 65 67 40 12, www.comune.polpenazzedelgarda.bs.it.

Manerba del Garda

▸ B 9

Der Hauptort der Valténesi (5000 Einw.) mit imposanter Kastellruine inmitten von Ölbaum- und Weingärten steigt vom See auf 162 m auf. Ein freundlicher Urlaubsort, der auch mit preiswerteren Hotels und Campingplätzen sowie langen Stränden (im Gemeindegebiet 12 km) ideale Voraussetzungen für Familienferien bietet.

Steil fällt der helle Fels, der **Rocca di Manerba** genannt wird, 200 m tief in den See ab. Inzwischen wurde er mit einem wunderbaren Besucherzentrum zu einem **Parco Archeologico Naturalistico** ausgebaut (Via Rocca 20, April–Sept. tgl. 10–20, im Winter nur Do–So 10–18 Uhr, Eintritt frei). Mit von der CAI ausgewiesenen Wanderwegen (Plan geben lassen). Man kann den archäologischen Park jederzeit aufsuchen, weil er normalerweise nicht abgesperrt wird. Parkplatz vor dem Museum, steiler, aber asphaltierter Weg (nicht befahrbar!) hinauf zur Rocca. Mehr Infos unter www.parcoroccamanerba.net.

Besonders schön ist von oben der Blick nach Norden auf die Landzunge der **Punta Belvedere,** die sich bis zu der von ihr abgeschnittenen, mit Zypressen bewachsenen **Isola di San Biagio** ausdehnt. Ein herrliches Plätzchen für Wasserratten! Umgeben von Felsplatten schimmert das Wasser rings um die Landzunge in smaragdfarbenem Grün.

Zwischen dem Steilfelsen und der Landzunge befindet sich das vielleicht beliebteste Strandbad des Ortes, **Lido di Manerba,** von wo aus man meistens watend die nur etwa 300 m entfernte Insel erreichen kann. Nördlich beginnt die Reihe der Campingplätze, die sich bis Porto Portese kurz vor Salò hinzieht: fast immer schattige Plätze.

Essen & Trinken

Michelin-Stern – **Capriccio:** Località Montinelle, Piazza San Bernardo 6, Tel. 03 65 55 11 24, www.ristorantecapriccio.it (aktuelle Menükarte mit Preisen), März–Dez. Mi–Mo, mittags nur auf Vorbestellung, Degustationsmenüs um 80 €, *à la carte* 74–104 €. Elegantes Ambiente mit großen Terrassen; Hügel- und Seeblick. Das Äußere lässt kaum vermuten, dass es sich hier um ein teures, feines und von Michelin seit Jahren besterntes Restaurant handelt. Die Karte zeigt auserlesene Speisen, bevorzugt tagfrischen Fisch und Krustentiere aus dem Meer. Für besondere Gelegenheiten.

Weinbar mit Küche – **Il Gusto:** s. Capriccio, Tel. 03 65 55 02 97, März–Dez. Mi–Mo 17–1 Uhr, mittags n. V. geöffnet, Menü ab 25 €. Die kleine Schwester des teuren Capriccio im selben Gebäude, unter derselben Equipe und Küche. Il Gusto will ein jüngeres Publikum und Leute mit Stil, aber kleinerem Geldbeutel ansprechen.

Aktiv

Baden und Wassersport – **Wassersportmöglichkeiten** gibt es insbesondere an den Campingplätzen zwischen Manerba und San Felice. Hier kann man auch zur vorgelagerten Isola di San Biagio schwimmen bzw. waten.

Bootssport und Wasserski – **Nautica Benaco:** Via Belvedere 4, Tel. 03 65 65 40 74, www.nauticabenaco.it, deutschsprachig. Wasserskiverleih und Verkauf von neuen wie gebrauchten Booten.

Segeln – **Circolo Vela Torcolo:** Via Belvedere 76, Tel. 03 09 90 72 17. Guter Ort für Segler/Segelschule.

Infos & Termine

Servici Turustici: 25080 Manerba del Garda (BS), Piazza Garibaldi 25, Tel. 03 65 55 27 45, www.manerbaservizituristici.it.

Öffentlicher Nahverkehr: Manerba wird nicht von den Booten der Navigarda angefahren, und auch mit dem Bus ist es kompliziert; also mit Pkw oder Fahrrad zu erreichen.
Carnevale Re del Maöl: Febr. Karneval mit farbenprächtigem Umzug und allerlei Spektakel.
Freilichttheater und Konzerte: Juli/Aug. Freilichttheater jeden Fr im Anfiteatro Balbiana (Località Balbiana), jeden Di außerdem abendliche Märkte mit Musik sowie Konzerte mit Musik der 1960er- und 1970er-Jahre.
Armonie sotto la Rocca: Aug., rund drei Wochen. Internationales Musikfestival, außerdem Jahrmärkte mit Feuerwerk.

San Felice del Benaco ▸ B 9

Der hübsche Ort (3450 Einw.) thront auf einem Hügel (109 m), etwa 1 km vom See entfernt, und ist wohl die grünste der Valtènesi-Ortschaften, das Gemeindegebiet durchzogen von Gärten und Wäldchen. Strandzonen, Campingplätze und zwei Häfen (Porto San Felice, Porto Portese) umgeben den Ort. Zwischen den beiden Häfen schiebt sich wieder eine Landzunge weit in den See hinein, länger noch als die von Manerba. Die Insel, die sie anpeilt (bis auf 200 m), dürfte die schönste am Gardasee sein, weshalb sie auch stolz den Namen **Isola del Garda** tragen darf. Für die Besichtigung der 1 km langen Privatinsel muss man an einer der geführten Bootsfahrten teilnehmen, wie sie in Kooperation mit der Navigarda im Sommerhalbjahr angeboten werden, am besten von Salò aus (Infos unter www.isoladelgarda.com, s. auch S. 222).

Madonna del Carmine

Via Fontanamonte 1, www.santuariodelcarmine-sanfelice.it, tgl. 7–12, 15–18/19 Uhr
Vor San Felice del Benaco ist ein Besuch der Wallfahrtskirche Madonna del Carmine Pflicht. Der schlichte Außenbau mit dem kleinen Portikus lässt nicht erahnen, was sich im Inneren für Schätze verbergen. Die herrliche Freskenausmalung der lombardisch-venetischen Schule (zwischen Spätgotik und Renaissance) ist wohl gleich nach Vollendung des Außenbaus 1452 bis 1482 entstanden: die Figuren noch typisch gotisch lang, die antikisierende Scheinarchitektur bereits vorsichtig der Perspektive gehorchend (»Thronende Madonna«). Um die »Madonna del Carmine«, einer innig verehrten Skulptur im Chorraum, die der Karmeliterkirche den Beinamen ›Karmelberg des Gardasees‹ einbrachte, gruppieren sich die schönsten Fresken. Einige waren von neueren Fresken verdeckt, die man abgenommen und getrennt aufgehängt hat.

Baia del Vento

Östlich von Portese ▸ C 9
Die Baia ist der schönste Strand von San Felice – mit Kieseln und rund 500 m lang. Die nette Bar/Pizzeria setzt während der warmen Jahreszeit ihre Tische ins Freie und verleiht Liegen. Tauchen kann man im **Acqua Club** (mobil 34 77 88 24 52, www.baiadelvento.it). Interessantes Tauchgebiet, speziell wegen der vorgelagerten Inseln und der z. T. steilen Ufer.

Übernachten

Wahrlich traumhaft – **Sogno:** Via Porto 41, San Felice, Tel. 036 56 21 02, www.sognogarda.it, Mitte Febr.–Mitte Dez.,

DZ/ÜF 150–260 €. Wunderschönes Hotel direkt am kleinen, gemütlichen Hafen von San Felice mit sehr elegantem Ambiente und bewachtem Parkplatz. Sehr gutes Restaurant mit Seeterrasse (in den kühleren Monaten nur für Hausgäste; Menü ab 40 €). 18 großzügige, modern eingerichtete, klimatisierte Zimmer, teils mit Seeblick.

Eigener Badeplatz – **Garden Zorzi:** Località Porticcioli, Via delle Magnolie 10, Tel. 036 54 36 88, www.hotelzorzi.it, April–21. Okt., DZ/ÜF 90–170 €, im Hochsommer nur mit HP oder VP zu buchen. Familiäres Haus mit nur 26 kleinen, aber modernisierten Zimmern in gepflegtem Garten. Schöne Liegeterrassen, eigener Badeplatz und Bootssteg, aber keine richtigen Aufenthaltsräume. Gutes Restaurant (nur für Hotelgäste).

Mitten im Ort – **San Filis:** Via Marconi 5, Tel. 036 56 25 22, www.sanfilis.it, Ende März–Okt., DZ/ÜF 66–112 €. Sehr freundliches, familiäres Haus in einer kleinen historischen Residenz aus dem 16. Jh. mit wundervoll bewachsenem Innenhof hinter hoher Mauer mitten im Ort. Nur 25 hübsch eingerichtete Zimmer. Pool und gutes Restaurant mit lokalen Spezialitäten aus Mutters Küche.

Großzügig klösterlich – **Il Carmine:** Via Fontanamonte 1, Tel. 036 56 23 65, www.carminesanfelice, it, März–Okt., DZ/ÜF 78 €. Das Gästehaus des Karmeliterklosters, in dem jedermann willkommen ist, liegt in toller Lage, von schönen Olivenhainen umgeben. 58 komfortable Zimmer, sogar mit Telefon, Minibar und TV. Restaurant Fontana Monte (mit Kamin!), Menü 15 €. Parkplatz.

Essen & Trinken

Empfehlenswert sind hier vor allem die **Hotelrestaurants,** speziell die des Sogno und des San Filis (s. o.).

Einkaufen

Cooperativa Agricola San Felice del Benaco: Via delle Gere 2, Tel. 036 56 23 41, www.oliofelice.com. Verkaufsladen der genossenschaftlich organisierten Produzenten von Olivenöl und Wein; hier gibt es außerdem Käse, Bioprodukte etc. aus der Valténesi.

Abends & Nachts

Strandlokal – **Café del Porto:** Via Porto San Felice 5, Tel. 03 65 55 99 79, ganzjährig tgl. 7.30–2 Uhr. Einfaches Strandlokal am kleinen Hafen, eher bekannt unter dem Namen **Da Bill,** und eine auch von Einheimischen gern besuchte preiswerte Snackbar bzw. Trattoria mit *primi* und gutem Wein sowie Eisdiele. Im Sommer mit Seeterrasse, im Winter werden die Holztische durch eine Art Wintergarten geschützt. Und dann sitzt man hier mit den Einheimischen dicht gedrängt und genießt das, was Bill tagesfrisch anzubieten hat. Immer dabei: Gute Drinks, Aperitifs mit (feinen) Häppchen.

Infos & Termine

Tourist Coop Valténesi: 25010 San Felice del Benaco (BS), Piazza Municipio 1, Tel. 03 65 55 81 60, www.gardavaltenesi.com. Informationen über die Valténesi, für Publikumsverkehr nur saisonal geöffnet. In den einzelnen Orten gibt es darüber hinaus nur während der Saison geöffnete Informationsbüros (Pro Loco oder IAT).

Boote: Die Linienboote der Navigarda halten im Sommer mehrmals tgl. in Porto Portese/San Felice.

Busse: Linienbusse verkehren nur zu Schulzeiten, daher ist San Felice del Benaco nur mit dem Pkw oder mit dem Fahrrad gut erreichbar.

Das Beste auf einen Blick

Das Westufer

Highlights!

Isola del Garda: Ganz bestimmt die schönste Insel im Gardasee. Sie ist privat bewohnt, kann jedoch im Zuge eines organisierten Bootsausflugs besichtigt werden. S. 232

Madonna di Montecastello: Die Wallfahrtskirche in fast 800 m Höhe ist nur über einen Pilgerweg und eine enge Fahrstraße erreichbar. Ihre Casa Santa soll im Jahre 802 für das wundertätige Marienbild aus dem Felsen geschlagen worden sein. S. 270

Limone sul Garda: Klein und zauberhaft schön – trotz der Touristenmassen, die sich häufig durch den historischen Kern direkt am See schieben. S. 279

Auf Entdeckungstour

Valle delle Cartiere: In der Valle delle Cartiere bei Toscolano-Maderno gab es seit dem Mittelalter Papierfabriken. Heute befindet sich dort ein sehenswertes Freilichtmuseum. S. 244

Auf den Spuren von D. H. Lawrence: Spaziergang in Gargnanos Vorort Villa, wo der Autor einen Winter verbrachte. S. 252

Observatorium von Cima Rest: Nirgendwo ist die Luft so rein und frei von ›Lichtsmog‹ wie in Magasa, wo man auf Sternsuche gehen kann. S. 266

Ausflug zur Alpe del Garda: Die Hochebene von Tremósine ist bekannt für ihre Formagella di Tremósine. In der Käserei vor Ort kann man toll einkaufen. S. 274

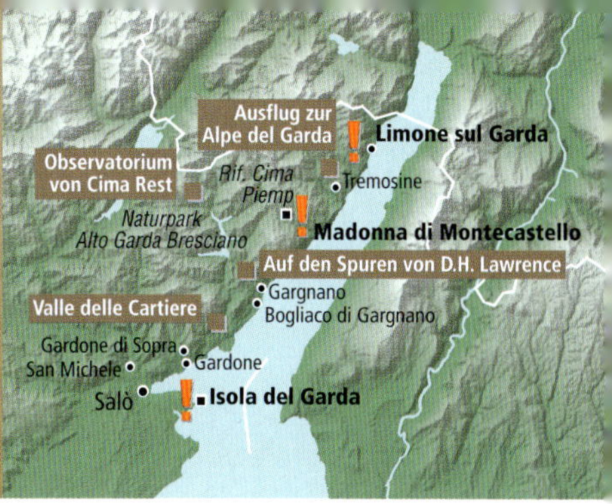

Kultur & Sehenswertes

Giardino Botanico: Der kleine, dicht bewachsene Garten des Botanikers Hruska in Gardone gehört heute dem österreichischen Multitalent André Heller. Dem Garten hat er ein paar witzige Details hinzugefügt. S. 236

Vittoriale degli Italiani: Das Siegesdenkmal und das skurril eingerichtete Wohnhaus des Dichters und Patrioten Gabriele D'Annunzio stehen in einem riesigen Garten in Gardone di Sopra. S. 237

Zu Fuß & mit dem Rad

Salò: Die Bergwelt zwischen Salò und San Michele lässt sich wunderbar zu Fuß und mit dem Rad erkunden. S. 232

Parco Alto Garda Bresciano: Der Naturpark ist ein wunderbares Wanderrevier – speziell am Monte Gargnano. S. 262

Mit dem Mountainbike zum Rifugio Cima Piemp: eine schöne Einstiegstour in die Region. S. 270

Genießen & Atmosphäre

Serate di Giovedi: Mitte Juni bis Mitte September schieben die Wirte der Stadt Salò ihre Tische über die gesamte Promenade und in die Gassen hinein, verköstigen ihre Gäste also auf größerer Fläche im Freien. Alle Geschäfte dürfen bis 22.30 Uhr geöffnet bleiben, und überall erklingt Musik aller Stilrichtungen. S. 230

Abends & Nachts

Disco La Torre: An der Riviera dei Limoni gibt es nicht viele Diskotheken. Berühmte Ausnahme: das von bekannten Künstlern ausgestattete luxuriöse La Torre in Gardone. S. 240

Klassische Musik am See: Die Seeorte am Westufer bieten ein dichtes konzertantes Programm. Vorreiter sind Salò wegen des von hier stammenden Musikers Gasparo da Salò sowie Gargnano wegen des Gitarrenwettbewerbs und Gargnano in Musica. S. 230, 261

Entlang der Zitronenriviera

Gleich hinter Salò steigen die Berge auf bis zu 2000 m Höhe und fallen z. T. steil zum See ab. Tief schneiden sich darin enge Flusstäler ein und bilden eine wilde, meist unwegsame Landschaft. Die 400 bis 550 m hohen Felswände wurden im nördlichen Bereich für die erst 1931 gebaute Uferstraße mit Galerien und Tunnels durchstoßen. Darüber liegen auf den Hochalmen kleine Streusiedlungen mit den herrlichsten Aussichten auf den See – Sommerfrischen inmitten eines fantastischen Wander- und Bikergebietes.

An der Uferstraße reihen sich sehenswerte Städtchen hintereinander: das elegante Salò mit seiner breiten Seepromenade und dem schönen Dom, das vornehme Gardone Riviera mit dem Vittoriale in der Oberstadt. Etwas altertümlich sind die beiden Teile von Toscolano-Maderno, geradezu beruhigend das fast immer stille Gargnano (außer im September, wenn sich in Bogliaco Segler aus aller Welt zur Centoiglia einfinden) und hübsch das im Sommer meist überfüllte Limone.

Kunstinteressierte finden großartige Zeugnisse romanischer Steinmetzkunst z. B. an der alten Pfarrkirche von Maderno. In Gardone kann man D'Annunzios Vittoriale und den Botanischen Garten Hruska erkunden. Toscolano wiederum ist seit dem Mittelalter berühmt für seine Papiermühlen. Und prachtvolle Villen wie der Palazzo

Infobox

Infos

Consorzio Riviera dei Limoni: Via Oliva 32, 25084 Villa di Gargnano (BS), Tel. 03 65 79 11 72, Fax 03 65 79 14 84.

Internet

www.rivieradeilimoni.it: Website des Consorzio (auch auf Deutsch) mit Links zu den Orten und angeschlossenen Hotels.

www.bresciatourism.it: Website für die gesamte Provinz, mit Links zu den Orten, Unterkünften, Veranstaltungen etc.

Anfahrt und Reisen vor Ort

Flug: Mit dem Flugzeug über die Flughäfen von Bergamo, Verona und Montichiari, S. 22. Transfer am preiswertesten von Bergamo, am bequemsten mit vororganisiertem Taxi-Service, s. http://airportstaxitransfers.com und www.limonetransfer.com..

Bahn: München – Rovereto oder München – Verona – Desenzano, von dort jeweils weiter mit dem Linienbus oder dem Taxi.

Busse: Linienbusse fahren nur im Berufs- und Schulverkehr, also nicht sehr häufig; Busverbindungen mit dem Hinterland noch seltener.

Boote: Im Sommerhalbjahr werden die Seeorte zwischen Salò und Limone von den Linienbooten der Navigarda angesteuert.

Pkw: Vom Norden her per Pkw über die Brenner-Autobahn (A 22), Ausfahrt Rovereto Süd, von dort ›Lago di Garda Nord‹ folgen bis Limone (20 km). Vom Süden auf der A 4 (Mailand – Venedig), Ausfahrt Brescia Est (Ost), dann auf der SS 45 bis Salò (rund 35 km).

Martinengo bei Salò, die Villa Bettoni in Bogliaco oder die Villa Feltrinelli in Gargnano runden das Bild ab.

Salò ▸ A/B 8

Das Kreisstädtchen gehört zu den Schönheiten am Gardasee und bietet gleichzeitig hervorragende Einkaufsmöglichkeiten, speziell für Mode. Bei der Einfahrt mit dem Boot in die fjordähnliche Bucht von Salò, an der Isola del Garda vorbei, genießt man die schönste Salò-Totale und begreift, warum dieser Ort als einer der elegantesten am See gilt – mit seiner geradezu charmanten Atmosphäre eines Seebades. Parallel zum Ufer zieht sich die Einkaufsstraße mit ihren Cafés und feinen Geschäften durch den ganzen Ort. Salò mit seinen knapp 11 000 Einwohnern lebt heute hauptsächlich von Verwaltung und Tourismus.

Geschichte

Den bereits in der Römerzeit bedeutenden Ort bestimmten die Mailänder Visconti 1377 zum Verwaltungssitz des lombardischen Seeufers. Unter den Venezianern wurde er von 1426 bis 1799 Hauptort ihrer Magnifica Patria della Riviera. 1943 bis 1945 war Salò die Hauptstadt der sog. Republik von Salò – ein Marionettenstaat, von den deutschen Nationalsozialisten für ihren faschistischen Verbündeten Mussolini ausgerufen.

Am 30. Oktober 1901 bebte die Erde am Westufer des Gardasees und zerstörte Salò fast vollständig. Die Stadt wurde schnell auf den alten Fundamenten wieder aufgebaut, aus Platzmangel wurde die Promenade mit Hilfe von Stelzen jedoch dem See abgetrotzt.

Altstadt

Das historische Zentrum breitet sich zwischen den beiden Stadttoren parallel zum See aus. Die Bootsanlegestelle befindet sich etwa in der Mitte des Lungolago Zanardelli vor der Piazza della Vittoria, so dass es sich anbietet, die Besichtigung hier zu starten. Und obwohl bereits am Lungolago fein herausgeputzte Kolonnaden locken, sollte man erst die andere Richtung einschlagen und den Dom besichtigen, denn er schließt zur Mittagszeit.

Santa Maria Annunziata

Via Duomo, tgl. 8.30–12, 15.30–18.30, 19 Uhr

Die Via Duomo führt direkt auf die schlichte Backsteinfassade des Domes Santa Maria Annunziata zu, und damit auf sein weiß leuchtendes Renaissanceportal. Der an sich spätgotische Bau entstand ab 1453, als andernorts bereits die Renaissance erblühte. Überraschend ist der riesige, nur durch kleine Fenster beleuchtete dreischiffige Innenraum, der als der größte und bedeutendste am Gardasee überhaupt gilt.

Der Chor ist spätgotisch, doch das Kuppelfresko »Mariä Himmelfahrt« von Palma il Giovane (1544–1628) sowie der vergoldete, prunkvolle Altaraufsatz kamen später hinzu. Die barocken Seitenkapellen wurden Ende des 16. Jh. angebaut und mit kostbaren Kunstwerken ausgestattet. Das bedeutendste Altarbild des Domes (in der zweiten Kapelle links) schuf Girolamo da Romano aus Brescia, genannt Romanino (1486–1560). Es zeigt Sant'Antonio von Padua und gilt als eines der Meisterwerke des Künstlers. Auch der Laie erkennt den Hang Romaninos zur Satire: Den Stifter des Bildes stellte er feist und dick zu Füßen

des Heiligen dar, die Engel schauen ihn nicht huldvoll an, sondern wenden sich angewidert von ihm ab.
Unter dem Triumphbogen hängt ein eindrucksvolles Kruzifix (1499) von Hans von Ulm. Besonders beeindruckend jedoch ist die lebensgroße, farbig gefasste Holzgruppe aus sieben Figuren in der ersten Kapelle rechts vom Eingang, der Cappella di San Girolamo: eine ausdrucksstarke Grablegung, vermutlich aus einer Südtiroler Werkstatt (16. Jh.).

Palazzo Coen und Porta del Carmine

Via Fantoni 49, Museo Storico Nastro Azzuro: Sa, So 10–12 Uhr, Erw. 2 €
Museo Civico Archeologico: meist Mo–Fr 10–12 Uhr, Erw. 2 €
Die Gassen hinter dem Dom führen auf die Via Fantoni mit dem Palazzo Coen, in dem sich das **Museo Storico Nastro Azzuro** mit Andenken aus der Zeit Napoleons bis zum Zweiten Weltkrieg befindet (eher von lokalem Interesse); im selben Komplex hat auch das **Museo Civico Archeologico** seine Räume. Die hier ausgestellten Funde aus dem großen Gräberfeld des nahen Lugone (1./2. Jh.) bezeugen die bedeutende römische Vergangenheit Salòs.

Gleich dahinter erhebt sich die **Porta del Carmine,** hinter der wiederum der Straßenverkehr tobt. Man macht daher am besten einen kleinen Schlenker am Parkplatz vorbei zum Lungolago Zanardelli. Er führt inzwischen als angenehme Fußgängerzone mit Cafés zur Piazza della Vittoria zurück.

Rathaus und Fußgängerzone

Hinter den hübschen, langen Kolonnaden, die an der Piazza della Vittoria beginnen, verbirgt sich das **alte Rathaus** (Lungolago Zanardelli 52) aus dem 14. Jh., das der Renaissancekünstler Sansovino (1486–1570) mit einer venezianischen Fassade versah. Direkt angebaut ist der zierliche venezianische **Palazzo della Magnifica Patria** von 1524, dessen Laubengang mit dem des Rathauses eine harmonische Einheit bildet.

Geht man hinüber zur rückwärtigen Parallelgasse (Via Butturini, Via San Carlo etc.), so befindet man sich gleich in der schönen Einkaufsstraße von Salò, auch sie eine lange Fußgängerzone. Modeboutiquen, Schmuckläden und kleine Lebensmittelgeschäfte sowie verlockende Cafés (zum Teil mit eigener Pralinenherstellung) ziehen viele Einkaufsbummler an. Sie finden freilich auch auf der Uferstraße schicke Läden, vor allem schöne Schuhgeschäfte und feine italienische Mode.

San Giovanni Decollato

Piazza A. Zanelli 4,6, tagsüber durchgehend geöffnet
Richtung Uhrturm kommt man in der

leichten Kurve einer engen Gasse zum etwas versteckten Eingang des Barockkirchleins San Giovanni Decollato, von den Einwohnern der Stadt Chiesa Diaconale di San Carlo genannt: eine Oase der Ruhe inmitten der lebendigen Fußgängerzone.

Das kostbare Hochaltarbild von Paolo Veronese (1484–1554) zeigt die Enthauptung Johannes des Täufers. Das Besondere: die perspektivisch raffiniert dargestellte Renaissancearchitektur, die sich weit in eine typische Gardaseelandschaft öffnet.

Um die Porta dell'Orologio

Gleich hinter San Giovanni endet der historische Kern: an der Porta Garibaldi oder Porta dell'Orologio aus dem 18. Jh. Hinter dem Uhrturm brandet wieder der Verkehr um die schön begrünte und mit uralten Rosskastanien bepflanzte Piazza Vittorio Emanuele II. Von hier führt die Via Gasparo da Salò in ein sehr bürgerliches Viertel mit bescheideneren Wohnpalästen, kleinen, schlichteren Geschäften und Handwerksläden.

Übernachten

Schöne Lage und professionell – **Bellerive:** Via San Pietro da Salò 11, Tel./Fax 03 65 52 04 10, www.hotelbellerive.it, Mitte Jan.–Mitte Dez., DZ/ÜF 225–275 €, Apartments für Selbstversorger, pro Woche für 2 Pers. ab 1400 €. In einem schönen Garten am Jachthafen bzw. an der Seepromenade gelegenes Haus in zwei Teilen mit 49 meist großen Zimmern und Suiten (besonders schön: Zimmer Nr. 306 mit tollem Seeblick und daher La Belle Rive genannt). Feines Ristorante »100 km« und Wine Bar auch für Tagesgäste, Parkplatz.

Zentral und freundlich – **Duomo:** Lungolago Zanardelli 63, Tel. 036 52 10 26, www.hotelduomosalo.it, DZ/ÜF 118–

Der spätgotische Dom von Salò ist eine der bedeutendsten Kirchen am Gardasee

199 €, Suiten 160–250 €, meist ganzjährig. Freundliches kleineres Haus mit 21 Zimmern und 3 Suiten zwischen Seepromenade und Dom. Modern restauriert mit kleinem Fitnesszentrum, Whirlpool und Sauna, Restaurant- und Sonnenterrasse; Garage.

Tolle Einzellage – **Il Bagnolo:** Località Bagnolo di Serniga, Tel. 036 52 02 90, Fax 036 52 18 77, www.ilbagnolo.it. März–Mitte Jan., Restaurant (s. u.) im Winter nur Fr–So, DZ/ÜF 80–95 €. Das Landgut mit neuerem Agriturismo liegt in schöner Einzellage mit Seeblick. Die Fattoria mit der Rinderzucht, diversen anderen Tieren etc. liegt rund 500 m entfernt. 9 Zimmer, jedes individuell eingerichtet, z. T. mit Himmelbett.

An der Promenade – **Locanda del Benaco:** Lungolago Zanardelli 44, Tel. 036 52 03 08, www.benacohotel.com, 21. März–8. Jan., DZ/ÜF 95–120 €. Fast vollständig zum Design-Hotel renoviertes Haus mit 19 Zimmern an der Seepromenade, Café. Familiär geführt, mit Frühstücksterrasse. Das auserlesene Frühstücksbuffet und das innovative Restaurant (auch für Passanten, s. u.) sind weitere Pluspunkte. Für Urlauber, die am Geschehen auf der Promenade teilnehmen wollen.

Individualistisch – **Lepanto:** Lungolago Zanardelli 67, Tel./Fax 036 52 04 28, www.hotelristorantelepanto.it, März–Mitte Jan. DZ/ÜF 88 €. Kleines Hotel gegenüber der Uferpromenade. Nur 8 Zimmer, alle mit Seeblick und TV. Ein Haus für Individualisten. Mit bekanntem und gutem Terrassenrestaurant. Nachlass im Sportzentrum Rimbalzello in Barbarano (im selben Besitz; s. u.).

Essen & Trinken

Traditionell – **Alla Campagnola:** Via Brunati 11, Tel. 036 52 21 53, www.lacampagnoladisalo.it, Di abends–So, 6. Jan.–10. Febr. geschl., Menü 38 €. Fantastische Adresse auf der Bergseite der Durchgangsstraße für diejenigen, die sich in aller Ruhe kulinarisch verwöhnen lassen möchten, im Winter in der historischen Osteria, im Sommer auf einer geschützten Terrasse dahinter. Seefisch, hausgemachte Pasta oder raffinierte Wild- und Pilzgerichte nach traditionellen Rezepten. Gute Weine.

Im alten Stil – **Osteria dell'Orologio:** Via Butturini 26, Tel. 03 65 29 01 58, www.osteriadellorologiosalo.com, Do–Di 11–15, 18–24 Uhr, im Jan. und Juli jeweils 15 Tage geschl., Menü 38 €. Mittags und abends nach Geschäftsschluss bekommt man keinen Platz, da drängeln sich die Einheimischen mit einem Glas Wein in der Hand vor der Theke der holzgetäfelten Osteria; in der Stube dahinter

Mein Tipp

Serate di Giovedi

Der Gemeinderat von Salò hat eine schöne Initiative ins Leben gerufen: Serate di Giovedi, also die Donnerstagabende, erlauben es ab Mitte Juni bis Mitte September allen Wirten der Stadt, ihre Tische über die gesamte Promenade und in die Gassen hinein zu schieben, also ihre Gäste auf größerer Fläche im Freien zu verköstigen. Außerdem dürfen auch alle Geschäfte bis 22.30 Uhr geöffnet bleiben, Apotheken inbegriffen. Überall erklingt Musik, Bands der verschiedensten Stilrichtungen spielen auf. Die Hauptsache aber wird wohl das Kulinarische sein, also Essen und Trinken. Kein Wunder, dass die Aperitifszene der Stadt eine immer größere Rolle spielt!

oder im Saal darüber werden Kleinigkeiten zu essen oder ein Menü serviert.
Kulinarischer Höhepunkt – **Antica Trattoria Alle Rose:** Via Gasparo da Salò 33, Tel. 036 54 32 20, http://ger.trattoriaallerose.it, Do–Di, Menü ab 40 €. Hervorragendes Restaurant mitten im bürgerlichen Teil Salòs, modern in klaren Linien umgestaltet, mit kleiner Weinprobierstube in der Keller-Cantina des Sommeliers. Spezialitäten sind Fische aus dem See, Brescianer Fleisch und hausgemachte Pasta.
Sternverdächtig – **Locanda del Benaco:** s. Übernachten, Mi–Mo, Menü um 40 €. Modernes, angenehmes Ambiente, lichtdurchflutet, auch Tische am Lungolago. Professioneller, freundlicher Service. Sehr gute kreative Küche, mit Vorliebe werden Meeresfrüchte und Krustentiere verarbeitet, auf den Punkt gegart und fantasievoll präsentiert. Gute Weinkarte und ebensolches Preis-Leistungs-Verhältnis.
Eigene Rinderzucht – **Il Bagnolo:** s. Übernachten, März–Dez. nur abends, Sa/So/Fei auch mittags geöffnet, Menü 27–35 €. Ausflugslokal mit Spezialitäten aus eigenen Produkten, vor allem Fleisch (Rinderzucht), hausgemachte Pasta.
Cafés – Entlang der **Seepromenade**, aber auch in der **inneren Fußgängerzone** finden sich zahlreiche Cafés bzw. Bars, die außer meist hausgemachtem Eis auch Kuchen und/oder Kleinigkeiten zu essen anbieten. Sehr zu empfehlen sind die beiden Cafés der für ihre Patisserie bekannten Familie **Vassalli:** das eine mit leckerem Kuchen und hausgemachten Pralinen direkt bei der Konditorei in der Via San Carlo 86, das andere an der Seepromenade mit z. T. frisch gebackenen Leckereien zum Aperitif und hausgemachtem Eis. Neu und einladend: **Barcadero** an der Promenade/Ecke Piazza della Vittoria; super zum Aperitif!

Einkaufen

Mode – Der Lungolago Zanardelli sowie die dazu parallel verlaufende Fußgängerzone sind ein Paradies für Modebewusste, darunter **Elite** am Lungolago Zanardelli mit damenhafter Markenmode, **Max & Co** mit junger Mode für sie und ihn sowie **Maroni** mit Markenmode von Max Mara, Divina, Sportmax. Sonst **Sisley, Intimissimo** (Unterwäsche) und gleich mehrmals **Benetton** in der inneren Flaniermeile. Wer für feinste Kinderkleidung die Reisekasse plündern möchte, kann dies im **Piccolo Lord** an der Piazza San Carlo tun.
Kulinarisches – Ein Traum ist **Melchioretti** an der Piazza Zanelli: ein Delikatessladen in der originalen Einrichtung der Antica Salumeria Drogheria.
Riesenauswahl – Sa vormittags findet in Salò einer der größten **Wochenmärkte** am Gardasee statt mit Wäsche, Schuhen und Lebensmitteln

Aktiv

Bootsfahrten – **Ausflugsfahrten** nach Garda, Bardolino, Cisano, Desenzano, Sirmione und Peschiera. Schönstes Ausflugsziel: Isola del Garda (s. S. 232).

Abends & Nachts

Südamerikanische Klänge – **Plaza Disco:** Via Domenico Signori 41, Roè Volciano (BS), mobil 34 06 91 60 92, www.plazadisco.it, Fr–So 21/23–4 Uhr. Drei verschiedene Säle, Livemusik unterschiedlicher Stilrichtungen, bevorzugt lateinamerikanische Klänge.

Infos & Termine

IAT: Piazza Sant'Antonio 4, 25087 Salò (BS), Tel./Fax 036 52 14 23, iat.salo@provincia.brescia.it.
Boote: Salò wird im Sommerhalbjahr

so häufig von den Linienbooten der Navigarda angefahren, dass man die Fahrt mit dem Pkw vermeiden kann.
Busse: Gute Verbindungen zwischen Salò und Gargnano, vor allem im Berufsverkehr – dann ist allerdings auch die Uferstraße oft sehr überlastet.
Parken: Auf der Bergseite wurden Parkplätze und eine Tiefgarage mit kostenpflichtigen Parkplätzen für längere Zeit ausgebaut; nahe dem See kann man nur stundenweise und auf sehr beschränktem Raum parken.
Serate di Giovedi: s. S. 230
Sagra di Sant'Antonio: meist 2. Juniwochenende. Patronatsfest mit Musik, gastronomischen Ständen sowie der Regata delle Bisse (meist 2. So im Juni), ein Ruderbootrennen im Golf von Salò.
Platzkonzerte: Im Juli/Aug. wird fast täglich Musik aufgespielt, auch zum Tanz im Freien.
Adventszeit: Die innere Hauptgasse wird mit einem langen roten Teppich ausgelegt und festlich geschmückt.

Wanderung in die Bergwelt oberhalb von Salò

Gesamte Wanderzeit ca. 4 Std., An-/Abstieg ca. 400 m, ganzjährig mögliche, leichtere Wanderung, an zwei Stellen mit etwas steilem Anstieg auf Fahrsträßchen und zwei kurzen Asphaltabschnitten
Die Wanderung beginnt in **Salò** an der Gardesana in Höhe der Scala Santa, dann beginnt nach 150 m links der Wallfahrtsweg entlang der immer enger werdenden Straße nach Renzano (40 Min.); weiter nach **Madonna del Rio** (1 Std.), wo man durch ein Gitter in die Wallfahrtskirche schauen kann. Den Namen bekam das Kirchlein vom nahen **Wasserfall** (ca. 10 Min. hin und zurück) in einer tiefen Schlucht. Der Weg steigt den Hang hinauf, überwindet eine Felsbarriere und führt durch lichte Macchia zur Häusergruppe von **Milordi** (gut 2 Std.), wo herrliche alte Esskastanienbäume stehen. **Bagnolo** mit der Kirche Madonna del Buon Consiglio und dem Rifugio dei Alpini in 510 m Höhe ist nur 10 Min. entfernt. Die schmale Straße, die nun deutlich rot-weiß markiert ist und nach San Bartolomeo hinweist, führt durch blumenreiche Wiesen und Macchia sowie mit schönen Ausblicken zurück ins Tal der Madonna del Rio sowie auf den Monte San Bartolomeo.

Den Gardasee erblickt man erstmals beim **Passo La Stacca** (2.35 Std.) oberhalb von Serniga und man schlägt den besser ausgeschilderten Wanderweg BVG (Bassa Via del Garda) ein, der Salò mit Limone im Norden verbindet. Nach einer kurzen Steigung sind die ersten Häuser von **San Bartolomeo** erreicht. Als Wanderer kann man einfach an der Schranke vorbei und zum Ortskirchlein gehen, das von seiner zypressenbestandenen Terrasse einen herrlichen Gardaseeblick bietet. Danach führt der **Sentiero Montagnoli,** der Weg der Bergler, durch den Wald und an aufgelassenen landwirtschaftlichen Terrassen vorbei und bald ist die **Gardesana** erreicht (3.45 Std.), nach deren Überquerung man abwärts auf den Viale Landi kommt, der zum Lungolago von **Salò** zurückführt.

Die Tour kann auch mit dem **Fahrrad** unternommen werden. Sie lässt sich verlängern, indem man bei Serniga auf der anderen Seite des Barbarano-Baches von oben wieder abwärts nach Gardone Riviera fährt.

Nach San Michele

Von Salò führt eine aussichtsreiche Straße in scharfen Kurven durch dichtes und schattiges Waldgebiet hinauf nach Serniga und San Michele (10 km), wo man auch übernachten und einkehren kann.

Bergwanderung oberhalb von Salò

Isola del Garda ! ▶ C 8

Mobil 32 83 84 92 26, www.isoladelgarda.com, Mai–Okt. meist Di–Do, So per Ausflugsboot von Salò und Di ab Maderno

Die 1 km lange und maximal 60 m breite Insel, die eigentlich aus drei kleinen, durch Brücken verbundenen Eilanden besteht, ist in Privatbesitz und noch immer bewohnt, weshalb man sie nur im Zuge einer drei- bis vierstündigen Bootsfahrt (Navigarda) mit Führung und Weinverkostung vom Landgut der Besitzer besuchen kann (Erw. 19–25 €). Schmuckstück ist die riesige **Villa Scipione-Borghese** im neugotisch-venezianischen Stil.

Neugotik im üppigen Park – die Villa Scipione-Borghese auf der Isola del Garda

Tochter Alberta, eine von sieben Kindern der verwitweten Fürstin Borghese Cavazza und eine der vier festen Bewohnerinnen der Isola del Garda, zeigt ein paar Räume der feudalen Villa, führt die Besucher über die Insel, und erzählt ihre lange und interessante Geschichte: Sie beginnt mit den Römern und geht über die Gründung einer Einsiedelei durch Franz von Assisi (1221), eines Klosters durch Sankt Bernhard von Siena (zerstört 1795), die Versteigerung der Insel mitsamt den Ruinen (1870) bis zum Bauauftrag für die neugotische Villa (1900). Am liebsten aber erzählt Alberta von den Gartenanlagen, die – dank des warmen Mikroklimas und der schützenden Mauern – eine unglaubliche Artenvielfalt und sagenhaft großblühende Rosen hervorbringen. – Man kann auf der Insel private Feste, Konzerte oder Banketts veranstalten und sogar heiraten.

Palazzo Martinengo-Terzi ▸ B 8

Die bedeutendste Villa von Salò liegt im nördlichen Ortsteil **Barbarano** (schon kurz vor Gardone Riviera) und kann nur von außen betrachtet werden, weil auch sie nach wie vor privat bewohnt wird. Für die Außenbesichtigung des lang gestreckten Palastes sollte man mit dem Boot Richtung Gardone Riviera fahren, denn der **Palazzo Martinengo-Terzi** (dessen großartiger, den Hang hinaufkletternder Zypressenpark beim Bau der Gardesana Occidentale abgetrennt wurde) gleicht von der Straße aus gesehen einer finsteren Festung.

1577 vom venezianischen *condottiere* Marchese Sforza Pallavicino erbaut, wurde die Villa 1585 von Paolo Giordano Orsini mit seiner jungen Frau Vittoria bezogen. Nach seinem

Tod musste sie jedoch die Flucht ergreifen, weil die Orsini ihr das Erbe streitig machten und wohl auch nach ihrem Leben trachteten. Darauf übernahm Graf Camillo Martinengo 1650 den Palast, in dessen Familienbesitz er bis heute geblieben ist.

Übernachten

In der Sommerfrische – **Colomber:** Via Val di Sur 111, 25083 San Michele di Gardone Riviera, Tel./Fax 036 52 27 25, www.colomber.com, Mitte März–Anfang Dez., DZ/ÜF 78–100 €. Tipp: Bei der Qualität der Küche lohnt es sich, Halbpension (45–55 € pro Pers.) zu buchen. Mit dem Rücken zum Pizzócolo und am Beginn der Wanderwege in 400 m Höhe wird dieses Haus auf parkähnlichem Grundstück bereits seit 1928 bewirtschaftet; es wird ständig renoviert, ist aber nach wie vor freundlich, bescheiden und familiär. 18 helle Zimmer, beheizbarer Pool, Solarium und Whirlpool. Restaurant (s. Essen & Trinken). An bestimmten Wochenenden große Familienfeste. Wer Ruhe sucht, sollte sich vorm Buchen danach erkundigen.

Essen & Trinken

Urige Osteria – **Taverna Floriana:** Via Spiaggia d'Oro 10, Barbarano, Tel. 036 52 02 33, Febr.–Dez. meist nur abends, im Winter Di–So, Menü um 25 €. Am Strand gelegene Osteria mit gemütlichen Räumen und einer hölzernen Plattform für die Sommerabende. Seefische, fantasievoll zubereitet, aber auch gute Fleischgerichte, alles möglichst aus lokalen Produkten. Wer der Weine wegen kommt, kann sich an die Käseauswahl oder an die Wurstplatten aus dem Brescianischen halten; es werden auch Weindegustationen organisiert.

Einfach und lecker – **Colomber:** s. Übernachten, Mi–Mo, Menü um 20/25 €. Großes Ausflugslokal im Hotel, mit einladender Terrasse, die Qualität ist dennoch hervorragend. Typische Brescianer Küche, etwa spiedo (meterlange Fleischspieße mit Kartoffelstücken und Salbei), überhaupt gegrillte Spezialitäten, zur Saison Pilze und Wild mit Polenta. Hausgemacht sind die großen Ravioli mit Käsefüllung (aus lokalem Käse), Bandnudeln mit Steinpilzen sowie Nudeln mit Wildschweinsoße. Dazu Weine der Valténesi.

Aktiv

Vielseitig – **Parco Rimbalzello:** Via Trento 28, Barbarano, Tel. 03 65 21 54, www.rimbalzello.com, ca. Juni–Mitte Sept. Es gibt fast nichts, was das Rimbalzello nicht bietet: einen wunderschönen Strand, einen Pool mit Hydromassage, Beachvolleyball, Tennis (übrigens fast ganzjährig!); außerdem Verleih von Ruderbooten, Pedalos und Kanus, eine Bar und eine Kinderecke. Auf Anfrage Schwimmkurse für Kinder sowie Tauchkurse für alle Schwierigkeitsgrade; auch das bekannte PADI-Tauchzentrum liegt hier: **Diving Center Garda Beach** (Tel. 036 52 02 25). Abendliche Wochenprogramme: Di lateinamerikanische Musik, Sa, So Aperitif.

Paragliding – **Volere Volare:** im Hotel Colomber, s. S. 235, Tel. 036 52 11 08. Die Aufwinde im Gebiet von San Michele sind ideal fürs Paragliding.

Gardone Riviera ▸ B 8

Übergangslos ist auf der Gardesana Occidentale nach der Halbinsel von Barbarano das auf der Seeseite eng an die Hauptstraße gedrückte Gardone Riviera erreicht, das sog. Klein-Nizza des Gardasees. Der ausgesprochene Villenort zieht sich mit seinen alten Parks die Hänge des 907 m hohen, mit Olivenbäumen, Zypressen und baumhohem Lorbeer bewachsenen Monte Lavino hinauf. Auf halber Höhe, auch vom See aus gut zu erkennen, breitet sich das Vittoriale degli Italiani des exzentrischen Dichters Gabriele D'Annunzio (1863–1938) aus. Etwas weiter unten liegt ein Kleinod der Gartengestaltung, der Giardino Botanico Hruska. Beide bilden zusammen den Magnet für den touristisch bedeutenden Ort, der schon Ende des 19. Jh. als der vornehmste am Gardasee galt und sich dieses Image bis heute bewahren konnte. Alles in allem eine grüne, von ihren gut 2600 Bewohnern liebevoll gepflegte Gartenstadt.

Zahlreiche Funde im Gebiet von Gardone zwischen Fasano und Morgnaga belegen eine römische Siedlung, der heutige Ortsname geht jedoch auf die Langobarden zurück (ähnlich wie in Garda am Ostufer, von altdt. warte, ital. *guardia*). Reisenden aus dem deutschen Sprachraum hat Gardone seit dem 19. Jh. seine Beliebtheit als Seebad zu verdanken – und damit verbunden die Entstehung der ersten Hotels und Privatvillen für die Sommerfrische. Paradebeispiele: das Grand Hotel Gardone am See und die Villa Alba auf der Bergseite, letztere rein klassizistisch, mit einem grandiosen Treppenaufgang zwischen schlanken Zypressen. Das i-Tüpfelchen setzte jedoch Gabriele D'Annunzio mit dem Bau des Vittoriale und seines Wohnhauses, das er von 1921 bis zu seinem Tod 1938 bewohnte und zu einem besonderen politisch-literarischen Treffpunkt machte.

Piazza Wimmer und Lungolago

Auch Gardones Promenade wurde wie die Salòs nach dem Erdbeben von 1901 dem See abgetrotzt, indem man sie auf Stelzen in ihm verankerte. Sie ist jedoch relativ kurz: Von der Piazza Wimmer über die Piazza Marconi ist es nur ein ›Katzensprung‹ bis zum kleinen Jachthafen, der vom Parco Rimbalzello (s. S. 235) begrenzt wird.

Gleich an der Anlegestelle vor der kleinen Piazza Wimmer beginnt der mit einem Turm geschmückte, lang gestreckte Komplex des perfekt geführten, luxuriösen, wenn auch etwas verstaubt wirkenden Grand Hotels mit seinen weiten Räumen und den einladenden Terrassen am See. Das Hotel, erbaut 1880 bis 1883 von Louis Wimmer, war die Keimzelle der Geschichte des Tourismus in Gardone. 1874 kam der österreichische Ingenieur in den Ort und wurde 1881 sogar Bürgermeister. Nach ihm wurde nicht nur die Piazza, sondern auch das dortige Café benannt. Auf der anderen Seite der Anlegestelle steht am Lungolago D'Annunzio Hotel an Hotel, jeweils mit Caféterrasse, bis zum jüngst total renovierten Savoy, das ebenfalls von der vornehmen Hoteltradition des Ortes zeugt.

Parallel dazu zieht sich die kleine Fußgängerzone mit ein paar verlockenden Geschäften nach Süden und endet in der auf der Bergseite verlaufenden, verkehrslauten Hauptstraße, dem Corso Zanardelli. Ein paar Treppengassen verbinden die Ufer- mit der inneren Einkaufsgasse und diese wiederum mit der Hauptstraße. Sie vermitteln einen für Gardone Riviera überraschend altertümlichen Eindruck, und ermöglichen hübsche Blicke von oben auf den See hinab.

Giardino Botanico

Via Roma 2, www.hellergarden.com, März–Okt. tgl. 9–19 Uhr, Erw. 10 €

Gardones historisches Zentrum liegt an den Hängen in Gardone di Sopra. Über den Corso Zanardelli hinweg kommt man (zu Fuß über eine Treppengasse oder mit dem Wagen über die Via Roma) auf halber Höhe zu einem besonderen botanischen Gar-

Düster und theatralisch – die Ausstattung von D'Annunzios Villa im Vittoriale

ten, den sich der Arzt, Zahnarzt und Botaniker Arthur Hruska (1880–1971) geschaffen hatte. Er pflanzte hier ab 1910 liebevoll Gewächse aus aller Welt und fügte sie zu einem harmonischen Ensemble. Die Wahl des Ortes war perfekt, denn Gardone ist klimatisch besonders begünstigt, wird es doch von bis auf 1582 m aufragenden Bergen (Monte Pizzócolo) vor kühlem Wind geschützt. So herrscht hier ein regelrecht mediterranes Klima. Der nicht allzu große und doch überraschend artenreiche Garten mit seinen Miniaturbergen und winzigen Bachläufen, Teichen und Brückchen ist heute eine Stiftung des österreichischen Künstlers André Heller, der einige (auch humorvolle) Details hinzufügte und das dazugehörige Haus zeitweise privat bewohnt.

Gardone di Sopra

Mit seinen restaurierten Häusern ist Gardone di Sopra eine Augenweide, und mit dem von hohen Bäumen bestandenen Stadtpark vor dem Rathaus (Municipio, Piazza Scarpetta 1) auch ein schöner Ort für eine Pause. Vorbei am Rathaus, dann nach rechts, führt der Fußweg zum Vittoriale mitten durch den schön restaurierten alten Kern des oberen Ortsteils. Er ist den Fußgängern vorbehalten und trotz des nahen Rummels um das Vittoriale normalerweise eine Oase der Ruhe. Einen schönen Blick genießt man von der Rückseite des Chors der großen, etwas abseits stehenden **Pfarrkirche.**

Vittoriale degli Italiani

Via Vittoriale 12, www.vittoriale.it, ganzjährig tgl. geöffnet, April–Sept. Park 8.30–20, D'Annunzio Segreto tgl., Prioria (D'Annunzios Wohnhaus) und D'Annunzio-Eroe-Museum Di–So 9.30–19, Okt.–März Park 9–17, D'Annunzio Segreto tgl., Prioria und D'Annunzio-Eroe-Museum Di–So 9–13, 14–17 Uhr, Erw. 8–16 €

Von 1921 bis zu seinem Tod 1938 lebte Gabriele D'Annunzio in der **Villa** des

Vittoriale degli Italiani, das der große Exzentriker zu seinem Ruhm erbauen ließ, und das so viel wie ›Siegeszeichen der Italiener‹ bedeutet. Aus der oberitalienischen Villa Cargnacco, die Louis Wimmer (s. S. 236) als Treffpunkt für berühmte Wissenschaftler seiner Zeit hatte ausbauen lassen, machte er eine skurrile Weihestätte für sich selbst – voller Andenken an seine Kriegseskapaden. Die Villa ist nur im Rahmen einer Führung zu besichtigen; ein Sammelsurium von Kitsch und Kunst in meist abgedunkelten, theatralisch dekorierten Räumen. Neu sind das interessante **Museum D'Annunzio Segreto** unterhalb der Freilichtbühne u. a. mit Kleidung und Schuhen, die bislang ›versteckt‹ in den Schränken lagerten, sowie das **Museum D'Annunzio Eroe,** das seine Rolle als Kriegsheld untermauert.

Das **Vorschiff der Puglia,** auf dem der Dichter in Dalmatien am Kriegsgeschehen teilnahm, ließ er wie ein gestrandetes Schiff in seinen Garten ›einpflanzen‹. Weiter oben befindet sich in einer eigens dafür errichteten Halle das **Torpedoboot MAS**, außerdem D'Annunzios Flugzeug. Über der Halle wiederum thront in schönster Gardasee-Panoramalage das kreisrunde **Mausoleum** aus weißem Marmor für D'Annunzio und seine Kriegskameraden.

Die Gesamtanlage des Vittoriale degli Italiani dient heute als Rahmen für kulturelle Kongresse und Veranstaltungen, und im Amphitheater finden während des Sommers gut besuchte Konzerte statt.

Museo Il Divino Infante

Via Dei Colli 34, www.il-bambino-gesu.com, April–Sept., Fr–So 15–19, 6. Dez.–12. Jan. meist Di–So 14–18 Uhr, Erw. 5 €

Hiky Mayr, eine bekannte Hotelbesitzerin aus Fasao, hat sich einen Lebenstraum erfüllt und die wohl größte Sammlung italienischer Jesuskindfiguren in einem eigens dafür eingerichteten Museum eröffnet. Mehr als 200 Skulpturen aus drei Jahrhunderten hat sie gesammelt, mehr als 100 sind nun in wunderbar ausgeleuchteten Räumen zu bewundern. Ob nackt oder prächtig gekleidet und reich mit Edelsteinen und Perlen besetzt, ob allein oder in den Armen seiner Mutter Maria. Die Figuren sind aus Holz oder Pappmaché, Wachs oder Ton. Zusätzliches Prunkstück: eine echte neapoletanische Krippe, die bekanntlich zu den schönsten und reichsten der Welt zählen. Für Sammler gibt es einen kleinen Katalog.

Villa Alba und Fiordaliso

Corso Zanardelli/Gardesana Occidentale

Am nördlichen Ortsrand von Gardone Riviera, wo sich die Hauptstraße eng an den See drückt und nur für eine Hausreihe Platz lässt, führt eine hohe breite Treppe zur prächtigen weißen, klassizistischen **Villa Alba** (Corso Zanardelli 73), die 1904/05 von den Langensiepen (deutsche Blumenzüchter) mit dorischen Säulen und Karyatiden errichtet wurde. Sie dient heute als Veranstaltungs- und Kongresszentrum und ist auch nur bei solchen Gelegenheiten zugänglich.

Schräg gegenüber am See steht die auffällige **Torre San Marco** (auch Ruhlandturm genannt) aus dem 19. Jh., die D'Annunzio als winzigen Privathafen für sein Torpedoschiff verändern ließ. Inzwischen kann man den Turm von innen ansehen, wenn die dortige Diskothek La Torre zu einer Veranstaltung einlädt oder man in der Piano- und Cocktailbar Einlass findet.

Zum selben Besitz gehört auch die **Villa Fiordaliso** (Corso Zanardelli 150, heute Hotel und von Michelin mit einem Stern ausgezeichnetes Restaurant), in der Mussolini 1943 seine Geliebte Claretta Petacci einquartiert hatte.

Übernachten

Erstes Haus am Platz – **Grand Hotel:** Via Zanardelli 84, Tel. 036 52 02 61, www.grandhotelgardone.it, April–Okt., DZ/ÜF 170–298 €, Suite 270–368 €. Das Paradehaus des Ortes direkt an der Anlegestelle mit schönen Gesellschaftsräumen, mehreren Terrassen am See, eigenem Badeplatz, beheiztem Pool und Garage; Restaurant. 142 Zimmer und 25 Suiten in mehreren Gebäuden (Achtung: Straßenlärm auf der Bergseite, auf der allerdings nur wenige Zimmer liegen).

Zum Dableiben – **Agli Angeli:** Gardone di Sopra, Via Dosso 7, Tel. 03 65 22 09 91, http://agliangeli.biz/de, März–Okt., DZ/ÜF 80–180 €. Kleines, familiär geführtes Haus im hübschen ›Oberdorf‹ auf dem Weg zum Vittoriale. 12 individuelle Zimmer plus 4 im restaurierten Dorfhaus dahinter, z. T. mit Himmelbetten, Holzbalkendecken und anderen heimeligen Details. Gutes Restaurant (s. u.).

Angenehm – **Du Lac:** Via Repubblica 58, Tel. 036 52 15 58, www.hotel-dulac.net, April–Okt., DZ/ÜF 80–116 €. Freundliches, traditionelles Haus mit 39 Zimmern zwischen Bummelmeile und Strandpromenade mit Snackbar/Café und großer Terrasse zum See.

Zentral – **Diana:** Lungolago Gabriele D'Annunzio 30, Tel./Fax 036 52 18 15, www.hoteldianagardone.it, März–Nov., DZ/ÜF 55–80 €. Kleines Hotel direkt an der Uferpromenade mit Frühstücksterrasse im 1. OG; 18 einfache Zimmer mit Balkon (im 3. OG besonders groß), die meisten mit Seeblick. Panoramaterrasse; Restaurant mit kleiner Karte, für hiesige Verhältnisse zu günstigen Preisen.

Essen & Trinken

Sehr begehrt – **Agli Angeli:** Piazza Garibaldi 2, Tel. 036 52 08 32, Mi–Mo, Menü ab 35 €. Feines, familiäres Restaurant mit hübscher Terrasse im zauberhaften alten Ortskern nahe dem Vittoriale. Lokale aber verfeinerte Küche (tolle Seefischgerichte!), die viele Stammgäste anlockt; vor allem während der Konzertsaison im Vittoriale unbedingt Tisch reservieren.

Im früheren Stall – **La Stalla:** Via dei Colli 14, Tel. 03 65 29 04 44, Mi–Mo, im Hochsommer tgl., 4-Gänge-Degustationsmenü ab 30 €. Sehr gemütliches Restaurant in einem früheren Pferdestall mit Mais-Silo des Vittoriale zu Füßen seines Parks; 2 Etagen, mit Garten und Tischen im Freien. Trattoria-Ambiente im EG, schön eingedeckte dunkle Tische und historische Fotos an den Wänden im OG mit offenem Dachstuhl, dazu ein Rundzimmer im früheren Silo für kleine Gesellschaften. Im Sommer viele Fischgerichte, im Winter eher Fleisch. Immer reiche Antipasti und Pasta-Bis, Risotti, Pferde-Tagliata, Ferkelfilet, Beilagen vom Buffet.

Urig – **Taverna:** Corso della Repubblica 34, Tel. 036 52 04 12, Mi–Mo, Menü ab 20 €. Urige kleine Kneipe in Jugendstilambiente mit historischen Fotos an den Wänden, dunkler Täfelung und Rohrofen. Im offenen Kamin wird am Wochenende *spiedo* gebrutzelt (mitsamt Kartoffeln und Polenta 12 €). Seefisch gibt es je nach Tagesfang (mit Beilage 10 €), Tortelli u. a. Pasta sind hausgemacht, die Beilagen bei den Hauptgängen im Preis inbegriffen. Saisonbedingte Speisenfolge, im Winter wärmende Suppen, z. B. aus Dinkel.

Selbst gemacht – **Pasticceria La Perla:** Via Repubblica 29–35, Tel. 036 52 10 20, tgl. von früh bis ca. 20 Uhr. In dieser hübschen Konditorei mit Café,

z. T. in einem schön renovierten Barockhaus von 1756 in der kleinen Fußgängereinkaufszone von Gardone ist alles selbst gemacht (Pralinen, Kuchen etc.). Es gibt hier auch Snacks und *panini.*

Treffpunkt – **Caffè Wimmer:** Piazza Wimmer 5, Tel. 036 52 06 31, wechselnde Öffnungszeiten und häufiger Besitzerwechsel des Traditionshauses, zzt. mit Pizza und kleiner Karte. Im Sommer sitzt man draußen auf der Piazza mit Blick auf die Anlegestelle der Linienboote. Bei jungen Leuten beliebt.

Einkaufen

Zum Bummeln – Kurze, aber nette Einkaufsmeile jeweils am **See/Uferpromenade** und in der parallel dazu verlaufenen **Via Repubblica.**

Für Sammler – **Antiquitätenmarkt:** Juni–Sept. Sa alle 14 Tage.

Abends & Nachts

Besonders beliebt sind die Lokale von Gardone di Sopra vor dem Eingang zum Vittoriale, die wie Pilze aus dem Boden schießen. Tagsüber von Vittoriale-Besuchern belagert, ab dem Nachmittag und am Abend vor allem im Sommer angenehm-erfrischend – genau richtig für einen Aperitif.

Empfehlenswert – **Taverna del Borgo:** Piazza dei Caduti 22, Gardone di Sopra, Tel. 03 65 29 04 04, www.latavernadelborgo.net. Neben der Paninoteca (tgl. 7–24 Uhr) mit schön belegten Bruschette und großen Salaten gibt es unter der offenen Loggia zu Füßen der Pfarrkirche die kleine rustikale Enoteca oder Osteria (März–Sept. tgl., sonst Mi–Mo). Ein schönes Plätzchen, auch nur für einen Aperitif, oder für eine ganze Mahlzeit.

Edle Cocktails – **La Torre:** Corso Zanardelli 132, Tel. 036 52 01 58, www.torresanmarco.it, Di–So 20–3 Uhr. Allerfeinste, von großen Künstlern dekorierte Cocktail- und Pianobar im sogenannten Ruhlandturm oder Torre San Marco direkt beim Hotel Villa Fiordaliso. Livemusik. Besonders schön ist die Aussicht von der Wine Bar im OG! Über diese Lokalität sagt man am See: »In ist, wer drin ist …«. Man fährt stilgerecht mit dem Boot vor, kann vielleicht noch im winzigen Hafen einen Platz finden, in dem D'Annunzio festzumachen pflegte.

Infos & Termine

IAT: Corso Repubblica 8, 25083 Gardone Riviera (BS), Tel./Fax 036 52 03 47, iat-gardoneriviera@provincia.brescia.it.

Comunità del Garda (für den gesamten Gardasee): Via dei Colli 15 (kein Publikumsverkehr, Infos per Tel. oder Internet), Tel. 03 65 29 04 11, www.lagodigarda.it.

Hoteliervereinigung CARG (für Salò und Gardone Riviera): Corso della Repubblica 8, Tel./Fax 036 52 06 36, www.carg.it.

Boote: Gardone Riviera ist im Sommer eine Hauptstation der Navigarda-Linienboote mit guter Anbindung an alle andere Seehäfen.

Busse: Linienbusverbindungen mit den Orten am Westufer, am besten zwischen Desenzano und Gargnano, aber auch nach Brescia.

Pkw: Während der Saison Parkplatzprobleme; günstig sind daher Hotels mit eigenem Parkplatz oder Garage.

Frühlingskonzerte: Im Mai in der Villa Alba, im Vittoriale und in den einzelnen Stadtvierteln.

Musikabende: von Juni bis Sept., meist am See.

Theatersaison: Juli, Aug. im Vittoriale vor allem mit Kabarett, Ballett, Oper, klassischer und lyrischer Musik.

Gardone Dannunziana: Sept. Historische Autocorsi, Konzerte u. a. Veranstaltungen zu Ehren von D'Annunzio.

Toscolano-Maderno

Die beiden völlig verschiedenen Ortschaften (zusammen ca. 7000 Einw.) sind im Lauf der Zeit zusammengewachsen und tragen jetzt auch offiziell den Doppelnamen. Sie liegen auf einer fast 2 km langen und 1 km tiefen, zum See hin flach abfallenden Kiesaufschüttung, einer Art Delta des Toscolano-Baches, der sich mühsam einen Weg zwischen dem Monte Castello di Gaino (870 m) und dem Monte Pizzócolo (1582 m) gebahnt hat.

Vom Süden kommend trifft man zuerst auf Maderno, wo sich auch die Bootsanlegestellen für beide Orte befinden. Touristen verirren sich normalerweise nur selten bis ins geschäftigere Toscolano, es sei denn, sie haben ihr Quartier auf einem der Campingplätze am See aufgeschlagen oder wollen den wirklich guten Donnerstagsmarkt besuchen. In Toscolano-Maderno ist seit Jahren eine regelrechte Bauwut ausgebrochen, die ohne Rücksicht auf die Ortsbilder und den Regionalpark, in dem man sich ja hier befindet, eine Ferienhaussiedlung nach der anderen ›hochzieht‹.

Während Toscolano etruskischen Ursprungs ist, doch auch zur Römerzeit besiedelt war, wie Bodenmosa-

Romanischer Fassadenschmuck an der Westfront von Sant'Andrea Apostolo in Maderno

ike und Spolienmaterial neben der mächtigen Kirche S.S. Pietro e Paolo beweisen, gilt Maderno als römische Gründung und bildete bis 1377 das wirtschaftliche Zentrum des Westufers. Dann veranlasste Beatrice della Scala, die an den Mailänder Visconti-Hof geheiratet hatte, dass Salò Hauptsitz der Comunità della Riviera wurde, und Maderno geriet fast in Vergessenheit. Toscolano indes gelangte mit seinen Papiermühlen europaweit zu Ansehen (s. S. 244).

Maderno ▸ C 7/8

Mit seiner halbrunden Bucht, der schmalen, aber langen Seepromenade und den Parks und Villen ist Maderno eindeutig der hübschere Ortsteil. Und es besitzt eine der schönsten langobardisch-romanischen Kirchen des Gardasees, Sant'Andrea Apostolo (1130–50). Sie steht im Scheitelpunkt der Bucht und ist ein historisches Monument. Endlich ist die Kirche wieder zugänglich, da die nach dem letzten Erdbeben notwendigen Restaurierungsarbeiten so gut wie erledigt sind.

Sant'Andrea Apostolo

Piazza San Marco 10, tgl. 8–11.30, 15.30–19 Uhr (z. T. noch Restaurierungsarbeiten innen)

Vor der aus drei verschiedenfarbigen Steinarten (rostrot, weiß und grau) sowie römischem und langobardischem Spolienmaterial errichteten Fassade verweilen auch kunstgeschichtlich sonst weniger interessierte Betrachter gerne. Bei den Details der handwerklich hochwertigen Steinmetzarbeiten am sechsfach abgetreppten Portal handelt es sich ja auch um kleine langobardisch-romanische Schätze: Flechtornamente, Blattranken und Früchte, Adler, Löwen und Fabelwesen. Und die Konsolen des Rundbogenfrieses im Giebelfeld darüber zeigen menschliche Köpfe.

Innen erhellt gedämpftes Tageslicht einen dreischiffigen Raum, der von schweren, aus rohem Stein gehauenen Pfeilern und Säulen mit prächtig gearbeiteten Kapitellen getragen wird. Unter den spätgotischen Fresken ist das an der ersten Altarwand links beachtenswert; das letzte Joch des rechten Seitenschiffes hingegen wurde um etwa 1583 fre skiert und stuckiert. Die Gebeine des hl. Herkulan (Sant'Ercolano) wurden 1580 aus der nur zur Hälfte in den Boden gesenkten Krypta entfernt, in einer benachbarten Kapelle zwischengelagert und 1825 in die neue Pfarrkirche von Maderno (nur ein paar Schritte Richtung Anlegestelle) überführt, die den Namen des Heiligen trägt: **Sant'Ercolano** (Via Gabriele D'Annunzio 5). Die riesige Kirche, die das mittelalterliche Gesamtbild Madernos erheblich stört, wurde über einer älteren Festung erbaut, deren Turm noch heute danebensteht.

Altstadt und Gaino

Hinter Sant'Andrea führt die Via Benamati mitten durch die Altstadt von Maderno mit ihren schönen, recht hohen und gepflegten Steinhäusern nach Norden. Weiter geht es durch die Via Cavour mit ihren Geschäften für den täglichen Bedarf. Oben auf halber Höhe überragt das Dorf Gaino mit seinem Kirchlein die Halbinsel von Toscolano-Maderno.

Toscolano ▸ C 7

Nach der einzigen befahrbaren Brücke über den Bach Toscolano beginnt der gleichnamige Ortsteil.

Orto Botanico

Via Religione 25, Juni–Sept. 17–19 Uhr oder auf Voranmeldung, Tel. 03 65 64 12 46, Eintritt frei

Gleich hinter der Brücke, die beide Ortsteile trennt, in einer Seitenstraße auf der Seeseite, liegt der **Orto Botanico Sperimentale G. E. Ghirardi,** ein Experimentiergarten der Universität Mailand. Er wurde zur Kultivierung und Erforschung von Heilpflanzen bereits 1964 von der pharmazeutischen Industrie angelegt, denn dank des günstigen Klimas am Gardasee gedeiht hier neben der Mittelmeerflora eine große Vielfalt auch tropischer Pflanzen z. B. aus Südafrika, Südamerika und China. Erst 1991 bekam die Universität von Mailand diesen rund 10 000 m^2 großen Experimentiergarten übereignet. Von besonderer Pracht und imponierend sind einige chinesische Büsche, etwa die Gardenia spatulifolia. Ein schöner Katalog hilft dem Besucher beim Bestimmen der Lieblingspflanzen.

S.S. Pietro e Paolo

Piazza Santa Maria del Benaco 10, Mo–Sa z. T. nur nachmittags, So zur Messe länger geöffnet, unsichere Öffnungszeiten

Schon von der Brücke ist in ziemlicher Entfernung der hohe Turm der Pfarrkirche S.S. Pietro e Paolo zu sehen. Diese auffallend große Kirche von 1584 wurde auf den Grundmauern eines römischen Tempels für Zeus Ammon errichtet. Schon ihre monumentale Renaissancefassade erstaunt, und innen hängen fast zwei Dutzend Bilder des großen venezianischen Malers Andrea Celesti (1637–1712). Vom Chor mit seinen drei großen Gemälden wird man gleich vom Eingang her geradezu magisch angezogen. Sogar die Orgelflügel hat Celesti mit einer »Anbetung der Heiligen Drei Könige« bemalt. Ein Meisterwerk barocker Holzschnitzerei ist der 1621 geschaffene Bischofsstuhl unter der Orgel. Vor dem Verlassen der Kirche lohnt sich ein Blick auf die Innenwand der Fassade, für die Celesti u. a. einen bewegten »Kindermord zu Bethlehem« schuf.

Rund um die Cartiera

Neben S.S. Pietro e Paolo stehen in Richtung Papierfabrik, der Cartiera di Toscolano (Via Amerigo Vespucci 28), vier schlanke Säulen: ein Rest des Zeus-Ammon-Tempels. Noch ein Stück weiter sind in einem kleinen, eher lieblos angelegten Park **römische Mosaiken** in je zwei größeren und kleineren Räumen eingezäunt und wettergeschützt, aber gut zu erkennen. Sie stammen wohl aus dem 1./2. Jh. Sie wurden erst 1967 entdeckt und nur teilweise ausgegraben.

Hinter der Papierfabrik, die auf die lange Tradition der Papierherstellung in der **Valle delle Cartiere** bei Toscolano hindeutet (s. Entdeckungstour S. 244), beginnt ein beliebtes Wohngebiet. Die neueren Häuser wurden zum Teil in die alten Papierfabriken bzw. deren hohe Trockenhallen integriert. Am See davor breiten sich die Campingplätze und ein langer Kiesstrand aus.

Direkt hinter der Pfarrkirche und der kleinen Wallfahrtskirche Madonna del Benaco Richtung Gargnano versteckt sich, von der Straße aus kaum zu sehen, der **alte Hafen** (Porto Vecchio) von Toscolano, dessen Mole verlängert wurde. Erfreulicherweise hat man hier mit der Restaurierung der schönen umliegenden Paläste begonnen.

Strände

Im Ortsteil **Maderno** breitet sich eine Badeanstalt am jetzt mit ▷ S. 246

Auf Entdeckungstour:
Papierlust – Valle delle Cartiere

Am Gardasee gab es schon zur Römerzeit Papierproduktion, die dichteste Ansiedlung von Papiermühlen stand spätestens ab dem Mittelalter in der Valle delle Cartiere. Aus den jahrhundertealten Ruinen wird allmählich ein großartiges Freiluftmuseum zur Papierherstellung.

Reisekarte: ▶ C 7

Adresse: Museo della Carta, Via Valle delle Cartiere, 25088 Toscolano Maderno (BS), Tel. 03 65 64 10 50, www.valledellecartiere.it
Öffnungszeiten/Eintritt: April–Mitte Mai Sa/So 10–18, Mitte Mai–Sept. Mo–So 10–18, 6–14, 10–18, Okt. Sa/So 10–18 Uhr; Erw. 5 €, Kinder (12–18 J.) 3 €
Verpflegung: s. Tipp S. 247

Athos Velturi besitzt zusammen mit seinem Bruder Pierantonio schon in der dritten Generation seine eigene kleine Papiermühle in Maderno. Doch sein Herz hängt am Projekt Papiermühlental und daher stiehlt er sich bei jeder Gelegenheit fort aus seiner Fabrik und kommt hierher. Ihm verdankt das **Museo della Carta** (Papiermuseum) u. a. eine ganz besonders interessante Rotationsmaschine, die er unter großem körperlichen wie finanziellen Aufwand hierher transportieren und wieder zusammensetzen konnte.

Lumpen als Rohstoff

Mit einem Plan bewaffnet, den es im Pförtnerhaus zum Ticket gibt, versteht man das Museum in der früheren Papierfabrik von Maina Inferiore leichter, das sich vorerst über drei Stockwerke erstreckt. An den Maschinen stehen Mitarbeiter wie Athos, die alles genau demonstrieren. Der Rundgang beginnt bei alten Lumpen, die von Knöpfen und anderem Zierrat befreit, erst einmal zerfetzt und dann in Wasser und Kalk 15 bis 20 Tage lang gebleicht und desinfiziert werden. In einem Gewölberaum mit riesigen Pressen aus Hammer und Walze wird die gewonnene Lumpenmasse so platt gedrückt, dass bereits eine Vorahnung von Papier entsteht. Bütten werden in die Fetzenbrühe abgesenkt, langsam wieder angehoben, das ›Papier‹ vorsichtig auf ein Filzstück zum Trocknen gelegt, dann mitsamt dem Filz in den Pressraum gebracht. Hier wird das noch darin vorhandene Wasser ausgepresst, das wieder verwendet wird, denn es besteht noch aus etwa 50 % Fasern. Im luftigen Trockenraum im Obergeschoss (mit Jalousien lässt sich die Luftzufuhr regeln) trocknet das Büttenpapier seiner Vollendung entgegen.

Glätten des Papiers

Die Weiterverarbeitung wird im nächsten Raum präsentiert: Aus eingeweichten Knochen und Lederresten entsteht Gelatine, in die das Papier eingetaucht wird, um es beschreibbar zu machen – sonst würde die Tinte in den Fasern verlaufen. Wieder wird das fast fertige Papier getrocknet, dann mit Hilfe eines Stein- oder Holzstempels glatt geklopft oder gerieben. Man kann dies auch mit einem durch Wasserkraft betriebenen Presshammer tun, was ebenfalls demonstriert wird.

Zur Geschichte der Papierherstellung in Toscolano

Archäologische Funde aus dem Papiermühlental weisen darauf hin, dass hier schon zur Römerzeit Papier verarbeitet wurde. Ganz sicher jedoch war es ab dem Mittelalter bedeutend: Das erste Dokument für den Wasserverbrauch stammt von 1381. 232 Papierhersteller aus Toscolano arbeiteten hier, außerdem rund 370 aus Limone und Maderno. Dichter und Künstler kamen in das Tal, um sich ihr eigenes Papier herstellen zu lassen. Zum wirtschaftlichen Aufschwung kam es ab 1470 mit Gutenbergs Erfindung des Buchdrucks, wofür das Papier von Toscolano besonders geeignet war. Und man entwickelte sich weiter: Aus dem Jahr 1799 hat sich etwa eine Maschine für die Produktion von Papierrollen erhalten, die man noch durchschneiden und zum Trocknen aufhängen musste.

Unter den ausgestellten Bilanzen der Papierfabrikanten Maffizoli aus mehreren Jahrhunderten ist besonders die von 1906 interessant: Sie nennt erstmals das Vorhaben, eine Cartiera am See zu errichten – dieselbe, die noch heute ein wichtiger Arbeitgeber am Westufer ist, freilich unter anderem Namen, dem der Gruppe Marchi.

Sand aufgeschütteten Kiesstrand ab der Bootsanlegestelle entlang des Lungolago Zanardelli aus. Kleinere Strandabschnitte gibt es außerdem bei den beiden Campingplätzen (s. u.) vor dem Toscolano-Bach.

Im Ortsteil **Toscolano** lockt ein langer und tiefer Kiesstrand mit Badeanstalt, dahinter ein Olivenhain. Klein, mit Erdterrassen unter alten Olivenbäumen und daher sehr hübsch ist der Kiesstrand zwischen der Cartiera und der Pfarrkirche am nördlichen Ende von Toscolano. Vorsicht: Der Strand fällt schnell ins Wasser ab.

An allen Stränden gibt es Liegenverleih und Kiosk oder Café/Restaurant.

Mit dem Rad am See

Von Madernos Zentrum bei der Kirche San Ercolano führt der Rad- und Fußweg am See entlang, am Hafen vorbei bis zur Mündung des Toscolano-Baches. Kurz davor geht der Weg zurück durch den Ort zur Gardesana und am Rande des Bürgersteigs zurück zum Hafen.

Übernachten

Nostalgisch – **Maderno:** Via Statale 12, Maderno, Tel. 03 65 64 10 70, www.hotelmaderno.it, April–Mitte Okt., DZ/ÜF 90–160 €. Etwas nostalgisch verstaubtes Hotel in alter Villa in großem Garten mit Pool, zwischen Haupt- und Uferstraße gegenüber dem Fährhafen, daher relativ ruhig. Restaurant für die Hausgäste mit lokaler Küche; Parkplatz. 45 nette altmodische Zimmer.

Mit Hafenblick – **Milano:** Lungolago Zanardelli 12, Maderno, Tel. 03 65 54 05 95, www.hotelmilanomaderno.com, April–Okt., DZ/ÜF 109–160 €. 45 Zimmer in renovierter Jugendstilvilla mit modernerem Anbau gegenüber der Bootsanlegestelle unweit des Fährhafens. Garten mit Pool; Restaurant nur für die Hausgäste.

Schöne Aussicht – **Belvedere:** Via Maclino, Monte Maderno, Tel./Fax 03 65 64 12 10, www.belvederevillahotel.it. Weihnachten–Ende Okt. DZ/ÜF 60–70 €, in der neuen Dependance (7 Zimmer) unterhalb der Straße 90 €. Familiär geführtes 7-Zimmer-Haus, kleiner Garten, schöne Panoramalage. Gutes Restaurant mit lokaler Küche (s. u.).

Mitten im Dorf – **All'Orologio:** Via Mazzini 24, Maderno, Tel. 03 65 64 19 51, www.bborologio.com, ganzjährig, DZ/ÜF für 3–4 Pers. 70–110 €. Sehr freundliches, im OG eines alten Dorfhauses eingerichtetes B & B, 2 helle Wohnungen, großer gemeinsamer Wohnraum.

Agriturismo für Reiter – **Scuderia Castello:** Via Trento 135, Gaino, Tel. 03 65 64 41 01, www.scuderiacastello.it, fast ganzjährig, DZ/ÜF 70 €. Reiterhof auf einem 30 ha großen Landgut (Olivenöl- und Honigproduktion) mit Reithalle (Reitunterricht sowie Ausritte für Könner, s. u.), alles mit hellem Holz eingerichtet. 8 schlichte Zimmer, uriges Restaurant mit offenem Kamin (s. u.).

Camping hinter Klostermauern – **Toscolano:** Via Religione 88, Toscolano, Tel. 03 65 64 15 84, www.hg-hotels.com, April–Okt., Stellplätze direkt über den Campingplatz, Stellplatz 17–19 €, pro Person 8,50–10,50 €, Mobilhomes für 1–4 Personen 49–102 €, für bis zu 5 Pers. 56–101 €. Hunde erlaubt (3,50 €). Eurocamp-Platz mit Bungalows auf ummauertem Gelände eines aufgelassenen Frauenklosters am See, sehr gepflegt. Sportliches Freizeitprogramm, 2 Pools, Tennisplätze, Kinderanimation; breiter Strand mit Badesteg. Einladendes Restaurant unter schönem Backsteingewölbe mit großer Terrasse am Pool; feste Menüs und Pizza.

Ganzjährig – **La Foce:** Via Religione 44, Toscolano, Tel. 03 65 64 13 72, www.campinglafoce.com, ganzjährig, Stellplatz 7–14 €, pro Person 6–11 €, Hunde erlaubt (2–5 €). Schattiger, einfacherer Campingplatz am See; mit Pizzeria.

Essen & Trinken

Spiedo mit Panorama – **Belvedere:** s. Übernachten, Fr–Mi, im Sommer tgl., Menü um 30 €. Eine Art Wintergarten und eine neue geschlossene Veranda bieten Raum für ein familiär geführtes Restaurant, dessen Koch eine Auszeichnung verdient. Vorwiegend lokale Küche mit hausgemachter Pasta, leckeren Antipasti und am Wochenende *spiedo*, dazu käsewürzige Polenta.

Einfach gut – **Scuderia Castello:** s. Übernachten. Es gibt nur ein festes, tgl. wechselndes Menü, inkl. Dessert und Hauswein 25 € (Getränke inkl.). Im schlichten, aber freundlichen Restaurant des Reiterhofs, in dem möglichst Produkte vom eigenen Gut zubereitet werden, kann man sich bei rechtzeitiger Voranmeldung auch als Tagesgast ländlich-lokal verwöhnen lassen.

Tolle Platten – **Cantinone:** Piazza San Marco 49, Maderno, Tel. 03 65 64 14 47, Febr.–Nov. Di–So. Umgebaute, modernisierte urige Trattoria-Pizzeria, in deren Räumen früher große Holzfässer mit Wein standen und in die man nur zum Trinken kam. 3 Räume, im Sommer auch mit Tischen auf dem Bürgersteig. Seit 4 Jahrzehnten in Familienbesitz der Bertollo aus Apulien, Garanten für kräftig-leckere Speisen. Pizza (6–9,50 €) gibt es ebenso wie riesige Käse- oder Aufschnittplatten (*tagliere* für 2 Personen bis 20 €, also auch etwas zum Wein am Abend) und Salate. An der neuen Bartheke werden Aperitivi serviert, auch zum Fußball-TV.

Locker und preiswert – **Sant'Ercolano:** Via Gabriele D'Annunzio 5, Toscolano, Tel. 03 65 64 26 74, Mi–Mo. Großes, helles Lokal, von der Durchgangsstraße zurückversetzt, gerne von den Arbeitern und Angestellten der Umgebung zum preiswerten Mittagessen aufgesucht (jeweils drei *primi* und *secondi* zur Wahl, 10 € inkl. Wasser, Wein und *caffè*), sonst Fleisch vom Grill und auch mittags Pizza (4–8 €).

Einkaufen

Generell gilt der Doppelort, vor allem Richtung Toscolano, als guter Einkaufsplatz, u. a. mit drei Supermärkten und einem hervorragenden Fischladen (Lagomar Fish; ausgeschildert).

Richtig gut! – **Wochenmarkt:** Jeden Do Vormittag findet einer der besten Wochenmärkte des Gardasees in Toscolano statt.

Zum Durchstöbern – **Antiquitätenmarkt:** in Maderno Juni–Sept. jeden Mi Nachmittag sowie Okt.–April jeden vierten So im Monat ganztägig vor Sant'Andrea.

Picknick nicht vergessen!

Wer die **Valle delle Cartiere** (s. Entdeckungstour, S. 244) besucht, sollte unbedingt daran denken, sich mit Proviant und Getränken einzudecken, um es sich entweder auf dem Parkplatz vor Maina Inferiore an den angebotenen Picknicktischen schmecken zu lassen oder weiter talaufwärts zu wandern und sich dort im Schatten einer Papiermühlenruine oder eines ausladenden Feigenbaums niederzulassen. Ein Café auf dem Museumsgelände am Bach befindet sich noch in Planung.

Aktiv

Historischer Platz – **Golf Bogliaco:** Via Golf 21, Tel. 03 65 64 30 06, www.golfbogliaco.com. Der Golfplatz Bogliaco, der zweitälteste Italiens, steht auf dem Gemeindegebiet von Toscolano-Maderno, eine gepflegte 18-Loch-Anlage in wunderschöner Gardasee-Landschaft, die in letzter Zeit leider durch allzu viele neue Ferienhäuser gelitten hat.

Reiten – **Scuderia Castello:** s. Übernachten. Bekanntester Reiterhof am Westufer. Der Betreiber Giovanni Zambiasi wird von einer deutschen Reitlehrerin unterstützt. 30 Rassepferde, darunter *Maremmani* u. a. italienische Rassen, 12 eigene Pferde für die Gäste, die anderen zur Pension. Reitunterricht für alle Klassen, Ausritte bzw. Trekking durch die Valvestino sowie auf den Hochebenen von Denai, Tignale und Tremósine (mit Übernachtung für 1–4 Tage). Die junge Hausherrin spricht Deutsch, ebenso die Reitlehrerin.

Abends & Nachts

Madernos lange **Uferpromenade,** die vom Zentrum über die Anlegestelle der Navigarda fast bis zum Toscolano-Delta führt, ist eine beliebte abendliche Bummelmeile: Man macht Halt an der Bootsanlegestelle, kauft sich ein erfrischendes Eis bei der **Gelateria Azzura** oder setzt sich ins große und doch einladende Strandlokal **Lido Azzuro.** Wein und eine Käse- oder Aufschnittplatte genießt man im **Cantinone** (s. o.) oder in einem der Cafés.

Infos & Termine

IAT: Via Sacerdoti 1, Maderno, 25088 Toscolano-Maderno, Tel./Fax 03 65 64 13 30, iat.toscolanomaderno@provincia.brescia.it (nur Ostern–1. Sa im Okt.).

Boote: Ganzjährige Autofähre zwischen Maderno und Torri del Benaco (Ostufer); von Ostern–Ende Okt. auch Bootsverbindungen (ohne Autotransport) zu den anderen Seeorten.

Busse: Maderno und Toscolano werden von den Bussen zwischen Brescia (über Salò) bzw. Desenzano und Gargnano regelmäßig bedient.

Gardalonga: Mai. Neu eingeführtes, sehr populäres Ruderbootrennen.

Festa di S.S. Pietro e Paolo: Juni. Patronatsfest in Toscolano mit gastronomischen Ständen und Musik.

Festa di Sant'Ercolano: um den 11. Aug. Patronatsfest in Maderno mit großem Feuerwerk.

Gargnano und Umgebung ▸ D 6

Die lang gestreckte Gemeinde (ca. 3000 Einw.) besteht unten am See aus den drei Teilen Bogliaco, Villa und dem Hauptort Gargnano, im Hinterland, auf dem Monte Gargnano, liegen die zahlreichen landwirtschaftlich geprägten Bergdörfer, die ebenfalls zum Gemeindegebiet gehören (insgesamt 13).

Bogliaco ▸ D 6

Der Ortsteil Bogliaco ist stolz auf seinen modernen Jachthafen, der trotz Erweiterung nicht alle Boote fassen kann, deren Besitzer hier gerne einen festen Ankerplatz hätten. Denn es ist der Hauptort der **Centomiglia**, der wohl berühmtesten Segelregatta auf einem europäischen See, die hier schon seit 1951 jährlich mit immer größerer internationaler Beteiligung ausgetragen wird. Im September verwandelt sie den beschaulichen Ortsteil in einen Wallfahrtsort für Segelfans, ob als Aktive oder Zuschauer. Aber sonst dreht sich alles um den kleinen **alten Hafen.**

Bogliaco setzt sich auch jenseits der Gardesana auf der Bergseite fort. In Panoramalage stehen seine beiden Kirchen: die Pfarrkirche **San Pietro d'Agrino** (Via per Villavetro/Via Della Chiesa 6) von 1576 mit ihrer interessanten Sonnenuhr und – ihr gegenüber – die kleine Wallfahrtskirche, das **Santuario del Cristo** (praktisch den ganzen Tag über geöffnet) mit einem intensiv angebeteten Kruzifix: Christus mit langem Echthaar.

Bereits in Bogliaco sind einige **Limonaie** (s. S. 58) zu sehen, teilweise zu Wohnzwecken und als Hotel ausgebaut. Das durfte man, bis das Denkmalamt sie unter strengsten Schutz gestellt hat. Die Kette der Zitronengewächshäuser setzt sich bis Gargnano und weiter nach Limone fort.

Die mächtige **Villa Bettoni-Cazzago** (Via della Libertà s/n) zwischen dem See und der Durchgangsstraße Richtung Villa, durch sie von ihrem prächtigen Garten abgetrennt, zeigt sich in ihrer architektonischen Strenge noch so, wie sie im 18. Jh. errichtet wurde. Schade, dass ihre prächtig freskierten Innenräume nicht zu besichtigen sind, denn sie ist in Privatbesitz. Zwischen Ostern und Ende April darf man anlässlich der Ausstellung von Zitrusfrüchten (Il Giardino di Delizia) den herrlichen italienischen Garten mit seiner ausladenden Exedra und dem Nymphäum erkunden. Diesen 1764 bis 1767 terrassenartig angelegten Park entwarf übrigens einer der größten Gartenbauarchitekten der Toscana, Amerigo Vincenzo Pietrallini. (Eine kleine halbrunde Parkbucht ermöglicht es, den Park auch sonst wenigstens vom Tor aus zu bewundern.)

Zur Villa Bettoni in Bogliaco gehören prächtige Gartenanlagen

Übernachten

Historisch am See – **Bogliaco:** Via Battisti 4, Tel. 03 6 57 14 04, www.hotelbogliaco.it, Anf. März–Dez., DZ/ÜF 80–120 €. Traditionsreiches Hotel mit 30 Zimmern am See im Herzen Bogliacos; auch bei Tagesgästen beliebtes Seerestaurant mit Garten (saisonbedingte Seeküche).

Sehr hübsch – **Il Gabbiano:** Via Battisti 7, Tel. 036 57 11 10, www.bbilgabbiano.eu, ganzjährig, DZ 80–85 €, pro Woche 500 €, für 4 Pers. 700 €. Kleines Apartment aus zwei Gewölberäumen in einem historischen Palazzo, nur von der schmalen Sackgasse zum Hotel Bogliaco vom See getrennt. Wohnraum mit Küchenzeile und kleiner Empore, dahinter Schlafraum mit Tür zum winzigen Innenhof, ideal für das Frühstück oder den Nachttrunk im Sommer. Frühstück (auf Anfrage 5 € pro Pers.) aus dem gefüllten Kühlschrank, Frisches wird tgl. von der jungen Wirtin Stefania Tramaglio, die nebenan wohnt, gebracht.

Landhaus mit Seeblick – **Cristol:** Haus Chiara, Via Villavetro 74 A, Villavetro di Bogliaco, Tel. 036 57 19 40, www.gardaaccommodation.com, ganzjährig, Tagesmiete 50–80 €. Komfortable Ferienwohnung im OG eines hübschen Landhauses auf weitläufigem Gelände inmitten von Ölbaumterrassen (Freisitz mit Grill) mit herrlichem Seeblick (die Besitzerfamilie wohnt auch da). 62 m^2 auf 2 Ebenen (Wohnküche mit Schlafcouch, Schlafempore) für bis zu 5 Pers.

Essen & Trinken

Am alten Hafen einladendes **Café,** unweit davon im Sommer eine **Eisdiele,** sonst lockt das **Restaurant des Hotels Bogliaco** mit Pavillon am See, das **Allo Scoglio** (s. u.) oder man fährt nach Villa oder Gargnano (s. S. 251, 255).

Gute Lage – **Allo Scoglio:** Via Barbacane 3, Tel. 036 57 10 30, www.alloscoglio.it, März–Nov., Di–So, Degustationsmenü 29 €. Größere Trattoria in einem hübschen Steinhaus mit zauberhaftem Garten nahe dem alten Hafen. Junge Wirtsleute, die sich vor allem der Seeküche verschrieben haben, aber auch Gerichte mit Meeresfisch anbieten. Alle Hauptgerichte inkl. Beilage.

Aktiv

Am Geburtsort der Centomiglia, wo morgens der Wind Pelèr und nachmittags die Ora blasen (s. S. 51, 52), steht der Bootssport an erster Stelle.

Bootssport – **Marina di Bogliaco 2000:** Via Bettoni 25/a. Tel. 036 57 25 75, www.marinadibogliaco.it. Bootsverleih mit und ohne Mannschaft sowie Segelschule.

Diverse Bootstypen – **Parallelo 43:** Via Bettoni 25/a, Tel. 03 65 79 00, www.parallelo43.it.

Segeltörns – **Water Tribe** (über Circolo Vela Gargnano, s. u.): Tel. 036 57 14 33, www.watertribe.it, Ganztagesausflug z. B. im oberen, fjordartigen Gardasee auf einem 8 m langen Segelboot für bis zu 6 Pers. Abfahrt 9 Uhr vom Circolo Vela Gargnano (s. u.), Rückkehr 17/18 Uhr; Mittagspause in Campione oder Malcésine; auch Laien dürfen ab und zu beim Segeln helfen.

Seglertreff – **Circolo Vela Gargnano:** Via Alessandro Bettoni 23, Tel. 036 57 14 33, www.centomiglia.it.

Termine

Centomiglia: 2. Sept.-Wochenende, www.centomiglia.it. Wichtigster Termin im Ort ist die ›Regatta der 100 Meilen‹, zu der alljährlich mehr als 300 Segelboote, 3000 Segler und 6000 Teilnehmer erwartet werden. Es gibt drei Etappen, alle ab Bogliaco: die traditionelle Centomiglia für Einrumpfboote auf 3 unterschiedlichen Strecken rund um den See, mit Bojen in Riva-Tórbole und Desenzano; eine kürzere Strecke für mittelgroße Boote bis Malcésine; und eine für kleine Boote mit Boje zwischen Moniga und Manerba; außerdem die MultiCento für Mehrrumpfboote wie Katamarane sowie die Centopeople für Segeljachten.

Villa ▶ D 6

Wer weiter nach Norden will, sollte motorisiert sein, denn die mächtige **Villa Bettoni-Cazzago** (Via della Libertà) steht so nah an der Straße, dass praktisch kein Platz mehr für einen Bürgersteig bleibt. Erst hinter der Bootswerft Feltrinelli gelangt man wieder an den See und folgt der Einbahnstraße vom Süden her. Vorbei am Bar-Restaurant des aufgepeppten Strandes von Lido und am Sitz der für den Naturpark zuständigen Comunità Montana mit dem Sitz der Riviera dei Limoni (Via Oliva 32) sowie des Parco Alto Garda Bresciano (www.cm-parco altogarda.bs.it).

Auch im engen historischen Kern von Villa lebt man am und um den winzigen **Hafen,** kauft im einzig verbliebenen kleinen Lebensmittelgeschäft ein und trifft sich bei Valentino in der Bar Al Porto. Schöne Villen aus mehreren Jahrhunderten haben sich hier erhalten (einige sind heute nette Hotels). In einem eher bescheidenen Haus an der Durchgangsstraße südlich vom Hafen hat D. H. Lawrence gewohnt und seine Reisetagebücher verfasst. In der »Italienischen Dämmerung« erzählt er von seiner Wanderung über die Alpen bis zum Gardasee (s. Entdeckungstour, S. 252).

Baia del Lido

Der grobkiesige **Badestrand** mit den kleinen Einbuchtungen fällt recht steil ab, wenn der Wasserspiegel des Sees so niedrig ist wie z. T. in den letzten Jahren. Ansonsten ist der Einstieg angenehm, man sollte nur lieber nicht ohne Badeschuhe hineingehen. Verleih von Pedalos. Café, Dusche und Restaurant (Lido, s. u.) vorhanden.

Übernachten

Komfort am See – **Gardenia:** Via Colletta 53, Tel. 036 57 11 95, www.hotel-gardenia.it, April–Ende Okt., DZ/ÜF je nach Kategorie 80–230 €. Das traditionsreiche Haus mit 30 unterschiedlichen Zimmern besitzt einen schönen Garten am See; Parkplätze, große Sonnenterrasse, Bootsanlegesteg. Familiäre Atmosphäre.

Jugendstilvilla am See – **Du Lac:** Via Colletta 21, Tel. 036 57 11 07, www.hotel-dulac.it, April–Okt., DZ/ÜF 90–150 €. Angenehmes familiäres Hotel in einer Jugendstilvilla direkt am See. 12 unterschiedliche Zimmer (mit SAT-TV), teils mit Terrazzoböden und Stilmöbeln eingerichtet. Restaurant mit solider Küche in einer Art Wintergarten über dem See; große Sonnenterrasse.

Essen & Trinken

Gute Restaurants auch für Tagesgäste in den empfohlenen Hotels (s. o.).

Terrasse am See – **Lido:** Via Colletta 61, Tel. 03 65 79 10 42, Mitte März–Mitte Nov. Mi–Mo, Juni–Sept. tgl., leckeres Menü ab 45 €. Sehr angenehmes Terrassenrestaurant mit Pergola über dem Badestrand, dem Lido von Villa, vom polyglotten Weinkenner Adriano Gramatica geführt. Kleine Karte mit Gardaseefisch, frische ▷ S. 255

Auf Entdeckungstour: Geliebtes Villa – auf den Spuren von D. H. Lawrence

Das verträumte Villa, ein Vorort von Gargnano, mit seinem winzigen, in den Ort ›eingelassenen‹ Hafen ist fast so geblieben, wie es Lawrence liebte und in seiner »Italienischen Dämmerung« beschrieb. Grund für eine Spurensuche vor Ort.

Reisekarte: ▶ D 6
Start: Hafen von Gargnano
Dauer: ca. 1 Std.

Seine Reisetagebücher unter dem Titel »Italienische Dämmerung« gehören zur Standardliteratur am Gardasee, erst recht für die Besucher Gargnanos. Denn viele Seiten lang beschreibt Lawrence das einfache Leben der Menschen im Ort, schwärmt von den ersten mediterranen Gefühlen und erzählt genauestens wie die merkwürdigen, gestelzten *limonaie* gebaut sind und wie sie funktionieren (s. S. 58).

1912 kam David Herbert Lawrence in Begleitung von Frieda Weekley von Richthofen aus England über Deutschland nach Österreich. Sie überquerten mit dem Rucksack auf den Schultern die Alpen und kamen zuerst nach Riva. Von dort aus zogen sie nach Gargnano um, wo sie vom 18. September 1912 bis zum 11. April 1913 blieben.

Inzwischen verworfen wurde die lang gehegte Meinung, das heutige

Hotel Gargnano (Porto Vecchio), entspreche dem damaligen Hotel Cervo. Das befand sich jedoch am Standort des heutigen Banco di Brescia nebenan. Ohnehin stimmt es nicht, dass die beiden Weltenbummler hier wohnten, das konnten sie sich damals gar nicht leisten. Sie waren auf Einladungen angewiesen. Dennoch bleibt der hübsche Standort und die Tatsache, dass Frieda mit den aus Deutschland stammenden Besitzern befreundet war, also sicher auch im Cervo eingekehrt ist. Gewohnt haben die beiden bis zum 30. März 1913 im Ortsteil Villa (danach zogen sie nach San Gaudenzio um) in einem möblierten Apartment im Obergeschoss der Villa Igea (Via Coletta 44). Und dahin führt der kleine Spaziergang.

Start am Hafen von Gargnano

Der Weg beginnt am **Hafen von Gargnano,** am besagten Hotel, das den Namen des Ortes trägt und in dem die beiden Italienreisenden der Legende nach gewohnt haben sollen. Hier kann man zur Einstimmung einen Cappuccino oder Aperitif trinken. Den hölzernen Seesteg entlangschlendernd, der – wenn die Wellen des Sees gegen die Hausmauern und in die steinernen Nischen schlagen – den Eindruck vermittelt, man sei in Venedig, kommt man schnell zu einer kleinen Tiefgarage. Ein spiralförmiger Weg führt hinauf zur **Gardesana,** der vielbefahrenen Hauptstraße. Der Weg geht ein kurzes Stück an dem von den Feltrinelli in einer Jugendstilvilla eingerichteten Kindergarten entlang, am angebauten Seniorentreff vorbei und wieder leicht abwärts die innere Durchgangsstraße hinab, die hier **Via Donatori di Sangue** heißt und früher wegen des vorbeifließenden Baches, in dem heute wieder Krebse leben, den hübscheren Namen Via Gamberera trug.

Die enge Durchgangsstraße

Jetzt wird es eng zwischen den hohen Hauswänden. Gleich am Anfang steht rechts die **Osteria al Pirata** (Via Donatori di Sangue 4) und auf der linken Seite (zum See hin) folgt das **Hotel Baia d'Oro** (Nr. 13) hier sollte man den Blick nach oben richten und die schönen Fensterläden betrachten. Die schmale Via San Tommaso mit dem Bach liegt schon in der Contrada del Ponte mit der kleinen Brücke und (darunter) einem winzigen Kiesstrand. Bald schaut man in den quadratischen, über dem See hängenden Garten einer Villa, der von einer großen Magnolie völlig vereinnahmt wird. Nur noch wenige Schritte sind es bis zum Miniaturhafen von Villa, umrahmt von Apfelsinenbäumen wie in Gargnano, mit der stets verlockenden und meist von der Sonne verwöhnten **Bar Al Porto** (Piazza Villa 1/2), bei Insidern eher als Da Valentino bekannt, wegen des netten Wirtes, der sich jetzt eher seiner Zeitung als den Gästen widmet, weil er die Bar seinen Kindern übergeben hat. Aber wer ihn anspricht (allerdings

nur auf Italienisch), wird in ihm immer einen freundlichen Zuhörer finden.

Brot und Früchte

Im Scheitelpunkt des kleinen Hafens zeigt die deutsche Malerin Sabine Frank in der **Galerie Pane** seit vielen Jahren ihre aktuellen Werke (Piazza Villa 12, traditionelle Eröffnung mit neuem Thema jeweils am Ostersamstag), ohne ihre »Brote«, die sie bekannt gemacht haben, zu vernachlässigen: u. a. Zitrusfrüchte, anderes Obst und Gemüse sowie »Meerstücke«, wie sie ihre Bootbilder vom Mittelmeer nennt. Zum 100-jährigen Jubiläum des Besuchs von Lawrence in Gargnano hat sie einen Bilderzyklus »Lawrence-Weg« geschaffen. Wenn die Tür offen steht und niemand da ist, am besten bei Valentino schauen!

Villa Igea und San Tommaso

Ein Stück weiter, gleich nach dem Hotel Du Lac, steht rechter Hand die **Villa Igea** (Via Coletta 44) in der Lawrence den Winter 1912/1913 verbrachte. Wie damals ist sie auch heute privat bewohnt und nur von außen zu betrachten. Mit Lawrence geht es dann Richtung **San Tommaso** (Poggio degli Ulivi 6), den Weg über die Gardesana hinweg in den oberen Teil von Villa und weiter über die wiederhergestellte Treppengasse zur Kirche hinauf. Anfänglich fand Lawrence seinen »... Weg nie. Ich verlief mich in Seitengassen, an deren Ende Sonnenschein und Olivenbäume wie Zauberspiegel schwankten.« Dann aber entdeckte er besagte »zerbrochene Steintreppe, zwischen deren Fugen Unkraut wucherte ... ich stieg nur ungern hinauf; die Italiener behandeln solche Stiegen als Privateigentum.«

Passage zum See in Villa bei Gargnano

Primeln und Limonaie

Lawrence bewunderte im Frühjahr auf seinen vielen Spaziergängen in der Umgebung die Blumenpracht in der freien Natur, vor allem die »Primeln, die nach Erde und Wetter rochen« und die Krokusse, »blasse, zarte, lilafarbene, dunkelgeäderte Blumen, die lebhaft mitten im Gras unter Olivenbäumen aufzüngelten wie Myriaden kleiner, lilafarbener Flammen« – nicht anders als heute!

Und dann die mächtigen Aufbauten der Limonaie. »An den Hängen steil über dem See leuchten den ganzen Sommer über die Reihen nackter Pfeiler aus dem grünen Laubwerk wie Tempelreste. Weiße, vierkantige Mauerpfeiler, verloren in ihren rechtwinkligen Kolonnaden ... Es sind Zitronenplantagen ...«, die ihren Besitzern eine Menge Arbeit bereiteten: »Im November, wenn kalte Winde aufkamen und der erste Schnee in den Bergen fiel, holten die Männer Bretter aus den Schuppen, und wir hörten das Gepolter fallender Planken ... und wir hörten die Männer miteinander sprechen und singen, wenn sie da oben gefährlich balancierten und ihre Stangen anbrachten«, um die Limonaie winterfest zu machen.

Pasta, und eine tolle Weinkarte. Eine wunderbare Adresse zum Lange-Sitzen-Bleiben, mit Blick auf das Ostufer.

Abends & Nachts

Aperitivo und mehr – Zum Aperitif zu Valentino ins **Al Porto** (Poreto Vecchio) am Hafen oder an den **Strand** von Lido, später ins **Al Pirata** (Via Donatori Di Sangue 13) Richtung Gargnano, das in seinen Gewölberäumen bis tief in die Nacht eine leicht verwegene Atmosphäre schafft.

Gargnano ▸ D 6

Von Villa kann man nach Gargnano schlendern, vorbei an Villen hinter hohen Mauern. Kurz vor der kleinen Tiefgarage trifft man auf die Gardesana, kann jedoch gleich wieder abwärts in den Ort hineinlaufen. Am schönsten ist es entlang des Stegs über dem See, der vor den früheren Fischerhäusern schwebend ins Zentrum führt. Hier fühlt man sich angesichts der an die Häuser schlagenden Wellen fast nach Venedig versetzt. Und in der Ferne genießt man den Blick auf den bis tief ins Frühjahr hinein verschneiten Monte Baldo auf der anderen Seeseite.

Auf der schmalen Hauptstraße, der **Via Roma,** geht es vorbei an einer Bäckerei (Nr. 13), einer Metzgerei mit Delikatessen und eigener Käseproduktion, am Eisenwarenhändler (Nr. 4), dem traditionellen Modegeschäft und dem Gemüseladen. Am kleinen Hafen (Porto Vecchio) angekommen, findet man Parfümerie, Schreibwarenladen mit allen erdenklichen, auch deutschsprachigen Büchern über Gargnano und den See, Café und Eisdiele.

Der Ort besticht schon allein durch seine herrliche Lage an den Hängen des 1047 m hohen Monte Magno, im Norden vor kühlen Winden durch den 1458 m hohen Monte Denervo geschützt. Zwischen den zur Gemeinde gehörenden, 13 kleinen Bergdörfern, heute beliebte Wohn- und Erholungsorte, erstreckt sich ein weites, panoramareiches Wandergebiet.

Außerdem stehen in und um Gargnano die meisten *limonaie* des Gardasees, schließlich sollen hier die ersten Zitrusfrüchte durch die Franziskaner gepflanzt worden sein – ein Hinweis auf das milde Klima des früheren Fischerdorfes, das seit ein paar Jahren auf anspruchsvolleren Tourismus hofft. Vor allem seit sich am nördlichen Ortsrand in San Faustino ein Nobelhotel (Villa Feltrinelli), am Monte Gargnano ein feines kleines (Villa Sostaga) und ein feudales Wellnesshotel (Lefay Resort) eingenistet haben.

Kloster San Francesco

Via Roma, Kirche tagsüber meist geöffnet

Dem fast ruinösen Zustand des Klosters am südlichen Ortseingang sieht man nicht mehr an, dass Gargnano im 13. Jh. ein bedeutendes Franziskanerzentrum war. Sicher ist, dass es die Franziskanermönche waren, die hier mit dem Zitrusfrüchteanbau begannen. Der interessante Kreuzgang aus dem 14. Jh. mit seinen schlanken Säulen, ihren spätgotischen Arkaden und den mit Fischen und Zitrusfrüchten geschmückten Kapitellen ist eine wahre Oase der Ruhe, aber für längere Zeit leider eine Baustelle. Die Kirche mit ihrem noch romanischen, rundbogigen Hauptportal mit Lisenengliederung ist fast den ganzen Tag über geöffnet. Sie wirkt recht düster und wurde im 17. und 18. Jh. barockisiert.

Unter österreichischer Herrschaft entstand in Gargnano 1829 die Società Lago di Garda, eine Gesellschaft, die sich um die Pressung des Olivenöls, um den Vertrieb der von den Frauen gezüchteten Seidenkokons und um die Verpackung des am Berg geernteten Lorbeers etc. kümmerte. Ihr historisches Gebäude ist Teil des Klosters von San Francesco und wartet wie der gesamte Komplex auf seine Restaurierung, weil sich Investoren und Gemeinde nicht über seine mögliche Funktion einigen können.

Vom Anleger zur Villa Feltrinelli

Der Hafen von Gargnano wurde nicht nach außen in den See gebaut, sondern zwischen die drei umgebenden Häuserzeilen eingelassen. Noch sind nicht alle Wohnpaläste (einige mit den Resten von Kanonenkugeln aus österreichischem Beschuss 1866) restauriert. Wer am nahen Anleger mit dem Boot ankommt, wird geradezu betäubt vom Duft der jungen Apfelsinenbäume an der herausgeputzten, kurzen Seepromenade, dem Lungolago Zanardelli. An ihr findet man gleich ein Restaurant, zwei Cafés und eine einladende Osteria, Treff der Einheimischen auch an kalten Wintertagen. Im Sommer kann man hier auf das nächste Boot für einen geruhsamen Ausflug über den See warten.

Von der früheren Bedeutung Gar-gnanos zeugt der ehemalige Palazzo Comunale (Porto Vecchio, 16.– 19. Jh.), eine Stiftung der größten Wohltäterin des Städtchens, der Verlegerfamilie Feltrinelli, die ursprünglich durch den Holzhandel reich wurde. Jetzt wird dieses alte Rathaus nur noch als Veranstaltungs- und Ausstellungsraum benutzt. Den Feltrinelli hat Gargnano auch soziale Einrichtungen in allen größeren Ortsteilen zu verdanken. Und die beiden Feltrinelli-Villen: Im Palazzo Larghi Feltrinelli (Piazza Vittorio Veneto) im Ortskern, ein Gebäude im Neorenaissancestil des ausgehenden 19. Jh., residiert heute die Mailänder Università per Stranieri (Ausländeruniversität). Die Villa Feltrinelli im Vorort San Faustino (Via Rimembranza 38–40, gleich hinter dem hübschen Strandbad Fontanelle und nahe der modernen Olivenölpresse) diente der Familie als Sommersitz. Sie ließen sie 1894 im eklektischen Stil von dem Mailänder Architekten Belgioioso errichten. Diktator Benito Mussolini lebte hier 1943 bis 1945 während der sog. Republik von Salò. In Gargnano nennt man sie daher ›Villa del Duce‹. Seit 2001 hat sie eine neue Bestimmung als exklusives, sehr teures Luxushotel auf einem der schönsten Seegrundstücke im Gardesanischen überhaupt gefunden. Leider kann man die Villa daher nur von oben oder – noch besser – vom See her betrachten, es sei denn, man kommt als Hotelgast (s. S. 257).

San Giacomo

Via Rimembranza/Località San Giacomo, tagsüber meist geöffnet

Geht man hinter dem Hotel parallel zum See weiter, kommt man an mehreren *limonaie* vorbei und entdeckt am Berghang oberhalb noch weitere, sehr große Zitronengewächshäuser. Der Weg endet auf einer kurzen, mit Seekieseln gepflasterten Straße, an deren Ende das Kirchlein San Giacomo di Calino aus dem 11./12. Jh. steht. Es besitzt innen Freskenreste aus dem 15. Jh. und seitlich eine kleine Vorhalle, darunter an der Wand Fresken aus dem 13. Jh. Die hier dargestellten Heiligen blicken auf den kleinen Hafen. – Ein schöner Spaziergang, für den man etwa eine Stunde einplanen muss.

San Martino

Via della Repubblica 19, leider unregelmäßig geöffnet

Nicht zu übersehen ist die große helle Pfarrkirche San Martino mit ihrem hohen Glockenturm auf halber Höhe an der dem See zugewandten Seite der Gardesana Occidentale. Das überraschend große, 1837 im historisierend barocken Stil über einem Renaissancebau errichtete Oval mit vorgesetzter Säulenhalle schuf der Brescianer Architekt Rodolfo Vantini. Vorbild muss wohl das römische Pantheon gewesen sein. Vom Vorgängerbau ist der Glockenturm erhalten geblieben, der später ebenfalls einen barockisierenden Aufsatz erhielt. Die anmutige Madonna des Hauptaltars im Inneren wird Moretto zugeschrieben.

Limonaia La Malora

Nach Absprache zugänglich

Jederzeit nach Voranmeldung zu besichtigen (s. S. 60).

Übernachten

Mondäne Exklusivität – **Grand Hotel a Villa Feltrinelli:** Via Rimembranza 38/40, Tel. 03 65 79 80 00, www.villafeltrinelli.com, 20. April–21. Okt. DZ/ÜF ab 900 €. Nur 17 Zimmer und 4 Suiten vom Feinsten in der historischen Feltrinelli-Villa in einem großen Park mit uraltem Baumbestand, Limonaia, kleinem Hafen; originales Jugendstil-Mobiliar und -Glasfenster, eine exklusive Oase der Ruhe; Michelin-besterntes Restaurant.

Jugendstil-Luxus – **Villa Giulia:** Via Rimembranza 20, Tel. 036 57 10 22, www.villagiulia.it, Mitte April–Mitte Okt., DZ/ÜF 295–365 €. 23 Zimmer und 7 Juniorsuiten in einer Jugendstilvilla mit Dependance am See auf einem schönen Parkgrund mit hohen Bäumen. Restaurant, Pool; abgeschlossener Parkplatz.

Stylish umgebaut – **Meandro:** Via Repubblica 40, Tel. 036 57 11 28, www.hotelmeandro.it, Mitte März–Nov., DZ/ÜF 86–174 €. Freundlich geführtes, familiäres Hotel, nach dem Teil-Umbau im Designerstil durch die Architektin Fulvia Bazoli (s. S. 71); mit 44 komfortablen Zimmern am nördlichen Ortsrand 100 m oberhalb des Strandes von La Fontanella. Beheizbares Schwimmbad, Sauna und Whirlpool, Parkplatz. Restaurant.

Individuell am See – **Riviera:** Via Roma 1, Tel. 036 57 22 92, www.garniriviera.it. Ostern–Okt. DZ/ÜF 63–98 €. 20 individuelle, angenehme Zimmer in einem renovierten alteingessenen Hotel Garni zwischen Via Roma und dem Seesteg; große bedeckte Terrasse, ein wunderbarer Frühstücks- und Abendplatz für die Hausgäste über dem See (auch mit mitgebrachtem Wein!).

Zauberhaft – **Bartabel:** Via Roma 35, Tel. 036 57 13 30, www.hotelbartabel.it, April–Okt., DZ/ÜF 73–125 €. Sehr hübsch renoviertes kleines B & B am See mitten in der Altstadt. 12 in venezianischem Stil eingerichtete Zimmer (2 mit kleinem Seebalkon), WLAN-Anschlüsse, SAT-TV, Klimaanlage; neue Bäder. Bar, Salon, Seeterrasse (Frühstück!).

Ferienwohnungen/Privatzimmer

Sie liegen über die ganze Gemeinde verstreut (s. Touristeninformation). Darunter besonders schöne Anlagen wie:

Im Zitronengarten – **Fondo La Campagnola:** Via Repubblica 40, Tel. 036 57 11 91, www.frassinehotels.it, ganzjährig, Apartment/Woche für 4 Pers. 553–966 €. 9 gemütliche Apartments in idyllischem Zitronengarten mit Seeblick auf der Bergseite; gegenüber Hotel Europa, im selben Besitz, ca. 500 m vom Badestrand.

Zitronenduft am See – **La Limonaia:** Via Rimembranza 18, Tel./Fax 036 57 16 94, www.apartmentslalimonaia.com, ganzjährig, Einheit für 4 Personen pro Woche 550–990 €. 4 Apartments und

Lieblingsort

Gargnano
Das hübsche Gargnano ist trotz des Tourismus ein ›normaler‹ Gardaseeort geblieben, der für seine Bewohner ebenso da ist wie für die Besucher. Traditionelle Geschäfte und ein öffentlicher Badestrand vor schönen Oliventerrassen zeugen von dieser Ursprünglichkeit. Und wer am Anleger mit dem Boot ankommt, wird vom intensiven Duft der jungen Apfelsinenbäume an der schmucken Seepromenade regelrecht betört.

1 Suite in einer früheren Limonaia am See, mit eigenem kleinen Badeplatz (Leiter zum See), Terrasse, nette Ecken, Garten und Parkplatz; Restaurant.

Essen & Trinken

Eine **Pizzeria,** eine **Osteria** und ein **Restaurant** sowie mehrere **Cafés** mit Pizza und anderen Kleinigkeiten zu essen gibt es gegenüber der Anlegestelle, außerdem:

Frisch umweht – **Pizzeria Al Lago:** Via Marconi 1, Tel. 036 57 27 59, Mitte Febr.–Ende Nov. Do–Di, in der Hochsaison tgl., schöne große, dünne Pizza ab 7 €, Felchen vom Grill 15 €, auch Salate. Nette Pizzeria am Seesteg bzw. Tische auf ihm, stets von der Seebrise angenehm umweht, der vielleicht schönste Platz im Ort!

See vorn, Olivenhain dahinter – **Le Fontanelle:** Via Rimembranza 32, Tel. 36 57 22 63, März–Nov., Di–So. Restaurant-Pizzeria als Strandlokal in wunderbarer Lage am kiesigen Badestrand von Gargnano mit seinem Schatten spendenden Olivenhain.

Mein Tipp

Grundsolide und mit Stern

Feines, von Michelin besterntes, ganz kleines Restaurant in zauberhaftem Osteria-Ambiente mit hervorragender Fischküche, aber auch anderen verfeinerten lokalen Spezialitäten; wunderbar dekorierte Teller. Kleineres Menü 60 €.

La Tortuga: Via XXIV Maggio 5, Tel. 036 57 12 51, 2. März–Nov. Mi–Sa, Mo nur abends, So mittags und abends (individuelle Termine auf Anfrage, auch mittags).

Kühle Getränke, Eis und Kleinigkeiten sind ebenso zu haben wie Holzofen-Pizza und frischer Seefisch.

Einkaufen

Einkaufsstraßen – Die **Via Roma** ist ideal zum Einkaufen. Hier gibt es die **Macelleria Bignoti** (Nr. 13), in der man neben auserlesenen Delikatessen auch von den Brüdern Bignoti hergestellten Käse kaufen kann. Schräg gegenüber die Bäckerei **Panificio Bertelli** (Nr. 8), in der ununterbrochen knuspriges Brot und leckerer Kuchen produziert werden. Nebenan bieten die **Brüder Gramatica** (Nr. 18) unglaublich günstige Schuhe an und auf der anderen Seite der Bäckerei findet man das **Ferramenta Federici** (Nr. 4): Es gibt nichts, was es in dieser erstaunlichen Eisenwarenhandlung nicht gibt, und das sagt man nicht nur in Gargnano ... Hinter dem Hafen befinden sich in der Verlängerung der Via Roma, der **Via XXIV Maggio,** der hübsche **Juwelierladen Zanaboni** (Nr. 1), der auch kleinere Mitbringsel und Uhren anbietet, ein weiterer **Metzger** und mehrere **Lebensmittelläden;** nach einem viertelstündigen Spaziergang in der **Via Rimembranza** stößt man auf das **Oleoficio di Gargnano** (Nr. 75), die Ölpresse, die neben schön verpackten Olivenölflaschen auch andere Spezialitäten verkauft (z. T. auch in den Lebensmittelgeschäften erhältlich).

Abends & Nachts

Bars und Cafés – Mehrere Bar-Cafés bieten auch Kleinigkeiten zu essen an, so das **Caffè Nuovo** am Ufersteg, die **Gelateria Azzura** am kleinen Hafen (fantasievolle Eisbecher, aber auch Eis zum Mitnehmen aus hervorragender eigener Produktion), das **Retro** mit jungem Publikum, oder das **Olimpia** an der Uferpromenade mit leckeren Häppchen zum Aperitif.

Tolle Weine – **Osteria Baccaretto:** Lungolago Zanardelli 10, Tel. 03 65 79 10, Di–So 8 Uhr bis spät in die Nacht, im Winter Mi–So 8–20 Uhr, 24. Jan., Febr. geschl. Auch Weinproben oder abendliche Jazzkonzerte (Fr). Winzige Osteria mit Tischen unter einem Pavillon am See bei leiser Jazzmusik. Große Weinauswahl und leckere Kleinigkeiten zu essen.

Venedig-Feeling – **Caffè Nuovo:** Auf dem Steg südlich des Hafens, Di–So. Nicht nur bei den Einheimischen beliebtes Café, unter dessen Tischen im Freien die Wellen des Sees schlagen. Super Aperitivi, leckere Kleinigkeiten zu essen (Pasta, Aufschnitt u. Ä.).

Aktiv

Surfen und Wassersport – **OK Surf:** Località Fontanella, mobil 32 84 71 77 77, www.oksurf.it. Gargnano bietet eine recht gute, nicht allzu windige Ecke für Surfanfänger. Inmitten des Olivenhains am Strand von Fontanella bietet Kurt Oliver seit 1987 speziell Surfkurse für Kinder ab 8 Jahren und für ganze Familien an. Auch Verleih von Pedalos und Mountainbikes sowie Touren für Surfer und Segler im Angebot. An dem kiesigen Strand mit Liegeterrassen gibt es auch eine Bar mit Restaurantbetrieb (s. o.).

Infos & Termine

Consorzio Turistico Gargnano Relax: Piazza Boldoni 2, 25084 Gargnano (BS), gegenüber der Tiefgarage an der Gardesana, Tel./Fax 03 65 79 12 43, www.gargnanosulgarda.it.

Verkehr: Es empfehlen sich vor Ort ein **Pkw** oder ein **Motorrad;** Radfahrer tun sich an den steilen Steigungen am Berg schwer (aber toll für Profis); in den winzigen Ortschaften am See geht man jedoch am besten zu Fuß.

Boote: Während der Saison fahren Passagierboote der Navigarda zu allen größeren Seeorten, dichteste Verbindungen in der Nordhälfte.

Busse: Auf der Strecke Brescia–Salò–Riva halten die Linienbusse an der Gardesana – gute Anbindungen gibt es aber nur während des Berufsverkehrs; deutlich eingeschränkte Verbindungen in die Dörfer am Monte Gargnano.

Parken: Relativ kleines Parkhaus am Ortseingang an der Gardesana, zahlreiche Parkplätze am nördlichen Ortsrand oberhalb des Badestrandes von Fontanella. Blaue Zone (eingeschränkt) im Ortszentrum beim alten Rathaus sowie nahe dem kleinen Postamt.

Centro Civico Multifunzionale Andrea Castellani: Via Teatro 14, Termine unter www.prolocogargnano.net. Gargnano gehört mit Salò zu den Gemeinden am See, die – trotz ihrer geringen Einwohnerzahl – das vielleicht größte Kulturprogramm zu bieten haben. Alles findet im Centro Civico, einem wunderbar hergerichteten früheren Kino statt, das ursprünglich eine Kirche war. Ein Privatier hat es der Gemeinde gestiftet. Sogar im Winter gibt es hier Veranstaltungen zur Geschichte Gargnanos und seinen Persönlichkeiten, in anderen werden Themen wie die Zitronenhäuser, die Fischer und ihre Boote, die *bissa* (Boots-Wettbewerbe) oder die geologischen Ursprünge des Gardasees thematisiert.

Incontri Chitarristici: Aug./Sept. Seit 1976 finden in Gargnano die international anerkannten und besetzten Gitarristenwettbewerbe (Konzerte) statt.

Gargnano in Musica: Klassische Konzerte im Juni, Juli und Sept.

Cara Vecchia Gargnano: 1. oder 2. So im Juli. Kunst, Musik und Gastronomie mit Weinproben und kleinen Leckerbissen in der Hauptgasse parallel zum See.

Sagra di San Giacomo: 25. Juli am gleichnamigen Kirchlein; bis in die Nacht hinein. Mit Musik, Gastronomie (gebackene Sardinen, Würste und Wein), Tanz sowie Kinderspielen in schöner Atmosphäre zwischen hohen limonaia-Mauern.

Monte Gargnano ▶ D 6

Wanderung von Musaga, über Sasso nach Eremo di San Valentino

Den Wegweisern folgen; je nach Kondition 40–60 Min. pro Strecke; s. auch Lieblingsort, S. 264)

In Höhe der Kriche San Martino führt die Provinzialstraße 9 von Gargnano Richtung Valvestino, Magasa etc. Nach 6 km zweigt eine schmale Straße zum kleinen Dorf **Musaga** (450 m) mit seinen schlichten Bauernhäusern inmitten von Ölbaumterrassen ab. Hier endet die Straße (Parken nur für Dorfbewohner), also den Wagen gleich nach der Abzweigung auf dem unteren Parkplatz abstellen. Ein Spaziergang lohnt sich: Am oberen Ende des Dorfes, an einem buckligen, restaurierten Wehrhaus, wird der Weg steiler und führt mit großartigen Ausblicken auf den See nach **Sasso** (mit kleinem Lebensmittelladen und Bar) in 550 m Höhe.

Wer lieber den Wagen nehmen will, fährt nicht nach Musaga ab, sondern weiter Richtung **Navazzo** und biegt den Hinweisen folgend nach Sasso ab. Auf dem Parkplatz von Sasso steht das Fahrzeug sicher, dann geht es zu Fuß weiter zur Wallfahrtskirche **San Valentino**.

Ausflug auf die Cima Rest ▶ C 4

Eine der schönsten Strecken durch den **Parco Alto Garda Bresciano** führt über Navazzo zum Valvestino-See und von dort nach Magasa, 3 km weiter ist die Cima Rest erreicht (vom See 30 km): ein Bergplateau in traumhafter Lage mit eigenartigen Heuschobern, den *fienili,* die angeblich ungarischer Herkunft sind. Sie stehen unter Denkmalschutz; einige sind zu Ferienhäusern umgebaut, in einem weiteren ist das kleine **Museo Etnografico** untergebracht (25080 Magasa, Località Cima Rest BS, Sa, So, Fei bzw. auf Anfrage, Tel. 03 65 74 50 07). Im Ristorante Agritur da Giulio vor dem Museum oder in Tavagnù kann man wunderbar einkehren und im nahe gelegenen **Observatorium** (25080 Magasa, Cima Rest, Malga Corva, Località Valvestino BS) nachts in aller Ruhe in die Sterne schauen (s. Entdeckungstour, S. 266).

Wanderung von den Heustadeln zur Sternwarte

Diese kurze, aber genussvolle Wanderung dauert höchstens eine Stunde – es sei denn, man macht oben im Rifugio lo Scoiattolo Rast oder legt sich einfach ins Gras vor der Sternwarte, dem Osservatorio (s. o.).

Man geht von den Fienili, den strohgedeckten Steinhäusern (s. S. 262), die Straße ein Stück abwärts (an den Mülltonnen vorbei) nach rechts. Bald zweigt ein Schotterweg rechts spitzwinkelig vom Sträßchen ab mit dem Verweis auf das **Osservatorio** (die Sternwarte) und das **Rifugio lo Scoiattolo.** Die Steigung zieht sich, je nach Kondition braucht man für ihre Überwindung bis zu einer halben Stunde. Aber der Weg ist schön schattig, man geht durch dichten Niederwald. Oben angekommen, öffnet sich eine weite Alm. Geradeaus geht es durch einen herrlichen Wald mit uralten, hohen Buchen zum **Rifugio** hinauf, wo der Blick auf die umgebenden Berge, die Grenze zum Trentino, noch grandioser ist. Doch rechts führt der Weg gleich zur kleinen Sternwarte und an ihr vorbei wieder abwärts zwischen Kuhweiden hindurch und ziemlich schnurgerade auf eine offene **Kapelle** zur Erinnerung an die Gefallenen aus diesem Berggebiet. Auf der Rückseite kann man sich frisches kühles Wasser für die Wanderflasche zapfen, gegenüber jenseits der Straße an einem Picknickplatz eine Rast einlegen oder das Sträßchen nach rechts gehen, um wieder zu den **Fienili di Cima Rest** zu kommen, wo zwei Lokale locken, eines davon das **Tavagnù** (s. S. 268) mit einem der schönsten Ausblicke Richtung Gardasee – ohne dass man den See sehen könnte. Ringsum Berge, vor allem die Cima Tombea (1950 m) und der Monte Caplone (1976 m) im Grenzgebirge zum Trentino, das sich Wanderer mit guter Kondition nicht entgehen lassen ...

Von den Heustadeln zur Sternwarte

Übernachten

Luxuriös verwöhnen lassen – **Lefay Resort & Spa:** Via Angelo Feltrinelli 118, auf der Strecke zum Valvestino, Tel. 03 65 24 18 00, www.lefayresort.com, DZ/ÜF 230–610 €. Eines der luxuriösesten Hotels am Lago in Panoramalage (vom Pool aus meint man in den See zu schwimmen!), im Stil einer Limonaia nach strengen ökologischen Richtlinien gebaut, rings um das Spa herum 90 großzügige Zimmer, viel Auslauf und Meditationsgärten. 2 Restaurants (nur für Hausgäste).

Jugendstil – **Villa Sostaga:** Via Sostaga 19, Navazzo, Tel. 03 65 79 12 18, www.hotelvillasostaga.it, ganzjährig, DZ/ÜF 130–260 €, nach 3 Nächten gestaffelter Nachlass. Zauberhaftes kleines Hotel in der Sommervilla der Feltrinelli (um 1900; 9 Zimmer, 10 in der Dependance), inmitten eines 40 ha großen Parks; liebevoll und luxuriös mit großartigem Ambiente ausgebaut. Aus etwa 500 m Höhe genießt man den schönsten Blick auf alle drei Seeorte, die zu Gargnano gehören, sowie auf den Monte Baldo. Mit Solarstrom beheizter Pool, Fitnessraum, Sauna. Ambitioniertes Restaurant. Es werden auch klassische Konzerte mit festem Menü angeboten.

Für Sportliche – **Running Club:** Via Tavernini 50, Navazzo, Tel. 03 65 79 11 78, www.albergo-runningclub.it, DZ/ÜF 80 € (Ermäßigung für Sportgruppen). In einem historischen Dorfhaus mit altbekannter Pizzeria (s. u.), schlichtes und komfortables, familiengeeignetes Hotel mit 19 Zimmern, Innenhof.

Tolle Lage – **Mariano:** Via Sasso 8, Navazzo, Tel. 036 57 16 89, www.hotelmariano.it, Ostern–Okt., DZ/ÜF 90–130 €. Familiär geführtes kleines Hotel in freier Lage über dem See zwischen Sasso und Navazzo, mit großem Garten, Pool in Panoramalage, dahinter kleiner Wellnessbereich mit Fitnessgeräten. Zusammen mit dem dazugehörigen Agritur Cristina (nur Übernachtung) 17 Zimmer, z. T. sehr groß, auch Einzelzimmer ▷ S. 268

Lieblingsort

San Valentino

Steil und anstrengend führt der Weg hinauf zur Einsiedelei, sprichwörtlich über Stock und Stein und über Wildbäche hinweg, aber durch einen wundervoll wilden Wald mit üppiger Flora und immer wieder herrlichen Ausblicken. San Valentino in 772 m Höhe diente den Bewohnern Gargnanos während der Pest 1638 als Zufluchtsort. Nicht nur um den 14. Februar, dem Valentinstag, trifft man sich hier oben gerne (s. S. 72). Unter einem hohen Felsüberhang gibt es eine große Grillstelle mit Tisch und Bank – und von der Kapelle genießt man einen herrlichen Gardaseeblick (Wegbeschreibung s. S. 262).

Auf Entdeckungstour: Für Sternengucker – Observatorium von Cima Rest

Weil die Cima Rest im Hinterland des Monte Gargnano wenig ›Lichtverschmutzung‹ ausgesetzt ist und meist auch gute Wetterbedingungen bietet, hat man in luftiger Höhe (1265 m) ein astronomisches Observatorium eingerichtet, das auch interessierten Laien zugänglich ist.

Reisekarte: ▶ C 4

Ausgangspunkt: Cima Rest, Parkplatz vor den Trattorien

Planung: Infos www.osservatorio-cimarest.it, Anmeldung beim Consorzio Forestale della Valvestino, Cluse, 25080 Turano Valvestino (BS), Tel. 03 65 74 50 07, www.consorzioforestalevalvestino.com (mit aktuellen Terminen, Mai–Sept. ca. 21–24 Uhr)

Vom Parkplatz ist es eine angenehme, leicht ansteigende Strecke von ca. 1 km auf einer schmalen, z. T. asphaltierten Fahrstraße hinauf zur kleinen Kuppel der Sternwarte, wo an festgelegten Abenden Mario Tonincelli auf seine neugierigen Gäste wartet. Er hat die Gabe, Interessierten egal welchen Alters und mit welchen Vorkenntnissen die Geheimnisse der Sterne nahezubringen: oberhalb des Plateaus mit den sogenannten ungarischen Heuschobern im Osservatorio Astronomico in rund 1265 m Höhe. Gut gewählt, denn nirgendwo im weitesten Umkreis soll die Luft so sauber und auch frei von ›Lichtsmog‹ sein wie hier. Mario ist der Wortführer der kleinen, aber ambitionierten Gruppe von sieben Hobbyastronomen, die ihre Station, eine von nur insgesamt 15 in ganz Italien, inzwischen sogar mit regionaler Unterstützung betreiben.

Lieblingsgalaxie M 101 und neuer Asteroid

Die Station besitzt zwei Teleskope. Eines wurde von Mario Tonincelli in siebenjähriger Arbeit selbst gebaut und ist unter der Kuppel versteckt, die sich öffnen lässt und den Astronomen vorbehalten ist; es hat einen Durchmesser von 50 cm Newton, wie es im Fachjargon heißt. Das andere mit 37 cm Newton hat die Region speziell für interessierte Besucher finanziert. Es ist unter einem Giebeldach positioniert, das man zur Seite schieben kann, und bietet genügend Platz für zwei bis drei Dutzend Zuhörer und Sternengucker. Mit dem Hauptteleskop kann man weiter als 5 Mrd. Lichtjahre schauen. Was die Astronomen auf ihren Streifzügen durch das All entdecken und aufnehmen, bearbeiten sie am PC und liefern die Daten dann an das zentrale Planetenarchiv in Harvard, dem Minor Planet Center (MPC). Viel Zeit widmen sie der Beobachtung ihrer Lieblingsgalaxie mit dem Namen M 101, die sich 10 Mio. Lichtjahre entfernt befindet. Oder der Verfolgung des auf dem Bildschirm kaum sichtbaren Asteroiden, den die kleine Gruppe um Mario entdeckt hat und der den Namen Cima Rest tragen soll. Denn die Erfassung und Beobachtung der Asteroiden (felsige oder metallische Objekte, die auf einer Keplerschen Umlaufbahn die Sonne umkreisen) haben sich die Astronomen von der Cima Rest zur speziellen Aufgabe gemacht. Ihr Hauptgürtel liegt zwischen Mars und Jupiter, und für Planeten sind sie zu klein. Ihr Umfang reicht von Kieselsteingröße bis zu 1000 km wie z. B. im Falle von Ceres. Dennoch könnte ihr Zusammenstoß mit der Umlaufbahn der Erde verheerende Folgen haben, weshalb ihre Beobachtung so wichtig ist.

Striche am Firmament und andere Hindernisse

Die künstlichen Satelliten bilden die größte Behinderung für die Astronomen, denn sie rasen über den Himmel und machen den Forschern somit oft regelrecht einen ›Strich durch die Rechnung‹. Doch auch mit dem Wetter haben sie zu kämpfen. Sogar an der Cima Rest, umgeben von markanten Zweitausendern und eigentlich für sichere Wetterverhältnisse bekannt. Aber wenn das Wetter stimmt, und das tut es im Sommer fast immer, dann ist Staunen angesagt: Ich habe zuletzt drei großartige Himmelserscheinungen erlebt – den Saturn mit seinen vielen Ringen, einen explodierten Stern, der sich nun als glänzender Ring zeigt, und ein Sternenkonglomerat namens M 13, das wie ein Korb voller Diamanten glitzerte. Man konnte den Blick nicht davon lassen!

mit französischem Bett. Restaurant mit Seeterrasse nur für die Hausgäste, die Cristina selber bekocht.

Ferienwohnungen

Immer mehr Ferienwohnungen sind am Monte Gargnano zu haben, die man auch über www.gardaacommo dation.com buchen kann.

Im Heustadl – **Borgo Cima Rest:** Località Cima Rest, Denai, 25080 Magasa (BS), Tel. 03 65 74 06 78, www.borgoci marest.it, Sa/So oder Fr–So 160–180 €, Wochenpreis 300–400 € je nach Saison plus Bettwäsche und Handtücher. Ganzjährig bewohnbare, mit Stroh gedeckte historische Steinhütten. Geradezu komfortabel eingerichteter Wohn-Essraum mit Küchenzeile im Erdgeschoss, Obergeschoss für 4–6 Personen. Etwas für Romantiker mit Sinn für viel Natur!

Camping

Super Lage – **Giglio:** Via Tavernini 14, Navazzo, Tel. 036 57 11 77, www.fa migliailgiglio.it, Stellplatz 10–20 €, pro Person 6–7,50 €. Campingplatz am See bzw. über ihm in traumhafter Panoramalage auf drei Hangterrassen am unteren Rand von Navazzo. Nur 22 Stellplätze, die dafür aber bis zu 66 m^2 groß sind. 9 davon für Camper und Caravans; auch eine Entsorgungsstation für Gast-Camper ist vorhanden sowie eine Bar-Trattoria (toscanisch-apulisch-gardesanische Küche – eine schöne Mischung). Pool in Arbeit, auch für Gäste gegen Gebühr.

Essen & Trinken

Leckere Pizza – **Running Club:** Via Tavernini 50, Navazzo, Tel. 03 65 79 12 17, Fr–Do mittags, Pizza 4,50–7,50 €. Die beliebteste Kneipe des Dorfes in 3 Räumen. Auf der Rennstrecke der Mountainbiker. Fantasievolle Holzofenpizza vom Feinsten. Spezialität am Wochenende (auf Vorbestellung): *spiedo,* auch sonst gute Fleischgerichte.

In Costa ▶ D 5

Schöner Ausgangspunkt für Wanderungen, auch Station bei Reitausflügen, ist der Ortsteil Costa, 13–18 km vom Hauptort Gargnano entfernt:

Mit Wintergarten – **Caminetto:** Via Costa, Tel. 036 57 19 91, Mi–Mo, Juli, Aug. tgl. Nette Trattoria mit Wintergarten in Panoramalage, Snackbar und größerem Raum dahinter. Hausmannskost, kleine Karte, Pasta (4–6 €) immer zu haben, *spiedo* bzw. Grillmenü an den Wochenenden auf Anmeldung inkl. Wein, *caffè* und *digestivo* ca. 25 €; auch 4 DZ, mit Frühstück 50–60 €.

Hausgemachte Pasta – **La Genzianella:** Via dei Patrioti 40, Tel. 036 57 11 33, tgl., im Winter Di–So. Satt und glücklich wird man hier für 20 oder 22 €. Nette Bar-Trattoria mit zwei Sesseln vor dem Kamin im Barraum, dahinter der hübsch eingedeckte Speiseraum. In der Küche mit dem zweiten Kamin macht die aus Mantua stammende Giuliana Turato frische Pasta (*gnocchi* oder *strangolapreti*) und grillt Würste und Fleisch über der Glut (Tipp: die 400–500 g schwere *costata di manzo,* ein Rindskotelett). Auch 3 kleine, aber ordentliche Zimmer mit Balkon und herrlichem Blick, DZ/ÜF 60 €, mit (empfehlenswerter) HP 70 €.

Auf der Cima Rest ▶ C 4

Urig – **Tavagnù:** Cima Rest, 25080 Magasa (BS), Tel. 036 57 40 67, Fr–Mi, Aufschnittplatten 8–12 €. Schilfbedeckte Hütten-Snackbar mit Tischen auch auf der Terrasse am Rande der Hochebene in unglaublicher Panoramalage.

Unter alten Buchen – **Rifugio Il Scoiattolo:** Cima Rest, knapp oberhalb des Osservatorio, mobil 33 94 07 85

19, Do–Di, Pasta, Salate, Aufschnitt 8–12 €. Kulinarische Spezialitäten der Region in der gemütlichen Berghütte, auch Schlafsaal mit 21 Betten.

Abends & Nachts

Laden und Bar – **Da Pisturì:** Via Sasso 35, Sasso, Tel. 036 57 26 17, Mo nachmittags geschl. Kleiner Lebensmittelladen mit Bar (Aperitifs!) und Innenhof auf dem Wanderweg zu San Valentino, ideal für den Einkauf des Picknicks oder die Erholungspause bei der Rückkehr etwa von San Valentino. Im Sommer Treff der Dorfjugend bis tief in die Nacht.

Infos & Termine

Verkehr: Man ist auf das eigene Fahrzeug oder ein Mountainbike angewiesen. Linienbusse verkehren nur zu den Schulzeiten und binden die kleinen Dörfer am Montegargnano mit Gargnano an.

San Valentino: So vor oder nach dem Valentinstag am 14. Febr. Alle Bewohner des Monte Gargnano und diejenigen, die von hier stammen, pilgern zur Einsiedelei von San Valentino zum Gottesdienst; die meisten verbinden damit einen Ganztagesausflug mit Picknick.

Johannestag/Festa del Borgo: Wochenende vor oder nach dem 24. Juni in Musaga. Das Dorf feiert mit viel Aufwand (*spiedo* u. a. Spezialitäten, Tanz, Konzert und Tombola) und unter Einsatz fast aller 70 Bewohner das Patronatsfest für Johannes d. Täufer; aus den Einnahmen wird die kleine gleichnamige Dorfkirche restauriert.

Auch **andere Dörfer** am Monte Gargnano begehen ihre Patronats- bzw. Sommerfeste, z. B. **Costa,** wo u. a. *trippa* (Kutteln) als Spezialität serviert werden: Rivivi Costa (Anfang/Mitte Aug).

Die Hochebenen von Tignale und Tremósine

Noch im Gemeindegebiet von Gargnano beginnen die unzähligen Tunnels und Galerien der nördlichen Gardesana Occidentale, weil die Hochebenen von Tignale und Tremósine fast senkrecht in den Gardasee abfallen und südlich wie nördlich des San-Michele-Tales in 400 bis 560 m Höhe zwei riesige Almgebiete bilden.

Beschützt werden sie von den noch höher aufsteigenden Bergen der Trentiner Voralpen, die entlang der Regionalgrenze mit dem Trentino eine fast 2000 m hohe Gipfelkette bilden: dem Monte Campione (1977 m), dem Monte Lavino (1837 m) und dem Corno della Marogna (1954 m). Gemeinsam mit den Gemeindegebieten zwischen Salò und Limone sind sie unter der Bezeichnung **Parco Naturale dell'Alto Garda Bresciano** als Naturpark geschützt.

Tignale ▸ E/F 5

Schön sind die engen Bergstraßen, die sich in langen Serpentinen die steilen Hänge hinaufwinden. Zuerst auf die Hochebene von **Tignale** (Sammelbegriff für mehrere kleine Ortschaften). Etwa 1300 Menschen leben fest im gepflegten und doch durch Mischarchitektur mit Neubauten gesichtslosen Tignale auf 560 m Höhe. Die meisten Ortschaften sind inzwischen nicht mehr von der Landwirtschaft abhängig, sondern vom Tourismus.

Einige der Dorfhäuser im Hauptort **Gardola** haben schöne Steinportale und querovale Dachgeschossfenster (17.–19. Jh.), die Gassen sind neu gepflastert. Man kann von hier zu den Ortsteilen **Olzano** und **Aèr** gelangen.

Centro Visitatori Parco Alto Garda Bresciano ▶ E 5

25080 Tignale (BS), Frazione Prabione, Mitte März–Anf. Dez. Sa–Do 10–17 Uhr, Erw. 5 €

Im Ortsteil **Prabione** wurde das sehenswerte Besucherzentrum des Naturparks eingerichtet, das eine Führung durch Flora und Fauna des Parks sowie zur Entstehung des Gebietes bietet.

Der Wald, lernt man hier u. a., ist nicht nur für die Holzwirtschaft von besonderer Bedeutung, sondern vor allem wichtig für die Umwelt und auch für den großstadtgestressten Menschen, der hier Ruhe und Raum für eigene Entdeckungen finden kann. Für Einheimische wie für Touristen interessantes Informationszentrum, das außerdem eine gut ausgestattete Bibliothek besitzt sowie diverse Veranstaltungen anbietet.

Madonna di Montecastello ! ▶ E 5

Via Chiesa, 25080 Tignale (BS), Tel. 036 57 30 19, Ostern–Ende Okt. meist 9–18 Uhr

Ein zumindest lokal gesehen bedeutendes Ausflugsziel ist Tignale durch die Wallfahrtskirche Madonna di Montecastello. Sie thront anstelle einer Skaligerfestung auf einem steilen Felsen in 779 m Höhe und ist, bei einem Gefälle von 25 %, nur mühsam, aber schön über einen Pilger-(Treppen-)Weg oder eine enge Fahrstraße erreichbar. Der Parkplatz oben ist allerdings oft so voll, dass man das Auto nicht abstellen kann. Daher ist es besser, gemütlich zu Fuß hochzusteigen. Oben angekommen wird man mit einem herrlichen Ausblick bis weit in den Süden des Sees belohnt und kann sich an der kleinen Bar erfrischen.

Die Wallfahrtskirche entstand vom 13. bis 15. Jh. und wurde im 17. Jh. barockisiert, die Orgel 1644 eingeweiht. Die Casa Santa jedoch, eine Grottenkapelle, die hinter dem Hochaltar durch Glas abgeschirmt ist, soll bereits 802 für das wundertätige Marienbild aus dem Felsen geschlagen worden sein. Das Fresko der Maria mit Goldkrone von Palma il Giovane ist von vier Medaillons umgeben und wiederum in ein Fresko aus der Giotto-Schule integriert. Ein Votivbild vom lokalen Maler Andrea Bertanza rechts an der Langhauswand zeigt drastisch die Ermordung des Ganoven Zuan Zanone, der sein Unwesen am westlichen Ufer des Sees trieb und 1617 auf dem Bergplateau von Tignale durch die tapferen Dorfbewohner sein Ende fand.

Wanderung zum Monte Castello di Tignale

Karte s. S. 271, Wanderung: rot

Von der Wallfahrtskirche führt der **Wanderweg Nr. 266** in 20 Minuten zum Gipfelkreuz des **Monte Castello di Tignale,** wo man ein unglaublich schönes Panorama genießen kann. Folgt man weiter einem Maultierpfad, kommt man nach 5 Min. an eine Stelle, wo der weite Blick von Tórbole im Norden bis nach Desenzano im Süden reicht.

Mit dem Mountainbike zum Rifugio Cima Piemp

Karte s. S. 271, MTB-Tour: blau; Juni–Sept. jeden Do geführte MTB-Touren, Abfahrt beim Touristenbüro in Gardola um 8.30 Uhr, Anmeldung bis 17 Uhr des Vortages notwendig, vor Ort oder unter Tel. 036 57 35 54, Infos unter www.tignale.org, Teilnahmegebühr 5 € (kostenlos für Tignale-Gäste mit der Tignale Card, die auch für den MTB-Verleih weniger zahlen)

Eine landschaftlich vielseitige Tour führt mit dem Mountainbike zum

Gipfel des Piemp (1151 m). Von Tignale, wo man beim Centro Parco Altogarda Bresciano (mit Waldmuseum) auch Mountainbikes ausleihen kann, geht es auf einer schmalen Asphaltstraße bzw. über eine ausgeschilderte Schotterpiste zum **Rifugio Cima Piemp** (Tel./Fax 036 57 34 95). Die Schutzhütte haben die Gebirgsjäger errichtet, sie wird nur zeitweilig bewirtschaftet. Man sollte also vorsichtshalber Proviant und genug Trinkwasser dabeihaben. Der Blick von dort oben ist einfach überwältigend und lohnt den Weg hinauf auch zu Fuß, was natürlich länger dauert: Man überschaut die ganze Hochebene von Tignale und zumindest den nördlichen Gardasee. Sobald man in den Wald kommt, kann man seine Vielfalt bewundern: Hier gedeihen u. a. Kiefern, Hainbuchen und Buchen sowie Eschen und Edelkastanien, dichte Macchia aus duftendem, also dem echten Rosmarin und Lorbeer. Wer eine Rundfahrt unternehmen möchte, schlägt die Route über den **Passo d'Ere** zurück nach Tignale ein.

Campione del Garda

Zu Füßen der Hochebene von Tignale erstreckt sich auf einer 700 x 300 m großen Aufschüttung des gleichnamigen Wildbachs die Ortschaft Campione del Garda. Leider ist sie zu einem der größten Spekulationsobjekte am See geworden und wird sicher noch ein paar Jahre lang zu einem Jachthafen der Luxuskategorie mit dazugehörender Infrastruktur ausgebaut – zum Entsetzen der meisten seiner etwa 180 Einwohner und der Gäste, die hier früher ihren Camper-Urlaub verbrachten.

Man erreicht Campione am einfachsten mit dem Boot, die Straße

Wanderung zum Monte Castello und MTB-Tour zum Rifugio Cima Piemp

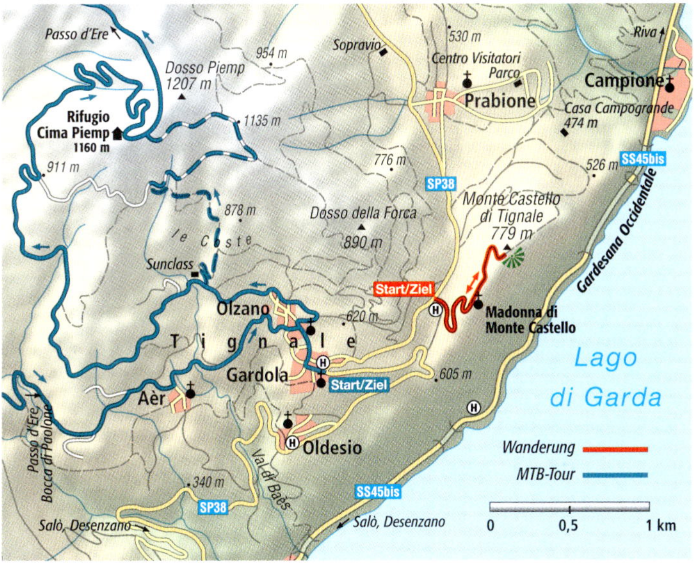

dahin führt von der Gardesana über ein Tunnelgewirr zwischen Limone und Gargnano. Den Hinweisschildern folgen und dabei das Gefühl unterdrücken, man fahre im Dunkeln im Kreis …

Übernachten

Sehr hübsch – **Castello:** Via Castello 16, Gardola, Tel./Fax 036 57 30 41, www.albergocastello.it, März–Anf. Nov., DZ/ÜF 63–86 €. Winziges Hotel in einem engen Steinhaus mitten im Dorf, von den zwei jungen Brüdern Fabrizio und Paolo geführt. 8 Zimmer und weitere 7 zur Vermietung über die Gasse. Restaurant mit preiswerter, fantasievoller Küche.

Ländlich – **Agriturismo Collini:** Via Leonardo da Vinci s/n, Gardola, Tel. 03 65 76 02 96, www.gardasee-agriturismo-collini.com, März–Sept., Apartment für 2–4 Personen pro Woche 290–665 €. 4 Ferienwohnungen in einem alten Heuschober und dessen Anbau, wobei von der Einrichtung bis zur Auswahl des benutzten Materials bis ins kleinste Detail auf eine ausgeglichene Verbindung zwischen bäuerlicher Tradition, Umweltschutz (Fotovoltaik- und Solaranlage) und modernem Komfort geachtet wurde.

Beim Schnapsbrenner – **Al Lambic:** Via San Zenone 1, Prabione, Tel. 036 57 34 02, www.agrilambic.it, April–Okt., Apartment für 2–6 Personen 48–110 € pro Tag, DZ/ÜF 64–74 €. Beim Besucherzentrum des Parks steht das Landgut mit Pferdehaltung und berühmter Schnapsbrennerei (s. Mein Tipp) in schöner Lage mit Blick auf das Dorfkirchlein. Noch ist nicht das ganze Anwesen der einst herrschaftlichen Landvilla mit freskierten Decken und wunderbar alten Böden ausgebaut. Bislang gibt es in der Villa selbst 4 bezaubernde Zimmer mit einem gemeinsamen Bad als B & B, aber im früheren, aus Naturstein errichteten Bauernhaus (ab dem 14. Jh.) daneben und 7 komfortable Ferienwohnungen

Mein Tipp

Relaxen beim Schnapsbrenner

Alessandro, Ex-Manager und Neffe der Besitzerin des **Lambic** (s. Übernachten), ist leidenschaftlicher Schnapsbrenner. Seine Brennerei besitzt eine Sondergenehmigung, denn er wendet nicht die übliche durchlaufende Methode an, sondern den *lambic* – daher auch der Name des Agriturismo. Gearbeitet wird mit einem großen kupfernen Destillierkolben, den man immer neu auffüllen muss, wenn der letzte Trester gebrannt ist. Eine wunderbare Prozedur in historischem Ambiente, bei der man Alessandro assistieren kann. Dafür bietet er jeweils Ende Okt./Anfang Nov. eine wunderbar unterhaltsame und gleichzeitig entspannende Woche an mit Einkehr in seinem eigenen, sehr gemütlichen Lokal, sowie bei befreundeten Wirten. Inbegriffen: Frühstück und ein halber Tag Schnapsbrennen mit Alessandro, am selben Tag Abendessen mit lokalen Spezialitäten; eine Stunde Reitunterricht (für Anfänger) oder Ausritt. Für Wandervögel gibt es gutes Informations- und Kartenmaterial. Pro Person 260–330 € bei Übernachtung im entsprechenden Apartment.

Die Hochebenen von Tignale und Tremósine sind Mountainbiker-Paradiese

(Himmelbetten!) mit schönem Innenhof, Whirlpool (Dusche im früheren Futtersilo). Reitunterricht.

Essen & Trinken

Angenehm – **Al Torchio:** Via Europa 1, Gardola, Tel. 036 76 02 96, Küche während der Saison tgl. geöffnet, sonst Mi–Mo, Nov.–März in manchen Jahren geschl., Menü ab 12 €, Pizza ab 3 €, *bruschette* ab 4,70–7 €. Preiswertes, freundliches, im Sommer sehr gut besuchtes Lokal mit einer Art Wintergarten. Deftige lokale Küche, Pizzeria und Barbetrieb mit Snacks. Glutenfreie Kost!

Sehr günstig – **Liliana:** Via Bezzecca 6, Prabione, Tel. 03 65 76 02 97, tgl. 5–24 Uhr. *Die* Dorfkneipe (Bar, Café und Trattoria in einem) überhaupt! Als erste Gäste kommen während der Saison die Jäger, dann alle, die zum Wachwerden einen caffè brauchen. Nicht immer gibt es etwas zu essen, aber wenn, dann aus frischen Zutaten. Man kann sich im gemütlichen Trattoriaraum mit Kamin oder gegenüber an der Straße auch nur zu einem Drink niederlassen.

Abends & Nachts

Urig – **Al Lambic:** Prabione, im Anwesen der Herrenvilla von Al Lambic (s. Übernachten), Tel. 036 57 34 02, Ostern–Okt. Di–So 18.30–24 Uhr, So auch mittags, im Winter arbeitet die Schnapsbrennerei in den Räumen. Trattoria in Gewölberäumen mit eigener Herstellung von Käse, Wurst, Schinken, Speck und Schnaps (!); Gardasee-Weine. Ein nettes, uriges Plätzchen für den Abend!

Aktiv

In der Saison zahlreiche geführte Wanderungen und Mountainbiketouren in der Umgebung, teils mit Einkehr.

Wandern – **Geführte Wanderungen:** Überall findet man meist ▷ S. 276

Auf Entdeckungstour:
So ein Käse! – Ausflug zur Alpe del Garda

Die Hochebene von Tremósine ist bekannt für ihren leckeren Käse Formagella di Tremósine, der nach recht kurzer Reifezeit verzehrt wird. In der Käserei kann man auch einkaufen und im Agriturismo nebenan schön einkehren.

Reisekarte: ▶ E/F 4

Adresse: Cooperativa Alpe del Garda, Via Provinciale 1, Polzone, Tel. 03 65 95 30 50, www.alpedelgarda.it

Öffnungszeiten: 25. Juni–10. Sept. tgl. 9–19, sonst Do–Di 9–12, 15–18, So 10–16 Uhr; Agriturismo: Ostern–ca. Mitte Okt. Do–Di 12–14, 19–21 Uhr

Das tief eingeschnittene Tal des Wildbachs San Michele trennt die Hochebenen von Tignale und Tremósine. Während der untere Talbereich steil zum See hin abfällt und einige Kondition erfordert, gleicht die Wanderung im oberen Teil fast schon einem gemütlichen Spaziergang. Genau richtig für italienische Familien, die sich hier gerne den Hunger holen, bevor sie im käsereieigenen *Agriturismo* einkehren – echte Wanderfreaks oder Mountainbiker finden hier ein schier endloses Revier, bis hinauf zu den Gipfeln des Tremalzo-Massivs mit seinen zahlreichen Almbetrieben und Schutzhütten.

Spaziergang

Weglänge 4 km, Dauer ca. 1 Std.; Walker brauchen 45 Min.

Machen wir es vorerst den Italienern nach und stellen den Wagen an der **Alpe del Garda** ab, gehen bis zur Kreuzung der Via della Libertà mit der Provinzialstraße SP38 nach Tignale und auf der *Bergseite (!)* in die **Via San Michele** ab (gegenüber ginge es abwärts nach Campione). Wir folgen nun dem wirklich einfachen, für Nordic Walking ausgeschilderten **Weg Nummer 1,** der, erst entlang dem Wildbach in der Valle di Bondo, auf einer Rundtour wieder zum Ausgangspunkt zurückführt.

Käserei und Käsesorten

Jetzt aber in die Alpe del Garda. Sie ist die größte Käserei am Gardasee und ihre Formagella di Tremósine, weich und frisch im Geschmack und als rund 1-kg-Laib auch als Mitbringsel geeignet, ist auf allen Märkten zu finden. Böse Zungen behaupten zwar, es gäbe auf der Hochebene gar nicht genügend Kühe, um so viel Käse zu produzieren – aber wenn der Geschmack stimmt ... Außer der Formagella werden hier auch noch andere Käsesorten hergestellt; und Feinschmecker finden u. a. kleine Käseformen mit Tremósine-Trüffel, in Olivenöl eingelegten Käse, handgemachte *tortei* (Teigtaschen) mit Käsefüllung u. v. m.

Fast alle Käsesorten der Alpe di Garda werden aus Kuhmilch hergestellt, und zwar aus halbfetter (also muss man nicht um die Figur fürchten ...). Die *Formagella Tremósine* ist bereits nach 30 Tagen reif für den Verzehr und dann noch besonders locker und zart im Geschmack; sie hat einen leichten Duft nach Bergkräutern. Der *Garda Tremósine Stagionato* ist, wie sein Name sagt, gereift und wird erst nach mindestens sechs Monaten verkauft. Er eignet sich auch zum Reiben (ähnlich wie Parmesan, der am See geradezu verpönt ist). Dann gibt es noch *Formaggio di Capra,* Ziegenkäse in kleinen Formen, frisch zu verspeisen, Frischkäse mit Trüffel von der Hochebene *(Formaggio con Tartufo).* Übrigens werden alle Käsesorten nur mit natürlichen Mitteln wie Milchfermenten, Lab und Salz hergestellt; und Trüffel ist nur eine kostbare Beigabe zur Geschmacksverfeinerung.

Einkaufen und Genießen

Der supermarktähnliche Laden der Cooperativa Alpe del Garda ist die reinste Verführung, auf der Veranda davor kann man sich an langen blanken Holztischen niederlassen, die eigenen Einkäufe auspacken und verzehren. Oder sich im Agriturismo gegenüber mit seinem großen Wintergarten von ein paar anderen kulinarischen Genüssen verwöhnen lassen. Die Pasta ist hausgemacht, die Polenta mit Käse ganz köstlich, ebenso das gegrillte Fleisch oder der Apfelstrudel; alles um die 5–10 €. Den Platz sollte man sich an Sonn- und Feiertagen lieber vor der Wanderung reservieren lassen.

ausgeschilderte Wanderwege, teils durch dichte Mischwälder mit herrlichen uralten Kastanien, immer wieder mit tollen Aussichten auf den See. Ob kurze oder lange Wanderungen je nach Kondition und Zeit, alles ist möglich. Im Sommer gibt es mehrmals wöchentlich kostenlos geführte Wanderungen (organisiert von der Touristeninformation, s. u.).

Durch dichten Wald – **Geländewagen- oder Biketouren:** Ab Olzano kann man per Geländewagen (15,3 km) oder Mountainbike (12,8 km) zum großen Teil durch dichten Wald nach Costa di Gargnano fahren.

Reiten – **Al Lambic** (s. Übernachten): Als Mitglied der Vereinigung für touristischen Reitsport FITETREC bietet das Agriturismo in Prabione Reitunterricht und Ausritte im Naturpark unter sachkundiger Begleitung einer Deutschen aus Sasso di Gargnano. Kinder ab 6 Jahren können auch kurze Runden (15 Min.) zum Ausprobieren drehen.

Wassersport – **Surfer** treffen sich mit Vorliebe an der Schaulimonaia oder am kleinen Hafen von Prà della Fam unten beim Porto di Tignale.

Infos & Termine

Ufficio Unico del Turismo: Via Europa 5, 25080 Gardola di Tignale (BS), Tel. 036 57 33 54, www.tignale.org (März–Nov.).

Busse: Die Verbindungen sind so schlecht, dass man auf ein eigenes Fahrzeug angewiesen ist.

Sagra del Tartufo: letztes Sept.- und Okt.-Wochenende in Gardola. Es dreht sich alles um Trüffel, die hier reichlich gefunden werden.

Festa del Marù: 8. Dez. in Prabione. Maronenfest mit feierlichem Gottesdienst und kulinarischen Ständen rund um die leckeren Esskastanien.

Tremósine ▸ E/F 4

Von Tignale führt eine mehr als 12 km lange, kurvenreiche aber gut befahrbare Bergstraße mit einem Gefälle von 12 % bis zum Hochtal von Tremósine, das aus 17 kleinen Ortsteilen mit insgesamt etwa 2150 Einwohnern besteht (man kann es von Limone aus auch direkt erreichen). Ein wunderschöner Weg verläuft parallel zum Bach über Sermério und Pregasio, um dann ganz oben in Pregasio die Orte Arias und Pieve anzusteuern.

Größte Sehenswürdigkeit Tremósines sind die schönen Ausblicke auf den See und auf das gegenüberliegende Ufer mit dem stolzen Monte Baldo, dann aber die atemberaubenden Blicke in die Tiefe direkt zu Füßen der Hochebene: Irgendwie hat man immer das Gefühl, falsch zu schauen oder auf dem Kopf zu stehen angesichts der steil abfallenden Felswände, an denen sich höchstens ein paar Blumen und Sträucher festhalten können.

Pieve

Die schönsten Ausblicke genießt man vom Hauptort Pieve, etwa 460 m über dem Gardasee gelegen, einem wunderbaren Ort sowohl für einen Ausflug als auch für einen längeren Aufenthalt. Der historische Kern ist den Fußgängern vorbehalten, ringsum befinden sich Hotels, Tennisplätze, Geschäfte, eine Bank sowie ein großer Parkplatz. Die meisten Häuser des Dorfes stammen aus dem 18. Jh. und sind liebevoll restauriert, viele von ihnen mit Panoramablick auf den See, den Monte Baldo und Malcésine, das ganz nahe gerückt scheint.

Ein Stück südlich des Ortes steht etwas erhöht die kleine Pfarrkirche **San Giovanni Battista** (Piazza San Giovanni Battista 2, ursprünglich romanisch) aus dem 15. Jh., ebenfalls mit Panoramaterrasse. Die einschiffige Kirche mit je drei tiefen Kapellen wurde 1712 blumenreich barockisiert, mit auffällig gedrehten Säulen am Hauptaltar und schönen Schnitzereien am Chorgestühl. Auch die Orgel zeigt ein hübsch gearbeitetes Gehäuse und die Sakristei (nicht immer zugänglich) Intarsienarbeiten.

Das **Hotel Miralago** (s. u.) mitten im Zentrum verdient seinen Namen ›Seeblick‹ – auf seiner Café-Restaurant-Terrasse eine Pause einzulegen, ist sicher eine gute Idee. Oder ein Stück in die enge Via Castello hineinzuschlendern, deren Ende nach etwa 30 m eine weitere über dem Abgrund schwebende Miniterrasse markiert.

Schluchtenfahrt zum See

Am spannendsten ist die Fahrt von Pieve di Tremósine durch die Brasa-Schlucht an den See. Man durchfährt dabei eine so enge Klamm, dass man meint, sich ducken zu müssen. Die Strecke ist nur etwas für erfahrene Autofahrer, die keine Angst bei Gegenverkehr haben. Man fährt an Wasserfällen vorbei, oder das Wasser zischt über eine Brücke, die wie eine romantische Ruine aussieht, über der Straße in die Tiefe. Auch eine kleine Kapelle in einer natürlichen Felsgrotte kann man entdecken und unglaublich tiefes Grün – wahrlich eine Märchenlandschaft. Zwei Restaurants bieten Ruhe- und Genusspausen auf der Strecke, die gerade im Hochsommer bei größter Hitze ein kühles Erlebnis ist.

Übernachten

Frühstück bis 12 – **Villa Selene:** Pregasio 1, Pregrasio, Tel. 03 65 95 30 36, www.hotelvillaselene.com. Ostern–Okt. DZ/ÜF (auf Wunsch bis 12 Uhr) 105–115 €, Suite 147–155 €. Zauberhaftes kleines, familiär geführtes Hotel in herrlicher Ortsrandlage mit Monte-Baldo- und Seeblick. 11 individuell ausgestattete Zimmer mit schönen Bädern (Whirlpool), großer Garten in Hanglage; Parkplätze. Nicht für Familienferien geeignet.

Schönster Blick – **Miralago:** Piazza Cozzaglio 2, Pieve, Tel. 03 65 95 30 01, www.miralago.it, Mitte März–Anf. Nov., DZ/ÜF 78–130 €. Familiäres, recht verwinkeltes Hotel (ohne Aufzug) in herrlicher Panoramalage auf einem Felsvorsprung mitten im Hauptort mit 40 hellen Zimmern (zusammen mit den Zimmern in drei weiteren benachbarten Gebäuden) und gutem Terrassenrestaurant (im Sommer tgl., sonst Fr–Mi, Menü ab 16 €). In der Nähe befindet sich ein Sport- und Unterhaltungszentrum mit Tennis, Pool und Sauna.

Essen & Trinken

Riesenportionen – **La Rocchetta:** Via Rocchetta 20, Sompriezzo di Tremósine, Tel. 03 65 95 32 50, www.ristorantelarocchetta.it, Mi–Mo. Gemütliches Steinhaus mit offenem Dachstuhl; große Panoramafenster. Sehr freundlicher, familiärer Service. Hausgemachte Pasta wie Spinat-Tortelli (ca. 7 €), Fleisch oder Fisch aus Pfanne oder vom Grill (8–17 €), Beilagen: gegrilltes Gemüse (4 €), reichlich Käse aus Tremósine, Holzofenpizza (3–8,50 €). Preiswerte Kinderportionen!

Über dem Wildbach – **La Brasa:** Via Benaco 22, in der Klamm (Valle Brasa) zwischen Pieve und dem See, Tel. 03 65 91 81 19, www.brasa.it, Di–So, 6. Jan.–Ende Febr. geschl., Menü ab 20 €. Ambitionierte Trattoria in mehreren Gebäudeteilen einer früheren Hammerschmiede Rustikale Terrasse über dem Wildbach, Raucherzelt im Garten. Hausmannskost vom Grill (Seefisch wie Forelle und Bachsaibling oder Fleisch), mehrere Salate, preis-

Am Abgrund – spektakuläres Terrassen-Restaurant in Pieve

werte Pastagerichte (5–9 €). Abends auch Pizza (4,60–7,60 €).

Einkaufen

Käse und mehr – **Cooperativa Alpe del Garda:** s. Entdeckungstour S. 274

Aktiv

Wandern – **Associazione Culturale La Löm:** Anmeldung für geführte Wanderungen, Tel. 03 65 95 31 85, www.associazionelalom.it. Riesiges Wandergebiet; in fast jedem Hotel werden Touren angeboten.

Nordic Walking – Tremósine bezeichnet sich als der ›erste Nordic-Walking-Park‹ und hat bereits 5 Wege von 4 bis 10 km Länge ausgeschildert – von flach bis leicht ansteigend und abfallend; s. auch www.cult-walking.it.

Klettern – **Skyclimber:** Via Dalco 3, Tel. 03 65 29 32 37, www.skyclimber.it.

Canyoning – s. Skyclimber und Hotel Panorama, www.panoramagarda.com. feeling.de.

Reiten, Biken, Klettern – **Hotel Residence Campi:** Via Larici 15, Voltino di Tremósine, Tel. 03 65 91 72 56, www.residencecampi.com. Geführte Touren und Bike-Verleih.

Wassersport – **Tender Campione:** Via Verdi 9, Campione, Tel. 03 65 91 69 00, www.tendersurf.it; **Vela Club Campione:** Tel. 03 65 91 69 08, www.vccampione.org. Vor allem Kiter lieben Campione und dürften sich eine Weile umstellen müssen, solange hier gebaut wird. Bei Tender Verleih von Kites, Surfgerät und Kajaks; auch Kurse werden angeboten.

Infos & Termine

Pro Loco: Piazza Marconi, 25010 Pieve di Tremósine (BS), Tel. 03 65 95 31 85, www.infotremosine.it.

Busse: Die Hochebene ist nicht sonderlich gut angebunden, vor allem nicht im Hinterland. Im Sommer Busverbindung Campione–Hochebene.
Boote: Campione wird im Sommerhalbjahr regelmäßig von den Linienbooten der Navigarda angefahren.
La Cinquemiglia del Ghiottone: Anfang Juni in Pieve. Kulinarische Wanderung von Lokal zu Lokal.
Tipico: Juni–Sept. jeden Mi Präsentation von Kunsthandwerk und kulinarischen Spezialitäten.
Dolce Serata: Mitte Aug. in Sermerio. Süßigkeiten wohin man schaut.
Vita nei Borghi 1. oder 2. Sa im Sept. Stände in den Gassen von Pieve.
Il Gusto con gusto: Sept. und Okt. im gesamten Gemeindegebiet. Gastronomische Wochen in mehreren Restaurants, die an festgelegten Tagen spezielle Feinschmeckermenüs zum Festpreis anbieten (z. B. Seefisch, Käse, *spiedo,* im Herbst natürlich Wild und Trüffel).

Limone sul Garda !

▶ F 3

Für viele ist Limone der schönste Ort am Gardasee – allenfalls noch der zweitschönste nach Sirmione. Seinen Ruhm verdankt er seiner zauberhaften Lage, dem reizvollen alten Hafen (s. Abb. S. 74), dem milden Klima und den *limonaie,* die man fälschlicherweise für die Namensgeberinnen hält: Limone kommt aber vom lateinischen *limes* und bedeutet Grenze. Heute ist Limone mit seinen knapp 1200 festen Einwohnern zum Opfer seiner Fans geworden, die es im Frühjahr überfallartig einnehmen. So bleibt es bis zum Herbst: volle Gassen, kitschige Souvenirläden, Nepppreise in manchen Cafés und Restaurants. Und mit wenigen Ausnahmen Hotelkästen der Neuzeit, die ohne Rücksicht auf die alte Bausubstanz mitten in die historischen Zitronengärten gesetzt wurden.

Mit der neuen Fährschiff-Anlegestelle am südlichen Ortsrand, dem **Porto Nuovo** vor dem beliebten und schön ausgebauten Kiesstrand hat Limone touristisch noch an Bedeutung gewonnen. Gleichzeitig wurden Parkplatz, Hafen und der ganze **Lungolago Marconi** mit seinen diversen Bootsanlegestellen bis zur Polizeiwache mit einer verbreiteten Promenade angebunden – noch mehr Platz für Menschenmassen. Menschenmassen, die sich dann weiter durch die engen, mit Steinen gepflasterten Gassen zum **Porto Vecchio** schieben, der allein schon durch seine Winzigkeit und die hübschen umgebenden Häuser noch immer romantisch wirkt. Vom alten Hafen durchzieht eine schmale Hauptgasse Limone weiter Richtung Norden.

Danach führt die enge Dorfgasse auf **San Rocco** (Via Porto, 14. Jh.) zu, das leicht erhöht steht und über ein paar Stufen erreichbar ist. Von Juni bis August finden Führungen durch das Kirchlein statt, aber auch sonst kann man durch die meist offenen, vergitterten Fenster einen Blick auf die Chorfresken aus der Renaissance werfen, die Scheinarchitektur um die Lebensbilder des hl. Rochus zeigen. Hübsch ist der Blick von der kleinen Terrasse vor der Kirche nach Süden auf den Ortskern um den alten Hafen, auf die erhöht stehende Pfarrkirche und auf die Anlegestelle.

Limonaia del Castèl

Via Castello, April–Okt. tgl. 10–18 oder 22 Uhr, sonst auf Anfrage, Tel. 03 65 95 40 08, Erw. 2 €
Auf der Bergseite beginnen niedrigere Bogengänge *(sottoportici)* mit Geschäften und Restaurants sowie ei-

nigen Hotels. Ganz oben, wohin steile Gassen und Treppengassen führen, wirkt Limone noch ursprünglich. Direkt unter einem Felsvorsprung wurde eine der Gemeinde geschenkte und liebevoll restaurierte *limonaia* der Öffentlichkeit zugänglich gemacht (Hinweise von der Hauptgasse dorthin beachten), neu bepflanzt mit Zitronen und Zitronatzitronen, Grapefruits, Bitterorangen, Mandarinen, Clementinen und Kumquats (s. auch S. 58).

Übernachten

Schöne Seelage – **Le Palme:** Via del Porto 36, Tel. 03 65 95 46 81, www.sunhotels.it. Ostern–Sept. DZ/ÜF 82–154 €. Umgebaute Villa im venezianischen Stil (17. Jh.) am See mit riesiger Terrasse, eigenem Strandabschnitt, Pool im nahen Garten hinter einer Mauer. Pianobar, privater Parkplatz beim Hotel Splendid (Shuttlebus). 28 mit Stilmöbeln eingerichtete Zimmer. Terrassenrestaurant.

Am alten Hafen – **Monte Baldo:** Via Porto 29, Tel./Fax 03 65 95 40 21, www.montebaldolimone.it, soll ganzjährig geöffnet bleiben, sicher März–Nov., DZ/ÜF 78–146 €, nach 4 Tagen romantisches Abendessen und Bootstour am Abend inkl.; 8 Nächte zum Preis von 7; Hausgäste erhalten im Restaurant 10 % Nachlass. Schönes kleines, renoviertes Hotel in einem schmalen Haus am alten Hafen mit einladendem Weinlokal im Erdgeschoss; Restaurant im 1. OG. 12 nette Zimmer, 8 mit Balkon zum Hafen bzw. zum See.

Familiär am See – **Sole:** Lungolago Marconi 36, Tel. 03 65 95 40 55, www.hotelsolelimone.com, Ostern–Okt., DZ/ÜF 76–114 € (Parken im nahen Parkhaus inkl.). Freundliches, familiär geführtes älteres Hotel Garni an der Seepromenade mit neuerem Anbau, 38 Zimmer z. T. mit Balkon oder Terrasse bzw. Seeblick. Kein Salon, dafür einladende Bar und Caféterrasse.

Im Olivenhain – **Coste:** Via Tamas 11, Tel. 03 65 95 40 42, www.hotelcoste.com, April–Okt., DZ/ÜF 74–106 €. Freundliches Hotel mit Anbau, insgesamt 26 Zimmern und Pool in einem Olivengarten in schöner Lage auf der Bergseite.

Sportlich campen – **Garda:** Via IV Novembre 10, Tel. 03 65 95 45 50, www.hghotels.com, April–Okt., Stellplatz 16–18 €, pro Person 8–10 €. Großer Campingplatz mit Chalets auf terrassierten Wiesen zwischen Hauptstraße und See nahe kommunalem Sportzentrum. Pool, Plantschbecken, eigener Strandabschnitt.

Essen & Trinken

Limone bietet eine Vielzahl von **Cafés** und **Terrassenrestaurants** vor den Hotels, in denen man fast den ganzen Tag ausführlich speisen oder nur eine Kleinigkeit essen kann. Keine besonderen kulinarischen Highlights. Zu empfehlen sind auf der Bergseite etwa das Hotelrestaurant des **Imperial,** am See das des **Monte Baldo** (s. Übernachten).

Schnell und gut – **Al Molo:** Via Porto 11, Tel. 03 65 95 46 72. Während der Saison von früh bis spät geöffnete Snackbar. Leckere Sandwiches, Pizzastücke u. a. Kleinigkeiten in netter Atmosphäre, mit ein paar Tischen am alten Hafen, für den schnellen Hunger.

Einkaufen

In Limone kann man in der Fußgängerzone der kleinen Altstadt und an der Uferpromenade **Souvenirs** aller Art (nicht unbedingt Authentisches) erstehen und recht hübschen **Schmuck** und junge **Mode** finden.

Anziehungspunkt – **Wochenmarkt:** 1. und 3. Di des Monats.

Aktiv

Baden – Am ausgebauten **Kiesstrand** mit seinen hübschen kleinen Buchten im Süden (mit Pedalo-Verleih), auch **vor den Campingplätzen** aus kann man gut baden; im Norden an ein paar sehr kleinen Abschnitten vor den Hotels.

Surfen – **Geri Surf Center:** Capo Reamol, Tel. 03 65 95 40 40; **Surfing Lino:** Foce San Giovanni, Tel. 04 64 55 65 02, mobil 33 84 09 74 90 oder 33 35 76 51 48, www.surfinglino.com. Auch Schnupperkurse für 3 Tage und Catamaran-Verleih – für Erwachsene und Kinder ab 9 Jahren.

Segeln – **Circolo Vela Limone:** Tel. 03 65 91 40 45 (Hauptsitz in Tórbole, Lungolago Verona 6), Juni–Sept. Segelkurse für Anfänger und Fortgeschrittene.

Motorbootverleih – **BoatJet:** am neuen Hafen, mobil 33 85 90 97 00, www.yougodo.com. Seit 1965; auch ohne Bootsführerschein.

Wandern – Organisierte bzw. kostenlos über das **Verkehrsamt** oder die **Riviera dei Limoni** geführte Wanderungen meist von Juni–Sept. Unterschiedliche Strecken: Di 9–12 Uhr »Auf dem Sonnenpfad«, Do 9–12 Uhr Spaziergänge durch Olivenhaine (beide einfach) und So 8–17 Uhr zur Berghütte Bonaventura Segala (schwer).

Mountainbike – Von Limone aus bieten sich viele Tourenmöglichkeiten an, am bekanntesten ist die Strecke zum **Monte Tremalzo** mit einer berühmten Abfahrt zurück auf der früheren Militärstraße (Strecke wichtiger Wettkämpfe wie der Bike X-treme, s. u.).

Infos & Termine

Consorzio Turistico Limone: Via IV Novembre 25, 25010 Limone sul Garda (BS), Tel. 03 65 95 40 08, www.limonehotels.com; Comune di Limone sul Garda: www.visitlimonesulgarda.com.

Boote und Fähren: Limone ist sowohl Anlegestelle für die Fährschiffe nach Riva und Malcésine als auch der Schnell- und der normalen Boote der Navigarda für den reinen Personentransport; der Ort wird während der Saison häufig angefahren; auch Bootstaxi.

Busse: Linienbusverbindungen bestehen sowohl mit Riva und Arco (bzw. weiter nach Tórbole, Rovereto und Trento) als auch nach Süden bis Salò und nach Desenzano bzw. Brescia.

Parken: Limones historischer Kern am See ist Fußgängerzone. Ein großes Parkhaus gibt es auf der Bergseite und eines am See beim neuen Hafen.

Taxi: Es gibt mehrere Anbieter für Ausflüge und vor allem für den Transfer zu den Flughäfen oder Bahnhöfen, die nicht gerade in der Nähe Limones liegen. Es werden auch Sammelfahrten unternommen, um die Kosten etwas abzufedern; auch über die Hotels zu organisieren (s. auch www.limonetransfer.com).

Serata Suoni e Sapori Antichi Nell'Uliveto: Normalerweise am letzten Julisonntag bietet Limone seinen Gästen ein reichhaltiges Unterhaltungsprogramm: Man spaziert durch den historischen Kern und entlang der Seepromenade, hört den Musikgruppen zu und genießt dabei typische Gerichte zum Wein. Für ein Sammelticket bekommt man eine Jutetasche sowie Porzellanteller, Kelchglas und Gabel (um sich damit überall durchzuprobieren).

Festa del Pesciolino: Juli. Fest des kleinen Fisches mit Freifisch für alle und großem Feuerwerk.

Beach Party: Aug. Mit großem Feuerwerk.

Bike X-treme: Okt. Internationales Mountainbike-Rennen (es ist das wichtigste am Gardasee).

Sprachführer

Ausspracheregeln

In der Regel wird Italienisch so ausgesprochen wie geschrieben. Treffen zwei **Vokale** aufeinander, so werden beide einzeln gesprochen (z. B. E-uropa). Die **Betonung** liegt bei den meisten Wörtern auf der vorletzten Silbe. Liegt sie woanders, ist die Verwendung eines Akzents möglich (z. B. città, mèdico).

Konsonanten

c	vor a, o, u wie k, z. B. conto; vor e, i wie tsch, z. B. cinque
ch	wie k, z. B. chiuso
ci	vor a, o, u wie tsch, z. B. doccia
g	vor e, i wie dsch, z. B. Germania
gi	vor a, o, u wie dsch, z. B. spiaggia
gl	wie ll in Brillant, z. B. taglia
gn	wie gn in Kognak, z. B. bagno
h	wird nicht gesprochen
s	teils stimmhaft wie in Saal, z. B. museo; teils stimmlos wie in Haus, z. B. sinistra
sc	vor a, o, u wie sk, z. B. scusi; vor e, i wie sch, z. B. scelta
sch	wie sk, z. B. schiena
sci	vor a, o, u wie sch, z. B. scienza
v	wie w, z. B. venerdi
z	teils wie ds, z. B. zero; teils wie ts, z. B. zitto

Allgemeines

guten Morgen/Tag	buon giorno
guten Abend	buona sera
gute Nacht	buona notte
auf Wiedersehen	arrivederci
Entschuldigung	scusa
hallo/grüß dich	ciao
bitte	prego/per favore
danke	grazie
ja/nein	si/no
Wie bitte?	Come dice?

Unterwegs

Haltestelle	fermata
Bus/Auto	autobus/màcchina
Fahrkarte	biglietto
Ausfahrt/-gang	uscita
Tankstelle	stazione di servizio
rechts/links	a destra/a sinistra
geradeaus	diritto
Auskunft	informazione
Telefon	telèfono
Postamt	posta
Briefmarken	francobolli
Bahnhof/Flughafen	stazione/aeroporto
Stadtplan	pianta della città
alle Richtungen	tutte le direzioni
Einbahnstraße	senso ùnico
Eingang	entrata
geöffnet	aperto/-a
geschlossen	chiuso/-a
Kirche/Museum	chiesa/museo
Strand	spiaggia
Brücke	ponte
Platz	piazza/posto

Zeit

Stunde/Tag	ora/giorno
Woche/Monat	settimana/mese
Jahr	anno
heute/gestern	oggi/ieri
morgen	domani
morgens/abends	di mattina/di sera
mittags	a mezzogiorno
früh/spät	presto/tardi
Montag	lunedì
Dienstag	martedì
Mittwoch	mercoledì
Donnerstag	giovedì
Freitag	venerdì
Samstag	sàbato
Sonntag	doménica

Notfall

Hilfe!	Soccorso!/Aiuto!
Polizei	polizìa
Arzt/Zahnarzt	mèdico/ dentista
Apotheke	farmacìa
Krankenhaus	ospedale
Unfall	incidente

Schmerzen	dolori	teuer	caro/-a
Panne	guasto	billig	a buon mercato
		Größe	taglia
		bezahlen	pagare

Übernachten

Hotel	albergo
Pension	pensione
Einzelzimmer	camera singola
Doppelzimmer	camera doppia
mit/ohne Bad	con/senza bagno
Toilette	bagno, gabinetto
Dusche	doccia
mit Frühstück	con prima colazione
Halbpension	mezza pensione
Gepäck	bagagli
Rechnung	conto

Einkaufen

Geschäft/Markt	negozio/mercato
Kreditkarte	carta di crédito
Geld	soldi
Geldautomat	bancomat
Lebensmittel	alimentari

Zahlen

1	uno	17	diciasette
2	due	18	diciotto
3	tre	19	diciannove
4	quattro	20	venti
5	cinque	21	ventuno
6	sei	30	trenta
7	sette	40	quaranta
8	otto	50	cinquanta
9	nove	60	sessanta
10	dieci	70	settanta
11	ùndici	80	ottanta
12	dòdici	90	novanta
13	trédici	100	cento
14	quattò rdici	150	centocinquanta
15	quìndici	200	duecento
16	sédici	1000	mille

Die wichtigsten Sätze

Allgemeines

Sprechen Sie … Deutsch/Englisch?	Parla … tedesco/inglese?
Ich verstehe nicht.	Non capisco.
Ich spreche kein Italienisch.	Non parlo italiano.
Ich heiße …	Mi chiamo …
Wie heißt Du/ heißen Sie?	Come ti chiami/ si chiama?
Wie geht es Dir/Ihnen?	Come stai/sta?
Danke, gut.	Grazie, bene.
Wie viel Uhr ist es?	Che ora è?

Unterwegs

Wie komme ich zu/nach …?	Come faccio ad arrivare a …?
Wo ist bitte …?	Scusi, dov'è …?
Könnten Sie mir bitte … zeigen?	Mi potrebbe indicare …, per favore?

Notfall

Können Sie mir bitte helfen?	Mi può aiutare, per favore?
Ich brauche einen Arzt.	Ho bisogno di un mèdico.
Hier tut es weh.	Mi fa male qui.

Übernachten

Haben Sie ein freies Zimmer?	C'è una càmera lìbera?
Wie viel kostet das Zimmer pro Nacht?	Quanto costa la càmera per notte?
Ich habe ein Zimmer bestellt.	Ho prenotato una càmera.

Einkaufen

Wie viel kostet …?	Quanto costa …?
Ich brauche …	Ho bisogno di …
Wann öffnet/ schließt …?	Quando apre/ chiude …?

Kulinarisches Lexikon

Zubereitung/Spezialitäten

affogato	gedünstet
alla griglia	gegrillt
amabile/dolce	süß
arrosto/-a	gebraten
arrostato/-a	geröstet
bollito/-a	gekocht
caldo/-a	warm
formaggio	Käse
freddo/-a	kalt
fritto/-a	gebacken
al forno	aus dem Backofen
gratinato/-a	überbacken
stufato/-a	geschmort
con/senza	mit/ohne

Vorspeisen und Suppen

alici	sauer eingelegte Sardinen
antipasti misti	gemischte Vorspeisen
antipasti del mare	Vorspeisenplatte mit Fisch/Meeresfrüchten
bruschetta	geröstetes Weißbrot mit Knoblauch und Öl
cannellini	weiße längliche Bohnen, ungewürzt
carciofi	Artischocken
cozze ripiene	gefüllte Muscheln
faggiolini bianchi	weiße Bohnen
insalata di polpo	Tintenfischsalat
melanzane alla griglia	gegrillte Auberginen
minestrone	Gemüsesuppe
pepperonata	gemischtes ge-sch-mortes Gemüse
prosciutto	Schinken
salame di cinghiale	Wildschweinsalami
vitello tonnato	Kalbbraten mit Thunfischpaste
zucchini alla griglia	gegrillte Zucchini
zuppa di pesce	Fischsuppe

Pasta und Co

cannelloni	gefüllte Nudelröhren
fettucine/tagliatelle	Bandnudeln
gnocchi	Kartoffelklößchen
lasagne	Nudelauflauf mit Hackfleisch, Tomaten, Bechamelsoße
paglia e fieno	gelbe und grüne Bandnudeln
pasta fresca (fatta in casa)	frische (hausgemachte) Pasta
pasta ripiena	gefüllte Pasta, meist mit Spinat und Ricotta
polenta	Maisbrei
risotto ai funghi	Pilzrisotto
risotto alla marinara	Risotto mit Meeresfrüchten

Fisch und Meeresfrüchte

anguilla	Aal
aragosta	Languste
coregone	Felchen
cozza	Miesmuschel
gamberetto	Garnele
gambero	Hummer
orata	Dorade/Goldbrasse
pesce persico	Barsch
salmone	Lachs
seppia	Tintenfisch
sogliola	Seezunge
trota	Forelle

Fleisch und Geflügel

agnello	Lamm
anatra	Ente
arrosto	Braten
brasato	Rinderschmorbraten
capra	Ziege
carne	Fleisch
cinghiale	Wildschwein
coniglio	Kaninchen
coscia/cosciotto	Keule
faraona	Perlhuhn
lepre	Hase
maiale/porco	Schwein
manzo	Rind
oca	Gans
pernice	Rebhuhn

pollo	Hähnchen
quaglia	Wachtel
salumi	Wurstwaren
spezzatino	Gulasch
tacchino	Pute
vitello	Kalb

Gemüse und Beilagen

bietola	Mangold
carota	Mohrrübe
cavolfiore	Blumenkohl
cavolo	Kohl
cipolla	Zwiebel
faggioli/fave	Bohnen
finocchio	Fenchel
fungo porcino	Steinpilz
insalata mista	gemischter Salat
melanzana	Aubergine
pane	Brot
patata	Kartoffel
pisello	Erbse
polenta	Maisbrei
pomodoro	Tomate
porro	Lauch
riso	Reis
sedano	Sellerie
spinaci	Spinat
zucca	Kürbis

Nachspeisen und Obst

albicocca	Aprikose
cantuccino	Mandelgebäck
cassata	Eisschnitte mit kandierten Früchten
anguria	Wassermelone
fico	Feige
fragola	Erdbeere
frutta	Obst
gelato	Eiscreme
lampone	Himbeere
macedonia	frischer Obstsalat
mela	Apfel
mellone	Honigmelone
panna cotta	gekochte Sahnecreme
tiramisù	Löffelbiskuit mit Mascarponecreme
torta (di frutta)	(Obst-)Torte
zabaione	Eierschaumcreme

Getränke

acqua (minerale)	(Mineral-)Wasser
... con gas/gassata	... mit Kohlensäure
... senza gas/liscia	... ohne Kohlensäure
birra (alla spina)	(Fass-)Bier
caffè (coretto)	Kaffee (mit Grappa)
ghiaccio	Eis
granita di caffè	Eiskaffee
grappa	Branntwein
latte	Milch
liquore	Likör
spumante	Sekt
succo	Saft
tè	Tee
vino rosso/bianco	Rotwein/Weißwein

Im Restaurant

Ich möchte einen Tisch reservieren.	Vorrei prenotare un távolo.
Die Speisekarte, bitte.	Il menù, per favore.
Weinkarte	lista dei vini
Die Rechnung, bitte.	Il conto, per favore
Vorspeise	antipasto/ primo piatto
Suppe	minestra/zuppa
Hauptgericht	piatto principale
Nachspeise	dessert/dolce
Beilagen	contorno
Tagesgericht	menù del giorno
Gedeck	coperto
Messer	coltello
Gabel	forchetta
Löffel	cucchiaio
Flasche/Glas	bottiglia/bicchiere
Salz/Pfeffer	sale/pepe
Zucker/Süßstoff	zùcchero/saccarina
Kellner/Kellnerin	cameriere/cameriera

Die Autorin: Mindestens die Hälfte des Jahres verbringt Nana Claudia Nenzel am Gardasee, in einem kleinen Dorf über dem schönen Städtchen Gargnano am Westufer. Dort genießt sie einen herrlichen Blick über den See. Die Autorin kennt natürlich alle Orte rund um den See und seine Naturschönheiten, aber auch besondere Hotels, empfehlenswerte Restaurants, die schönsten Feste und viele interessante Menschen. Ihr persönliches Highlight: Zeit haben für einen Aperitif beim Bootsanleger von Gargnano.

Abbildungsnachweis
Gottfried Aigner, München: S. 6, 11, 12 o. li., 13 o. li., 29, 55, 59, 60, 66, 69, 71, 77 li., 88/89, 94, 102 re., 107, 115, 125, 174, 217, 232, 244, 292
Bildagentur Huber, München: S. 103 li., 147 (Friedel); 241 (Huber); 148 re., 166 (Lubenow); 149 li., 170 (Penier)
DuMont Bildarchiv, Ostfildern: S. 56, 64, 72/73, 132, 142, 190/191, 224 li., 237 (Bernhart); 40/41, 96 (Mosler)
laif, Köln: S. 24, 128 (Caputo); 7, 74/75 (Celentano); Titelbild, 13 u. li., 258/259 (Gerber); 16/17 (Huber); 53 (Kerber); 9 (Knoll); 26, 148 li., 154/155, 176 li.,185, 278 (Kreuels)
Look, München: Umschlagklappe vorn (Kiaulehn); S. 189 (Pompe); 282/283 (Rother)
Mauritius Images, Mittenwald: S. 63, 179, 249 (CuboImages); 48 (imagesbroker); 176 re., 200 (Pigneter); 102 li., 110 (Ritsche); 76 li., 82 (Vedler)
picture-alliance, Frankfurt a. M.: S. 228/229 (akg-images/Eid); 224 re., 273 (ASA/dpa/Toniolo); 177 li., 218 (Kosecki); 76 re., 90 (Schiffmann); 37 (United Archives)
Thomas Rötting, Leipzig: S. 12 o. re., 12 u. li., 12 u. re., 13 o. li., 13 o. re., 13 u. re., 50, 99, 119, 140, 158/159, 164, 204/205, 206, 210/211, 225 li., 252, 254, 264/65, 266, 274

Kartografie
DuMont Reisekartografie, Fürstenfeldbruck

Umschlagfotos
Titelbild: Alter Hafen von Limone
Umschlagklappe vorn: Kitesurfen am Gardasee

4., vollständig überarbeitete Auflage 2014

Redaktion/Lektorat: Winfried Stürzl, Anne Winterling
Grafisches Konzept: Groschwitz/Blachnierek, Hamburg
Printed in China

MIX
Papier aus verantwortungsvollen Quellen
FSC® C020056
FSC
www.fsc.org